로버트 클레어 지음
정기훈 옮김

Mac/iOS 개발자를 위한 LEARNING
오브젝티브-C 2.0

정보문화사
Information Publishing Group

All rights reserved. No part of this book may be reproduced or transmitted in any form or by any means, electronic or mechanical, including photocopying, recording or by any information storage retrieval system, without permission from Pearson Education, Inc. KOREAN language edition published by IPG, Copyright © 2013

Mac/iOS 개발자를 위한
Learning 오브젝티브-C 2.0

초판 1쇄 인쇄 | 2013년 7월 8일
초판 1쇄 발행 | 2013년 7월 15일

지 은 이 | 로버트 클레어
옮 긴 이 | 정기훈
발 행 인 | 이상만
발 행 처 | 정보문화사
편 집 팀 장 | 김우진
책 임 편 집 | 정수진
표지디자인 | 신경숙
내지디자인 | 성은경

주 소 | 서울 종로구 동숭동 1-81
전 화 | (02)3673-0037~9(편집부) (02)3673-0114(대)
팩 스 | (02)3673-0260
등 록 | 제1-1013호
I S B N | 978-89-5674-592-3

도서 문의 및 A/S 지원
정보문화사 홈페이지 | http://www.infopub.co.kr

이 책은 저작권법에 따라 보호받는 저작물이므로 무단 전재와 무단 복제를 금하며,
이 책 내용의 전부 또는 일부를 사용하려면 반드시 저작권자와 정보문화사의 서면동의를 받아야 합니다.

※ 정보문화사는 독자 여러분의 의견에 항상 귀를 기울이고 있습니다.
※ 잘못된 책은 구입처에서 교환해드립니다.
※ 가격은 뒤표지에 있습니다.

추천의 글

로버트 클레어는 이 책을 통해 오브젝티브-C의 전반적인 내용뿐만 아니라 경험적 지식을 바탕으로 복잡하고 어려운 부분을 알기 쉽게 설명하여 개념을 이해하느라 소진할 시간을 절약할 수 있게 하였다. 거기에 간결한 설명과 디테일하게 구현된 예제는 핵심 기능과 개념을 빠르고 완벽하게 이해할 수 있도록 도와준다.

– Scott D. Yelich, 모바일 애플리케이션 개발자

대부분의 오브젝티브-C 관련 서적은 객체지향 프로그래밍, 오브젝티브-C 언어, Apple 플랫폼에서의 개발 방법에 대한 전반적인 설명으로 가득하지만, 너무 범위가 넓어 한 권의 책에 모두 담기에는 그 내용이 모호한 부분이 많다. 하지만 클레어의 책은 오브젝티브-C의 기본을 마스터하는 것에 초점을 두어 오브젝티브-C에 입문하는 프로그래머에게 큰 도움이 될 것이다.

– Joseph E. Sacco 박사, J.E. Sacco & Associates, Inc.

이 책은 오브젝티브-C 언어에 대한 깊이 있는 접근과 신선한 통찰력으로 오브젝티브-C 언어에 처음 입문하는 프로그래머뿐만 아니라, 숙련된 개발자도 만족시킬 수 있는 책이다. 프로그래밍 언어를 처음 시작하는 사람에게 주저 없이 이 책을 추천한다.

– Matt Long, Cocoa Is My Girlfriend (www.cimgf.com) 운영자

로버트 클레어는 오브젝티브-C 언어를 쉽게 이해할 수 있도록 정리하여 프로그래

머라면 누구든지 C에 대한 지식이 없이도 쉽게 책을 읽을 수 있다.
- Cory Bohon, 인디 개발자, Mac|Life 블로거

애매하지 않아 읽기 편하고, 기술적으로도 매우 훌륭한 이 책을 적극 추천한다.
- Andy Lee, AppKiDo 저자

역자의 글

초급 프로그래머와 숙련된 프로그래머를 구분하는 기준은 여러 가지가 있겠지만 코드 작성 방법이 그 중 하나가 될 것이다. 초급 프로그래머는 코드를 작성할 때 다분히 목표 지향적이다. 즉, 프로그램이 원하는 대로 동작하기만 하면 될 뿐 도중에 무슨 일이 일어나는지에 대해서는 신경 쓰지 않는다. 하지만 숙련된 프로그래머는 다르다. 분명히 동일한 결과를 추구하는 것은 같지만 논리적인 오류, 메모리 누수 문제, 운영체제와의 관계 등 다양한 고민을 하며 프로그램을 작성하기 때문에 숙련된 프로그래머가 작성한 코드를 음미해보면 한 줄 한 줄 깊은 뜻을 느낄 수 있을 것이다.

프로그래밍 언어도 결국 언어이기 때문에 그 이해의 정도에 따라 표현할 수 있는 역량에 차이가 날 수밖에 없다. 또한 같은 경험을 해도 프로그래밍 언어 구사력이 높을수록 양질의 노하우를 체득할 수 있기 때문에 언어를 잘 이해한다는 것은 곧 프로그래밍 능력과 결부된다고 할 수 있다.

『Learning 오브젝티브-C 2.0』은 숙련된 오브젝티브-C 프로그래머로 나아가기 위한 좋은 출발점이다. 이 책은 저자의 수십 년의 프로그래밍 경험을 바탕으로 기본적인 문법의 설명으로만 그치지 않고 이론과 실전 노하우를 연결시키면서 프로그래밍 언어 지식의 습득과 경험이라는 두 마리 토끼를 모두 잡을 수 있도록 하였다. 또한 각 장마다 연습문제를 두어 본문의 내용을 독자 자신의 것으로 확실히 만들 수 있는 기회를 제공하고 있다. 따라서 이 책을 읽으면서 본문의 예제를 따라해 보고 연습문제도 직접 해결해본다면 어느새 오브젝티브-C 코드를 보는 눈이 달라진 자신을 보게 될 것이다.

이 책을 번역하면서 가급적 많이 사용되는 표현을 사용하기 위해 노력하였다. 가능하면 한글 표현을 사용하였으며, 우리말로 차용하기가 모호한 표현에 한해서만 영어로 표기하였다. 마지막으로, 이 책을 번역할 수 있는 기회를 제공해준 정보문화사와 작업이 잘 마무리될 수 있도록 도와준 김우진 팀장께 감사의 인사를 드린다. 또한 곁에서 물심양면으로 지원한 사랑스런 아내와 윤서, 태원에게도 고맙다는 인사를 전한다.

역자 정기훈

정기훈 lonathe@yahoo.com
현재 kt에서 네트워크와 관련된 다양한 업무를 하고 있으며, 다년간의 iOS 프로그래밍 경험을 가지고 있다. 옮긴 책으로는 『Learning iOS 게임 프로그래밍』, 『예제로 배우는 핵심 패턴 아이폰 프로그래밍』 등이 있으며, 『원리로 이해하는 네트워크 입문』 등 다수의 책을 집필하였다.

LEARNING OBJECTIVE-C 2.0

시작하며

오브젝티브-C는 C 언어의 객체지향 확장판이다. 그래서 "오브젝트를 사용하는 C"라고 말할 수 있다. 아마도 대부분 오브젝티브-C를 공부하여 Mac OS X 프로그램 또는 iOS 프로그램을 작성하기 위해 이 책을 읽고 있을 것이다. 혹은 다른 이유로 오브젝티브-C 언어를 공부한다고 해도 상관이 없다. 어쨌거나 오브젝티브-C 언어는 재미있고 배우기 쉬운 언어임에는 틀림없다. 물론 세상의 수많은 언어처럼 힘든 부분이 아주 없는 것은 아니다. 하지만 전반적으로 객체지향 언어, 특히 C++와 비교했을 때 아주 심플한 객체지향 언어라고 할 수 있다. C에서 확장된 기능을 나열하면 한두 페이지 정도 밖에 되지 않는다.

Apple 세상에서 오브젝티브-C는 혼자 동작하지 않는다. Apple 세상에서 오브젝티브-C가 동작하기 위해서는 프레임워크로 불리는 두 개의 클래스 라이브러리가 필요하다. 하나는 Foundation 프레임워크로 문자열(string), 배열(array) 등과 같은 기본 클래스와 운영체제와 상호 동작하는 클래스가 구현되어 있다. 나머지 하나는 AppKit으로, 윈도우, 뷰, 메뉴, 버튼 등 그래픽 유저 인터페이스(GUI)를 위한 여러 가지 위젯(widget)이 구현되어 있다. 이렇게 두 개의 프레임워크를 한데 묶어 Cocoa라고 부른다. iOS에서는 UIKit 프레임워크가 AppKit을 대체하였으며, Foundation 프레임워크와 UIKit 프레임워크를 묶어 Cocoa Touch로 부른다.

1980년대 초 Brad J. Cox가 오브젝티브-C를 최초로 디자인한 이후, 1988년 Steve Jobs가 Apple에서 나와 설립한 회사인 NeXT Computer에서 오브젝티브-C 라이센스를 획득하여 NeXT 사의 NeXTSTEP 운영체제에서 동작하는 오브젝티브-C 기반 애플리케이션 개발 환경의 기반을 마련하였다. 이를 통해 NeXT 사의 엔지니어들은 애플리케이션을 빌드하기 위한 오브젝티브-C 라이브러리 세트를 만들었다. 그러다가 1993년 NeXT가 하드웨어 비지니스 사업에 손을 뗀 후, Sun

Microsystems에서 객체지향 시스템을 위한 스펙인 OpenStep을 NeXTSTEP API를 이용하여 제작하였다. 하지만 OpenStep에 흥미를 잃은 Sun 사가 결국 OpenStep 프로젝트에서 빠져 나오면서 NeXT 단독으로 프로젝트를 진행하다 마침내 1997년 NeXT 사가 Apple에 인수되면서 NeXTSTEP 운영체제는 Mac OS X 운영체제로, NeXT 오브젝티브-C 라이브러리는 Cocoa 라이브러리로 진화하게 된다.

이 책은 오브젝티브-C 언어에 초점을 맞추었기 때문에 Cocoa 프로그램을 작성하는 방법이나 고급 Xcode 사용자가 되는 방법에 대해서는 다루지 않는다. 대신 Foundation 프레임워크 일부와 AppKit 및 UIKit에 대해 간단히 언급하는 정도로 그칠 것이다. 이 책을 통해 Cocoa 라이브러리를 구성하는 오브젝티브-C 언어를 익히고 나면 Cocoa 프로그래밍을 훨씬 쉽게 배울 수 있을 것이다.

독자 대상

이 책은 Mac OS X 또는 iOS 프로그램을 작성하기 위하여 오브젝티브-C를 공부하고자 하는 사람을 대상으로 쓰여졌다(iOS는 iPhone, iPod touch, iPad 등에서 사용되는 운영체제이다). 물론 Apple에서 제시하는 Human Interface Guidelines[1]를 준수한다면 오브젝티브-C가 아닌 다른 프로그래밍 언어를 사용하여 OS X 프로그램을 작성하는 것이 가능하지만, Mac스러운 느낌의 디자인을 구현하기 위해서는 오브젝티브-C의 Cocoa 프레임워크를 사용하는 것이 편리하다. Mac 프로그램을 작성할 때 core 부분은 C, C++ 등과 같은 프로그래밍 언어를 사용하는 것이 가능하지만 UI(User Interface) 부분은 무조건 오브젝티브-C를 사용해야 한다. iOS의 경우에도 UI 부분은 오브젝티브-C를 사용해야 한다.

OpenStep 라이브러리를 사용하여 개발하는 오픈 소스 프로젝트인 GNUStep 프로젝트[2]와 같이 다른 플랫폼에서 오브젝티브-C를 경험한 프로그래머에게도 이 책이 매우 유용할 것이다.

---

[1] http://developer.apple.com/mac/library/documentation/UserExperience/Conceptual/AppleHIGuidelines
[2] www.gnustep.org

이 책을 읽기 위한 기본 지식

이 책을 읽는 독자 여러분은 C 언어에 대한 기본적인 지식을 가지고 있다고 가정했다. 오브젝티브-C는 C의 확장판이기 때문에, 이 책에서는 오브젝티브-C가 C로부터 달라진 점을 중심으로 다룰 것이다. 하지만 Chapter 1, 2에서 C 언어의 핵심적인 부분을 간추려 설명할 것이기 때문에 오브젝티브-C를 이해하기 위한 기본적인 리뷰가 될 것이다. 하지만 C 또는 C와 유사한 언어(C++, Java, C#)에 대한 경험이 없다면 아마도 C 언어에 대한 서적과 병행하면서 볼 수도 있을 것이다. 객체지향 언어에 대한 사전 지식이 있다면 도움이 되겠지만 이 책을 읽기 위해 미리 공부할 필요는 없다. 필요한 객체지향 개념에 대해서는 본문에서 설명할 것이기 때문이다.

오브젝티브-C 2.0의 새로운 기능

이미 오브젝티브-C에 익숙하여 버전 2.0의 새로운 기능에 대해 먼저 살펴보고 싶다면 아래의 내용을 참고하자.

- Fast Enumeration(Chapter 10) – 오브젝트 컬렉션을 훑어보기 위한 간단하고 빠른 방법 제공
- Declared property(Chapter 12) – 오브젝트의 인스턴스 변수를 명시하고 컴파일러로 하여금 이러한 인스턴스 변수에 접근할 수 있는 메소드를 만들게 하는 간단한 방법 제공
- 가비지 컬렉션(Chapter 15) – 오브젝티브-C에 추가된 메모리 관리 기법
- 블록(Chapter 16) – 자체 컨텍스트(코드)가 있는 함수와 유사한 오브젝트

이 책의 구성

이 책은 크게 세 개의 파트로 구성되어 있다. 첫 번째 파트는 C에 대한 간단한 리뷰와 함께 객체지향 프로그래밍과 오브젝티브-C에 대한 간단한 소개를 한다. 두 번째 파트에서는 오브젝티브-C에 대해 집중적으로 살펴보면서 Foundation 프레임워크를 선보일 것이다. 마지막 파트에서는 오브젝티브-C와 오브젝티브-C 2.0에서의 메모리 관리 기법에 대한 내용과 새로 추가된 블록(Block) 개념에 대해 살펴볼 것이다.

Part I **오브젝티브-C와의 첫 만남**

- **Chapter 1 C: 오브젝티브-C의 기본**에서는 C 언어의 핵심적인 내용에 대해 간단히 살펴본다. 주로 오브젝티브-C 프로그램을 작성하기 위한 부분에 대해 다룬다.
- **Chapter 2 C 변수 따라잡기**에서는 C 언어와 오브젝티브-C 언어에서의 메모리 구성과 변수 종류별 lifetime에 대해서 다룬다. 이미 C 언어를 알고 있더라도 Chapter 2의 내용은 제법 흥미로울 것이다. 왜냐하면 생각보다 많은 프로그래머가 메모리 부분에 대해서는 익숙하지 않기 때문이다.
- **Chapter 3 객체지향 프로그래밍 소개**에서는 객체지향 프로그래밍에 대한 소개와 오브젝티브-C에 담겨진 객체지향 개념에 대해 살펴본다.
- **Chapter 4 첫 번째 오브젝티브-C 프로그램**에서는 간단한 오브젝티브-C 프로그램을 작성한다. 이를 통해 Xcode에서의 프로젝트 생성 방법과 오브젝티브-C 프로그램의 컴파일 및 실행 방법에 대해서도 알게 될 것이다.

Part II **기본 개념**

오브젝트는 객체지향 프로그래밍에서 가장 중요한 요소로, 인스턴스 변수(instance variable)라고 부르는 변수 묶음과 메소드로 불리는 일종의 함수 묶음이 하나의 엔티티에 담겨진 것을 일컫는다. 클래스는 오브젝트를 설명한다. 즉, 오브젝트를 위한 인스턴스 변수와 메소드를 제공함으로써 오브젝트의 데이터 타입을 부여하는 것이다. 오브젝트는 C 구조체와 유사하게 오브젝트의 클래스에서 정의한 인스턴스 변수가 저장될 메모리 공간을 점유한다. 이때, 특정 오브젝트를 가리켜 클래스의 인스턴스라고 한다.

- **Chapter 5 메시징**에서부터 오브젝티브-C 언어의 전 과정을 다루기 시작한다. 오브젝티브-C에서는 메시지를 보내는 것으로 오브젝트가 어떠한 동작을 하도록 만든다. 여기서 메시지는 메소드의 이름과 필요한 몇 가지 인자(argument)로 구성되어 있다. 메시지를 수신하면 이에 대한 응답을 해야 하는데, 이를 위하여 오브젝트는 관련된 메소드를 실행하게 된다. Chapter 5에서는 이와 같은 메소드, 메시지에 대해 알아보고 오브젝티브-C의 메시징 시스템이 어떻게 동

작하는지 살펴본다.

- **Chapter 6 클래스와 오브젝트**에서는 클래스를 정의하고, 오브젝트 인스턴스를 만들고 복사하는 과정에 대해 다룬다. 그리고 다른 클래스의 기능을 자신의 클래스 기능으로 사용할 수 있는 기법인 상속(inheritance)에 대해서도 설명한다. 오브젝티브-C 프로그램이 동작할 때 사용되는 모든 클래스는 메모리에 저장되어 클래스 정보를 보유하게 되는데, 이때 사용되는 메모리를 가리켜 클래스 오브젝트라고 한다. 또한 클래스는 자신의 인스턴스에서 동작하는 것이 아닌, 클래스 자체에서 동작하는 클래스 메소드를 정의할 수 있다.

- **Chapter 7 클래스 오브젝트**에서는 클래스 오브젝트와 클래스 메소드에 대해서 다룬다. 다른 객체지향 언어와는 달리 오브젝티브-C 언어의 클래스는 클래스의 모든 인스턴스가 공유할 수 있는 클래스 변수가 없다. 이를 대신하기 위해 static 변수를 사용하며, Chapter 7 후반에서 그 방법에 대해 설명한다.

- **Chapter 8 프레임워크**에서는 다이내믹 링크 라이브러리를 캡슐화하기 위하여 Apple에서 권고하는 방법에 대해 설명한다. 이를 위해 프레임워크의 정의와 구조에 대해 먼저 살펴본 다음 OS X 또는 iOS 프로그램을 작성할 때 자주 사용하는 프레임워크에 대하여 간단히 설명한다.

- **Chapter 9 Common Foundation 클래스**에서는 가장 많이 사용되는 Foundation 클래스에 대해 설명한다. 이러한 클래스에는 문자열, 배열, dictionary, set, 숫자 오브젝트 등과 같은 것들이 있다.

- **Chapter 10 오브젝티브-C에서의 제어문**에서는 오브젝티브-C에서 C 구조체를 오브젝티브-C의 construct와 같이 사용하기 위한 몇 가지 고려사항에 대해 설명한다. 이러한 내용에는 오브젝티브-C 2.0에 새로 추가된 Fast Enumeration construct에 대한 설명도 포함된다. 그리고 오브젝티브-C의 예외 처리에 대한 내용도 덧붙여 설명한다.

- **Chapter 11 카테고리·확장·보안**에서는 서브 클래스를 이용하지 않으면서 이미 만들어진 클래스에 메소드를 추가하는 방법과 보안을 위해 메소드의 선언문을 숨기는 방법에 대해 설명한다. 추가로 오브젝티브-C의 몇 가지 보안 이슈에 대해서도 알아본다.

- **Chapter 12 프로퍼티**에는 오브젝티브-C 2.0에서 새로 추가된 declared 프로퍼티 기능에 대한 설명이 포함된다. 프로퍼티는 보통 한 개 이상의 오브젝트의 인스턴스 변수로 구성되며, 프로퍼티를 세팅하거나 프로퍼티 값을 가져오는 메소드를 accessor 메소드라고 한다. Declared 프로퍼티 기능을 이용하면 큰 수고를 들일 필요 없이 컴파일러로 하여금 프로퍼티의 accessor 메소드를 자동으로 synthesize할 수 있도록 만들 수 있다.
- **Chapter 13 프로토콜**에서는 오브젝트를 활용하는 여러 가지 방법에 대해 살펴본다. 프로토콜(protocol)은 클래스를 구현하기 위하여 클래스가 선택하는 메소드 그룹을 의미한다. 많은 경우, 오브젝트의 클래스보다는 오브젝트의 클래스가 프로토콜에 선언된 메소드를 구현하는 것으로 특정 프로토콜을 사용하느냐가 더 중요하다(주어진 프로토콜을 하나 이상의 클래스가 적용할 수 있다). 오브젝티브-C의 프로토콜 개념을 Java에서 차용한 것이 바로 interface이다.

Part III **고급 개념**

오브젝티브-C에서는 오브젝트 메모리를 관리하기 위하여 두 가지 시스템을 사용하는데, 바로 레퍼런스 카운팅(reference counting)과 가비지 컬렉션(garbage collection)이다.

- **Chapter 14 레퍼런스 카운팅**에서는 오브젝티브-C 언어의 전형적인 레퍼런스 카운팅(reference counting) 시스템에 대해 설명한다. 레퍼런스 카운팅은 retain 카운팅 또는 매니지드 메모리(managed memory)로 불리기도 한다. 프로그램 상에서 레퍼런스 카운팅은 retain count 값을 관리하는 것으로 사용되는데, retain count는 모든 오브젝트가 가지고 있는 카운트 값으로, 그 값이 0이 되면 해당 오브젝트는 메모리를 반환하며 사라지게 된다. 그래서 이러한 retain count 값을 잘 유지하기 위한 방법에 대해서도 같이 설명한다.
- **Chapter 15 가비지 컬렉션**에서는 오브젝티브-C 2.0에 새로 추가된 자동 가비지 컬렉션 시스템에 대해 설명한다. 가비지 컬렉션을 사용하면, 가비지 컬렉터(garbage collector)라고 불리는 독립된 쓰레드(thread)가 더이상 사용할 필요

가 없는 오브젝트를 찾아 메모리를 반환시킨다. 가비지 컬렉션은 메모리 관리를 위한 수많은 잡일로부터 해방시켜준다.
- **Chapter 16 블록**에서는 오브젝티브-C 2.0의 새로운 기능인 블록(block)에 대해 설명한다. 블록은 일반적인 함수와 비슷한 개념이지만, 컨텍스트 내에 변수 값이 포함되어 있다는 점이 특징이다. 블록은 또한 Apple의 Grand Central Dispatch 병렬 메커니즘의 중심 기능이기도 하다.

Part IV 부록

- **부록 A 예약어와 컴파일러 지시자**에서는 컴파일러에서 특별한 용도로 사용되는 예약어(reserved word)와 오브젝티브-C의 컴파일러 지시자(compiler directive)에 대해 다룬다. 컴파일러 지시자는 @ 글자로 시작하며 여러 가지 기능을 컴파일러에게 지시한다.
- **부록 B Toll-Free Bridged 클래스**에서는 Foundation 클래스의 리스트를 제공하는데, 각 클래스의 인스턴스는 동일한 메모리 레이아웃을 가지고 있으며, 하위 단의 C 언어로 구성된 Core Foundation 프레임워크의 오브젝트와 상호작용한다.
- **부록 C 32비트/64비트**에서는 64비트 시스템으로 변화하는 Apple 시스템과 관련된 이슈에 대해 이야기한다.
- **부록 D Runtime, 새 버전에서 바뀐 부분**에서는 기존의 32비트 OS X 프로그램의 오브젝티브-C runtime과 OS X 10.5 이상 또는 iOS 환경에서 동작하는 새로운 64비트 프로그램의 오브젝티브-C runtime의 차이에 대해 다룬다.
- **부록 E 오브젝티브-C 관련 자료**에서는 오브젝티브-C 개발자를 위하여 관련 서적과 웹 사이트를 소개한다.

Compile time과 Run time

프로그램을 작성할 때 고려해야 할 두 가지 중요한 시간이 있다. 하나는 compile time(컴파일 시간)으로 소스 코드를 기계어로 번역하고 묶어 실행 코드로 만드는 시간을 의미하며, 나머지는 run time(실행 시간)으로, 실행 프로그램이 프로세스 형태로 컴퓨터에서 동작하는 시간을 일컫는다. 오브젝티브-C 언어와 다른 프로그래밍 언어를 구분 짓는 대표적인 특징 하나는 오브젝티브-C 언어가 C++ 같은 다른 언어에 비해 굉장히 동적인(dynamic) 언어라는 것이다. 여기서 동적이라 함은 이러한 의미를 갖는다. 즉, 다른 언어의 경우 컴파일 시간에 결정할 것을 오브젝티브-C 언어에서는 실행 시간에 결정하는 것이다. 이러한 것의 대표적인 예로 오브젝티브-C의 메시징 시스템을 들 수 있다. 즉, 프로그램이 실행 코드에서 메시지 표현(다른 프로그래밍 언어에서의 메소드 호출과 동일)에 대한 평가가 run time 때 결정된다.

이와 같이 평가 또는 결정하는 과정을 run time으로 미루는 것에는 많은 장점이 있으며, 앞으로 이 책을 읽으면서 이러한 장점에 대해 알게 될 것이다. 하지만 분명히 단점도 존재하는데, 그것은 바로 컴파일러가 충분히 검출할 수 있는 부분도 놓칠 수 있다는 것이다. 그래서 오브젝티브-C로 프로그램을 작성하면 다른 프로그래밍 언어의 경우에는 컴파일 시점에 나타날 오류가 run time에서 나타나는 경우가 종종 있다.

메모리 관리에 관하여

앞에서 이야기한 바와 같이, 오브젝티브-C 2.0부터는 오브젝트의 메모리를 관리하기 위하여 레퍼런스 카운팅 시스템과 가비지 컬렉션 시스템 중 하나를 선택할 수 있다. 이 책에서는 가비지 컬렉션에 대한 내용을 다루는 Chapter 15를 제외하고는 모든 예제에서 레퍼런스 카운팅을 사용하며, Chapter 14에서 레퍼런스 카운팅에 대해 집대성한다.

이와 같이 구성하게 된 가장 큰 이유는 iOS에서 아직 가비지 컬렉션을 지원하지 않기 때문이다. iPhone, iPod touch, iPad 등에서 동작하는 프로그램을 작성하고자 한다면 오브젝티브-C의 레퍼런스 카운팅 시스템을 반드시 이해해야 한다.

오브젝티브-C 및 Cocoa 관련 문의 메일을 읽어 본 결과, 오브젝티브-C 언어를 공부하는 데 있어 가장 혼란스러운 부분이 바로 레퍼런스 카운팅이었다. 하지만 레퍼런스 카운팅에 대한 정확한 규칙을 이해하고 이를 항상 똑같이 적용한다면 아마도 레퍼런스 카운팅이 전혀 어려운 부분이 아니라는 것을 깨닫게 될 것이다.

나중에 가비지 컬렉션을 사용하게 된다고 하더라도 가비지 컬렉션으로의 전환은 아주 쉽기 때문에 크게 걱정할 필요는 없다. 물론 레퍼런스 카운팅에서 가비지 컬렉션으로 전환할 때 알아야 할 몇 가지 구조적인 내용이 있지만(Chapter 15에서 자세히 다룬다), 레퍼런스 카운팅을 사용하는 것에 비해 가비지 컬렉션을 사용하는 것이 훨씬 편리할 것이다.

예제에 대한 내용

본문 설명에 대한 코드 예제를 작성하는 것은 저자에게 있어 일종의 도전이었다. 즉, 프로그램에 필요한 핵심사항을 어떻게 혼선 없이 이해할 수 있도록 잘 설명하느냐가 관건이다. 이를 위해 독자가 핵심사항에만 집중할 수 있도록 필요하지 않은 부분은 과감히 생략했다. 생략한 부분은 말줄임표(...)로 표기하였다.

아래의 예를 보자.

```
int averageScore = ...
```

예를 보면 알 수 있듯이 averageScore는 integer 변수이며 그 값으로 무엇인가 들어간다. 여기에서 averageScore에 저장되는 것이 무엇인지는 중요하지 않다. 중요한 점은 averageScore가 무엇인가를 저장한다는 것이다.

코드 표기 방식

이 책의 예제들은 줄마다 번호를 붙이거나 붙이지 않는 방법 모두 사용한다.

- 줄번호 없는 코드
  본문 설명에 덧붙이는 데 사용되는 아주 짧은 코드

- 줄번호 있는 코드
  줄번호가 있는 코드는 코드 번호가 각 장 번호를 포함하여 순서대로 주어진다.

(예: 리스트 4.1, 리스트 8.3) 이러한 코드는 제법 길어 본문을 설명하거나 연습 문제를 푸는 데 사용된다.

위의 두 가지 경우 모두 줄 단위의 설명이 필요하면 코드에 번호를 붙여 설명하기 쉽도록 하였다.

연습 문제

대부분의 장에는 연습문제가 있다. 가급적 연습문제를 풀 것을 권장한다. 대다수의 연습문제는 본문에서 설명한 핵심내용에 대해 잘 이해하고 있는지를 확인한다. 물론 이러한 연습문제가 필요하지 않다고 느낄 수도 있겠지만, 그냥 책만 읽는 것보다 연습문제를 풀어보는 것이 훨씬 더 깊이 이해하는 데 도움이 된다. 자신이 이해하는가를 명확하게 확인하기 위하여 핵심적인 부분만 간단하게 코딩하는 것은 아주 좋은 습관이다. 이 책에서 연습문제로 다루지 않은 부분에 대해서도 명확하게 이해되지 않는 내용이 있다면 반드시 그와 관련된 프로그램을 작성하여 확실히 짚고 넘어가기 바란다.

연습문제로 제시되는 프로그램은 사용자 인터페이스(user interface) 구현이 필요 없도록 하였다. 터미널에서의 프로그램 컴파일 및 실행에 대해서는 Chapter 2 연습문제 전에 설명하며, 간단한 Xcode 프로젝트 프로그램은 Chapter 4에서 설명한다.

감사의 글

아무리 혼자 책을 쓰는 경우라 할지라도 책을 내는 과정에는 많은 사람들의 공이 들어가게 마련이다. 이 책 또한 예외는 아니다. Scott D. Yelich, Andy Lee, Matt Long, Cory Bohon, Joachim Bean 등은 원고에 대한 첨삭뿐만 아니라 특정 이슈에 대해 더 깊이 고민할 수 있도록 조언을 아끼지 않았다. Steve Peter는 이 책을 집필할 수 있도록 동기를 부여해주었고, Daniel Steinberg는 이 책을 구체화하는 데 많은 도움을 주었다. Addison-Wesley의 Romny French와 편집자 Chuck Toporek에게도 감사의 인사를 전한다. 특히 Chuck은 불확실한 집필 일정과 MS Word 사용이 서투른 나를 견뎌주었다.

누구든지 일이 잘 풀리지 않을 경우 주변의 응원이 큰 도움이 될 때가 있다. 저자의 친구 Pat O'Brien, Michael Sokoloff, Bill Schwartz는 수십 년 동안 한결같이 응원을 보내주었다.

마지막으로 두 사람에게 특별히 감사의 인사를 전한다.

- Joseph E. Sacco 박사는 이 책의 초고를 수도 없이 읽었고, 연습문제를 직접 검증해 주었다. 뿐만 아니라, 다양하고 훌륭한 기술적·비-기술적 주제에 대해 많은 토론을 해주었다.
- Ekko Jennings는 이 책의 여러 장에 대하여 조언을 아끼지 않았으며, 저자의 기분전환을 도와주었을 뿐만 아니라 내가 저녁식사 당번일 때도 음식을 차려주었다. 그리고 집필하는 동안에는 그저 가만히 곁에 있어주었다. 고맙다~ Cherie~

저자 소개

LEARNING OBJECTIVE-C 2.0

로버트 클레어(Robert Clair)는 오버린 대학에서 물리학을 전공하였으며, 캘리포니아 버클리 대학에서 물리학 석사, 박사 학위를 수여하였다. 이후 20여 년간 CAD, 모델링, 그래픽 관련 상용 소프트웨어를 개발했으며, 최근 7년간은 Mac 및 iOS 플랫폼의 오브젝티브-C 개발자로 지냈다. 저자가 제작한 프로그램 중 대표적인 것으로 Mac OS X용 벡터 그림 프로그램인 ZeusDraw를 들 수 있다. ZeusDraw는 iPhone을 위한 모바일 버전으로도 출시되었다. 이 외에도 다수의 iPhone 및 iPad 프로그램 개발에 참여 및 컨설팅했다. 현재 뉴욕에서 소프트웨어 회사 Chromatic Bytes를 운영 중이다.

LEARNING OBJECTIVE-C 2.0

차례

PART 01 오브젝티브-C와의 첫 만남

Chapter 01 C: 오브젝티브-C의 기본

C 프로그램의 구조 · 35
main 함수 · 35 | 서식(Formatting) · 36 | 주석 · 37 | 변수와 함수 이름 · 38
작명법 · 38 | 파일 · 39

변수 · 41
Integer 타입 · 41 | 부동 소수점 · 42 | 참/거짓 값 · 43 | 초기화 · 43 | 포인터 · 44
배열 · 47 | 문자열 · 49 | 구조체 · 50 | typedef · 51
열거형 상수(Enumeration) · 52

연산자 · 53
산술 연산자 · 53 | 나머지 연산자 · 53 | 증감 연산자 · 54 | 연산자 우선 순위 · 55
부정(Negation) · 55 | 비교 · 56 | 논리 연산자 · 56 | 논리 부정 · 57
지정 연산자 · 57 | 타입 변환 · 58 | 기타 지정 연산자 · 59

표현식과 명령문 · 60
표현식 · 60 | 표현식 평가 · 61 | 명령문 · 61 | 컴파운드 명령문 · 62

프로그램 흐름 · 62
if · 63 | 조건식 · 64 | while · 65 | do-while · 66 | for · 66
break · 67 | continue · 68 | 콤마(,) 표현식 · 68 | switch · 69
goto · 70 | 함수 · 71 | 함수 선언 · 74

전처리 · 74

19

include · 75 | #define · 75 | 조건부 컴파일 · 76

`printf` · 78

gcc와 gdb · 80

정리 · 82

연습 문제 · 82

Chapter 02 C 변수 따라잡기

오브젝티브-C 프로그램의 메모리 구성 · 88

auto 변수 · 89

extern 변수 · 91

변수 선언 키워드 · 92

`auto` · 92 | `extern` · 92 | `static` · 93 | `register` · 94 | `const` · 94 | `volatile` · 96

변수 영역 · 96

auto 변수 영역 · 97 | 컴파운드 명령문과 변수 영역 · 97 | 전역 변수 영역 · 98

동적 할당 · 99

정리 · 102

연습 문제 · 103

Chapter 03 객체지향 프로그래밍 소개

객체지향 프로그래밍 · 106

클래스와 인스턴스 · 107 | 메소드 · 107 | 캡슐화 · 108 | 상속 · 109 | 다형성 · 110

객체지향 언어의 핵심은? · 110

오브젝티브-C 기초 문법 · 111

클래스 정의 · 112 | 데이터 타입으로 사용되는 클래스 이름 · 115

메시징(메소드 호출) · 116 | 클래스 오브젝트와 오브젝트 생성 · 119

메모리 관리 • 121

오브젝티브-C를 위한 추가 개념 • 122
Runtime • 122 | 이름 • 123 | 메시지 표현식 • 123 | 컴파일러 지시자 • 124
문자열 상수 • 124 | 오브젝티브-C 키워드 • 125 | Cocoa의 수치 데이터 타입 • 129
NSLog • 130

정리 • 131

Chapter 04 첫 번째 오브젝티브-C 프로그램

Xcode에서의 빌드 • 134

오브젝티브-C 프로그램 구조 • 137
프로그램 빌드 및 실행 • 140

객체지향 버전 Hello World • 141
Greeter.h • 143 | Greeter.m • 146

HelloObjectiveC.m • 151
프로그램 빌드 및 실행 • 153

정리 • 153

연습문제 • 154

PART 02 기본 개념

Chapter 05 메시징

메소드 • 160
파라미터가 없는 메소드 • 160 | 파라미터가 있는 메소드 • 162

메시징 • 164

다형성 • 165

메시징 세부사항 • 168

네스팅 • 168 | nil 메시징 • 169 | self로 메시지 보내기 • 170
super 오버라이딩 및 메시징 • 171 | Selector • 174
같은 이름 메소드 • 176 | 동적/정적 타입 변환 • 178

메시징 시스템의 자세한 내부 동작 • 179

메시지 전달 • 182

효율성 • 183

Introspection과 Runtime • 185

정리 • 187

연습 문제 • 188

Chapter 06 클래스와 오브젝트

클래스 정의 • 192

Interface 섹션 • 192 | @class 지시자 • 194 | Implementation 섹션 • 195
Import • 196

서브클래스 • 197

서브클래스 정의 • 198 | 서브클래스 예제 • 198 | 클래스 계층 • 203
클래스 계층 예제 • 204 | 추상 클래스 • 205

오브젝트 생성 • 207

오브젝트 메모리 할당 • 207 | 오브젝트 초기화 • 209

오브젝트 소멸 • 219

오브젝트 복사 • 221

얕은 복사/ 깊은 복사 • 222 | Mutable 복사/Immutable 복사 • 223
복사 메소드 구현하기 • 224

정리 • 228

연습 문제 • 228

Chapter 07 클래스 오브젝트

클래스 오브젝트 • 232
  Class 타입 • 233 | 클래스 메소드 • 236

기타 클래스 메소드 • 237
  Convenience Constructor • 237 | 싱글톤 • 241 | 클래스 초기화 • 241

클래스 변수 흉내내기 • 244

정리 • 250

연습 문제 • 250

Chapter 08 프레임워크

프레임워크란? • 255
  프레임워크 사용하기 • 255

Cocoa 프레임워크 • 257
  iPhone • 258

AppKit • 258

Core Foundation • 260
  Core Foundation 오브젝트 메모리 관리 • 261 | Toll-Free Bridging • 262

Core Graphics • 263

Core Animation • 264

기타 Apple 프레임워크 • 265

써드파티 프레임워크 • 266

더 자세한 내용 • 267

정리 • 268

Chapter 09 Common Foundation 클래스

Immutable 클래스, Mutable 클래스 • 270

클래스 클러스터 • 271

NSString • 273

  NSString 예제 • 274 | C 문자열과 NSString 간 변환 • 277

  NSMutableString • 277 | 문자열 상수 • 278

컬렉션 클래스 • 279

  NSArray • 279 | NSDictionary • 283 | NSSet • 285

NSNumber • 286

NSNull • 288

NSData • 290

  NSData의 바이트에 접근하기 • 291

  파일에서 NSData 생성, NSData를 파일로 저장 • 291

NSURL • 292

구조체 • 293

정리 • 295

연습 문제 • 295

Chapter 10 오브젝티브–C에서의 제어문

if문 • 300

  오브젝트 비교 • 302

for문 및 Implicit 루프 • 305

  for문 • 305 | Implicit 루프 • 305 | 블록을 포함한 Implicit 루프 • 306

while문과 NSEnumerator • 307

  Enumerate하는 동안 Mutable 컬렉션 수정하기 • 308

Fast Enumeration • 310

Fast Enumeration 예제 • 313

예외처리 • 317

    사용자 정의 예외처리 • 319 | 여러 개의 @catch 블록 • 320

    중첩된 예외처리 • 321 | 예외처리 사용 • 322 | 예외처리가 꼭 필요한가? • 323

정리 • 324

연습 문제 • 325

Chapter 11 카테고리 · 확장 · 보안

카테고리 • 330

    카테고리를 이용한 메소드 오버라이딩 • 333 | 카테고리의 기타 용도 • 335

확장 • 336

인스턴스 변수 범위(접근 제어) • 338

메소드를 위한 접근 제어 • 340

이름공간(Namespace) • 340

보안 • 341

오브젝티브-C에서 C 함수 호출하기 • 344

    기술적 관점 • 344 | 실무적 관점 • 345 | 철학적 관점 • 345

정리 • 346

연습 문제 • 346

Chapter 12 프로퍼티

오브젝트 밖에서 인스턴스 변수에 접근하기(절대 하지 말 것) • 351

Accessor 선언 및 정의 • 352

    Accessor의 형태 • 353

프로퍼티를 이용한 Accessor • 355
> 프로퍼티 이름과 인스턴스 변수 이름은 다를 수 있다 • 357

@property 구문 • 358
> `assign, retain, copy` • 358 | `readwrite, readonly` • 360
> `nonatomic` • 360 | `setter=name, getter=name` • 361
> 속성과 `@dynamic` • 361

@dynamic에 대한 보충 설명 • 361

프로퍼티와 메모리 관리 • 364
> `dealloc` • 364

서브클래스와 프로퍼티 • 365

readonly 프로퍼티를 위한 숨겨진 setter • 366

문서로서의 프로퍼티 • 367

점 표기법 • 368
> 점 표기법과 프로퍼티 • 371
> 점 표기법과 C 구조체 • 371

정리 • 373

연습 문제 • 374

Chapter 13 프로토콜

프로토콜 • 378

프로토콜 사용 • 379
> 프로토콜 선언 • 380 | 프로토콜 적용 • 381 | 데이터 타입으로서의 프로토콜 • 382
> 프로퍼티와 프로토콜 • 382

TablePrinter 예제 • 383
> `TablePrinterDataSource` • 384 | `TablePrinter` • 385
> `FruitBasket` • 388 | `main` • 389 | 문제점 • 390 | 옵션 메소드 구현 • 392

프로토콜 오브젝트와 프로토콜 적용여부 검사 • 392

비공식 프로토콜 • 394

정리 • 395

연습 문제 • 396

PART 03 고급 개념

Chapter 14 레퍼런스 카운팅

기존 방식의 문제점 • 403

레퍼런스 카운팅 • 405

오브젝트 넘겨받기 • 407

소유권 • 410

    복사를 통해 소유권 건네받기 • 411

dealloc • 412

오브젝트 반환 • 414

    Autorelease • 415 | Autorelease Pool • 415 | Autorelease Pool 관리 • 417
    Convenience Constructor 수정 버전 • 419 | Autorelease와 iPhone • 419
    메모리 사용량을 제어하기 위한 별도의 Autorelease Pool • 420

`retainCount` • 421

다중 쓰레딩 • 422

레퍼런스 카운팅의 단점 • 424

    `NSZombie` • 424

Retain Cycle • 426

마지막 인사: 프로그램이 종료하는 시기 • 430

정리 • 431

연습 문제 • 432

Chapter 15 가비지 컬렉션

가비지 컬렉션: 이론 • 436
가비지 컬렉션: 실전 • 438
강한 참조/약한 참조 • 439

가비지 컬렉션 사용 • 440
가비지 컬렉션 발생 시기 제어 • 442

Finalizer • 443
`malloc`과 가비지 컬렉션 • 445
Core Foundation 오브젝트와 가비지 컬렉션 • 446
몇 가지 주의사항 • 448
AppKit에서의 Opaque 포인터 문제 • 448 | 인테리어 포인터 • 451
잘못된 Root 오브젝트 선정 • 453

가비지 컬렉션의 장단점 • 453
장점 • 453 | 단점 • 454 | 정말 가비지 컬렉션이 필요할까? • 455

정리 • 456
연습 문제 • 456

Chapter 16 블록

함수 포인터 • 463
함수 포인터를 이용한 함수 호출 • 465 | 함수 포인터 사용 • 466

함수 포인터를 사용할 때 일어나는 문제 • 469
NSInvocation • 470
블록 • 473
블록 포인터 • 474 | 변수 접근 • 475 | 블록 변수 • 477
블록은 스택을 기반으로 동작한다 • 478 | 전역 블록 • 480
블록은 오브젝티브-C의 오브젝트이다 • 480

블록 복사 • 480 | 블록을 위한 메모리 관리 • 482 | 블록 사용시 주의할 점 • 485
Cocoa에서의 블록 • 487 | 블록 표현 이슈 • 491

철학적 이슈 • 492
정리 • 493
연습 문제 • 493

PART 04 부록

Appendix A 예약어와 컴파일러 지시자

Appendix B Toll-Free Bridged 클래스

Appendix C 32비트/64비트

64비트에서의 커널 및 사용자 프로그램 • 509
64비트 코딩의 차이점 • 509
성능 • 510
64비트 컴파일 • 510
추가적인 정보 • 512

Appendix D Runtime, 새 버전에서 바뀐 부분

Synthesize된 인스턴스 변수 • 514
Synthesize된 인스턴스 변수와 Mac OS X Leopard(v 10.5) • 515

Fragile Base Class 문제 – 해결되었음 • 516

Appendix E 오브젝티브 – C 관련 자료

Apple 자료 • 520
인터넷 자료 • 521
그룹 • 521
서적 • 522

PART 01
오브젝티브-C와의 첫 만남

Part 1에서는 오브젝티브-C 2.0에 대해 소개한다. 오브젝티브-C는 C 언어의 확장판이다. 그래서 Part 1에서는 먼저 C 언어에 대한 복습을 두 장에 걸쳐서 진행한다. 그리고 객체지향 언어에 대한 개념과 이러한 개념이 오브젝티브-C 언어에는 어떻게 반영되었는지 살펴보고, Part 1의 마지막 장에서는 간단한 오브젝티브-C 프로그램을 작성하고 줄 단위로 분석한다.

Part 1의 각 장은 다음과 같다.

Chapter 01 C: 오브젝티브-C의 기본
Chapter 02 C 변수 따라잡기
Chapter 03 객체지향 프로그래밍 소개
Chapter 04 첫 번째 오브젝티브-C 프로그램

Chapter 01

C: 오브젝티브-C의 기본

LEARNING OBJECTIVE-C 2.0

오브젝티브-C는 C의 확장판이다. 그래서 이 책에서는 C에서 오브젝티브-C로 변화하면서 추가된 내용을 집중적으로 다룬다. 하지만 오브젝티브-C 프로그램을 작성하기 위해서는 C의 기본을 알고 있어야 한다. 두 개의 수를 더하고, 코드에 주석을 달고, if 문을 사용하는 등의 작업을 하기 위해서는 C나 오브젝티브-C나 다를 것이 없다. 즉, 오브젝티브-C에서 객체 개념이 빠진 부분은 C와 유사하거나 비슷한 것이 아닌 C 그 자체이다. 오브젝티브-C 2.0은 C 언어 버전 중 C99를 채용하였다.

이번 장을 시작으로 두 장에 걸쳐 C에 대해 가볍게 훑어볼 것이다. 물론 C 언어에 대한 모든 부분을 살펴보는 것은 아니다. 비트 연산, 데이터 타입 변환 심화 내용, Unicode 문자, 파라미터를 사용하는 매크로 등의 개념은 다루지 않는다. 대신 C 언어의 아주 기본적인 부분에 대해서만 다룬다. 그리고 이어서 Chapter 2에서는 변수 선언, 변수 영역, C 변수의 메모리 점유 방식 등과 같은 내용을 다룬다. 숙련된 C/C++ 프로그래머라면 Chapter 1, 2를 건너뛰어도 무방하다. (하지만 읽어서 손해볼 것은 없다. 저자도 Chapter 1, 2를 집필하면서 새로 배운 부분이 있다.) 만약 Java, C# 등과 같이 C와 유사한 언어를 사용하다 오브젝티브-C로 전환하는 경우라면 가볍게 훑어보면 되겠다. 그러나 스크립트 언어 경험만 있거나 프로그래밍 언어에 대한 경험이 전혀 없다면 별도의 C 언어 서적을 병행해서 읽는 것이 도움이 될 것이다.

> **Note** 가급적 Chapter 2는 꼭 읽기를 권한다. 반드시 알고 있어야 하는 내용임에도 불구하고 생각보다 많은 사람들이 Chapter 2의 내용을 잘 모르고 있었다.

C 언어에 대한 서적은 매우 방대하다. 하지만 원조라고 할 수 있는 〈C 언어 프로그래밍〉(Kernighan, Ritchie 공저, 휴먼싸이언스, 2012)는 여전히 베스트셀러이다. C 언어를 처음 공부하는 사람이라면 대부분 이 책을 읽어본다. 잘 알려지지 않은 관점으로 바라본 책으로는 〈C: A Reference Manual〉도 있으니 참고하기 바란다.[1]

잠시 사람이 언어를 학습하는 과정에 대해 생각해보자. 먼저 그 언어를 어떻게 적는지 봐야할 것이다. 어떤 글자를 사용하는지, 그림이나 도형을 사용하는지, 혹은 오

---

[1] C: A Reference Manual, Fifth Edition, Samuel P. Harbison, Guy L. Steele 공저(Upper Saddle River: Prentice Hall, 2002)

른쪽으로 적는지 왼쪽으로 적는지, 그렇지 않으면 위에서 아래로 적는지 알아야 할 것이다. 그런 다음, 단어 몇 개를 시작으로 학습을 진행해 나갈 것이다. 아는 단어가 점점 많아질수록 단어를 조합하여 문장을 만들게 되고, 결국에는 문단을 완성하게 된다.

C 언어를 복습하는 과정도 이와 동일하게 진행된다. 먼저 C 프로그램의 구조를 살펴보면서 C 코드의 서식은 어떤지, 변수나 함수의 이름은 어떻게 만드는지를 알아본다. 그리고는 일상의 언어에서 명사와 동사 같이 중요한 역할을 담당하는 변수와 연산자에 대해서 설명하고, 이를 엮어서 어떻게 명령문을 만들어내는지 설명할 것이다. 다음으로 단순히 순차적으로 실행하는 명령문에 변화를 일으키는 조건문에 대해서 살펴본 후, 마지막으로 컴파일 이전에 동작하는 전처리 구문과 대표적인 출력 함수인 printf에 대해 설명한다.

C 프로그램의 구조

이번 장은 C 프로그램을 구조적인 관점으로 바라보면서 시작한다. 그렇게 하면서 main 함수, 서식 이슈, 주석, 작명법, 파일 형식 등에 대한 내용을 설명할 것이다.

main 함수

모든 C 프로그램에는 main 함수가 있어야 한다. 운영체제가 C 프로그램을 로드하고 나면, 프로그램은 main 함수의 첫 번째 줄부터 실행하게 된다. main 함수의 기본 형태는 다음과 같다.

```
int main(int argc, const char * argv[ ])
{
    // 이곳에 실제로 동작하는 코드가 들어간다.
    return 0;
}
```

핵심 사항은 다음과 같다.

- 맨 앞에 나오는 int는 main 함수가 운영체제로 integer 값을 반환함을 의미한다.
- main이라는 이름은 생략할 수 없다.
- 첫 줄의 나머지 부분은 운영체제에서 넘겨 받는 파라미터로, 운영체제는 main 함수에 argc 개수만큼의 파라미터를 넘겨주는데, 실제 파라미터 값은 argv에 배열 형태로 저장되어 건네진다. 아직까지는 이 부분이 그리 중요하지 않으니 무시하자.
- 중괄호 안에 모든 실행 코드가 들어간다.
- return 0; 문장을 통해 프로그램은 운영체제에 0 값을 반환하게 된다. Mac OS X와 iOS를 포함하는 UNIX 시스템에서는 일반적으로 반환값이 0인 경우 오류가 없는 것으로, 0 이외의 다른 값이 반환되면 프로그램에 오류가 발생한 것으로 간주하며 반환된 값을 통해 오류의 종류를 알게 된다.

- 만일 터미널을 통해 프로그램을 실행하지도 않고 에러 코드를 운영체제에 반환할 것도 아니라면 main 함수를 좀 더 단순화하여 사용할 수도 있다.

```
int main( void )
{

}
```

void를 통해 main 함수가 파라미터를 취하지 않는다는 것을 알려준다. 그리고 return 문을 적지 않으면 운영체제에 0을 반환하는 것으로 간주한다.

서식(Formatting)

모든 명령문은 세미콜론(;)으로 끝난다. 그리고 공백 문자(공백, 탭, 줄바꿈)는 이름과 키워드를 구별하기 위해 사용된다. C에서는 추가로 붙는 공백 문자는 모두 무시한다. 즉, 들여쓰거나 추가로 공백을 넣어도 컴파일에는 영향을 미치지 않는다. 이러한 특성을 살려 사람이 읽기 좋게 프로그램을 작성할 수 있다. 또한, 명령문은 여러 줄로 작성할 수 있는데, 아래의 세 명령문은 모두 동일하게 동작한다.

```
    distance = rate*time;
        distance    =       rate   *   time;
distance =
    rate *
        time;
```

주석

주석(Comment)은 프로그래머의 이해를 위하여 사용되는 문장으로 컴파일러는 주석문을 모두 무시한다.

C에서는 두 가지 형태의 주석을 사용한다.

- 연속된 두 개의 슬래시(//)부터 문장이 끝날 때까지, 즉 줄바꿈 문자까지가 주석이 된다.

    ```
    // 이 부분은 주석으로 처리된다.
    ```

- /*와 */ 사이에 들어 있는 모든 내용은 주석으로 처리된다.

    ```
    /* 주석문의 다른 형태 */
    ```

두 번째 형태의 주석은 여러 줄로 사용할 수 있다. 아래의 예를 보자.

```
/* 이것은
    여러 줄로 구성된
        주석입니다. */
```

그래서 /* */ 주석은 프로그램 코드를 임시로 동작(컴파일)하지 못하게 하는 용도로도 많이 쓰인다.

또한 /* */ 주석은 아래와 같이 중첩하여 사용할 수 없다.

```
/*   /* 컴파일되지 않는 주석문 */  */
```

하지만 아래의 주석은 사용 가능하다.

```
/*
    // 줄 주석은 포함될 수 있다.
*/
```

변수와 함수 이름

C에서는 변수와 함수 이름으로 영문자, 숫자, 언더바(_)를 사용할 수 있다.

- 첫 번째 글자는 반드시 영문자 또는 언더바여야 한다.
- 이름은 대소문자를 구분한다. 그래서 bandersnatch와 Bandersnatch는 서로 다른 이름으로 간주한다.
- 이름의 중간에는 공백 문자가 들어갈 수 없다.

정상적인 이름은 다음과 같다.

```
j
taxesForYear2010
bananas_per_bunch
bananasPerBunch
```

아래의 이름은 사용할 수 없다.

```
2010YearTaxes
rock&roll
bananas per bunch
```

작명법

프로그램을 작성할 때 읽기 좋게 하기 위하여 가급적 변수와 함수 이름은 그 의미를 내포하도록 짓는 것이 좋다. 가령 bpb 같은 이름은 타이핑하기는 쉽지만 1년 후에 보면 무엇을 뜻하는지 기억해내기가 쉽지 않을 것이다. 대신 bananas_per_bunch와 같이 이름을 만들면 이름만으로도 설명이 가능해진다.

대다수의 C 프로그램에는 변수 또는 함수 이름이 길어질 때 다음과 같이 단어를 구분하기 위하여 언더바를 사용한다.

```
apples_per_basket
```

오브젝티브-C 프로그래머는 보통 CamelCase 방식으로 이름을 짓는다. CamelCase는 아래의 예와 같이 이름을 구성하는 각 단어의 첫 글자를 대문자로 사용하고 나머지 글자는 소문자를 사용하는 방식이다.

```
applesPerBasket
```

보통 private 속성을 갖거나 내부적인 용도로만 사용하는 경우에는 이름의 첫 글자를 언더바로 사용한다.

```
_privateVariable
_leaveMeAlone
```

지금까지 설명한 작명법은 일반적으로 통용되는 방법일 뿐 무조건적으로 따라야 하는 것은 아니다. C 언어는 변수 또는 함수 이름을 짓는 데 있어 별도의 작명법을 제시하지 않는다.

파일

C 프로그램은 하나 이상의 .c 확장자를 갖는 파일을 사용한다.

```
ACProgram.c
```

> **Note** Mac OS X 파일 이름은 대소문자를 구분하지 않는다. 물론 파일 시스템은 파일 이름의 대소문자를 구별한다. 하지만 myfile.c, MYFILE.c, MyFile.c 등을 모두 같은 파일 이름으로 간주한다.

오브젝티브-C의 오브젝트를 사용하는 코드를 작성한 경우(3장에서 자세히 다룬다)에는 파일 확장자로 .m 을 사용한다.

AnObjectiveCProgram.m

C 언어는 오브젝티브-C 언어의 부분집합이기 때문에 .m 파일에 일반 C 프로그램을 작성해도 무방하다.

오브젝티브-C 클래스를 정의하고 구현하기 위하여 많이 사용되는 파일 이름 규칙이 있지만(Chapter 3에서 다룬다), C에서는 파일 이름에 대한 별도의 규칙이 없기 때문에 이상하게 보일 수도 있지만 아래와 같은 이름을 사용하는 것이 문제되지 않는다.

MyFlightToRio.m

C 프로그램에서는 헤더 파일(header file)도 사용한다. 헤더 파일은 보통 여러 가지에 대한 정의가 이루어지며, 다수의 .c 와 .m 파일에 공유된다. 헤더 파일의 내용을 다른 파일에 첨부하기 위하여 전처리 지시자(preprocessor directive) `#include` 또는 `#import`를 사용한다(전처리 구문에 대해서는 나중에 다룬다). 헤더 파일의 확장자는 .h 이다.

AHeaderFile.h

이 책의 범위를 벗어나는 내용이기는 하지만, 오브젝티브-C와 C++를 같은 프로그램에서 사용하는 것이 가능하다. 이렇게 사용하는 프로그래밍 언어를 오브젝티브-C++라고 부른다. 오브젝티브-C++ 코드를 작성한 파일 확장자는 반드시 .mm 이어야 한다.

AnObjectiveCPlusPlusProgram.mm

자세한 사항은 http://developer.apple.com/mac/library/documentation/Cocoa/Conceptual/ObjectiveC/Articles/ocCPlucPlus 를 참고하자..

변수

변수(variable)는 프로그램에서 사용하는 메모리 공간을 구별하기 위하여 붙이는 이름이다. 그래서 어떠한 값을 변수에 넣으면 실제로 변수로 지정된 부분의 메모리 공간에 그 값이 저장된다. 변수는 우리가 사용하는 언어의 명사와 같은 존재로 프로그램에 존재하는 아이템이나 수치를 표현하는 데 사용된다.

C에서는 변수를 사용하기 위하여 꼭 변수를 선언해야 한다. 변수 선언은 다음과 같이 한다.

```
variabletype name;
```

하나의 선언문에 여러 개의 변수를 동시에 선언하는 것도 가능하다.

```
variabletype name1, name2, name3;
```

변수를 선언하면 컴파일러는 선언하는 변수를 위해 메모리 공간을 확보하고 그렇게 확보된 메모리 공간에는 변수값이 들어가게 된다. 변수 선언 위치, 변수를 위한 메모리가 차지하는 영역, 변수 종류별 lifetime 등과 같이 변수와 관련된 자세한 내용은 Chapter 2에서 다룬다.

Integer 타입

C는 integer 값을 저장하기 위하여 다음과 같은 데이터 타입을 사용한다.

```
char, short, int, long, long long
```

표 1.1은 32비트, 64비트 Mac OS X에서 integer 타입별로 사용하는 메모리 용량을 정리한 것이다(32비트와 64비트 실행 파일에 대한 내용은 부록 C에서 살펴본다). char 타입의 이름이 char인 이유는 태생이 character로 글자 하나를 저장하기 위하여 만들어진 데이터 타입이기 때문이다. 하지만 8비트 integer 타입으로도 많이 사

용된다.

| 표 1.1 | Integer 타입의 크기

데이터 타입	32 비트	64 비트
char	1 바이트	1 바이트
short	2 바이트	2 바이트
int	4 바이트	4 바이트
long	4 바이트	8 바이트
long long	8 바이트	8 바이트

Integer 타입은 unsigned를 붙여서 선언할 수도 있다.

```
unsigned char a;
unsigned short b;
unsigned int c;
unsigned long d;
unsigned long long e;
```

unsigned만 단독으로 사용하는 경우에는 unsigned int로 간주한다.

```
unsigned a;   // 변수 a는 unsigned int 타입이다.
```

unsigned 타입의 변수에 저장된 값은 무조건 양수로 인식한다. 따라서 unsigned 타입의 변수에 음수 기호(-)를 붙인 값을 저장하더라도 실제로는 큰 수의 양수가 들어가게 된다. 프로그램을 작성하면서 많이 실수하는 부분이니 주의하자.

부동 소수점

C에서의 부동 소수점(floating-point) 타입에는 float, double, long double이 있다. 부동 소수점 타입 크기는 32비트, 64비트에 관계없이 타입별로 동일하다.

```
float aFloat;     // float 타입은 4 바이트
double aDouble;   // double 타입은 8 바이트
long double aLongDouble;   // long double 타입은 16 바이트
```

또한 부동 소수점 변수는 항상 signed 값을 갖는다.

참/거짓 값

C에서는 일반적인 숫자로 참/거짓을 구분하였다. 그래서 0은 거짓, 0이 아닌 모든 값은 참으로 간주한다.

_Bool, bool, BOOL

초기 C 버전에는 Boolean 타입이 없었다. 그래서 참, 거짓을 판단하기 위해 숫자 값을 사용하였는데, 본문에서 설명한 바와 같이 0은 거짓, 나머지는 참으로 사용하였다. 이러한 성향은 지금까지 이어져, 현재까지도 대부분의 C 코드는 숫자 값으로 참/거짓을 판단하고 있다.

현재 C 표준으로 사용되는 버전인 C99는 _Bool 타입을 선보였다. _Bool은 integer 타입이면서 0과 1만을 저장할 수 있도록 설계되어 0이 아닌 값을 넣더라도 자동으로 1이 저장된다.

```
_Bool  b = 35;     // b에는 1이 저장된다.
```

만약 stdbool.h 헤더 파일을 추가한다면 bool을 _Bool의 alias로 사용할 수 있을 뿐만 아니라, Boolean 상수 값인 true와 false도 사용할 수 있다(true와 false는 단순히 1과 0으로 정의된 값이다).

```
#include <stdbool.h>
bool b = true;
```

오브젝티브-C에서는 _Bool이나 bool 같은 데이터 타입을 보기가 어려운데, 그 이유는 오브젝티브-C에는 자체 Boolean 타입으로 BOOL 타입이 있기 때문이다. BOOL 타입에 대해서는 Chapter 3에서 다룬다.

초기화

변수를 선언하면서 동시에 초기화하는 것도 가능하다.

```
int a = 9;

int b = 2*4;

float c = 3.14159;
```

```
char d = 'a';
```

작은따옴표(')로 둘러싸인 글자 하나는 캐릭터(character) 상수로, 글자의 ASCII 코드 값과 동일하다. 즉, 위의 예에서는 변수 d에 글자 a의 ASCII 값인 97이 저장된다.

포인터

포인터(pointer)는 값이 저장된 메모리 주소값을 갖는 변수이다. 즉, 메모리의 위치를 가리키는 변수이다.

포인터 변수를 선언하기 위해서는 변수 선언문에서 변수 이름 앞에 *을 붙이면 된다. 아래의 코드는 pointerVar 변수를 선언하는데, 이 변수는 integer 값이 저장된 메모리 주소를 갖게 된다.

```
int *pointerVar;
```

단항 연산자(unary operator) &는 주소 또는 참조 연산자로 부르며 피연산자로 사용되는 변수의 주소값을 얻기 위해 사용한다. 이렇게 얻은 주소값은 포인터 변수에 저장할 수 있다. 다음의 코드는 포인터 변수 b에 integer 변수 a의 주소값을 넣는다.

```
1 int a = 9;
2
3 int *b;
4
5 b = &a;
```

코드를 한 줄씩 살펴보자.

- 1행에서는 a를 int 타입 변수로 선언한다. 이렇게 하면 컴파일러는 integer 값이 저장될 4 바이트의 메모리 공간을 변수 a에 할당한 다음, 그곳에 integer 값 9를 넣으면서 초기화를 마무리한다.
- 3행에서는 포인터 변수 b를 선언한다. 포인터 변수 b에 저장된 주소에 해당하는

메모리 공간에는 int 값이 들어간다.
- 5행에서는 & 연산자를 사용하여 변수 a의 메모리 주소를 가져온 다음, 그 주소값을 변수 b에 넣는다.

그림 1.1은 위 코드의 실행 결과를 도식화한 것이다(변수 a의 메모리 주소가 1048880으로 시작한다고 가정하였다). 그림에 있는 화살표는 포인팅 개념을 보여준다.

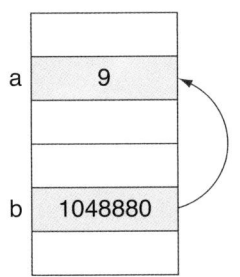

| 그림 1.1 | 그림 1.1 포인터 변수

단항 연산자 *는 값-참조 또는 역-참조 연산자로 부르며 피연산자로 사용되는 변수에 저장된 주소에 해당하는 메모리에 저장된 값을 얻기 위해 사용한다. 이렇게 생각하면 된다. 즉, *pointerVar는 pointerVar가 가리키는 메모리 위치에 저장된 내용을 지칭하는 별명(alias)이 되는 것이다. 그래서 *pointerVar는 해당 메모리 주소에 값을 설정하거나 저장된 값을 가져오는 것이 모두 가능하다. 다음의 코드를 보면 b는 a의 주소값을 가지고 있기 때문에 *b는 a의 다른 이름, 즉 별명(alias)이 된다.

```
int a;
int c;
int *b;

a = 9;

b = &a;

c = *b;  // c 값은 이제 9가 되었다.

*b = 10; // a 값은 이제 10이 되었다.
```

C에서는 동적으로 할당된 메모리를 참조하기 위하여 포인터를 사용한다(Chapter 2 참조). 또한 포인터는 배열과 구조체 같은 메모리 덩어리를 복사하는 수고를 덜어준다(배열과 구조체는 다음에 설명한다). 예를 들어, 함수에 대규모의 구조체를 한꺼번에 넘겨주는 대신 그 구조체에 대한 포인터만 넘겨주는 것이다. 이렇게 하면 함수는 포인터를 통해 동일한 구조체에 접근할 수 있다. 나중에 살펴보겠지만 오브젝티브-C의 모든 오브젝트는 항상 포인터를 이용하여 참조된다.

일반 포인터

포인터 변수가 void 타입으로 선언되었을 때 이것을 일반 포인터(generic pointer) 혹은 void 포인터라고 한다.

```
void *genericPointer;
```

일반 포인터는 모든 데이터 타입의 포인터 값을 취할 수 있다.

```
int a = 9;
void *genericPointer;
genericPointer = &a;
```

하지만 일반 포인터에서 바로 값을 추출하려고 시도하면 에러가 발생한다. 왜냐하면 컴파일러는 추출하려고 하는 주소에 있는 데이터가 어떠한 데이터 타입인지 알지 못하기 때문이다. 데이터 타입을 모르기 때문에 시작 주소로부터 몇 바이트에 해당하는 데이터를 가져와야 하는지 모르는 것이다. 그래서 에러를 발생시킨다.

```
int a = 9;
int b;
void *genericPointer;
genericPointer = &a;
b = *genericPointer;   // 컴파일 에러 발생
```

그래서 void* 포인터가 가리키는 메모리에 저장된 값을 가져오기 위해서는 void*

타입을 가져오고자 하는 데이터 타입으로 변환해야 한다.

```
int a = 9;
int b;
void *genericPointer;
genericPointer = &a;
b = *((int*) genericPointer) ;   // 컴파일 성공. 이제 b 값은 9가 된다.
```

타입 변환 연산자 (int*)는 잠시동안 컴파일러가 genericPointer의 데이터 타입을 integer 포인터 타입으로 인식하도록 만든다(타입 변환에 대해서는 나중에 설명한다).

C에서는 포인터 변수가 잘못된 메모리 영역을 가리키는 것을 확인하지 못한다. 따라서 잘못된 포인터 사용으로 인한 프로그램 오류가 자주 발생한다.

배열

C 언어에서 배열(array)은 데이터 타입, 배열 이름을 적고 바로 뒤에 대괄호([ ])와 함께 배열 요소의 개수를 넣는 것으로 선언한다.

```
int a[100];
```

배열에 존재하는 각각의 요소는 배열 이름에 붙어 있는 [ ] 안에 인덱스 값을 넣어 접근한다.

```
a[6] = 9;
```

인덱스 값은 0부터 시작한다. 그래서 앞의 예제의 경우에는 유효한 인덱스 값으로 0부터 99까지 사용할 수 있다. C 언어의 배열은 배열의 전체 영역을 체크하지 못하기 때문에 다음과 같이 사용해도 문제가 일어나지 않는다.

```
int a[100];
a[200] = 25;
```

```
a[-100] = 30;
```

배열의 영역을 벗어나는 부분에 접근하면 엉뚱한 데이터를 가져오거나 다른 변수의 값을 망가뜨리는 결과를 초래할 수 있다. 따라서 배열의 영역을 충실히 확인하지 않는다면 유해 프로그램의 공격 대상이 될 것이다.

대괄호를 이용한 표기 방식은 포인터에 약간의 연산을 가하는 불편을 없앴다. 다시 말해 배열의 이름에서 대괄호를 뺀 앞부분은 배열 시작 주소를 가리키는 포인터 변수로 사용할 수 있다. 따라서 다음의 두 문장은 똑같은 의미를 지닌다.

```
a[6] = 9;

*(a + 6) = 9;
```

포인터 연산을 통하여 배열을 표시할 때 컴파일러는 포인터 타입의 크기에 따라 주소를 계산한다. 예를 들어 a가 int 타입의 배열이라고 한다면, *(a + 2)는 a가 가리키는 주소값에 int 타입의 크기인 4바이트를 두 번 더하여, 즉 8바이트를 더한 주소값을 가리키게 된다. 하지만 a가 char 타입인 경우에는 *(a + 2)는 a가 가리키는 주소값에 char 타입 크기인 1바이트를 두 번 더한, 즉 2바이트를 더한 주소값을 가리키게 된다.

다차원 배열

다차원 배열은 아래와 같이 선언한다.

```
int b[4][10];
```

다차원 배열은 논리적인 배열 구조와는 달리 메모리에는 일렬로 저장된다. 따라서 b[0][0]이 첫 번째 배열 값이 되고, b[0][1]이 두 번째 값이 된다. 그리고 b[1][0]은 열한 번째 값이 된다.

포인터 표기 방식을 사용한다면

```
b[i][j]
```

는 다음과 같이 나타낼 수 있다.

```
*(b + i*10 + j)
```

문자열

C 언어에서 문자열(string)은 char 타입의 1차원 배열로 문장의 끝을 알려주기 위하여 마지막에 0을 넣는다(문자 'O'가 아니다). 문자열 상수는 큰따옴표("") 안에 들어있는 내용이 된다.

```
"A constant string"
```

컴파일러가 문자열 상수를 메모리에 넣을 때는 자동으로 마지막에 0값을 넣어준다. 하지만 char 배열을 선언하여 문자열을 다룰 때는 마지막에 들어가는 0값을 고려하여 배열 크기를 잡아주어야 한다. 아래의 코드는 "Hello"라는 다섯 글자 짜리 문자열 상수를 aString 배열에 넣는데, 이때는 자동으로 문자열의 마지막에 0값이 추가된다.

```
char aString[6] = "Hello";
```

다른 배열과 마찬가지로 문자열 배열 역시 배열 영역을 체크하지 못한다. 이러한 점을 악용하여 프로그램의 문자열 입력 값으로 범위를 초과하는 값을 입력하여 프로그램이 의도하지 않은 방향으로 동작하게 만들 수도 있는데, 이러한 기법은 해커들의 대표적인 공격방식이기도 하다.

데이터 타입 char*으로도 문자열 상수를 초기화하며 변수를 선언할 수 있다. 하지만 이 경우에는 다른 문자열 상수를 지정하는 것은 가능하나 문자열의 글자를 바꿀 수는 없다.

```
char *aString = "Hello";

aString = "World";
```

```
aString[4] = 'q';   // 오류 발생
```

첫 번째 줄에서 aString에 문자열 상수 "Hello"를 지정한 다음 두 번째 줄에서 다시 다른 문자열 상수인 "World"를 aString에 지정하는 것은 문제를 일으키지 않지만, 마지막 줄에서는 상수 영역을 수정하려고 시도하는 바람에 오류가 발생한다.

구조체

구조체(structure)는 연관성이 강한 변수를 묶은 그룹인 동시에 그 묶음 자체도 하나의 변수처럼 사용이 가능하다. 다음은 구조체 선언의 예이다.

```
struct dailyTemperatures
{
    float high;
    float low;
    int   year;
    int   dayOfYear;
};
```

구조체 안에 들어가는 각 변수를 멤버 변수(member variable)라고 하며, 간단히 멤버(member)라고 일컫기도 한다. 키워드 struct 다음에 따라오는 이름은 구조체 이름(structure tag)이라고 하며, 구조체 이름은 구조체를 구분하는 데 사용된다. 또한 구조체 이름은 그 구조체를 타입으로 하는 변수를 선언하는 데도 사용될 수 있다.

```
struct dailyTemperatures today;

struct dailyTemperatures *todayPtr;
```

앞의 예를 보면, today는 dailyTemperatures 구조체의 변수로 선언되었으며 todayPtr은 dailyTemperatures 구조체의 포인터 변수로 선언되었다.
점 연산자(.)는 구조체 변수의 구조체 멤버에 접근하는 데 사용된다. 그리고 포인터 연산자(->)는 구조체 포인터 변수의 구조체 멤버에 접근하는 데 사용된다.

```
todayPtr = &today;

today.high = 68.0;

todayPtr->high = 68.0;
```

위 예의 마지막 두 문장은 동일한 동작을 한다.

구조체는 다른 구조체를 멤버로 사용하는 것이 가능하다. 그래서 앞에서 보여준 구조체 예제는 다음과 같이 두 개의 구조체를 사용하여 표현할 수도 있다.

```
struct hiLow
{
    float high;
    float low;
};

struct dailyTemperatures
{
    struct hiLow tempExtremes;
    int     year;
    int     dayOfYear;
};
```

그래서 위와 같이 구조체를 정의한 경우에는 today의 최고 기온을 아래와 같이 세팅할 수 있다.

```
struct dailyTemperatures today;
today.tempExtremes.high = 68.0;
```

 컴파일러는 경우에 따라 메모리의 특정 영역을 맞추기 위하여 구조체 멤버에 패딩(padding) 메모리를 추가하기도 한다. 따라서 구조체 변수의 시작 주소를 이용하여 계산하는 방식으로 구조체 멤버를 접근하는 등의 작업은 하지 않는 것이 좋다.

typedef

키워드 typedef를 사용하면 데이터 타입에 새로운 이름을 (임시로) 부여할 수 있다.

```
typedef float Temperature;
```

위와 같이 선언하면 Temperature는 새로운 데이터 타입이 되어(실제로는 float과 동일하다) 변수 선언이 가능해진다.

```
Temperature high, low;
```

typedef는 변수에 존재하는 데이터 타입에 대한 다른 이름을 부여할 뿐, 변수 high 와 low의 데이터 타입이 float이라는 것은 동일하다. 그래서 C 코드를 이야기할 때 "Temperature is typedef'd to float."과 같이 typedef를 동사로 사용하기도 한다.

열거형 상수(Enumeration)

enum 구문은 열거된 integer 상수의 집합을 정의한다.

```
enum woodwind { oboe, flute, clarinet, bassoon };
```

위와 같이 enum을 정의하고 나면 oboe, flute, clarinet, bassoon은 각각 0, 1, 2, 3 값을 갖는 상수가 된다.

만약 상수 값을 0부터 지정하고 싶지 않다면 일일이 상수 값을 지정하면 된다. 지정되지 않은 값은 이전 값보다 1이 증가한 값을 갖는다.

```
enum woodwind { oboe=100, flute=150, clarinet, bassoon=200 };
```

위와 같이 정의하면 oboe, flute, clarinet, bassoon은 각각 100, 150, 151, 200 값을 갖게 된다.

enum 뒤에 나오는 이름은 열거형 타입 이름(enumeration tag)이라고 하며, 이름은 생략해도 된다. 열거형 타입을 이용하여 다음과 같이 변수를 선언하는 것도 가능하다.

```
enum woodwind soloist;
soloist = oboe;
```

열거형 상수는 여러 개의 상수를 사용할 때 코드의 가독성을 높이는 역할을 한다. 하지만 컴파일러는 enum 자체를 별도의 데이터 타입으로 구분하지 않기 때문에 컴파일러 차원의 지원이 많지 않다. 즉, 앞의 선언문 enum woodwind soloist;를 보면 마치 변수 soloist는 oboe, flute, clarinet, bassoon 중 하나의 값만 가질 것처럼 여겨지지만, 사실 컴파일러는 변수 soloist를 단순히 int 타입으로 이해하고 있는 것이다. 따라서 변수 soloist에 다른 integer 값을 지정해도 컴파일 상 문제가 발생하지 않는다.

```
enum woodwind { oboe, flute, clarinet, bassoon };
enum woodwind soloist;
soloist = 5280;   // 정상적으로 컴파일된다!
```

 열거형 상수 이름은 변수 이름과 동일한 name space에서 관리되기 때문에, 같은 이름으로 변수 이름과 열거형 상수 이름을 사용할 수 없다.

연산자

연산자(operator)는 마치 동사와 같아서 변수가 일을 하도록 한다.

산술 연산자

C에서 사용하는 기본적인 이항 연산자(binary operator)로는 +, -, *, /가 있다.

 나누기 연산(/)에서 두 개의 피연산자가 모두 integer 타입인 경우 정수 부분만 내림값으로 계산한다. 예를 들어, 7 / 3 의 결과는 2가 된다.

나머지 연산자

나머지 연산자(%)는 나눈 결과의 몫을 integer 값으로 반환한다. 따라서 아래의 나머지 연산 결과는 1이 된다.

```
int a = 7;
int b = 3;
int c = a%b;   // c 값은 1이다.
```

나머지 연산의 두 피연산자는 모두 integer 타입이어야 한다.

증감 연산자

C에서는 변수값을 증가/감소시키는 연산을 제공한다.

```
a++;

++a;
```

위 두 문장은 각각 a에 1씩 더하도록 한다. 하지만 두 문장에는 차이점이 있는데, 장문의 수식에 포함되는 경우 그 차이는 두드러진다. 먼저 ++a와 같이 증가 연산자가 변수 앞에 붙는 경우에는 같이 엮여 있는 다른 연산보다 먼저 진행한다. 반대로 a++ 와 같이 증가 연산자가 변수 뒤에 붙는 경우에는 다른 연산을 먼저 한 다음에 값을 증가시킨다. 즉, 증가하기 전의 a 값을 먼저 사용하는 것이다. 아래의 예를 통해 차이점을 살펴보자.

```
int a = 9;
int b;
b = a++; // postfix 증가 연산

int c = 9;
int d;
d = ++c; // prefix 증가 연산
```

먼저 postfix 버전을 보면, 먼저 변수에 들어있던 (증가 시키기 전) 값을 사용하고 증가시킨다. 따라서 b 값은 9가 되고 a 값은 10이 된다. 하지만 prefix 버전에서는 변수값을 사용하기 전에 먼저 증가시키기 때문에 c 와 d 모두 10이 된다.

감소 연산자를 사용하는 경우(a-- 또는 --a)도 마찬가지이다.

증감 연산자의 핵심은 연산자가 변수의 어느 위치에 붙느냐, 즉 prefix 또는 postfix 방법 중 어떤 것을 사용하느냐가 관건이기 때문에 이 개념만 명확하게 이해한다면 증감 연산자를 사용하는 데 큰 어려움은 없을 것이다.

연산자 우선 순위

아래의 연산 결과는 18 인가, 22인가?

```
2 * 7 + 4
```

당연한 질문이겠지만, 컴퓨터 입장에서는 어떤 연산을 먼저 하느냐에 따라 결과가 달라지기 때문에 혼란스러울 수 있다. 따라서 C 언어에서는 이러한 혼란을 없애기 위하여 연산에 우선 순위를 지정하였다. 산술 연산의 경우 곱셈, 나눗셈을 먼저 계산하고 덧셈, 뺄셈을 나중에 계산한다. 그래서 이러한 우선 순위에 따라 위 식의 결과는 18이 된다.

만약, 위의 식에서 덧셈을 먼저 계산하도록 하고 싶다면 다음과 같이 괄호를 이용하면 된다.

```
2 * (7 + 4)
```

컴파일러는 괄호를 이해하여 먼저 계산하게 된다.

 C언어의 연산자 우선순위는 표로 정리해야 할 만큼 복잡하게 얽혀있다(http://en.wikipedia.org/wiki/Order_of_operations). 하지만 이렇게 연산자 우선순위를 일일이 고민하는 것보다는 괄호를 사용하는 것이 훨씬 편리하고 이해하기도 좋다.

부정(Negation)

단항연산자 −는 음수에서 양수 또는 양수에서 음수로 부호 변환을 시킨다.

```
int a = 9;
int b;
b = -a;    // b 값은 이제 -9가 되었다.
```

비교

C는 비교 연산자도 제공하는데, 비교 연산의 결과는 진실 값이 된다. 비교의 결과가 참인 경우에는 1, 거짓인 경우에는 0이 된다.

```
a > b // a가 b보다 큰 경우 참

a < b // a가 b보다 작은 경우 참

a >= b // a가 b보다 크거나 같은 경우 참

a <= b // a가 b보다 작거나 같은 경우 참

a == b // a와 b가 같은 경우 참

a != b // a와 b가 다른 경우 참
```

 다른 언어와 마찬가지로 부동소수점의 비교는 자동으로 올림 또는 내림이 된 상태로 진행될 수 있기 때문에 의도하지 않은 결과가 나타날 수 있다는 점을 유의해야 한다.

논리 연산자

논리 연산자 AND와 OR은 아래의 모양을 갖는다.

```
expression1 && expression2 // 논리 연산자 AND

expression1 || expression2 // 논리 연산자 OR
```

C는 빠른 비교 기법(short circuit evaluation)을 사용한다. 즉, 왼쪽에서 오른쪽으로 각 표현식(expression)을 비교하는 동안 중간에 전체 논리식의 값이 결정되면 나머지 표현식은 평가를 하지 않는다. 위의 식을 예로 들면, AND 연산을 사용한 식에서 expression1 값이 거짓인 경우에는 전체 논리식의 값이 거짓이 되기 때문에

expression2를 평가(evaluation), 즉 실행하지 않는다. 마찬가지로 OR 연산을 사용한 논리식에서 `expression1` 값이 참이라면 전체 논리식은 참이 되기 때문에 expression2를 평가하지 않는다. 빠른 비교 기법 때문에 비교 구문의 두 번째 구문이 어떠한 동작을 하는 경우, 흥미로운 결과가 나타나기도 한다. 아래의 예를 보면, b가 a보다 작지 않은 경우 `CheckSomething()` 함수는 호출되지 않는다(if 문은 나중에 설명한다).

```
if (b < a && CheckSomething())
  {
    ...
  }
```

논리 부정

단항 연산자 ! 는 논리 부정 연산자이다. 논리 부정 연산자 뒤에 나오는 expression 값이 참(0이 아닌 값)이면 전체 결과는 0이 되며, expression 값이 거짓(0)이면 전체 결과는 1이 된다.

```
a = ! expression;
```

지정 연산자

C는 아래와 같이 기본적인 지정 연산자(assignment operator)를 제공한다.

```
a = b;
```

그래서 위 구문을 보면, a에 b의 값을 지정하게 된다. 이때, a는 당연히 b의 값을 받을 수 있는 자격을 갖추어야 하는데, 이러한 상황을 설명하기 위하여 조금 전문적인 표현인 lvalue를 사용한다. lvalue는 left value, 즉 지정 연산자의 왼쪽에 있는 엔티티(entity)를 가리킨다. 다음은 lvalue의 예이다.

```
/* 셋업 */
float a;
float b[100]
float *c;
struct dailyTemperatures today;
struct dailyTemperatures *todayPtr;
c = &a;
todayPtr = &today;

/* lvalue로 사용 가능 */
a = 76;
b[0] = 76;
*c = 76;
today.high = 76;
todayPtr->high = 76;
```

앞의 예와 달리 배열 이름, 함수의 리턴 값 등 메모리의 위치를 가리키지 않는 모든 표현식은 lvalue로 사용할 수 없다. 다음은 lvalue로 사용할 수 없는 예이다.

```
float a[100];
int x;

a = 76; // lvalue 사용 불가
x*x = 76; // lvalue 사용 불가
GetTodaysHigh() = 76; // lvalue 사용 불가
```

타입 변환

만일 지정문에서 등호(=) 좌/우의 변수가 서로 다른 타입일 경우에는 오른쪽 타입이 왼쪽 타입에 맞도록 자동으로 변환된다. 타입 변환시 짧은 타입을 긴 타입으로 맞추거나 integer 타입을 부동 소수점 타입으로 맞추는 것은 큰 문제가 되지 않는다. 하지만 반대의 경우에는 데이터의 손실 등 의도하지 않은 일이 발생하게 된다. 다음의 예를 살펴보자.

```
int a = 14;
float b;
b = a;  // OK, b 값은 14.00이다.
```

```
float c = 12.5;
int d;
d = c;   // 데이터 손실, d 값은 12이다.

char e = 128;
int f;
f = e;   // OK, f 값은 128이다.

int g = 333;
char h;
h = g;   // 엉뚱한 경우, h 값은 77이다.
```

컴파일러에 강제로 데이터 타입을 변환시키도록 하는 것도 가능한데, 이렇게 강제로 타입을 변환시키는 것을 타입 변환 또는 형 변환이라고 한다. 다음의 예를 보면, 마지막 줄에 (float)을 사용하여 강제로 데이터 타입을 바꾸어 나누기 연산을 정수 (integer) 연산이 아닌 부동 소수점 연산으로 만들었다.

```
int a = 6;
int b = 4;
float c, d;

c = a / b;   // integer 나누기 연산으로 계산되어 c 값은 1.0이 됨

d = (float)a / (float)b; // 부동 소수점 나누기 연산으로 계산되어 d 값은 1.5가 됨
```

포인터 역시 타입을 바꿀 수 있다. 포인터의 경우 주의해서 사용하지 않으면 메모리 내용을 날려버릴 수 있기 때문에 가급적 타입 변환을 하지 않는 것이 좋지만, void*로 넘어온 경우에는 어쩔 수 없이 타입 변환을 할 수 밖에 없다. 이런 경우, 넘겨받은 포인터에 대한 실제 타입을 정확하게 알고 있어야 제대로 타입 변환이 된다.

기타 지정 연산자

C에서는 지정 연산과 산술 연산을 묶은 형태의 연산자도 제공한다.

```
a += b;
```

```
a -= b;

a *= b;

a /= b;
```

위의 내용은 각각 아래의 내용과 동일하다.

```
a = a + b;

a = a - b;

a = a * b;

a = a / b;
```

표현식과 명령문

C에서의 표현식과 명령문는 각각 일반 언어의 구, 문장과 같은 개념으로 이해하면 된다.

표현식

가장 단순한 형태의 표현식(expression)은 단일 상수 또는 변수이다.

```
14
bananasPerBunch
```

모든 표현식은 값을 갖는다. 그리고 상수 표현식의 경우 표현식의 값은 상수값 그 자체이다. 즉, 위의 예를 보면 14라는 표현식의 값은 14가 된다. 이와 유사하게, 변수 표현식의 값은 변수값이 된다. 그래서 bananasPerBunch 표현식의 값은 bananasPerBunch 변수값과 같다.

표현식은 다른 표현식과 엮여 새로운 표현식이 된다. 다음의 예도 모두 표현식이다.

```
j + 14
a < b
distance = rate * time
```

산술 표현식 또는 논리 표현식의 값은 산술식 또는 논리식의 결과값과 동일하다. 지정 표현식의 경우 지정하는 값이 표현식의 값으로 된다.

함수 호출 또한 표현식이다.

```
SomeFunction()
```

함수 호출 표현식의 값은 호출하는 함수의 리턴 값이 된다.

표현식 평가

컴파일러가 표현식을 만나면 표현식에 대한 바이너리 코드를 생성하여 표현식을 평가하고 표현식의 값을 계산한다. 단순한 형태의 표현식은 그 자체가 표현식의 값이기 때문에 컴파일러가 특별히 할 일이 없지만, 복잡한 표현식의 경우 산술 연산, 논리 연산, 함수 호출, 지정 연산을 수행해야 하기 때문에 컴파일러는 표현식에 대한 바이너리 코드를 생성한다.

표현식을 평가하면 부수 효과(side effect)가 생기기도 한다. 일반적인 부수 효과의 예로는 지정문을 통한 변수값의 변화, 함수 호출에 따른 함수 실행 등을 들 수 있다.

표현식의 값은 프로그램의 흐름을 제어하는 데에도 사용된다. 하지만 많은 경우 표현식의 값보다는 표현식을 통해 일어나는 부수 효과에 의미를 부여하는데, 이러한 전형적인 예가 바로 지정 표현식이다. 지정 표현식의 부수 효과는 lvalue의 값이 지정하는 값으로 바뀌는 것이다. 흔치는 않지만 표현식의 값과 부수 효과를 모두 중요하게 사용하는 경우도 있다.

명령문

표현식에 세미콜론(;)을 붙이면 명령문(statement)으로 탈바꿈한다. 이것은 마치 구에 마침표를 찍어 하나의 문장으로 만드는 것과 유사하다. 명령문은 하나의 완전한 개념을 가진 코드로서, 명령문 하나가 끝났다는 것은 일단의 기계어 명령이 수행되어 메모리의 내용이 모두 업데이트가 완료된 상황임을 의미한다.

컴파운드 명령문

다음과 같이 명령문 여러 개를 중괄호 사이에 묶어 나열할 수 있다.

```
{
  timeDelta = time2 - time1;
  distanceDelta = distance2 - distance1;
  averageSpeed = distanceDelta / timeDelta;
}
```

닫는 중괄호 } 뒤에는 세미콜론을 붙이지 않는다. 이와 같은 명령문의 그룹을 컴파운드 명령문 또는 블록이라고 한다. 컴파운드 명령문은 제어문에서 굉장히 많이 사용된다.

> **Note** C언어에 있어 블록(block)과 컴파운드 명령문(compound statement)은 동의어로 별다른 구별 없이 사용된다. 그러나 Apple에서 C에 덧붙인 개념 중 하나를 블록(block, Chapter 16 참조)으로 이름을 짓는 바람에 혼란이 생겨버렸다. 이 책에서는 이러한 혼란을 피하기 위하여 앞으로 컴파운드 명령문이란 표현으로만 사용할 것이다.

프로그램 흐름

프로그램 상의 명령문은 for, while, do-while, if, switch, goto 문이나 함수 호출의 경우를 제외하고는 일반적으로 쓰여진 순서대로 실행된다.

- if문은 조건식의 참-거짓 값에 따라 조건부로 실행된다.
- for, while, do-while은 루프를 구현하기 위하여 사용한다. 조건이 일치하는 동안 계속해서 루프 내에 있는 명령문이 실행된다.

- switch문에서는 정수 표현식의 값에 따라 실행하는 명령문 세트를 결정할 수 있도록 한다.
- goto문은 목적지 라벨이 있는 명령문으로 바로 이동하는 데 사용한다.
- 함수 호출을 하면 함수의 본문 코드로 점프한다. 함수 실행이 끝나면 함수 호출을 한 다음 지점으로 돌아간다.

이제 제어문에 대해 본격적으로 알아보자.

> **Note** 다음 섹션부터 명령문으로 사용할 수 있는 모든 곳에는 컴파운드 명령문도 사용할 수 있다.

if

if문은 조건식의 참/거짓 값에 따라 실행문의 실행 여부를 결정하며, 형식은 다음과 같다.

```
if ( expression )
    statement
```

if문의 expression 평가 결과가 참(0이 아닌 값)일 경우 statement가 실행되며, 그렇지 않은 경우에는 다음 명령문으로 넘어간다. if문에 else를 추가하여 if문을 확장할 수도 있다.

```
if ( expression )
    statement1
else
    statement2
```

if문의 expression 평가 결과가 참(0이 아닌 값)일 경우 statement1이 실행되며,

그렇지 않은 경우에는 `statement2`가 실행된다.

`if`문은 `else if`를 추가하여 무한정 확장할 수도 있다.

```
if ( expression1 )
    statement1
else if ( expression2 )
    statement2
else if ( expression3 )
    statement3
...
else
    statementN
```

각 조건식은 순서대로 평가한다. 만약 조건식이 참이라면 바로 뒤에 나오는 명령문이 실행되고는 전체 `if`문을 빠져나온다. 만일 `if`문의 모든 조건식의 값이 거짓이라면 맨 마지막에 있는 `else` 다음의 명령문이 실행된다(물론 마지막의 `else`문은 생략 가능하다).

조건식

조건식은 조건 연산자(3항 연산자)와 함께 사용되기도 한다.

```
expression1 ? expression2 : expression3
```

조건식을 평가하기 위하여 `expression1`의 참/거짓 값을 구한다. 그 결과가 참인 경우에는 `expression2`를 평가하고 `expression3`을 평가하지 않은 채로 조건식은 끝난다.

마찬가지로 `expression1`의 값이 거짓인 경우에는 `expression3`을 평가하고 `expression2`는 평가하지 않는다.

조건식은 if문을 대신하여 아주 간편하게 사용할 수 있다. 다음의 예를 보자.

```
a = ( b > 0 ) ? c : d;
```

위 문장은 아래의 if 문과 동일하다.

```
if ( b > 0 )
   a = c;
else
   a = d;
```

while

while문은 루프를 구현하기 위하여 사용하며, 형식은 아래와 같다.

```
while ( expression ) statement
```

while문이 동작하면 먼저 expression을 평가한다. 만약 결과가 참이라면 statement가 실행되며, 그런 다음 다시 조건을 평가한다. 이와 같은 동작을 expression 평가 결과가 거짓이 될 때까지 반복한다. 조건식 결과가 거짓이 되면 while문을 빠져나온다.

많지 않지만 아래와 같이 사용하는 경우도 있다.

```
while ( 1 )
   {
      ...
   }
```

위와 같은 경우를 가리켜 while문을 이용한 무한 루프라고 하며, 보통 이와 같은 경우에는 while문 안에 조건을 확인하는 부분을 넣어서 조건을 만족하는 경우에는 while문을 빠져나올 수 있도록 설정한다.

do-while

do-while문은 while문과 아주 유사하지만, 조건 검사를 statement 이후에 하는 것이 차이점이다.

```
do statement while ( expression );
```

그래서 expression의 평가 결과에 관계 없이, statement는 최소한 한 번은 실행하게 되어 있다. 하지만 조건식이 거짓인 경우에도 statement가 한 번은 동작해야 하는 경우가 흔치 않기 때문에, 실무에서는 do-while문을 거의 사용하지 않는다.

for

for문은 루프를 만들 때 일반적으로 가장 많이 사용되는 구문이다. 형식은 다음과 같다.

```
for (expression1; expression2; expression3) statement
```

for문을 실행하면 아래와 같은 절차로 진행된다.

1. 루프를 시작하기 전에 expression1을 평가한다.
2. expression2를 평가하여 참/거짓 값을 얻어낸다.
3. expression2의 값이 참인 경우 statement가 실행된다. 그렇지 않다면 루프는 끝나고 for 루프 이후의 명령문을 실행한다.
4. expression3을 평가한다.
5. expression2의 값이 거짓이 될 때까지 2, 3, 4 단계를 반복한다.

expression1과 expression3은 보통 루프 카운터로 사용하는 변수값을 초기화하고 증감시키는 등의 부수 효과를 위해 평가한다.

```
int j;

for ( j=0; j < 10; j++ )
  {
    // 10번 반복한다.
  }
```

표현식은 생략이 가능하지만 세미콜론은 생략할 수 없다. 만일 expression2가 생략되면 for문은 while(1);과 같이 무한 루프가 된다.

```
for ( i=0; ; i++ )
  {
    ...
    // 조건을 만족하면 루프를 빠져나간다.
  }
```

> **Note** 배열의 요소를 모두 탐색하는 경우, 배열의 인덱스 번호는 0부터 (배열 개수 − 1)까지임을 명심해야 한다.
>
> ```
> int j;
> int a[25];
>
> for (j=0; j < 25; j++ )
>   {
>     // Do something with a[j]
>   }
> ```
>
> 위의 예를 for (j=1; j <= 25; j++)과 같이 잘못 적는 경우가 빈번히 일어나니 주의하자.

break

break는 루프 또는 switch문을 빠져나가기 위하여 사용한다.

```
int j;
for (j=0;  j < 100; j++ )
  {
    ...
    if ( someConditionMet ) break; // 루프를 빠져나가 루프 이후를 실행한다.
  }
```

break를 만나면 while, do, for, switch문이 끝난 다음 명령문부터 계속 실행한다. 중첩된 루프에서 break를 만나는 경우에는 break가 포함된 루프만 빠져나온다. 만일 루프 또는 switch 외에서 break를 사용하면 다음과 비슷한 컴파일 에러가 발생한다.

```
error: break statement not within loop or switch
```

continue

continue는 while, do, for 루프에서 루프의 나머지 부분을 수행할 필요가 없을 때 건너뛸 수 있도록 한다. 다음의 예를 보자.

```
int j;
for (j=0;  j < 100; j++ )
  {
    ...
    if ( doneWithIteration ) continue; // 루프의 나머지 부분은 실행하지 않는다.
    ...
  }
```

continue를 만나면 continue 이후의 루프 코드는 실행하지 않고 바로 루프의 시작 지점으로 돌아가 다음 번 루프를 수행한다. 루프의 시작 지점으로 돌아가면, while 또는 do-while 루프의 경우 조건식을 평가하며, for 루프의 경우에는 세 번째 표현식을 평가한 다음 두 번째 표현식(즉, 조건식)을 평가한다. break와 마찬가지로 continue 역시 루프 바깥에서 사용하면 컴파일 에러가 발생한다.

콤마(,) 표현식

콤마 표현식은 두 개 이상의 표현식으로 구성되어 있으며, 각 표현식은 콤마(,)로 구분된다.

```
expression1, expression2, ..., expressionN
```

모든 표현식은 왼쪽에서 오른쪽으로 평가하며, 맨 마지막 표현식의 값이 콤마 표현식 전체의 값으로 된다.

콤마 표현식은 주로 for문에서 여러 개의 변수를 초기화 및 증감시키는 용도로 사용한다. 아래의 예를 보면, 변수 j는 0부터 MAX-1까지, k는 MAX-1부터 0까지 변한다.

```
for ( j=0, k=MAX-1; j < MAX; j++, k--)
  {
    // 루프 수행
  }
```

콤마 표현식을 for문에서 사용하는 경우, for문의 표현식의 평가에 따른 부수 효과(즉, 변수 j, k를 초기화하고, 증가 또는 감소시키는 연산)만을 중요하게 여긴다. for에서 사용된 콤마 표현식의 값은 취하지 않는다.

switch

switch는 정수 표현식의 값에 따라 다른 명령어가 실행되도록 한다. switch문의 형식은 다음과 같다.

```
switch ( integer_expression )
  {
    case value1:
      statement
      break;

    case value2:
      statement
      break;

    ...

    default:
      statement
      break;
  }
```

C언어의 다른 명령문과 달리 switch 구문에서 사용되는 명령문은 컴파운드 명령문으로 만들 필요 없이 여러 개의 명령문을 사용할 수 있다.

value1, value2, ... 등은 integer, char 타입에 관계 없이 정수여야 하며, 서로 다른 값이어야 한다.

switch 구문이 실행되면 먼저 integer_expression을 평가한 다음 그 결과가 case 옆 value와 같은 것이 있는지 확인한다. 만일 같은 값이 있는 경우, 해당 case로 점프하여 break를 만나거나 switch 구문이 끝날 때까지 명령문을 수행한다. break를 만나면 switch 구문 전체가 끝나며, switch 다음의 명령문으로 넘어간다.

재미있는 사실은, case 뒤에 break를 붙이는 것에 대해 강제성이 없다는 것이다. 그렇기 때문에 break가 생략된 경우에는 해당 case 명령문을 모두 실행하고 나서도 다음 case로 넘어가 계속해서 실행한다. 만약 switch문에서 break가 생략된 것을 발견하였다면 그것은 프로그래머가 실수했거나 (여러 개의 case 부분을 실행하도록) 의도적으로 생략한 것으로 보면 된다.

만약 case 라벨 중 integer_expression 결과값과 일치하는 것이 없다면 default:로 넘어간다. default는 생략이 가능하며, default를 생략한 상태에서 integer_expression 값이 모든 case 라벨과 일치하지 않는다면 바로 switch문을 빠져 나온다.

goto

C언어는 goto문도 제공한다.

```
goto label;
```

goto를 실행하면 바로 해당 label:로 건너뛴다.

```
label: statement
```

- 라벨은 그저 코드의 특정 지점을 표시하는 마크일 뿐 실행 가능한 명령문이 아니다.

- 라벨의 작명법은 변수, 함수의 작명법과 동일하다.
- 라벨은 항상 콜론(:)으로 끝난다.

무작위로 goto문을 사용하면 프로그램이 복잡하고 읽기 힘들어지기 때문에(이러한 코드를 스파게티 코드라고 한다) 숙련된 프로그래머들은 goto를 쓰지 말라고 조언한다. 하지만 중첩된 루프의 안쪽에서 한 번에 중첩된 루프 전체를 빠져나오는 경우에는 goto문이 편리하다(break로는 내부의 루프만 빠져나올 뿐 중첩된 전체 루프를 빠져나오지 못한다).

```
for ( i=0; i < MAX_I; i++ )
  for ( j=0; j < MAX_J; j++ )
    {
      ...
      if ( finished ) goto moreStuff;
    }
moreStuff:   statement  // goto문을 만나 이동하는 지점
```

 goto 명령문을 사용할 것인가에 대한 주제는 컴퓨터 과학 분야에서 가장 오래된 논쟁 중 하나이다. 이 논쟁에 대한 자세한 정보는 http://david.tribble.com/text/goto.html에서 확인할 수 있다.

함수

함수(Function)는 일반적으로 다음과 같은 형태를 띤다.

```
returnType functionName( arg1Type arg1, ..., argNType argN )
{
  statements
}
```

간단한 함수의 예를 들면 다음과 같다.

```
float salesTax( float purchasePrice, float taxRate )
{
  float tax = purchasePrice * taxRate;
  return tax;
}
```

함수를 호출하기 위해서는 함수 이름을 적고 그 뒤에 인수 또는 파라미터로 불리는 표현식 리스트를 괄호로 묶어 표현하면 된다. 각 인수의 데이터 타입은 함수 선언시 지정된 데이터 타입과 일치해야 한다. 다음은 앞에서 선언한 함수를 실제로 사용한 예이다.

```
float carPrice = 20000.00;
float stateTaxRate = 0.05;

float carSalesTax = salesTax( carPrice, stateTaxRate );
```

함수를 호출하면 함수 본문의 맨 처음 명령문으로 넘어간 다음, return을 만나거나 함수의 끝에 도달할 때까지 명령문을 실행한다. 그리고는 함수를 호출한 지점으로 돌아가게 되는데, 이때 함수 표현식의 값은 함수 return문에서 세팅된 값, 즉 함수 리턴 값이 된다.

함수는 인수 또는 리턴 값을 갖지 않아도 된다. 리턴 값이 없는 함수는 void 타입으로 선언 또는 정의한다.

```
void FunctionThatReturnsNothing( int arg1 )
```

리턴 값을 갖지 않는 함수 본문에는 return을 사용하지 않는다.
인수가 없는 함수는 인수 리스트 부분을 비우면 된다.

```
int FunctionWithNoArguments()
```

함수는 때로는 부가적인 일만을 처리하는 데 사용하기도 한다. 다음의 예는 함수가 프로그램의 상태는 변경하지 않은 채 부가적인 일(판매세 출력)만 하는 것을 보여준다.

```
void printSalesTax ( float purchasePrice, float taxRate )
{
   float tax = purchasePrice * taxRate;

   printf( "The sales tax is: %f.2\n" , tax );

}
```

C언어의 함수는 값-전달 방식을 사용한다. 즉, 함수가 호출되는 시점에 인수 리스트에 있는 모든 인수 표현식을 평가한 다음, 그 값을 함수의 인수로 전달하는 것이다. 그래서 함수를 호출하면서 인수로 변수를 넣은 다음 그 변수 내용을 함수 내에서 아무리 변경해도 호출하는 영역의 인수로 넣은 변수 내용은 변하지 않는다.

```
void salesTax( float purchasePrice, float taxRate, float carSalesTax)
{
  // 변수 calculateTax 값을 변경하지만
  // 이 함수를 호출하는 쪽에서는 변경된 값이 반영되지 않는다.

    carSalesTax = purchasePrice * taxRate;
    return;
}
```

인수로 넘겨주는 변수의 값을 함수에서 바꿀 수 있도록 하기 위해서는 변수값을 넘겨주는 대신 변수의 포인터를 넘겨주면 된다.

```
void salesTax( float purchasePrice, float taxRate, float *carSalesTax)
{
  *carSalesTax = purchasePrice * taxRate; // 이와 같이 하면 인수로 넘겨준 변수 내용이
바뀐다.

   return;
}
```

> **Note** 앞의 예도 여전히 값-전달(call by value) 방식이다. 대신, 변수의 포인터 값을 넘겨주었기 때문에 호출된 함수가 포인터 값을 이용해 넘겨준 변수의 값을 바꿀 수 있는 것이다.

함수 선언

함수를 호출할 때, 컴파일러는 함수의 인수와 리턴 값의 데이터 타입을 알아야 한다. 그렇게 하면 이 정보를 이용하여 함수 호출 부분과 실제 함수를 제대로 연결할 수 있다. 만일 함수 호출을 하는 코드가 나오기 전에 함수를 정의하면 별도의 작업이 필요하지 않지만, 함수 정의 부분이 나오기 전에 함수 호출을 하게 되면 컴파일러는 이 함수에 대한 정보가 없기 때문에 문제가 발생한다. 이를 방지하기 위하여 함수 호출 전에 반드시 호출할 함수에 대한 선언을 해야 한다.

함수 선언을 하기 위해서는 함수의 첫 번째 줄을 적은 다음 마지막에 세미콜론을 붙여주면 된다.

```
void printSalesTax ( float purchasePrice, float taxRate );
```

일반적으로 함수 선언 부분은 헤더 파일에 넣는다. 그렇게 한 다음 함수 호출이 필요한 코드에서 헤더 파일을 include한다(이 부분에 대해서는 뒤에서 설명한다).

> **Note** 함수 선언을 놓칠 경우 이상한 문제가 야기될 수 있다. 가령 호출할 함수가 나중에 정의되어 있거나 다른 파일에 정의해놓은 상태에서 함수 선언을 하지 않은 경우에는 컴파일러나 링커(linker)가 에러를 일으킨다. 하지만 함수의 리턴 타입이 부동 소수점인 경우에는 인수와 리턴 값에 모두 가비지(garbage) 값이 들어갈 수도 있다.

전처리

C언어(오브젝티브-C 포함) 코드를 컴파일할 때 실제로 컴파일하기 전에 거치는 과정이 있는데 이것을 전처리(preprocessor) 과정이라고 한다. #으로 시작하는 줄은 모두 전처리 구문에 해당한다. 전처리 과정을 통해 다음과 같은 것을 할 수 있다.

- 특정 위치에서 한 개 이상의 파일 내용을 불러올 수 있다.
- 미리 정의된 상수를 사용할 수 있다.
- 조건에 따라 컴파일 여부를 결정할 수 있다.

Include

아래의 줄을 통해 #include 부분에 HeaderFile.h 파일의 내용을 불러온다.

```
#include "HeaderFile.h"
```

이렇게 하면 HeaderFile.h 파일의 모든 내용이 마치 텍스트 편집기에서 복사+붙여넣기한 것처럼 추가된다.

앞에서와 같이 포함시킬 파일 이름을 큰 따옴표("")로 묶으면 컴파일하는 디렉토리에서 먼저 헤더 파일을 검색한다. 컴파일하는 디렉토리에 해당 파일이 없다면 컴파일러에 알려준 디렉토리 리스트에 있는지 차례로 검색한다. 그래도 찾는 헤더 파일이 없다면 마지막으로 시스템 위치에서 검색한다.

아래와 같이 불러올 헤더 파일 이름을 꺾쇠(<>)로 묶는 경우에는 해당 파일을 시스템 위치에서만 검색을 하게 된다.

```
#include <HeaderFile.h>
```

Note

오브젝티브-C에서는 #include 대신 #import를 사용한다. #import는 기능상으로는 #include와 동일하지만 같은 이름의 파일을 한 번만 불러온다는 것이 다른 점이다. 이미 한 번 #import를 통해 헤더 파일을 불렀다면 나중에 동일한 이름의 파일을 부르는 #import 문장은 무시한다.

#define

#define은 텍스트를 대치하기 위하여 사용하며, 다음과 같이 상수를 정의할 때 가장 많이 쓰인다.

```
#define MAX_VOLUME 11
```

이렇게 정의하면 전처리 과정에서 모든 MAX_VOLUME은 11로 바뀐다. 만일 여러 줄을 입력하고자 한다면, 마지막줄을 제외한 모든 줄 끝에 역슬래시(\)를 붙이면 된다.

> **Note** \는 꼭 줄 끝에 붙여야 한다. \ 뒤에 다른 글자가 딸려오면("//"로 시작하는 주석 등) 컴파일 에러가 발생한다.

헤더 파일에서 가장 많이 사용하는 `#define` 패턴은 헤더 파일에 `#define` 정의 부분을 넣고 여러 소스 파일에서 사용하는 것이다. 그래서 소스 파일에서 동일하게 사용하는 상수 값을 바꾸기 위해서는 헤더 파일의 `#define` 정의 부분만 수정하는 것으로 간단히 끝낼 수 있다. 전통적인 C언어 프로그래밍 관습에는 define하는 상수는 모두 대문자를 사용하지만, Apple의 경우 상수 이름을 지을 때 k로 시작하는 CamelCase 방식을 사용한다.

```
#define kMaximumVolume 11
```

코드를 읽다 보면 전통적인 방식과 Apple 방식을 모두 보게 될 것이다.

조건부 컴파일

전처리하는 동안에는 조건부 컴파일을 할 수 있다.

```
#if condition
    statements
#else
    otherStatements
#endif
```

여기서 `condition`은 컴파일 시간에 참/거짓 값을 판별할 수 있는 상수여야 한다. 만일 `condition` 값이 참(0이 아닌 값)이면 `statements`가 컴파일되고 `otherStatements`는 컴파일되지 않는다. `condition` 값이 거짓인 경우 `statements`가 생략되고 `otherStatements`가 컴파일된다.

마지막의 `#endif`는 꼭 있어야 하지만 `#else` 부분은 필요할 때만 기술할 수 있다.

또한 조건부 컴파일 단락은 `#ifdef` 지시자로도 시작이 가능하다.

```
#ifdef name
    statements
#endif
```

위와 같이 정의한 경우에는 `name` 이름으로 `#define` 되었는지 여부에 따라 컴파일을 결정한다.

`#if` 지시자를 사용하면 디버깅할 때 코드 블록을 쉽게 빼거나 넣을 수 있다.

```
#if 1
    statements
#endif
```

위의 예를 보면 1을 0으로 바꾸는 것만으로 `statements` 부분을 제외할 수 있다. 마찬가지로 0에서 1로 바꾸어 다시 포함시킬 수도 있다.

`#if`와 `#ifdef`는 다음과 같이 중첩된 형태로 사용할 수 있다.

```
#if 0
#if 1
statements
#endif
#endif
```

위의 예를 보면, 맨 바깥쪽 `#if`가 0으로 되어 있기 때문에 전체 블록을 모두 컴파일하지 않는다.

여러 명령문 블록을 동시에 컴파일 대상에 포함/제외시키기 위하여 다음과 같이 프로그램을 작성할 수도 있다.

```
#if _DEBUG

    statements

#endif
```

_DEBUG는 미리 정의된 상수로 컴파일시 -D 옵션을 넣어주면 _DEBUG 값이 참이 되어 해당 블록이 컴파일된다.

printf

입력과 출력(input and output, I/O)은 C언어의 영역이 아니다. 캐릭터 및 바이너리 I/O는 모두 C언어 표준 I/O 라이브러리(C standard I/O library)에 포함된 함수로 구현되어 있다.

> **Note** 표준 I/O 라이브러리는 여러 함수로 이루어진 라이브러리 세트 중 하나로 모든 C언어 환경에 제공된다.

표준 I/O 라이브러리에 있는 함수를 사용하기 위해서는 라이브러리의 헤더 파일을 프로그램에 포함시켜야 한다.

```
#include <stdio.h>
```

여기에서는 표준 I/O 라이브러리 함수 중 `printf`만을 살펴볼 것이다. `printf`는 문자열을 터미널 창(Xcode의 경우에는 console 창)에 원하는 포맷으로 출력시키는 함수이다. `printf` 함수는 여러 개의 인수를 취하는데, 첫 번째 인수를 포맷 스트링(format string, 서식 문자열)으로 사용하고 나머지 인수들은 출력 값으로 사용한다.

```
printf( formatString, argument1, argument2, ..., argumentN );
```

포맷 스트링은 일반 문자와 서식 문자(conversion specifier, 형식 지정자)로 구성된다.

- %를 제외한 모든 글자는 그대로 출력된다.
- 서식 문자는 퍼센트 기호(%)로 시작한다. % 뒤에 따라오는 글자에 따라 서식 문

자가 출력하고자 하는 데이터 타입이 결정된다.
- 서식 문자 한 개는 인수 한 개를 처리한다. 그래서 출력 값으로 사용되는 인수는 서식 문자가 지정하는 서식에 맞게 출력된다.

이 책에서 사용하는 서식 문자는 char와 int 타입을 출력하는 %d, float과 double 타입을 출력하는 %f, 문자열(char* 타입)을 출력하는 %s 밖에 없다.
다음의 예를 보자.

```
int myInt = 9;
float myFloat = 3.145926;
char* myString = "a C string";

printf( "This is an Integer: %d, a float: %f, and a string: %s.\n",
    myInt, myFloat, myString );
```

> **Note** \n은 줄바꿈 글자로 \n 뒤에 나오는 글자는 다음 줄 맨 앞부터 출력된다.

앞의 예를 실행하면 아래와 같이 출력된다.

```
This is an Integer: 9, a float: 3.145926, and a string: a C string.
```

만일 서식 문자 개수가 인수 개수보다 적다면 printf는 넘치는 인수를 버린다. 반대로 서식 문자 개수가 인수 개수보다 많다면 남는 서식 위치에는 엉뚱한 값이 출력된다.

> **Note** 이 책에서는 printf를 오브젝트가 아닌 변수값을 로그로 남기거나 디버깅할 때에만 사용하며 일반적인 경우에는 사용하지 않는다. 그래서 printf의 포맷 스트링이나 서식 문자에 대한 자세한 설명은 하지 않는다.
> printf는 다양한 데이터 타입을 아주 정교한 형식에 맞추어 출력할 수 있다. 자세한 내용은 UNIX 매뉴얼 페이지를 참조하도록 하자. UNIX 매뉴얼 페이지를 통해 printf 함수에 대한 설명을 조회하고 싶다면 터미널 창에서 다음과 같이 입력하면 된다.
>
> ```
> man 3 printf
> ```

> **Note** Apple의 Foundation 프레임워크는 또다른 로그 함수로 `NSLog`를 제공한다. `NSLog`는 `printf`와 유사하지만 오브젝트 변수값을 출력할 수 있으며, 프로그램 이름, 날짜, 시각(시-분-초-밀리초)을 자동으로 출력할 수도 있다. 이와 같은 기능은 편리하지만 한 두 개의 변수만 확인하기에는 너무 산만한 경우도 있다. 따라서 이 책에서는 `NSLog`의 부가기능이 필요하지 않은 경우에는 `printf`를 사용하였다. `NSLog`에 대해서는 Chapter 3에서 설명한다.

gcc와 gdb

Mac OS X 또는 iOS 프로그램을 작성하기 위해서는 Apple의 통합개발도구(IDE, Integrated Development Environment) Xcode를 사용해야 한다. Chapter 4에서 간단한 Xcode 프로젝트 예제를 통해 Xcode 사용법을 알아볼 것이다. 이번 장과 다음 장에서 살펴볼 간단한 C 프로그램은 모두 텍스트 에디터를 통해 작성한 다음 터미널에서 실행하는 gcc(GNU C 컴파일러)를 이용하여 컴파일할 것이다. gcc를 사용하기 위해서는 다음과 같은 것들이 필요하다.

1. 터미널 창: Mac OS X에서 제공하는 터미널 프로그램(/Applications/Utilities/Terminal.app)을 사용하거나 UNIX 환경에서 xterm을 사용해도 무방하다. xterm에 익숙한 사람이라면 OS X용 프로그램인 iTerm을 사용하는 것도 도움이 될 것이다(http://iterm.sourceforge.net/).
2. 텍스트 편집기: 텍스트 편집기는 vi나 emacs 등 취향에 맞게 사용하면 된다.
3. 명령 툴: 시스템에 따라 명령 툴이 설치되지 않은 경우도 있다. 명령 툴 설치 여부를 확인하기 위해서는 명령 프롬프트에서 `which gcc`를 입력하면 된다. 만약 그 결과가 `/usr/bin/gcc`라고 나오면 명령 툴이 설치된 것이다. 만일 출력되는 내용이 없거나 `gcc: Command not found.` 같은 문구가 나타나면 명령 툴을 설치해야 한다. 명령 툴은 Xcode 설치 이미지에 포함되어 있다(가장 최신 버전은 http://developer.apple.com/mac/에서 구할 수 있다.). Xcode 설치 프로그램을 시작하고 Custom Install 단계까지 가면 UNIX Dev Support 항목을 체크하여야 한다(그림 1.2).

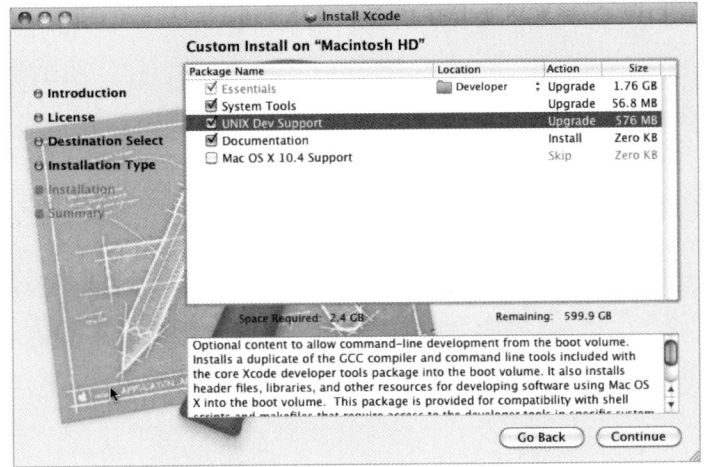

| 그림 1.2 | 명령 툴 설치 화면[2]

이렇게 하면 컴파일을 할 수 있는 준비가 끝난다. 이제 MyCProgram.c 라는 프로그램을 명령 프롬프트에서 컴파일하는 경우 다음과 같이 입력하면 된다.

```
gcc -o MyCProgram MyCProgram.c
```

-o 옵션 뒤에는 최종 결과물, 즉 실행파일 이름을 적는다. 컴파일 에러가 났다면 수정해서 다시 컴파일하면 된다. 성공적으로 컴파일이 되었다면 -o 옵션으로 지정한 실행파일 이름을 명령 프롬프트에 입력하여 실행시킨다.

```
MyCProgram
```

만약 작성한 프로그램을 gdb(GNU debugger)를 이용하여 디버깅하고 싶다면 컴파일시 -g 옵션을 추가해야 한다.

```
gcc -g -o MyCProgram MyCProgram.c
```

---

2 (역자 주) 이미 Xcode가 설치되어 Xcode 설치 프로그램이 그림 1.2와 같이 동작하지 않는 경우에는 별도의 Command Line Tools for Xcode 패키지를 다운받고 설치하면 된다.

-g 옵션은 gcc로 하여금 최종 실행파일에 디버깅 정보를 포함시키도록 한다. 디버깅 정보를 포함시키며 컴파일한 다음, gdb를 이용하여 디버깅을 하기 위해서는 간단히 gdb 뒤에 실행파일 이름을 넣으면 된다.

```
gdb MyCProgram
```

gdb에 대한 문서는 GNU 웹사이트 www.gnu.org/software/gdb/ 또는 Apple 웹사이트 http://developer.apple.com/mac/library/documentation/DeveloperTools/gdb/gdb/gdb_toc.html에서 확인할 수 있다. 언급한 사이트뿐만 아니라 gdb에 대한 자료는 인터넷에 굉장히 많이 소개되고 있기 때문에 쉽게 찾을 수 있을 것이다.

정리

이번 장에서는 C언어의 기본적인 내용에 대하여 살펴보았다. 이어서 Chapter 2까지는 C 프로그램의 메모리 구성과 변수 선언, 범위 및 동적 메모리 할당에 대해 다루고, Chapter 3에서부터 이 책에서 정말로 다루고자 하는 부분이 나온다. Chapter 3에서는 객체지향 프로그래밍과 오브젝티브-C의 오브젝트 파트에 대해 설명한다.

연습 문제

1. 부동 소수점 숫자 두 개의 평균을 구하는 함수를 작성하고, 이 함수가 잘 동작하는지 확인한 다음 그 결과를 출력하는 간단한 프로그램을 작성해보자. 다음으로 평균을 구하는 함수 부분을 다른 파일로 나누는데, main 함수가 있는 파일에서 다른 파일로 옮긴 함수의 선언을 생략하면 어떤 일이 발생하는지 확인해보자. 마지막으로 함수 선언부를 추가하고 문제가 해결되는지 확인해보자.
2. 부동 소수점 숫자 두 개의 평균을 구하는 함수를 작성하는데, 이번에는 함수의 인수가 평균값을 받아올 수 있도록 다음과 같이 구현해보자.

```
void average( float a, float b, float average )
```

함수를 사용하는 프로그램을 작성한 다음 함수가 제대로 동작하지 않는 것을 확인해보자. 변수값을 함수의 파라미터로 넘기기 때문에 결과를 받지 못한다는 것을 알 수 있다. 이제 함수를 수정하여 포인터를 인수로 넘겨주도록 구현해보자. 포인터로 넘긴 변수값은 함수 내에서 수정이 가능하다는 것을 확인할 수 있다.

3. `int FlipCoin()`이라는 함수가 있다고 가정하자. 이 함수는 무작위로 1 또는 0을 반환하는데, 1은 head를, 0은 tail을 표현한다면 아래 적혀있는 코드는 어떻게 동작할 것인지 설명해보자.

```
int flipResult;

if ( flipResult = FlipCoin() )
    printf("Heads is represented by %d\n", flipResult );
else
    printf("Tails is represented by %d\n", flipResult );
```

Chapter 6에서도 보게 되겠지만, 위의 예와 같은 if 조건은 오브젝티브-C의 오브젝트를 초기화하는 방법과 유사하다.

4. 단위행렬은 행과 열의 개수가 같고, 행 번호와 열 번호가 같은 위치에만 1이 있으며 나머지는 0으로 채워진 행렬을 말한다. 2×2 크기의 단위행렬은 아래와 같다.

$$\begin{bmatrix} 1 & 0 \\ 0 & 1 \end{bmatrix}$$

지금까지의 내용을 바탕으로, 4×4 크기의 단위행렬을 변수에 저장하는 프로그램을 작성해보자. 단위행렬을 만든 다음에는 잘 정돈된 형태로 출력하도록 구현해보자.

5. 피보나치 수열은 자연과 수학에서 많이 나타나는 수열로, 처음 두 개의 숫자는 0과 1이다. 그리고 n번째 숫자는 이전 피보나치 수열의 두 개의 합이 된다. 그 규칙을 적으면 아래와 같다.

$$F_n = F_{n-1} + F_{n-2}$$

여기서는 20개의 피보나치 수열을 계산하고 변수에 저장하는 프로그램을 작성해보자. 20개의 피보나치 숫자는 한 줄에 하나씩 다음과 같은 양식으로 출력해야 한다.

```
Fibonacci Number 2 is: 1
```

아울러 `#define`을 사용하여 피보나치 수열의 숫자 개수를 제한할 수 있도록 구현하도록 하자. 이렇게 하면 피보나치 수열의 숫자 개수를 바꾸는 것이 아주 편리해진다.

6. 연습문제 5번 프로그램을 `for` 대신 `while` 문으로 바꾸어 구현해보자.
7. 75개의 피보나치 숫자를 계산할 수 있겠는가? 만일 피보나치 수열의 숫자를 저장하기 위하여 `int` 타입을 사용하였다면 47번째 피보나치 숫자부터는 `int` 변수에 담기 어려울 것이다. 이러한 문제를 어떻게 해결하겠는가?
8. iPhone App Store에 수많은 팁 계산 앱이 있는 것을 보면 상당히 많은 사람들이 곱셈에 어려움이 있다는 것을 알 수 있다. 이들 중 iPhone이 없는 사람들을 위해 팁을 계산하는 프로그램을 작성해보자. 15%의 팁을 계산하여 $10부터 $50까지 $0.5 단위로 원금과 팁을 출력하도록 구현해야 한다.
9. 이제 팁 계산 프로그램을 좀 더 발전시켜보자. 20%의 팁이 출력되는 열을 추가할 것이다(오브젝티브-C 프로그래머라면 아주 쉽게 붙일 것이다). 표를 보기 좋게 하기 위해 맨 윗열에는 열 이름을 출력하고, 중첩된 루프를 활용하여 $10 단위가 바뀔 때마다 빈 줄을 한 줄 추가하자.
`printf` 함수에서 서식 문자로 `%f` 대신 `%.2f`를 사용하면 소수점 둘째 자리까지만 출력한다. 또한 `%%`를 사용하면 `%` 기호 한 개만 출력한다.
10. 사각형 정보를 갖는 구조체를 만들어보자. 사각형 정보는 한 점의 좌표와 가로/세로의 길이 정보로 이루어져 있으며 사각형의 왼쪽 상단 점을 기준으로 한다(Cocoa 프레임워크는 이와 같은 구조체를 이미 정의해놓았지만, 이번에는 직접

구현하도록 하자).

11. 효율적인 컴퓨터 그래픽을 위한 조언 중 하나가 "그릴 필요 없는 곳은 그리지 마라."이다. 그래픽 프로그램은 흔히 모든 그래픽 오브젝트에 대해 사각형 테두리를 만들어 놓고 사각형 테두리와 그리고자 하는 영역(사각형)을 비교한다. 만약 사각형 테두리가 그리는 영역 밖에 있다면 그 오브젝트는 그릴 필요가 없는 것이다. 두 개의 사각형을 비교하는 것은 오브젝트를 그리는 것보다 오버헤드가 훨씬 적은 연산이다.

이제 두 개의 사각형 구조체를 인수로 받는 함수를 만들어보자(사각형 구조체는 10번에서 구현한 것을 사용한다). 사각형이 겹치면 1을, 그렇지 않으면 0을 반환하도록 한다. 그리고 이렇게 만든 함수가 잘 동작하는지 확인하는 프로그램을 작성하여 실험해보도록 하자.

Chapter 02

C 변수 따라잡기

LEARNING OBJECTIVE-C 2.0

스크립트 언어를 사용하여 프로그램을 작성할 때는 변수에 대해 거의 고민해본 적이 없을 것이다. 그저 변수가 필요하면 갖다 쓰고, 다 쓴 변수는 어떻게 처리하는지 상관하지 않고 넘기면 그만이다. 나머지는 스크립트 언어의 인터프리터가 알아서 처리해준다.

하지만 컴파일 언어를 사용할 때는 그리 간단하지 않다. 컴파일러를 위해 필요한 모든 변수를 그 쓰임새에 맞는 데이터 타입과 구별할 수 있는 이름으로 선언해주어야 하기 때문이다. 이렇게 해야 컴파일러는 선언된 변수의 데이터 타입을 통해 할당받을 메모리 크기를 계산하고, 할당받은 메모리 공간을 선언된 변수 이름에 매핑시킬 수 있다.

이번 장에서는 오브젝티브-C에서 변수를 선언하는 형식을 알아보고, 컴파일러는 선언된 변수들을 위해 어떻게 메모리를 할당받는지 살펴볼 것이다.

오브젝티브-C 프로그램의 메모리 구성

이번 챕터의 내용을 이해하기 위해서는 먼저 오브젝티브-C 프로그램이 어떻게 메모리를 구성하는지 알아야 한다. 그림 2.1은 가상 메모리 공간에서 프로그램이 동작할 때의 모습을 간단하게 나타내고 있다.

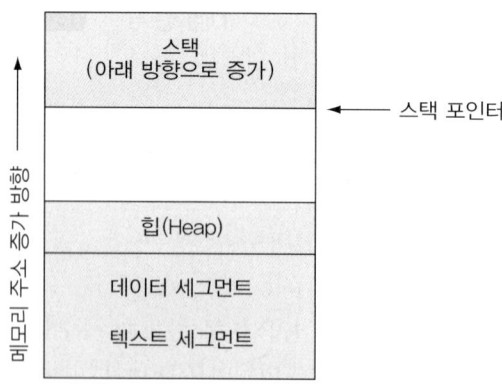

| 그림 2.1 | 가상 메모리 공간에서 동작하는 오브젝티브-C 프로그램

> **Note** 가상 메모리 공간은 프로그램이 "보는" 메모리 공간이다. 가상 메모리 주소와 물리 메모리 주소 간 변환은 OS와 컴퓨터의 메모리 관리 유닛(MMU, Memory Management Unit)이 담당한다.

가상 메모리 주소는 아래에서 위로 증가한다.

- 텍스트 세그먼트에는 프로그램의 실행코드와 읽기전용 데이터가 들어있다.
- 데이터 세그먼트에는 전역 변수와 쓰기 가능한 데이터가 들어있다.
- 힙에는 프로그램이 동적으로 할당받은 메모리 공간이 들어간다(이번 챕터 후반에 동적 메모리 할당 부분에서 다룰 것이다). 메모리 할당 요청을 받으면 운영체제는 힙 공간을 윗쪽으로 넓히면서 메모리를 할당해준다.
- 스택은 함수호출 시 사용하는 공간으로, 함수를 호출하면 운영체제는 호출된 함수를 위해 스택 프레임(stack frame)을 만든다. 스택 프레임은 스택의 맨 아래에 덧붙여 만들어지며, 이에 따라 스택 포인터(스택의 가장 낮은 주소를 가리킴)는 기존 위치에서 아래로 이동한다. 스택 프레임에는 호출하는 함수의 파라미터, 지역 변수, 함수를 호출하는 동안 잠시 보관해야 할 레지스터 값을 저장할 공간, 제어 정보 등이 들어있다. 함수가 끝나면 스택 포인터는 스택 프레임만큼 위로 올라가고(주소값 증가), 제어권은 함수를 호출했던 부분으로 돌아간다. 여기서 중요한 점은 함수 호출이 끝나면 스택 프레임에 있던 데이터는 더이상 유효하지 않다는 것이다.

> **Note** 스택은 마치 책상 위에 쌓인 접시처럼 위로만 증가한다고 생각하여 스택 포인터를 스택의 맨 위를 가리킨다고 하는 경우도 많다. 하지만 메모리 주소에서는 스택은 아래로 증가한다. 따라서 함수를 호출하면 스택 포인터는 더 작은 주소를 가리키며, 함수 호출이 끝나면 스택 포인터는 더 높아진다.

auto 변수

함수 또는 서브루틴(subroutine)에서 선언된 변수를 auto 변수 또는 지역 변수라고 한다. 간단한 예를 살펴보자.

```
void logAverage( float a, float b)
{
  float average;
  average = 0.5 * (a + b);
  printf( "The average is %f\n" , average);
}
```

예제 코드에서 average가 auto 변수이다.

auto 변수에 대해 알고 있어야 하는 중요한 점을 들면 다음과 같다.

- auto 변수는 스택에 생성된다. 그리고 선언된 함수 내에서만 유효하다(변수의 범위에 대해서는 이번 챕터 후반에 다룬다). 함수가 끝나면 운영체제는 스택 포인터를 이전 스택 프레임의 맨 아래로 옮긴다. 이때 바로 다음 함수를 호출하면 새로운 스택 프레임이 만들어지는데, 방금 끝난 함수의 스택 프레임이 있던 자리를 덮어쓰게 된다. 앞의 logAverage() 함수에 10.0과 12.0을 인수로 넣으면 average 값은 11.0이 되어 printf에 사용될 것이다. 그리고는 나중에 logAverage() 함수를 다시 호출하면 average는 아마도 다른 값을 갖게 될 것이다(인수에 따라 같은 값을 갖게 될 수도 있다).
- auto 변수는 시스템에 의해 초기화되지 않는다. 값을 지정할 때까지 변수에는 할당된 메모리에 들어 있던 값이 그대로 있게 된다(값을 알 수 없다).
- auto 변수는 선언된 함수가 호출되는 시점에 연결된다. 자기 자신을 호출하는 재귀 함수의 경우를 생각해보자. 재귀 함수는 자신을 계속해서 호출하게 되는데, 호출할 때마다 스택 프레임이 새로 만들어지기 때문에 (당연히) auto 변수도 새로 생성된다. 그래서 같은 함수의 같은 변수라도 연결된 함수의 호출 시점이 다르다면 서로 다른 스택 프레임에 존재하기 때문에, 아무리 변수값을 바꾸어도 다른 스택 프레임에 존재하는 동일 이름의 변수값은 바뀌지 않는다.
- & 연산자를 이용하여 함수 안에 있는 auto 변수의 주소를 구한 다음, 함수 밖에 있는 포인터 변수에 지정하는 것은 가능하지만 굉장히 위험하다. 왜냐하면 포인터 변수가 가리키는 변수는 함수가 실행하는 동안에만 존재하기 때문이다.

> **Note** auto 변수는 말 그대로 자동으로 함수 스택에 할당되기 때문에 auto 변수라고 불린다. 하지만 아무리 자동이라도 컴파일러를 위해 함수 내에서 반드시 선언해주어야 한다.

함수 파라미터

함수 파라미터(Function parameter)는 함수가 호출될 때 기본적으로 auto 변수로 만들어지며, 파라미터 값으로 자동 초기화된다. 역시나 스택 영역에서 만들어지며 따라서 함수가 반환되면 파라미터 변수도 사라진다. 파라미터 변수값은 바꾸거나 리셋 할 수 있지만, 앞에서 언급한 바와 같이 호출하는 시점에 파라미터 값으로 제공하기 위하여 사용된 변수에는 영향을 미치지 않는다.

extern 변수

main 함수를 비롯한 다른 서브루틴 밖에서 선언하는 변수를 extern 변수라고 한다. 아래의 예에서는 pageCount가 extern 변수이다.

```
int pageCount;

main()
{
  ...
  printf("The current page count is: %d\n" , pageCount );
}

void addpage()
{
  pageCount++;
  ...
}

void deletePage
{
  pageCount--;
  ...
}
```

프로그램 디자인 관점에서는 항상 좋다고 할 수는 없겠지만, extern 변수는 종종 여러 함수 또는 파일에서 공통으로 사용되는 전역 변수로 활용된다. Extern 변수를 사용할 때 주의해야 할 점은 다음과 같다.

- 컴파일러는 extern 변수를 가상 메모리 공간의 데이터 세그먼트에 할당한다. 그래서 extern 변수는 프로그램이 끝날 때까지 살아있게 된다. 뿐만 아니라, 프로그램 내 어디서든지 변수값을 사용하거나 바꿀 수 있다.
- 컴파일러는 자동으로 extern 변수를 0 값으로 초기화시킨다.
- Extern 변수는 다수의 함수에서 볼 수 있다. 즉, extern 변수는 전역 변수로 활용된다. Extern 변수를 static(곧 설명한다)으로 선언하지 않는다면 모든 소스 파일에서 사용할 수 있다.

변수 선언 키워드

오브젝티브-C는 몇 가지 변수 선언 키워드를 제공하여 변수의 역할을 지정할 수 있도록 하였다.

auto

키워드 auto는 컴파일러에 선언되는 변수가 auto 변수임을 알려준다. auto 키워드는 기본값으로 생략이 가능하기 때문에 실제 코드에서는 거의 나타나지 않는다.

extern

키워드 extern은 다른 파일에서 선언된 변수를 사용할 수 있도록 만든다. 변수 선언 시 extern을 앞에 붙여주면 컴파일러는 변수 이름과 데이터 타입을 인식한다. 하지만 컴파일러는 extern 변수를 위한 메모리 공간을 바로 할당하지는 않는다.

아래와 같이 변수를 선언하면 컴파일러는 pageCount라는 변수가 있으며 데이터 타입이 int임을 알게 된다. 아울러 프로그램 어딘가에 pageCount 변수가 실제로 메모리 할당을 받기 위해 선언되는 곳이 있을 것이라는 기대를 하게 된다.

```
extern int pageCount;
```

만일 pageCount 변수를 extern 변수로 선언한 다음 프로그램 내에서 아래와 같이 메모리 할당을 받기 위해 별도로 선언하지 않는다면 컴파일은 되더라도 링크 단계에서 pageCount 변수가 없다는 에러를 발생시킬 것이다.

```
int pageCount;
```

static

키워드 static은 변수 선언 시 함수 내에서 사용하였느냐 아니냐에 따라 뜻하는 바가 달라진다. 함수 내에서 변수 선언 시 static을 사용하면 변수는 extern 변수와 비슷하게 동작한다.

```
void countingFunction()
{
  static int timesCalled;
  timesCalled++;
  ...
}
```

위 예제를 보면, timesCalled는 countingFunction이 호출된 횟수를 갖는다. Static 변수는 다음과 같은 특징을 갖는다.

- 컴파일러는 함수 내에서 선언된 static 변수의 메모리 공간을 데이터 세그먼트 영역에 만든다.
- 함수 내에서 선언된 static 변수는 별도로 초기화하지 않을 경우 자동으로 0으로 초기화된다.
- 함수가 끝나도 static 변수값은 계속 유지된다.
- 같은 함수가 동시에 여러 개 동작하는 경우, 심지어 재귀 호출 시에도 static 변수의 경우 같은 메모리 주소의 값을 바라본다.

Static 변수와 extern 변수의 차이점이 딱 하나 있다. 그것은 static 변수의 범위가 선언된 함수로 한정된다는 것이다.

함수 밖에서 변수를 선언할 때 static 키워드를 사용한다면 이제 의미가 달라진다. 이때는 선언하는 변수의 범위를 선언한 파일로 한정한다. 만일 다음과 같이 변수를 선언하였다고 가정한다면

```
static int pageCount;
```

pageCount 변수는 오직 변수가 선언된 파일 내에서만 보인다. 따라서 다른 파일에서 pageCount 변수를 사용하기 위하여 아래와 같이 선언한다면 링크 과정에서 에러가 발생한다.

```
extern int pageCount;
```

register

키워드 register는 컴파일러에 선언되는 변수가 굉장히 자주 사용될 것임을 암시한다.

```
register int count;
```

위와 같이 선언하면 컴파일러는 더 빠른 접근을 위해 변수를 RAM에 할당하는 대신 레지스터에 할당한다. 하지만 컴파일러는 register 변수로 선언한다고 해서 무조건 레지스터에만 할당할 의무는 없다.

const

키워드 const는 컴파일러로 하여금 선언되는 변수를 상수로 취급하도록 한다. 그래서 변수값을 바꾸고자 시도하면 컴파일러는 에러를 발생시킨다.

```
const int maxAttempts = 100;
maxAttempts = 200;   // 이렇게 하면 컴파일 에러가 발생한다.
```

const를 포인터 변수와 사용할 때는 나열하는 순서에 유의해야 한다. 선언문은 왼쪽에서 오른쪽으로 처리되기 때문에 순서에 따라 의미하는 바가 완전히 달라진다. 아래의 예에서 ptr은 int를 가리키는 상수 포인터가 된다.

```
int a = 10;
int b = 15;

int *const ptr = &a;

*ptr = 20;   // OK. a 값은 20이 된다.

ptr = &b;  // Error, ptr은 상수이므로 에러.
```

ptr은 상수 포인터가 되어 더 이상 다른 변수(즉, 메모리 주소)를 가리킬 수 없게 된다. 하지만 ptr이 가리키는 메모리 주소의 내용은 수정할 수 있다.

이번에는 const를 데이터 타입 앞에 놓는 경우를 살펴보자. 다음의 예에서는 const를 int 앞에 놓았다.

```
int a = 10;
int b = 15;

const int *ptr = &a;

*ptr = 20; // Error, ptr의 값이 상수이므로 에러.

a = 20;    // OK, a 자체는 상수로 선언되지 않았다.

ptr = &b;  // OK, ptr은 변수 b의 주소를 가리킨다.
```

ptr이 가리키는 메모리 주소는 바뀔 수 있다. 즉, 가리키는 변수가 바뀌는 것에는 문제가 없다. 하지만 ptr이 가리키는 메모리 주소의 값은 바꿀 수 없다. 이것은 앞에서 일반 변수를 const로 선언했을 때와 동일하다. 여기서 흥미로운 점은 변수 a는 const로 선언되지 않았기 때문에 언제든지 a 값을 바꿀 수 있다는 것이다.

`volatile`

키워드 `volatile`은 변수값이 프로그램 외적 요소에 의해 변할 수 있음을 알려주는 역할을 한다. 그래서 컴파일러는 프로그램 최적화 시 volatile 변수는 제외하고 진행한다. 가령, 외부 장치의 레지스터로 사용하기 위한 메모리맵을 만든 다음 프로그램 변수가 메모리 맵 중 한 부분을 사용토록 하여 외부 장치의 상태를 파악하는 용도로 사용하는 예를 생각해보자. 이 경우, 프로그램이 의도하지 않은 상황에서 외부 장치가 보내는 신호에 의해 변수값이 변경되는 일은 얼마든지 발생할 수 있다.

구체적인 예를 들어보자. shouldContinue는 하드웨어 장치의 제어 신호에 매핑되었다고 가정하고 다음 코드를 살펴보기 바란다.

```
int shouldContinue = 1;   // 변수 초기화
// 루프를 실행하기 전에 제어 신호를 확인한다.
while (shouldContinue ) doStuff;
```

만약 위 코드에서 doStuff 부분에 shouldContinue 변수를 건드리지 않는다면 컴파일러는 shouldContinue 변수가 변경될 일이 없을 것이라고 판단하고 코드를 다음과 같이 최적화해버릴 것이다.

```
while (1) doStuff;
```

이제 예제 코드는 무한루프에 빠져버리는 문제가 발생하게 된다. 이를 방지하기 위해서는 shouldContinue를 volatile 변수로 선언하여 최적화하지 않도록 만들면 된다.

```
volatile int shouldContinue;
```

변수 영역

변수의 영역은 명령문이 변수를 볼 수 있는 범위를 일컫는다. 볼 수 있다는 것은 컴

파일러의 에러 메시지 없이 변수를 참조할 수 있음을 의미한다.

auto 변수 영역

auto 변수는 함수 본문 어디에서나 선언이 가능하며, auto 변수의 범위는 선언된 지점부터 변수가 선언된 함수의 끝까지가 된다. 변수가 선언되기 전에는 사용할 수 없다.

```
void someFunction()
{
  int a;
  a = 7; // OK, a는 영역 안에 있다.
  ...
  b = 7; // 에러, 이곳은 b의 영역이 아니다.
  int b;
  ...
}
```

함수가 끝나면 함수 내 모든 auto 변수는 반환되며 동시에 auto 변수의 영역 또한 사라진다. 그렇기 때문에 함수 바깥에서는 auto 변수를 볼 수 없다.

컴파운드 명령문과 변수 영역

컴파운드 명령문의 내부는 별도의 변수 영역으로 간주된다(컴파운드 명령문은 중괄호를 포함한 명령문 모음을 일컫는다). 또한 컴파운드 명령문 내에서는 어디에서든지 변수 선언이 가능하며, 선언된 변수의 영역은 선언된 시점부터 해당 컴파운드 명령문의 끝까지가 된다. 컴파운드 명령문을 둘러싼 영역을 enclosing 영역이라고 하는데, enclosing 영역에서 선언된 변수는 컴파운드 명령문 내에서도 볼 수 있다. 하지만 컴파운드 명령문 내에서 선언된 변수는 enclosing 영역에서 보이지 않는다.

```
void someFunction()
{
  int a = 7;
    {
```

```
        int b = 2;
        int c;

        c = a * b;   // OK, a는 컴파운드 명령문 내에서도 볼 수 있다.
    }

    int d = 2 * c;   // 에러, 여기에서는 변수 c를 볼 수 없다.
}
```

위 코드를 컴파일하면 다음과 같은 에러가 나타난다.

```
someFunction.c:12: error: 'c' undeclared (first use in this function)
someFunction.c:12: error: (Each undeclared identifier is reported only
someFunction.c:12: error: once for each function it appears in.)
```

만일, enclosing 영역에 선언된 변수와 같은 이름의 변수를 컴파운드 명령문에서 선언한다면, 컴파운드 명령문 내에서는 enclosing 영역에서 선언된 변수 대신 컴파운드 명령문에서 선언된 변수를 보게 된다.

```
void someFunction()
{
  int a = 7;
  int b = 2;
    {
      int c;
      c = a * b;   // enclosing 영역의 변수를 모두 볼 수 있기 때문에 c 값은 14가 된다.

      int a = 10; // 이 시점에서부터 컴파운드 명령문 끝까지 enclosing 영역의 변수 a는 보이지
                  // 않게 된다.
      c =  a * b; // 그래서 c 값은 20이 된다.
    }
}
```

전역 변수 영역

전역 변수(함수 바깥에서 선언된 변수)의 영역은 전역 변수가 선언된 시점에서부터 해당 파일의 끝까지가 된다. 하지만 앞에서 언급한 바와 같이, 변수를 선언할 때 `extern` 키워드를 붙여주면 다른 파일에서도 사용이 가능해진다. 이와 달리, 전역 변

수를 선언할 때 `static` 키워드를 붙이면 선언한 파일 내에서만 보이게 된다. 특히, 키워드 `static`은 extern보다 우선순위가 높기 때문에 `static`을 사용하여 전역 변수로 선언하면 아무리 `extern`을 사용해도 `extern` 효과는 발생하지 않는다.

동적 할당

지금까지 사용된 변수 선언 방식은 정적 할당 방식이다. 즉, 변수 선언 시 컴파일러가 자동으로 필요한 메모리 공간을 확보하는 방식이기 때문에 컴파일러에 변수의 개수와 데이터 타입을 정확하게 알려주어야 한다.

Static과 Static

정적 할당(static allocation)에서 사용된 static은 앞 절에서 설명한 키워드 `static`과는 의미가 전혀 다르기 때문에 주의해야 한다. 물론 영문으로 사용할 때에만 해당된다.

컴파일 시점에 필요한 메모리 공간을 모두 할당하는 데에는 몇 가지 문제가 있다. 가령, 픽셀당 8 비트로 구성된 그레이스케일 이미지를 읽어온다고 한다면, 아래와 비슷한 배열이 필요할 것이다.

```
#define MAX_WIDTH 1000
#define MAX_HEIGHT 1000
unsigned char pixels[MAX_WIDTH * MAX_HEIGHT];
```

이 시점에서 `MAX_HEIGHT`와 `MAX_WIDTH`의 값을 어떻게 지정하느냐가 문제가 된다. 값을 너무 작게 하면 큰 이미지를 읽을 수 없고, 값을 너무 크게 하면 사용하는 메모리를 낭비할 가능성이 높아지기 때문이다. 여기서 머피의 법칙을 거론하지 않을 수 없다. 즉, 아무리 넉넉하게 메모리를 잡아놓아도 그 이상을 요구하는 일이 발생하는 것이다.

이러한 문제를 해결하기 위해서 동적 할당 방식을 사용한다. 동적 할당은 컴파일 시간이 아닌 프로그램 실행시간(run time)에 메모리 공간을 할당받는 방식으로, 프로그램 실행 중 메모리가 필요하면 시스템에 메모리 공간을 요청하여 원하는 만큼의 메모리를 할당받고 메모리를 다 사용한 다음에는 시스템에 반납한다. 그림 2.1에 표시된 힙(Heap)이 동적 할당 용도로 사용되는 메모리 공간이다.

> **Note** 일반적으로 Unix에서는 동적 할당으로 사용되는 영역을 힙(Heap)이라고 부른다. Mac OS X의 경우 좀 더 복잡한 시스템을 사용하는데, OS X에서는 이러한 영역을 기술적으로 표현하기 위하여 malloc zone이라는 용어를 사용한다. 이 책에서는 대부분의 경우 일반적인 용어인 힙을 사용한다.

동적 할당은 두 개의 함수 malloc과 free로 구성된다. malloc 함수는 메모리를 할당받기 위해 사용하는데, malloc 함수 호출 시 파라미터로 사용하고자 하는 메모리 바이트 수를 넘겨주면 malloc은 (운영체제로부터) 요청받은 바이트 수만큼 메모리를 할당받은 다음 할당받은 메모리의 시작 주소를 반환한다. 이렇게 구한 메모리 주소는 포인터 변수가 참조하는 메모리 공간으로 사용된다.

> **Note** 일반적인 프로그래밍에서 malloc은 메모리 공간을 할당받지 못한 경우 (즉시) NULL을 반환한다. 하지만 OS X와 iOS는 지연 할당(lazy allocation) 방식을 사용하여 메모리 할당 시기를 조금 늦춘다. 즉, malloc이 메모리를 요청하면 시스템이 메모리의 시작 주소값을 반환하는 것까지는 동일하게 동작한다. 그러나 할당된 메모리를 실제로 사용할 때까지는 시스템은 실질적인 메모리 자원을 허용하지 않는다. 그래서 메모리를 사용하지 않거나 free시키지 않고 추가로 메모리를 할당받는 과정을 반복하여 더이상 할당해줄 메모리가 없어도 malloc은 NULL을 반환하지 않는다. 이러한 상황에서 할당받은 메모리의 시작주소, 즉 포인터 값은 이미 할당받은 포인터와 충돌할 가능성이 높아진다. 하지만 일반적인 RAM과 swap 메모리를 사용하는 OS X에서는 이와 같은 일이 거의 일어나지 않는다. iOS에서는 메모리 충돌이 일어날 것으로 예상되면 app에 메모리 부족 경고를 미리 보낸다.

필요한 바이트 수를 계산하기 위해서는 sizeof를 이용하여 데이터 타입의 크기를 구하고 거기에 사용하는 개수만큼 곱한다. 예를 들어, 앞에서 언급한 8비트 그레이스케일 이미지를 담을 공간을 계산한다면 다음과 같이 할 수 있을 것이다.

```
numBytesNeeded = imageHeight * imageWidth * sizeof( unsigned char );
```

그리고 메모리를 할당하는 부분까지 추가한다면 아래와 같이 작성할 수 있을 것이다.

```
numBytesNeeded = imageHeight * imageWidth * sizeof( unsigned char );
unsigned char* pixels =
    (unsigned char*) malloc( numBytesNeeded );
```

이렇게 `malloc`을 이용하여 할당받은 메모리에 대해서는 사용이 끝나면 반드시 `free`를 이용하여 반납해야 한다.

```
free( pixels );
pixels = NULL;
```

`free`를 호출하면 해당 메모리를 다른 용도로 사용할 수 있도록, 즉 반납하도록 시스템에 요청하게 된다. 이렇게 반납된 메모리는 다음번 `malloc` 요청에 할당된다. 동적 할당에 있어 다음과 같은 격언이 있다: 할당받은 메모리는 다 쓴 직후 반납하라. 만일 그렇게 하지 않으면 여러분이 작성한 프로그램은 메모리 누수를 일으킬 것이다. 메모리 누수가 일어나면 프로세스의 크기가 계속해서 증가하여 여러분의 프로그램뿐만 아니라 전체적인 시스템 성능을 저하시킬 것이다.

> **Note** 각각의 `free`는 `malloc`과 짝을 이루어야 한다. 만일 `malloc`으로 할당받지 않은 포인터를 `free`시키거나 동일 포인터를 연속으로 `free`시킨다면 시스템 충돌 에러를 일으킬 것이다.

> **Note** 이미 `free`시킨 포인터를 그냥 사용하면 프로그램의 메모리 내용을 의도하지 않은 값으로 바꾸어 버리거나 불규칙적으로 시스템 충돌 에러를 일으킬 것이다. 이러한 에러는 디버깅하기도 매우 까다롭다. 이를 예방하기 위한 가장 좋은 방법은 앞에서 예를 든 것과 같이 `free`시킨 포인터에 `NULL` 값을 넣는 것이다. 이렇게 하면 나중에 실수로 `free`시킨 포인터를 사용하더라도 – 물론 프로그램 에러는 한 번 발생하겠지만 – 문제의 원인과 위치를 쉽게 찾을 수 있게 된다.

Malloc Zone

앞에서 잠깐 언급한 것과 같이, OS X는 힙 대신 한 개 이상의 malloc zone을 사용한다. 최초의 malloc zone을 default malloc zone이라고 하며, `malloc`을 처음 호출하면 생성된다. 이후, 대부분의 표준 malloc 함수는 default malloc zone에서 메모리를 할당받게 된다. 추가로 malloc zone을 만들기 위해서는 `malloc_create_zone` 함수를 사용할 수도 있다.

특별한 경우 malloc zone을 추가하여 성능 최적화를 꾀하기도 한다. 즉, 별도의 malloc zone을 만들어 인접한 메모리 공간을 빈번히 사용하는 변수들을 그룹으로 관리하거나, (malloc zone 전체를 한번에 해제하는 것으로) 이러한 그룹의 변수를 한 번에 해제시킬 수도 있다.

공식적으로 언급하지는 않았으나, Apple은 최근 default malloc zone만을 사용할 것을 권고하고 있다. 자세한 내용은 http://developer.apple.com/mac/library/DOCUMENTATION/Performance/Conceptual/ManagingMemory/Articles/MemoryAlloc.html 문서를 참고하기 바란다.

정리

이번 장에서는 오브젝티브-C의 변수를 어떻게 선언하는가에 대해 살펴보았다. 주요 내용을 요약하면 다음과 같다.

- 오브젝티브-C 프로그램에서는 변수를 사용하기 위해 반드시 변수를 선언해야 한다. 변수를 선언함으로써 컴파일러에 변수의 데이터 타입 등의 여러 정보를 제공할 수 있다. 변수를 선언하면 컴파일러는 변수가 사용할 만큼의 메모리 공간을 확보하여 변수에 할당하며, 변수의 이름으로 할당한 메모리 공간을 구별한다.
- 변수는 다음의 세 곳 중 한 군데에 위치한다: 스택, 데이터 세그먼트, 힙
- 함수 내에서 선언된 변수를 auto 변수라고 한다. auto 변수는 함수가 호출될 때 만들어지는 스택 영역에 위치한다. auto 변수는 컴파일러에 의해 자동으로 초기화되지 않으며, 보이는 영역도 선언된 함수 내에 국한된다.
- 함수 바깥에서 선언된 변수를 전역 변수라고 한다. 전역 변수는 컴파일 시간에 데이터 세그먼트 공간에 할당되며, 0으로 자동 초기화된다. 전역 변수는 프로그

- 램이 실행하는 동안 계속 존재한다.
- 오브젝티브-C는 변수 선언 시 변수의 성격을 지정하는 다음과 같은 키워드를 제공한다: `auto`, `static`, `extern`, `register`, `const`, `volatile`
- `malloc` 함수를 이용하여 프로그램이 실행하는 동안 추가로 메모리를 할당받을 수 있다. `malloc`으로 할당받은 메모리는 힙 공간에서 부여받는다.
- `malloc`을 이용하여 할당받은 메모리를 다 사용하였을 때는 반드시 `free` 함수를 이용하여 반납해야 한다.

이번 챕터에서는 오브젝티브-C의 오브젝트가 아닌 부분에 대해 간단히 살펴보았다. 다음 챕터에서는 진짜 오브젝트로 이동하여 객체지향 프로그램과 오브젝티브-C의 오브젝트 부분에 대한 기본적인 내용을 소개한다.

연습 문제

1. 전역 변수를 선언하는 간단한 프로그램을 만들어보자. 여기에 auto 변수를 선언하는 함수를 작성하여 호출하는 부분도 포함시키도록 한다(함수에는 지역 변수를 선언하는 부분과 `printf`를 이용하여 변수의 내용을 출력하는 부분이 구현되어야 한다). 작성한 함수 안에 break point를 지정한 다음, gdb를 이용하여 프로그램을 실행시킨다. Break point에 도달하면 auto 변수와 전역 변수의 주소가 어떻게 지정되었는지 살펴보도록 하자. gdb에서 변수의 주소를 확인하기 위해서는 gdb 프롬프트에서 아래와 같이 입력하면 된다.

   ```
   p &variableName
   ```

   결과가 이번 장에서 배운 바와 같이 나타나는가?

2. 1번 프로그램을 다음과 같이 수정해보자. auto 변수를 선언하는 함수 하나를 추가하고 1번에서 작성한 함수를 수정하여 새로 만든 함수를 호출하도록 한다. 그런 다음 스택의 주소가 아래로 증가하는지 확인하기 위하여 새로운 함수에 break point를 지정하고 gdb를 이용하여 프로그램을 실행한다. 새로운 함수에

서 프로그램이 멈추면 auto 변수의 주소를 확인한다. 그리고는 다음과 같이 입력한다.

```
up 1
```

위와 같이 입력하면 gdb는 바로 이전 스택 프레임으로 이동하여, 새로운 함수를 호출한 기존 함수의 auto 변수의 주소를 확인할 수 있게 된다.

3. 호출된 횟수를 기록하는 함수를 작성해보자. 횟수를 세는 변수는 함수 내에 있어야 한다. 함수를 여러 번 호출하여 제대로 횟수를 세는지 확인해보자. 이러한 방식으로 횟수를 세는데 0부터 세지 않도록 하기 위해서는 어떻게 해야 하는가?
4. 소스 파일을 두 개 작성할 것이다. 첫 번째 파일에는 전역 변수를 선언하고 초기화시킨 다음 값을 지정한다. 그리고 두 번째 파일에는 함수를 작성하는데, 첫 번째 파일에 있는 전역 변수의 값을 출력하도록 만든다(이를 위해 extern 선언을 해야 한다는 것을 기억하고 있을 것이다). 정상적으로 프로그램이 동작하는지 확인하자. 이번에는 extern을 지우고 진행해보자. 무슨 일이 일어나는가? 다시 extern을 살린 다음 첫 번째 파일의 변수 선언부에 static을 추가하고 다시 실행해보자. 무슨 일이 일어나는가?
5. 배열을 사용하여 1부터 10까지의 제곱을 구하여 각각 저장하는 프로그램을 만들어보자. 제곱을 모두 구한 다음에는 printf를 이용하여 화면에 출력해야 한다. 이번에는 10개의 int 값을 저장하는 배열을 사용하는 대신 malloc을 이용하여 동적으로 메모리를 할당받아 계산하도록 프로그램을 수정해보자. 메모리 사용이 끝나면 반드시 free시켜야 함을 잊지 말아야 한다.

Chapter 03

객체지향 프로그래밍 소개

LEARNING OBJECTIVE-C 2.0

컴퓨터 프로그래밍 언어 중 1세대 고급언어에 속하는 Fortran, COBOL, C 등은 모두 절차적 언어(procedural language)이다. 절차적 언어의 특징은 마치 현실 세계에서 어떠한 일을 할 때 작업 절차가 있는 것과 같이 작성한 프로그램 자체가 하나의 실행 절차가 된다는 것이다. 그래서 이러한 언어는 특히 수학 방정식과 같은 유형의 문제를 해결하는 데 매우 적합하다. 하지만 과거와 달리 이제는 해결해야 하는 문제의 분야가 매우 다양해졌다. 예를 들어, 사용자 인터페이스 프로그래밍 같은 경우 절차적 언어는 (물론 해결하지 못하는 것은 아니지만) 이와 같은 문제를 해결하는 데 아주 적합한 언어라고 하기는 어렵다. 그래서 나타난 패러다임이 바로 현대의 많은 컴퓨팅 분야에 절대적인 영향을 미치고 있는 객체지향 프로그래밍(object-oriented programming)이다. 오브젝티브-C 역시 객체지향 프로그래밍 언어 중 하나로, 절차적 언어인 C 언어에 몇 가지 문법과 내용을 덧붙여서 만든 객체지향 언어이다.

이번 챕터는 객체지향 프로그래밍의 기본적인 내용에 대한 소개로 시작한다. 이어서 오브젝티브-C를 구현하기 위하여 객체지향 개념을 어떻게 반영시켰는지 살펴보고, 마지막으로 오브젝티브-C 언어를 완성하기 위하여 C 언어에 추가한 개념들에 대해서 설명할 것이다.

객체지향 프로그래밍

객체지향 프로그래밍은 상호작용하는 오브젝트들을 묶어 구조화된 프로그램을 만드는 프로그래밍 스타일 중 하나이다. 오브젝트(object, 객체)는 문제 해결을 위한 변수와 메소드를 묶은 그룹을 일컫는다. 여기서 변수들은 문제 공간에 존재하는 무언가를 나타내며, 메소드는 오브젝트가 어떻게 행해야 하는지 알고 있는 동작을 나타낸다. 오브젝트들은 메시지를 주고받으며 서로 소통하는데, 오브젝트에 전달되는 메시지는 그 오브젝트에 요구하는 일종의 요청으로, 오브젝트가 가지고 있는 메소드 하나를 실행토록 하는 역할을 맡는다.

예를 들어 그림 그리는 프로그램을 생각해보자. 이 프로그램은 (그림 3.1과 같이) 사용자가 화면에 그리는 자유로운 형태를 지닌 Shape라는 오브젝트를 가지고 있다. 그렇다면 Shape 오브젝트는 그림의 모양, 색깔, 위치 정보를 나타내는 변수들이 필요할 것이다. 또 이러한 값을 세팅하거나 가져오는 메소드와 실제로 화면에 그리는 메소드 등도 필요로 할 것이다. 그래서 Shape를 화면에 그리기 위하여 draw 메시지를 Shape 오브젝트로 전달하면, 메시지 요청에 대한 응답으로 Shape 오브젝트는 draw 메소드를 실행시킬 것이다(draw 메소드에는 실제로 그림을 그리는 코드가 들어있다).

| 그림 3.1 | 몇 가지 모양(shape)

클래스와 인스턴스

오브젝트는 클래스를 통해 타입이 결정된다. 또한 모든 오브젝트는 저마다의 클래스에 소속되어 있는데, 이것을 인스턴스라고 부른다. 포르셰 자동차에 빗대어 생각해 보면 설계정보, 특징 등 포르셰를 나타내는 정보가 클래스가 된다. 즉, 이러한 정보는 무엇이 포르셰 자동차로 인식할 수 있도록 하는지, 어떻게 포르셰 자동차를 만드는지를 정의한다. 그리고 실제 도로를 달리는 포르셰 자동차가 Porsche 클래스의 인스턴스가 된다. 다시 컴퓨터 프로그래밍 관점에서 생각해보자. 클래스는 일종의 템플릿으로, 인스턴스 변수로 일컬어지는 변수의 집합과 메소드의 집합을 정의한다. 메소드의 경우, 메소드를 구성하는 코드까지 포함한다. 오브젝트(클래스의 인스턴스)는 실제 메모리 공간을 차지하여 오브젝트를 구성하는 변수를 위해 사용된다. 하나의 클래스에는 여러 개의 인스턴스를 만들 수 있으며 각자 자신만의 메모리 공간을 갖는다.

메소드

메소드는 함수와 비슷하지만 분명히 다른 존재이다. 클래스에 의해 정의되는 메소드는 클래스의 인스턴스로서 동작한다. 오브젝트가 메소드를 실행하면 메소드는 오브젝트의 데이터에 접근한다. 앞의 예에서 draw 메시지를 Shape 오브젝트에 전달하면 draw 메소드는 Shape 오브젝트의 모양, 위치, 색깔 등의 데이터에 접근할 것이다. 만일 동일한 draw 메소드를 또 다른 Shape 오브젝트에 보낸다면 draw 메소드는 전달된 Shape 오브젝트의 모양, 위치, 색깔 데이터를 사용하게 된다.

캡슐화

캡슐화, 혹은 information hiding이라고 불리는 기술은 사용자로 하여금 클래스의 내부에서 무슨 일이 일어나는지 알 수 없도록 하는 시스템을 말한다. 캡슐화를 사용함으로써 프로그램의 서로 다른 부분 간의 연결 수를 줄여 전체 프로그램의 복잡도를 줄일 수 있다. 오브젝트는 오직 정의된 인터페이스, 즉 클래스에서 구현된 메소드를 이용해야만 동작할 수 있다.

그래서 Shape 클래스를 이용하여 프로그램을 작성하는 프로그래머 입장에서는 Shape의 데이터가 어떻게 저장되며, 코드는 어떻게 동작하는지에 대해 신경 쓰지 않아도 된다. 프로그래머는 그저 Shape 클래스의 인스턴스가 draw 메시지를 받으면 알아서 그린다는 사실만 알고 있으면 된다.

즉, 개발자는 캡슐화 덕분에 클래스마다 어떻게 구현되었는지 일일이 코드를 분석하는 수고에서 해방되었다. 예를 들어 Shape 클래스를 개발하는 개발자가 draw 메소드를 업그레이드한다고 생각해보자. Shape 클래스 개발자는 draw 메소드의 성능향상을 위해 실제 화면에 그리기 전에 그리고자 하는 오브젝트가 윈도 영역 안에 존재하는지를 확인하는 기능을 추가하려고 한다. 이를 위해 Shape 클래스에 좌표 체계를 구현하고 모양 정보에 이러한 좌표 체계를 반영하는 코드를 추가하였다. 이렇게 새로운 좌표 체계와 더욱 발전된 기능으로 무장한 draw 메소드라 할지라도 결국 화면에 오브젝트를 그리는 것은 똑같다. 그렇기 때문에 Shape 클래스를 사용하는 개발자 입장에서는 업그레이드 된 draw 메소드나 옛날의 draw 메소드나 결국 사용하는 방법이 동일하기 때문에 draw 메소드가 바뀌었다고 해서 draw 메소드를 사용하는 코드를 수정할 필요가 없다. 다만 Shape 클래스가 알아서 더 좋은 기능을 프로그램에 제공하는 것이다.

상속

상속(Inheritance)은 이미 존재하는 클래스의 기능을 그대로 사용하거나 수정된 형태의 새로운 클래스를 만드는 방법을 제시한다. 가령 앞의 그리기 프로그램에 AnnotatedShape 클래스를 추가한다고 하자. AnnotatedShape 클래스는 그림 3.2와 같이 모양을 그리고 그 아래에 그림에 대한 주석을 단다.

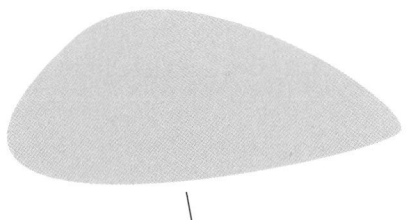

석기시대 돌도끼

| 그림 3.2 | AnnotatedShape

물론 AnnotatedShape 클래스를 구현하기 위하여 모든 코드를 다시 작성할 수도 있겠지만 대부분의 AnnotatedShape 클래스의 코드가 Shape 클래스의 코드와 겹치기 때문에 굉장한 낭비가 아닐 수 없다. 아마도 AnnotatedShape 클래스를 Shape 클래스와 동일하게 하고 아래의 몇 가지 다른 점만 추가하면 좋을 것이다.

- AnnotatedShape 클래스는 주석 표시를 위한 문자열 변수 하나를 더 사용한다.
- AnnotatedShape 클래스는 주석으로 사용할 문자열을 저장하고 꺼내는 용도의 메소드 두 개를 더 사용한다.
- AnnotatedShape 클래스의 draw 메소드는 Shape 클래스의 draw 메소드와 구현 방법에 차이가 있다. 즉, 모양 아래에 주석을 그리는 코드가 더 있다.

만약 AnnotatedShape 클래스를 위와 같이 정의한다면 객체지향 관점에서는 다음과 같이 말한다.

- AnnotatedShape 클래스는 Shape 클래스를 상속한다.
- AnnotatedShape 클래스의 draw 메소드는 Shape 클래스의 draw 메소드를 오버라이드한다
- AnnotatedShape 클래스는 Shape 클래스의 서브클래스이다.
- Shape 클래스는 AnnotatedShape 클래스의 수퍼클래스이다.

다형성

다형성은 동일한 메시지에 대해 각기 다른 클래스에 소속된 오브젝트가 반응할 수 있도록 하는 기능이다. 예를 들어 그리기 프로그램에 비트맵 이미지를 그리는 역할을 하는 Image 클래스를 추가한다고 생각하자. Shape 클래스와 마찬가지로 Image 클래스에서도 draw 메소드를 정의할 것이다. 그렇다면 당연히 draw 메소드는 클래스마다 다르게 구현될 것이다. 즉, Shape 클래스의 draw 메소드는 모양을 그리는 방법을 알 것이고, Image 클래스의 draw 메소드는 이미지를 그리는 방법을 알 것이다. 그래서 그리는 데 필요한 그래픽 오브젝트의 리스트를 가지고 있다면 리스트에 있는 각 오브젝트에 draw 메시지를 건네주는 것으로 화면에 모든 리스트의 오브젝트를 그릴 수 있을 것이다. 심지어 동일한 메시지가 도착할지라도 Shape 클래스의 오브젝트는 Shape 클래스 버전의 draw를, Image 클래스의 오브젝트는 Image 클래스 버전의 draw 메소드를 실행할 것이다.

객체지향 언어의 핵심은?

절차적 프로그래밍 언어를 이용하여 객체지향 프로그래밍 스타일로 구현하는 것이 불가능하지는 않지만 매우 어려울 뿐만 아니라 어떤 부분에 있어서는 만족스럽게 구현되지 못할 수도 있다. 예를 들어 C 언어를 사용하여 객체지향 프로그래밍 스타일로 프로그램을 작성한다고 생각해보자. 간단히 생각해보면 오브젝트는 구조체로 구현하고 메소드는 C 함수로 구현하면 된다. 그래서 오브젝트에 메소드를 추가하기 위해 오브젝트 구조체에 메소드 함수를 가리키는 함수 포인터를 필드로 넣으면 되는 것이다. 또한 각 메소드 함수는 오브젝트 포인터를 파라미터로 받아 사용한다면 정말 객

체지향 프로그래밍 냄새를 풍길 것이다. 하지만 이런 스타일의 프로그래밍 방법은 곧 문제에 봉착하게 될 것이다. 우선 간단한 배열에 들어 있는 모든 요소의 오브젝트에 오브젝트의 데이터 타입과는 다른 클래스 값을 루프를 사용하여 넣는다고 하면 아마도 엄청난 횟수의 타입 변환 연산이 필요할 것이다.

또 다른 단점을 살펴보면, 객체지향 스타일로 작성한 프로그램은 작성자만의 객체지향 시스템을 사용하기 때문에 자신이 구현한 모든 부분에 대한 고려를 하지 않는다면 프로그램이 위험해질 수 있다. 즉, 버그가 생길 가능성이 매우 높은 것이다. 더 심각한 문제는 공동작업(협업)이 어렵다는 것이다. 자신만의 개념이 반영된 코드이기 때문에 다른 코드나 라이브러리를 그대로 가져오기가 어려워 개발하는 데 더 많은 시간을 들여야 할 뿐만 아니라, 버그 발생 가능성이 높아짐에 따라 버그를 해결하는 비중도 높아질 것이다.

따라서 객제지향 프로그램을 작성하고자 한다면 이미 객체지향에 대한 개념이 충분히 반영된 프로그래밍 언어를 사용하는 것이 훨씬 좋다.

오브젝티브-C 기초 문법

오브젝티드-C는 C에서 확장된 객체지향 언어이다. 계속해서 보게 되겠지만 오브젝티브-C를 위해 C에 덧붙여진 부분은 그렇게 많지 않다. 클래스와 메소드를 사용할 수 있게 하고 키워드와 지시자 몇 가지가 더 추가된 것 밖에 없다. 그래서 추가로 기억해야 할 문법이나 규칙은 많지 않다. 하지만 객체지향에 대한 개념은 더욱 명료하고 막강해졌다.

오브젝티브-C는 C 언어에 오브젝트 시스템을 추가하기 위하여 C 언어만의 절차적인 부분을 없애지 않았다. 그렇기 때문에 절차적 언어와 객체지향 언어의 장점을 모두 살릴 수 있다. 즉, 오브젝트를 C 언어 영역에 해당하는 절차적인 부분에서도 사용할 수 있다. 이렇게 순수한 C 언어의 속성을 그대로 가져감으로써 C 언어의 수많은 라이브러리를 그대로 사용할 수 있게 되었다.

이번 섹션에서는 객체지향 프로그램의 개념을 오브젝티브-C가 어떻게 구현하였는지 간단히 살펴볼 것이다. 오브젝티브-C의 핵심 부분이라고 할 수 있는 "메시징", "클래스", "오브젝트" 등에 대한 설명은 Chapter 5, 6, 7에서 할 것이다.

클래스 정의

오브젝티브-C에서의 클래스 정의는 interface 섹션과 implementation 섹션, 두 개의 파트로 구분할 수 있다. Interface 섹션에서는 클래스의 인스턴스 변수와 메소드를 선언하고 implementation 섹션에서는 클래스 메소드 코드를 작성한다. 보통 interface 섹션은 헤더 파일에 위치하며, 관습적으로 헤더 파일 이름은 클래스 이름으로 한다. Implementation 섹션은 클래스 이름을 파일 이름으로 사용하고 확장자가 .m으로 끝나는 파일에 작성한다. 컴파일러는 확장자 .m 파일에 오브젝티브-C 소스 코드가 들어있는 것으로 인식한다.

Interface 섹션

클래스를 선언하는 interface 섹션은 다음과 같이 구성된다.

```
@interface className : superclassName
{
    Instance variable declarations
}

Method declarations

@end
```

- `@interface`와 `@end`는 interface 섹션의 시작과 끝을 알린다. 오브젝티브-C에서 @로 시작하는 단어는 컴파일러 지시자로, 컴파일러에 알려주기만 할 뿐 다른 액션을 취하지는 않는다.
- `@interface` 뒤에는 클래스 이름, 콜론, 클래스의 부모 클래스(수퍼 클래스) 순으로 나타난다.
- 이어서 나오는 중괄호 안에 클래스의 인스턴스 변수의 선언부가 들어간다.

- 클래스 메소드 선언부는 중괄호가 끝난 다음부터 @end 전까지가 된다.

> **Note** 메소드 선언은 반드시 인스턴스 변수 선언이 끝난 뒤에 바로 나타나야 한다. 만약 중괄호 전에 메소드 선언을 한다면 그 코드는 컴파일되지 않을 것이다.

이해를 돕기 위해 합계 값을 갖는 클래스 Accumulator를 만든다고 가정해보자. Accumulator 클래스는 합계 값을 갖는 하나의 인스턴스 변수를 가지고 있고, 메소드로는 합계 값에 다른 값을 추가하고, 합계 값을 보여주고, 합계 값을 0으로 만드는 것이 있다. 별다른 내용이 없는 예지만 문법을 명확하게 하는 데 도움이 될 것이다. Accumulator 클래스의 interface 섹션은 다음과 같다.

```
1  @interface Accumulator : NSObject
2  {
3    int total;
4  }
5
6  - (void) addToTotal:(int) amount;
7  - (int) total;
8  - (void) zeroTotal;
9
10 @end
```

작명 관습에 따라, 위 코드가 들어 있는 파일 이름은 Accumulator.h 로 하였다.

- 1행: 클래스 이름은 Accumulator이다. 관습적으로 오브젝티브-C 클래스 이름은 대문자로 시작한다. Accumulator 클래스의 부모 클래스는 NSObject이다.
- 3행: Accumulator 클래스는 하나의 인스턴스 변수 total을 갖는다. 인스턴스 변수 선언은 클래스의 interface 섹션에서 이루어지며 메모리 할당은 하지 않는다. Accumulator의 인스턴스를 만들면 그제서야 새로운 인스턴스는 자신만의 total을 갖게 되며, 클래스 자체에는 메모리 공간과 관련된 부분이 없다.
- 6-8행: 메소드를 선언하는 부분이다. 메소드 선언 형태는 다음과 같다.

```
- (return type) method_name:(argument_type) argument;
```

맨 앞에 나와있는 하이픈(-)은 인스턴스 메소드임을 알려준다. 클래스 메소드는 더하기 표시(+)로 시작한다.

```
+ (return type) class_method_name:(argument_type) argument;
```

클래스 메소드는 Chapter 7에서 자세히 설명한다.

관습적으로 오브젝티브-C 메소드 이름은 소문자로 시작하며 나머지는 CamelCase 방식으로 작성한다. 즉, 첫 글자를 제외한 메소드의 나머지 이름은 이름을 구성하는 각 단어의 첫 글자를 대문자로 사용하고 나머지 글자는 소문자를 사용한다. 언더바(_)는 사용하지 않는다.

Implementation 섹션

Interface 섹션이 있으면 implementation 섹션이 따라온다. Accumulator 클래스의 implementation 섹션은 다음과 같다.

```
1  #import "Accumulator.h"
2
3  @implementation Accumulator
4
5  - (void) addToTotal:(int) amount
6  {
7      total = total + amount;
8  }
9
10 - (int) total
11 {
12     return total;
13 }
14
15 - (void) zeroTotal
16 {
17     total = 0;
18 }
19
20 @end
```

위 코드가 저장된 파일 이름은 Accumulator.m이다.

- 1행: implementation 섹션을 컴파일하기 위해서 컴파일러는 클래스의 interface 섹션이 필요하다. 그래서 Accumulator.h 헤더 파일을 import한다.
- 3, 20행: implementation 섹션의 시작은 @implementation 지시자로(클래스 이름이 따라온다), 끝은 @end 지시자로 표시한다.
- 5-8행: 메소드 구현 부분은 메소드 정의의 반복으로 구성된다(단, 세미콜론이 빠진다). 그리고 실제 메소드 내용은 중괄호 사이에 들어간다. 이러한 점은 C 함수와 동일하다.
- 7행: 메소드는 인스턴스 변수를 선언할 필요 없이 바로 사용할 수 있다.

상속

최상위(root) 클래스를 제외한 모든 오브젝티브-C 클래스는 다른 클래스로부터 상속받는다. 분산 오브젝트 시스템과 같은 특별한 경우를 제외하면 대부분의 경우 최상위 클래스는 NSObject가 된다. 대부분의 오브젝티브-C 클래스는 직간접적으로 NSObject 클래스의 서브클래스(자식클래스)가 된다. NSObject 클래스는 클래스 공장(?) 메소드인 alloc 메소드를 선언한다. alloc 메소드는 오브젝트 인스턴스와 인스턴스 메소드에서 사용할 메모리를 할당시키는 일을 하며, 이를 위해 오브젝티브-C의 메모리 관리 시스템과 커뮤니케이션한다. Accumulator 클래스와 같은 다른 일반 클래스는 NSObject 클래스를 상속받으면서 alloc과 같은 메소드를 사용할 수 있게 된다. 상속에 대해서는 Chapter 6에서 더 자세히 다룬다.

데이터 타입으로 사용되는 클래스 이름

오브젝티브-C의 오브젝트는 힙 공간에서 생성된다. 즉, 오브젝트 인스턴스를 생성하면(다음 챕터에서 자세한 메커니즘을 다룬다) 힙에 할당된 메모리 공간을 포인터로 받게 된다. 그래서 "이 변수는 Accumulator 클래스의 오브젝트를 갖고 있다."라는 표현은 "이 변수는 Accumulator 클래스의 인스턴스를 가리키는 포인터이다."라고 해석하면 된다.

  클래스 이름을 데이터 타입으로 하여 선언된 변수는 오브젝트 인스턴스를 가리키는 포인터가 된다. 아래의 코드는 anAccumulator 변수를 선언하는데, 이렇게 함으로써 이 변수는 Accumulator 클래스의 인스턴스를 가리키는 포인터를 갖게 된다.

```
Accumulator *anAccumulator;
```

  포인터 표시(*)는 anAccumulator 변수를 포인터로 만들며, 무조건 붙여야 한다. 만약 포인터 표시를 아래와 같이 없앤다면

```
Accumulator anAccumulator;    // 에러발생
```

  컴파일 에러가 발생한다(컴파일러는 스택 영역에 오브젝트를 만드는 것으로 생각하는데, 오브젝티브-C에서는 이를 허용하지 않는다).

메시징(메소드 호출)

  오브젝트는 실제로 사용하기 전에는 쓸모 없는 존재일 뿐이다. 오브젝트의 존재감은 메소드를 실행해야 비로소 드러나게 된다. Java나 C++ 같은 몇몇 객체지향 언어는 메소드를 실행하기 위하여 함수 호출의 형태를 사용한다. 즉, 오브젝트 변수 뒤에 점(.)을 찍고, 바로 메소드 이름을 붙이는 모양으로 메소드를 실행시킨다. 만약 Accumulator 클래스를 C++에서 구현하였다면, anAccumulator의 합계 값에 얼마를 더하기 위하여 다음과 같이 코딩할 것이다.

```
anAccumulator.addToTotal( 137 );
```

  하지만 오브젝티브-C는 메시징이라는 독특한 시스템을 사용한다. 메시징은 Smalltalk(http://en.wikipedia.org/wiki/Smalltalk)라는 컴퓨터 프로그래밍 언어에서 차용한 개념이다. 메시징을 사용하면 함수를 호출하는 대신 메시지를 오브젝트에 보내게 된다. 다음은 메시징 표현식의 형태를 보여준다.

```
[receiver message]
```

receiver는 오브젝트로, 실행시키고자 하는 메소드를 가지고 있다. receiver라고 표현한 이유는 메시지를 받기 때문이다. message는 실행시키고자 하는 메소드 이름이며, 메소드 이름 뒤에 몇몇 인수(argument)를 붙일 수 있다. 메시지 표현식을 평가하면 receiver는 메시지에 있는 메소드 이름에 해당하는 메소드를 실행하게 된다 (Chapter 5에서 자세한 과정을 설명한다).

Accumulator 클래스의 인스턴스를 이용하여 메시징의 예를 살펴보자. 다음은 anAccumulator의 합계 값에 137을 더하는 것을 구현한 코드이다.

```
[anAccumulator addToTotal: 137];
```

아래는 currentTotal 변수에 현재 anAccumulator가 가지고 있는 합계 값을 저장하는 것을 구현한 코드이다.

```
int currentTotal = [anAccumulator total];
```

위의 예들을 보면, 아마도 메시징이나 함수 호출이나 크게 달라보이지 않을 것이다. 하지만 사실은 그렇지 않다. Receiver와 message는 컴파일 시간에 서로 연결되지 않는다. Message에는 오직 메소드 이름만이 들어있을 뿐, 어떤 클래스나 메소드도 연결되어 있지 않다. 서로 다른 클래스 간에도 다른 방식으로 구현된 같은 이름의 메소드가 존재할 수 있으며, 메시징 표현식이 실행 시간에 평가될 때, receiver 오브젝트는 비로소 자신이 속한 클래스에 정의된 메소드를 실행시키게 된다.

또한 메시징은 동적 기법을 사용하는 것이 가능한데, 이러한 기능은 컴파일 시간에 메소드가 엮여야 하는 C++ 같은 언어에서는 불가능하다. 예를 들어, 오브젝티브-C의 메시징 표현식의 메시지 부분을 변수로 사용하는 것이 가능하다. 실제 메시지는 컴파일 시간이 아닌 실행 시간에 결정되어 전달된다. 뿐만 아니라, 메시징 표현식을 만들어놓고 그것을 오브젝트로 저장하여 나중에 실행하는 것이 가능하다(자세한 내용은 Chapter 16의 NSInvocation 섹션을 참고하도록 하자).

다형성

이번 장 초반에도 언급하였지만, 다형성이란 동일한 메시지를 다른 클래스에 속한 오브젝트에 보냈을 때 해당 오브젝트가 속한 클래스에 정의된 내용으로 실행하게 만드는 능력을 일컫는다.

예를 들어 간단한 그리기 프로그램을 생각해보자. 이 프로그램은 Shape와 Image 클래스를 가지고 있으며, 두 클래스 모두 draw 메소드를 가지고 있지만 클래스마다 구현은 달리 하였다. 이제 화면에 그림을 그리기 위해 루프를 돌며 오브젝트 리스트에서 오브젝트를 하나씩 꺼내 오브젝트의 그림을 그린다면 다음과 같이 코드를 작성할 수 있을 것이다.

```
while( /* 루프 종료 조건 확인 */ )
  {
    id graphic = [graphicEnumerator nextObject];
    [graphic draw];
  }
```

graphicEnumerator는 클래스의 인스턴스로, 오브젝트 리스트에서 오브젝트를 하나씩 꺼내는 일을 한다(Enumerator는 Chapter 10에서 다룬다).

id는 오브젝티브-C의 데이터 타입으로 오브젝트를 가리키는 포인터의 대표 타입으로 정의되어 있다. id 타입은 변수가 갖고 있는 오브젝트의 클래스가 자주 바뀌거나 실행 시간에 사용될 오브젝트의 데이터 타입(즉, 클래스)을 컴파일 시간에 알지 못하는 경우에 사용된다. 그래서 id 타입으로 선언된 변수에는 모든 데이터 타입의 오브젝트를 지정할 수 있다. 물론 컴파일 에러도 발생하지 않는다.

위의 예에서는 graphic 변수는 루프가 진행되면서 어떤 때에는 Shape 오브젝트를, 또 어떤 시점에는 Image 오브젝트를 갖게 될 것이다. graphic 변수가 Shape 오브젝트를 갖는 시점에는 draw 메시지를 보내면 Shape 클래스에서 구현된 draw 메소드가 실행될 것이다. 마찬가지로, graphic 변수가 Image 오브젝트를 갖는 시점에는 Image 클래스에서 구현된 draw 메소드가 실행될 것이다.

어쨌거나 id가 다형성 코드의 작성을 편리하게 만들어주지만, 다형성의 진정한 부분은 바로 오브젝티브-C의 메시징 시스템이라고 할 수 있다. 예를 들어 살펴보자. 이번에는 graphic 변수를 완전히 관련 없는 클래스, 즉 draw 메소드를 구현하지 않은 클래스의 변수로 선언해보자.

```
while( /* 루프 종료 조건 확인 */ )
  {
    // 안좋은 예이나, 실행은 된다.
    Shmoo *graphic = [graphicEnumerator nextObject];
    [graphic draw];
  }
```

위와 같이 작성하면 컴파일러는 아마도 Shmoo 클래스에 draw 메소드가 구현되지 않았다고 경고할 것이다. 이런 상황에서 여러분의 동료는 아마도 당신이 미쳤다고 생각할 것이고, 팀장은 어쩌면 당신을 프로젝트에서 제외시키려고 할지도 모른다. 하지만 위의 코드는 분명히 실행 시간에 동작할 뿐만 아니라, graphic에 실린 Shape, Image 등 draw 메소드가 구현된 모든 클래스에 대해 잘 동작할 것이다. 결론적으로 중요한 것은 실행 시간의 오브젝트 타입이지 변수의 타입이 아니다.

 어떤 클래스에 대한 오브젝트 포인터 변수에 선언된 것과 다른 클래스의 오브젝트를 지정(assign)하더라도 지정되는 오브젝트의 클래스는 변하지 않는다. 오브젝트의 클래스는 오브젝트가 생성될 때 설정되며, 설정된 이후로는 바뀌지 않는다.

클래스 오브젝트와 오브젝트 생성

오브젝티브-C의 모든 클래스는 클래스를 대신하여 메소드를 실행시킬 수 있는 클래스 오브젝트로 표현된다. 오브젝티브-C의 클래스 오브젝트는 메모리 공간의 한 켠을 차지하는데, 그 안에는 클래스에 대한 인스턴스 변수와 메소드의 정보가 들어있다. 또한 클래스 오브젝트는 Class라는 특별한 클래스의 인스턴스이기도 하다.

클래스 이름을 receiver로 하여 클래스 오브젝트에 메시지를 보낼 수 있는데, 그 표현식은 다음과 같다.

```
[classname classmessage]
```

그래서 클래스 오브젝트에 메시지를 보낼 때에는 메시지의 메소드 이름을 무조건 클래스 메소드로 해야 한다.

클래스 오브젝트는 마치 공장에서 물건을 찍어내듯 클래스 인스턴스를 만드는 곳에서 가장 많이 활용되고 있다. 오브젝트 인스턴스는 클래스 메소드 alloc을 통해 만들어지는데, alloc 메소드는 NSObject 클래스로부터 모든 클래스가 상속받는다.

```
Accumulator *anAccumulator = [Accumulator alloc];
```

alloc 메소드는 오브젝트를 위한 메모리를 할당해주고, isa라는 컴파일러에 의해 생성된 특별한 인스턴스 변수이자 오브젝트의 클래스 오브젝트를 가리키는 포인터에 표시를 한다. 그리고 나머지 인스턴스 변수의 값을 모두 0으로 만든 후에 최종 생성된 오브젝트의 포인터를 반환(return)한다.

 위의 예제 코드는 이해를 돕기 위하여 표현한 것이다. 실제로는 다음의 예제와 같이 초기화 메시지를 alloc 메시지와 함께 사용해야 하며, 초기화 메시지가 alloc 메시지를 품는 형태여야 한다.

모든 오브젝티브-C 오브젝트는 무조건 초기화되어야 한다. 다음은 초기화된 Accumulator의 인스턴스를 생성하는 코드이다.

```
Accumulator *anAccumulator = [[Accumulator alloc] init];
```

위의 코드가 실행되면 다음의 순서로 진행된다.
1. alloc 메시지는 Accumulator 클래스에 대한 클래스 오브젝트로 전달된다.
2. alloc 클래스 메소드는 Accumulator 오브젝트를 위한 메모리를 할당한 다음, 초기화되지 않은 오브젝트의 포인터를 반환한다.
3. 초기화되지 않은 Accumulator 오브젝트는 init 메시지의 receiver가 된다. init은 인스턴스 메소드로, Accumulator가 NSObject로부터 상속받은 메소드이다.

4. `init` 메소드가 `Accumulator` 오브젝트를 초기화시킨 다음 오브젝트의 포인터를 반환한다. 반환된 포인터는 `anAccumlator` 변수에 지정된다.

클래스 오브젝트와 클래스 메소드에 대한 더 자세한 내용은 Chapter 7에서 다룬다.

> **Note** 클래스 오브젝트를 생성하는 것에 대해서는 걱정할 필요 없다. 클래스 오브젝트는 컴파일러가 알아서 만들어준다.

메모리 관리

힙에서 메모리를 할당할 때마다 개발자는 할당된 메모리를 다 사용하고 난 다음 반납해야 할 의무가 있다. 예를 들어 `malloc`을 이용하여 한 덩어리의 메모리를 할당받았다면, 다 사용한 다음에는 꼭 `free`를 이용해서 반납해야 한다. 오브젝티브-C에서는 개념은 비슷하지만 형태는 조금 다른 레퍼런스 카운팅(reference counting)이라는 오브젝트 메모리 관리기법을 사용한다(레퍼런스 카운팅은 retain counting 또는 managed memory로 불리기도 한다). 모든 오브젝티브-C의 오브젝트는 레퍼런스 카운트를 지니고 있는데, 레퍼런스 카운트는 오브젝트가 사용된 곳의 개수를 갖는다. 그래서 오브젝트의 레퍼런스 카운트 값이 0이 되면 오브젝트는 할당이 자동으로 풀리며 오브젝트가 할당되었던 메모리 공간은 힙에 반납된다.

오브젝트의 레퍼런스 카운트 값을 증가/감소시키는 메소드로는 `retain`과 `release`가 있다.

```
[anObject retain];    //anObject의 레퍼런스 카운트 값 1 증가
[anObject release];   //anObject의 레퍼런스 카운트 값 1 감소
```

오브젝트는 레퍼런스 카운트 값 1을 가지며 생성된다. 만일 오브젝트를 이름이 alloc 또는 new로 시작하거나 이름 중간에 copy가 들어간 메소드를 이용하여 생성시켰다면 오브젝트를 "소유"하게 되는 것이다. 그러다가 생성한 오브젝트를 다 사용하게 되면 생성과 반납의 소유권 균형을 맞추기 위하여 release 메시지를 보내야 한다. 만약, 이름이 alloc 또는 new로 시작하지 않으며 중간에 copy도 들어있지 않은 메소

드를 통해 오브젝트를 받은 경우라면 오브젝트를 소유한 것이 아니다. 일반적으로 오브젝트를 획득한 시점에 해당하는 영역에서는 오브젝트가 유효한 상태, 즉 사용 가능한 상태에 있다고 할 수 있다. 하지만 예를 들어, 오브젝트를 인스턴스 변수에 저장하여 사용하는 것처럼 오브젝트를 오랫동안 유지하기 위해서는 retain 메시지를 보내 오브젝트의 "소유권을 획득"해야 한다. 이렇게 함으로써 의도하지 않은 곳에서 오브젝트의 생성자가 오브젝트를 release하는 바람에 오브젝트의 레퍼런스 카운트 값이 0이 되어 자동으로 오브젝트가 반납되는 일을 방지할 수 있다. 물론 retain 메시지를 통해 오브젝트를 획득하였기 때문에, 오브젝트를 다 사용한 다음에는 소유권 균형을 위해 반드시 release 메시지를 보내야 한다.

메모리 관리에 대한 더 자세하고 완벽한 내용에 대해서는 Chapter 14에서 다루며, 메모리 관리의 또다른 형태인 가비지 컬렉션에 대해서는 Chapter 15에서 다룬다.

오브젝티브-C를 위한 추가 개념

이번 섹션에서는 C언어를 오브젝티브-C로 탈바꿈시키기 위한 추가 개념에 대해 살펴본다.

Runtime

오브젝티브-C는 runtime을 필요로 한다. Runtime이란 C 함수의 다이내믹 링크 라이브러리로, 오브젝티브-C를 지원하는 모든 시스템에서 제공받는다. 그래서 runtime은 오브젝티브-C 메시징 시스템에 대한 셋업 및 운영에 대한 일을 한다. 보통 runtime은 백그라운드에서 조용히 동작하기 때문에 아주 특수한 경우를 제외하고는 함수 호출 등을 통한 runtime과의 직접적인 교류는 일어나지 않는다[1].

---

1 (역자 주) 여기서 사용된 runtime은 분명히 실행 시간에 사용되는 여러 가지 자원 및 메커니즘을 일컫는다. 하지만, 일반적으로 사용하는 실행 시간(runtime)과 혼동될 우려가 있어 그냥 runtime으로 표현하였다.

이름

 C언어와 마찬가지로 오브젝티브-C의 오브젝트 이름 역시 대소문자를 구별한다. 그리고 앞 챕터에서 살펴본 것처럼 오브젝티브-C는 클래스나 메소드 이름을 짓는 방법과 같은 다양한 형태의 관습적인 작명 규칙들이 존재한다. 이러한 규칙들은 프로그래밍 언어 관점에서 무조건 지켜야만 하는 것은 아니지만, 대부분의 프로그래머들은 이를 준수하고 있다. 그래서 만약 여러분이 이러한 규칙을 어긴다면 오브젝티브-C에 익숙한 대다수의 사람들은 여러분의 코드를 이해하기 위해 힘든 시간을 할애하게 될 것이다.

 작명 규칙에 대한 몇 가지를 더 언급하자면 다음과 같다.

- 다른 클래스 간에는 동일한 이름의 인스턴스 변수를 만들 수 있다.
- 다른 클래스 간에는 동일한 이름의 메소드를 만들 수 있다. 앞에서 이러한 개념을 일컬어 다형성이라고 하였다.
- 메소드는 인스턴스 변수와 동일한 이름을 사용할 수 있다(이러한 메소드는 보통 동일한 이름의 인스턴스 변수값을 반환하는 용도로 많이 쓰인다. Chapter 12에서 자세히 다룬다).
- 같은 클래스의 인스턴스 메소드와 클래스 메소드는 동일한 이름을 사용할 수 있다.
- Apple은 Apple 내부적으로만 사용하기 위하여 언더바(_)로 시작하는 메소드를 만들지 않을 것을 권고하고 있다.

메시지 표현식

 C에서 오브젝티브-C로 변화하기 위한 가장 중요한 개념이 바로 메시지 표현식(message expression)이다.

```
[receiver message]
```

receiver는 오브젝트, 엄밀히 말하자면 클래스의 인스턴스를 가리키는 포인터가 된다. 그리고 message는 receiver의 클래스에 정의된 메소드 이름과 메소드에 필요한 인수의 나열로 구성된다. 메시지 표현식을 포함한 명령문이 실행될 때 오브젝티브-C의 runtime은 receiver의 클래스를 결정하고 message 부분에 있는 메소드 이름을 해당 클래스에서 찾아 메소드 코드를 실행시킨다. 메시지 표현식에 대해서는 Chapter 5에서 자세히 다룬다.

 메시지에서 클래스 메소드를 사용할 때는 recevier가 클래스 오브젝트 또는 클래스 이름이 되어야 한다(여기서 클래스 이름은 클래스 오브젝트의 의미로 쓰인다).

컴파일러 지시자

컴파일러 지시자는 @으로 시작하며 실행코드는 아니다. 이미 앞에서 본 것과 같이, interface 섹션의 시작을 나타내는 @interface, implementation 섹션의 시작을 나타내는 @implementation, 각 섹션의 끝을 나타내는 @end 등이 모두 컴파일러 지시자이다. 오브젝티브-C 컴파일러 지시자 전체 리스트는 부록 A에서 확인할 수 있다.

문자열 상수

오브젝티브-C에서는 NSString 인스턴스 상수를 문자열 상수로 사용한다. NSString은 C 스트링(string)을 대신하는 클래스로, Foundation 프레임워크에 정의되어 있다. NSString 상수를 만드는 방법은 C 스트링과 유사하며, 맨 앞에 @만 붙이면 된다.

```
"The Big Apple"    // C 문자열 상수
@"The Big Apple"   // NSString 문자열 상수
```

 엄밀하게 말하자면 @"The Big Apple"은 컴파일러 지시자로, 컴파일러로 하여금 "The Big Apple"이라는 텍스트를 가진 NSString 문자열 상수를 만들도록 지시하는 것이다.

오브젝티브-C 키워드

`id`

   `id`는 데이터 타입으로 "오브젝트를 가리키는 포인터"를 의미한다. 그래서 `id` 타입으로 선언된 변수는 오브젝트의 클래스에 관계 없이 오브젝트를 가리키는 포인터를 담을 수 있다.

   다음의 변수 선언,

```
id myObject;
```

는 컴파일러에 `myObject`가 오브젝트를 가리키는 포인터임을 알려준다. 그래서 어떠한 클래스인지는 알 수 없지만 이 변수에는 클래스의 인스턴스가 위치한 메모리 주소값이 들어가게 된다.

   또한, `id` 변수에는 특정 타입의 변수값을 별도의 타입 변환 없이 지정할 수 있으며 그 반대도 가능하다. 예를 들면 다음과 같다.

```
NSString*  string1 = @"The Big Apple";
id  something;
NSString* string2;
something = string1;
string2 = something;
```

컴파일러는 프로그래머의 의도를 알고 적절히 동작하게 된다. `id`는 자체가 포인터 타입이기 때문에 변수 선언시 포인터 표시(*)가 필요하지 않다는 점에 주의해야 한다.

```
id *myObject;   // 잘못된 표현 !
```

다시 한 번 강조하지만, `id`와 `void*`를 혼동하지 말자.

```
void *someBytes;
```

위와 같이 `void*`를 이용하여 선언하는 경우, `someBytes`에 대해서는 아무런 정보도 제공되지 않는다. 단지 어떤 메모리를 가리키는 포인터라는 것만 알 수 있을 뿐이다. 메모리 내용에 대한 정보는 컴파일러에 전달되지 않는다.

nil

nil은 미리 정의된 상수로 "오브젝트를 가리키지 않는 포인터"라는 의미이다. 일반적으로 오브젝트 포인터가 아무것도 가리키지 않는다는 의미로 0값을 직접 넣는 대신, 0값으로 정의한 nil을 사용한다. 그렇기 때문에 사실 그냥 0을 사용해도 문제없이 동작한다.

```
[anObject setObjectInstanceVariable: 0];   // 좋지 않은 형태
```

하지만 이렇게 코딩하는 것은 가독성이 좋지 않아 문제를 일으킬 수 있기 때문에 오브젝트 포인터의 내용이 없다는 사실을 확실하게 전달하도록 nil을 사용하는 것이 더 좋다.

```
[anObject setObjectInstanceVariable: nil];   // 좋은 형태
```

오브젝티브-C에서는 nil 값을 갖는 receiver에도 메시지를 보낼 수 있다. 하지만 nil에 전달되는 메시지는 아무런 일도 하지 않을 뿐만 아니라 시스템 충돌도 일으키지 않는다. 이러한 특성 덕에 다음과 같은 오류 방지 코드를 작성하지 않아도 괜찮다.

```
// 이 확인은 하지 않아도 된다.
if ( anObject )
  {
    [anObject someMethod];
  }
```

BOOL

C언어에는 boolean 같이 진실 값에 대해 별도로 명시된 데이터 타입이 없다. 대신, 진실 값은 표현식을 평가하는 것으로 결정된다. 만약 표현식을 평가한 결과가 0이 된

다면 거짓(false)으로 판단하며, 그렇지 않은 경우는 참(true)으로 판단한다. 나중에 C99 표준에서 진실 값 타입인 `bool`을 추가하여 그 값으로 `true`와 `false`를 사용하게 되었다.

오브젝티브-C는 `BOOL`이라는 자체 데이터 타입을 가지고 있으며, 그 값으로 `YES`와 `NO`를 사용한다. `BOOL`은 사실 기본적으로 정의된 데이터 타입은 아니며, `unsigned char`를 `typedef`하여 만든 데이터 타입이다. 마찬가지로 `YES`와 `NO` 역시 1과 0으로 정의된 상수이다.

물론, 오브젝티브-C는 C의 모든 데이터 타입을 사용하기 때문에 `bool` 타입 역시 사용하는 것이 가능하다. 하지만 Cocoa 프레임워크를 비롯한 대부분의 오브젝티브-C 코드에서는 `BOOL` 타입을 사용한다. 물론 `bool` 타입과 `BOOL` 타입을 섞어서 사용해도 무방하지만, `bool` 타입을 사용할 수 있는 라이브러리가 어떤 것인가를 신경 쓰는 것보다는 `BOOL` 타입 한 종류만 사용하는 것이 좋다.

> **Note** 현재 오브젝티브-C는 C99 표준을 기반으로 하고 있지만, 오브젝티브-C가 최초로 개발될 당시에는 boolean 타입이 없는 더 이전 버전의 C를 기반으로 하였다. 그래서 대부분의 오브젝티브-C 그룹에서는 C99 표준의 `bool` 타입 대신 오브젝티브-C의 `BOOL` 타입을 사용하고 있다.

SEL

`SEL`은 데이터 타입으로 오브젝티브-C 메소드 이름을 담을 수 있음을 의미한다 (`SEL`은 selector의 줄임말이다.). 메소드 이름은 가끔 selector라고 불리는데, 그 이유는 여러 메소드 중 하나의 코드를 선택해서 실행할 일이 있기 때문이다(Chapter 5에서 더 자세히 다룬다).

성능상의 이유로 인해 메소드 이름을 직접 사용하는 대신 `SEL`을 사용하기도 한다. 문자열은 처리하는 데 시간이 많이 소요된다. 두 개의 문자열을 비교하는 것보다는 두 개의 `SEL`을 비교하는 것이 훨씬 빠르다.

메소드 이름을 `SEL` 변수에 담기 위해서는 컴파일러 지시자 `@selector()`를 사용한다.

```
SEL aSelector = @selector( aMethodName );
```

IMP

IMP는 typedef으로 정의되었으며, id, SEL을 포함한 인수를 취하여 id를 반환하는 함수 포인터를 뜻한다.

IMP를 사용하면 컴파일러는 오브젝티브-C의 메소드를 C 함수로 완전히 변화시킨다. 메소드를 실행시킬 때는 runtime이 메소드의 selector를 이용하여 메소드의 실제 코드를 찾아 실행을 하게 된다. 하지만 간혹 효율성을 위해서, 또는 백그라운드 트릭을 위해 메소드를 구현한 함수를 직접 호출할 필요가 있다. 이를 위해 함수 포인터를 이용하여 함수를 직접 호출하도록 하는 것이다. 메소드와 runtime 함수의 함수 포인터를 획득하기 위해서는 다음과 같이 작성하면 된다.

```
IMP methodImplementation =
    [anObject methodForSelector: @selector( aMethodName )];
```

 IMP는 문서 및 서적에서 "IMP를 획득하기 위하여 methodForSelector:를 사용한다" 등과 같이 메소드 implementation이라는 의미로 사용되기도 한다.

Class

Class는 데이터 타입으로 오브젝티브-C 클래스의 레퍼런스(reference)를 갖는다. 오브젝티브-C에서 클래스는 자체로서 오브젝트가 된다. 클래스가 오브젝트이기 때문에 클래스는 다른 클래스의 인스턴스가 되어야 한다. 이때 인스턴스로 만들어주는 대표 클래스, 즉 클래스의 클래스가 바로 Class이다. id, IMP와 같이 Class는 포인터 타입으로 포인터 표시(*)를 필요로 하지 않는다. 그래서 다음과 같은 선언은 잘못된 코드가 된다.

```
Class *myClass; // 잘못된 표현
```

클래스 오브젝트에 대한 자세한 내용은 Chapter 7에서 다룬다.

Cocoa의 수치 데이터 타입

이번에 다루는 데이터 타입은 오브젝티브-C 언어에 등록된 데이터 타입이 아니라 Cocoa 프레임워크에서 정의된 데이터 타입이다. 하지만 여기에서 설명하는 데이터 타입을 자주 접하게 될 것이다. Mac OS X 10.5 버전을 출시하면서 Apple은 Cocoa 프레임워크에서 가장 자주 사용하는 `int`와 `float` 타입을 32비트와 64비트에 맞게 바꾸었다(부록 C 참조).

NSInteger

`NSInteger`는 Cocoa 프레임워크에서 제일 많이 사용하는 `int` 타입을 대체한다. `NSInteger`는 32비트 환경에서는 `int`(32비트 integer)로, 64비트 환경에서는 `long`(64비트 integer)으로 정의된다.

NSUInteger

`NSUInteger`는 `NSInteger`의 unsigned 버전으로, Cocoa 프레임워크에서 `unsigned int`를 대체한다. `NSUInteger`는 32비트 환경에서는 32비트 unsigned integer로, 64비트 환경에서는 unsigned long(64비트 unsigned integer)으로 정의된다.

CGFloat

`CGFloat`은 `float`을 대체하는데, 32비트 환경에서는 `float`(32비트)을, 64비트 환경에서는 `double`(64비트)로 정의된다. 사용하는 `CGFloat`이 `float`과 `double` 중 어떠한 데이터 타입으로 정의되었는지 쉽게 알 수 있도록 Foundation 프레임워크는 `CGFLOAT_IS_DOUBLE`이라는 상수를 제공한다. 사용 방법은 다음과 같다.

```
if ( CGFLOAT_IS_DOUBLE )
  NSLog( @"Double !\n");
else
  NSLog(@"Float !\n");
```

NSLog

NSLog는 Foundation 프레임워크에서 정의된 문자열 출력 함수로, 오브젝티브-C 언어에서 지원하는 함수는 아니다. 하지만 굳이 여기에서 설명하는 이유는 앞으로 나오는 예제와 연습 문제에서 자주 사용하기 때문이다.

NSLog는 printf 함수와 매우 비슷하지만, 다음의 차이점을 가지고 있기도 하다.

- NSLog는 터미널 창에 콘솔 로그를 남긴다. 콘솔 로그는 운영체제가 관리하는 로그 메시지로, OS X 운영체제에서는 콘솔 프로그램(/Applications/Uilities/Console.app)을 통해 콘솔 로그를 볼 수 있다.
- NSLog의 서식 문자열은 C 문자열 대신 NSString 문자열을 사용한다.
- NSLog는 자동으로 마지막에 줄바꿈 문자를 집어넣는다. 그렇기 때문에 서식 문자열에 \n을 넣지 않아도 된다.
- NSLog는 추가 특수 기호 %@를 사용한다. %@는 오브젝티브-C의 오브젝트를 인수로 취하겠다는 의미를 나타낸다. 이렇게 하면 해당 오브젝트의 description 메소드를 동작시키게 된다. description 메소드는 NSString을 반환(return)하는데, 반환되는 NSString 문자열에는 오브젝트에 대한 설명이 들어있다. 반환된 문자열은 %@부분에 들어간다. 예를 들어 살펴보자.

```
NSString *aString = @"Hello New York!";

NSLog( @"The object description is: %@", aString );
```

NSString의 description은 문자열 그 자체이다. 위 코드를 실행하면 다음과 같이 출력된다.

```
The object description is: Hello New York!
```

자신만의 클래스를 구현하는 경우에는 description 메소드를 오버라이드하여 별도로 구현할 수도 있다.

만약 NSLog를 사용하면서 서식 문자열에 %@를 넣은 다음 인수로 오브젝트를 넣는 것을 잊어버린다면, NSLog는 description 메시지를 해당 인수의 위치에 있는 (무언가의) 주소로 보내려고 할 것이고, 이는 보통 시스템 충돌로 이어진다.

배포판 프로그램에는 NSLog 명령문을 남겨서는 안된다(고객 또는 사용자의 콘솔 로그에 메시지를 남기는 것은 예의에 어긋난 행동이다). 하지만 학습을 위해, 혹은 디버깅을 위한 용도라면 NSLog가 굉장히 유용한 도구가 된다.

NSLog에는 조금 불편할 수도 있는 기능이 있다. 그것은 자동으로 출력되는 로그 정보이다. 로그 정보에는 날짜, 시각, 실행파일 이름, 프로세스 id 등이 들어 있다. 그래서 다음과 같이 코드를 작성하면

```
NSLog( @"Greetings from NSLog" );
```

결과는 다음과 같이 나타난다.

```
2010-02-01 11:41:26.556 a.out[33955:903] Greetings from NSLog
```

로그 내용의 가독성과 이해도를 높이기 위해 이 책에서는 로그 정보에 해당하는 내용은 생략하고, 실제로 로그로 남기고자 하는 부분만 보여준다.

정리

객체지향 프로그래밍에 대한 일반적인 논의로 이번 장을 시작하였다. 이러한 내용으로 클래스, 오브젝트, 인스턴스 변수, 메소드, 캡슐화, 상속, 다형성, 메시징 등에 대해 언급하였다. 그리고는 이와 같은 개념들이 어떻게 오브젝티브-C에 구현되었는지에 대해 설명하였다.

다음 장에서는 오브젝티브-C 프로그램을 작성하는 방법에 대해 하나씩 살펴볼 것이다. 이를 통해 Apple의 통합개발환경인 Xcode의 사용방법을 익힐 수 있다.

Chapter 04

첫 번째 오브젝티브-C 프로그램

LEARNING OBJECTIVE-C 2.0

앞 장에서 객체지향 프로그래밍에 대한 개념과 오브젝티브-C의 기본 구문에 대해 설명하였다. 이러한 내용을 담아 이번 장에서는 간단한 프로그램을 작성할 것이다. 프로그래밍 전통을 따르는 의미로 "Hello World" 프로그램을 만들어 볼텐데, 객체지향 개념이 가미된 이 프로그램을 한 줄 한 줄 분석할 것이다. 그와 동시에 Apple의 통합개발환경(IDE, Integrated Development Environment)인 Xcode를 이용하여 자신이 작성한 프로그램을 어떻게 빌드하고 실행하는지도 알게 될 것이다.

 IDE는 프로그램을 개발하는 데 필요한 모든 내용을 아우르는데, 이러한 범주에는 파일관리, 코드 작성 및 편집, 컴파일, 링크, 디버깅 등이 포함된다. Apple의 IDE인 Xcode는 Mac OS X에서 동작하며 Mac OS X와 iOS 프로그램을 개발할 수 있다. 명령 줄에서 직접 컴파일하고 디버깅하는 것이 프로그램을 테스트하는 데 간단하고 편리하겠지만, 대규모 애플리케이션을 개발하는 경우에는 명령 줄에서 개발하는데에는 아무래도 불편한 부분이 많다. 뿐만아니라, iPhone 프로그램을 개발하는 경우에는 iPhone Simulator를 사용하고, iPhone, iPad, iPod touch 같은 실제 기기에 업로드하기 위해서라도 Xcode를 사용하지 않을 수 없다.

Xcode 설치 프로그램은 Max OS X 설치 DVD 안에 포함되어 있다. 만일 설치 DVD가 없거나 최신 버전을 구하고자 한다면 http://developer.apple.com/mac/ 에서 다운로드 받을 수 있다.

Xcode에서의 빌드

Xcode는 매우 방대한 프로그램이지만, 이번 장에서는 간단한 프로그램을 만들기 위해 꼭 필요한 부분만 살펴볼 것이다. 시작하기 전에 ~/ObjectiveCProjects 또는 ~/Code/ObjectiveCProjects 등과 같이 자신만의 프로젝트를 저장할 디렉토리를 만들도록 하자.

 물결(~)은 Mac OS X를 포함한 UNIX 계열의 운영체제에서 홈 디렉토리(home directory)의 의미로 사용된다. 저자의 경우를 예를 들면, 다음의 디렉토리는

~/ObjectiveCProjects

아래의 디렉토리와 동일하다.

/Users/rclair/ObjectiveCProjects

Xcode를 실행하고(Xcode는 /Developer/Applications 디렉토리에 있다), [File]-[New Project](Shift-⌘-N)를 선택해 새로운 프로젝트를 생성하면 그림 4.1과 같은 [New Project] 창을 볼 수 있다.

> **Note** 이 책에서는 Xcode 3.2 버전의 캡처 화면을 사용하였다. 실제 사용하는 Xcode의 버전에 따라 책의 내용과 조금 다를 수 있다.

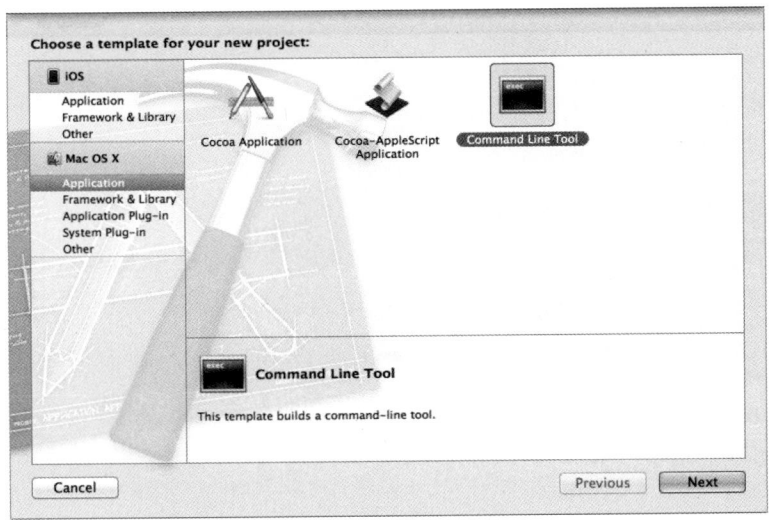

| 그림 4.1 | Xcode의 New Project 창

[New Project] 창에서 다음과 같이 진행한다.

1. 왼쪽 패널에서 [Mac OS X]-[Application]을 선택한다.
2. 오른쪽 패널에 나타난 목록 중 [Command Line Tool] 아이콘을 선택한다.
3. [Type]의 드롭다운 메뉴에서 [Foundation]을 선택한다.
4. [Choose] 버튼을 클릭한다.
5. 액션 시트가 나타나면서 프로젝트 이름과 저장할 디렉토리를 물어볼 것이다. 프로젝트 이름을 HelloObjectiveC라고 입력하고 저장할 디렉토리를 선택한 다음 [Save] 버튼을 클릭한다.

모든 과정이 끝나면 그림 4.2와 같이 HelloObjectiveC에 대한 프로젝트 창을 볼 수 있을 것이다.

> **Note** Xcode는 설정이 자유롭다. 그래서 창 배열도 자유로이 할 수 있다. [Xcode]-[Preference](⌘+,)를 선택하면 [Preference] 창이 나타나는데, 여기에서 [General]을 클릭한다. 이 상태에서 툴바를 선택하고 [View]-[Customize Toolbar]를 선택하면 액션 시트가 나타나면서 툴바를 편집할 수 있는 상태가 된다. Xcode 사용에 대한 자세한 정보는 [Help]-[Xcode Quick Start]를 선택하면 확인할 수 있다.

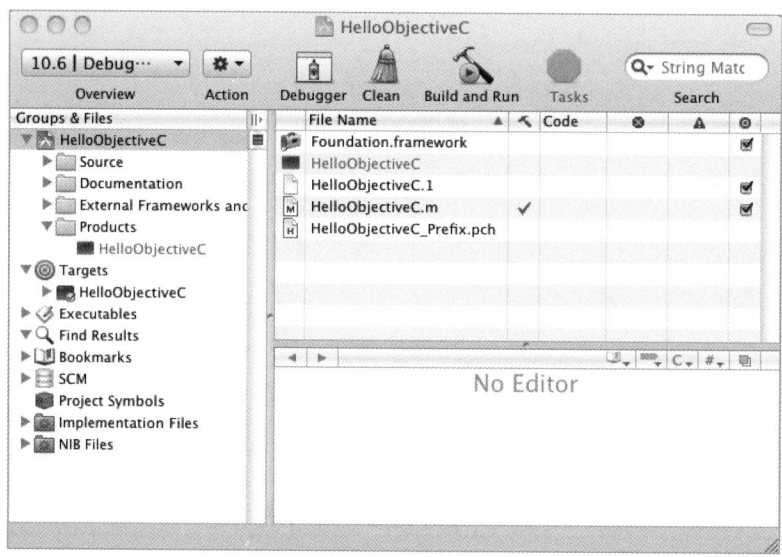

| 그림 4.2 | HelloObjectiveC 프로젝트 창

프로젝트 창에는 프로젝트에 대한 여러 가지 정보가 나타난다. 왼쪽 패널(Groups & Files)에는 프로젝트의 파일과 기타 자원들을 트리 구조로 보여주며, 오른쪽 패널에는 왼쪽 패널에서 선택된 항목에 대한 자세한 내용이 나타난다. 왼쪽 패널의 맨 위에 있는 HelloObjectiveC는 프로그램 이름을 나타내며, 그 아래에는 프로그램을 빌드하기 위한 모든 내용이 들어있다. HelloObjectiveC를 선택하면 오른쪽 패널에 프로젝트를 구성하는 모든 자원 목록이 나타난다. 각 항목에 대해 하나하나 설명하면 다음과 같다.

- Foundation.framework 는 Cocoa 클래스 중 비(非) GUI에 해당하는 클래스를 보유하는 프레임워크이다(프레임워크는 계층구조로 이루어진 다이내믹 링크 라이브러리 모음이다. Chapter 8에서 자세히 다룬다). Xcode에서 프로젝트를 생성할 때 [Foundation]을 선택했기 때문에 Xcode는 Foundation 프레임워크에 정의된 클래스 또는 함수를 사용할 것이라고 가정하게 된다. 그러면서 Foundation.framework를 프로젝트에 추가하여 빌드할 때 링크되도록 한다.
- HelloObjectiveC 는 최종적으로 생성될 프로그램 이름이다. 빨간색으로 표시된 이유는 Xcode가 파일을 찾지 못했기 때문이다(Xcode가 파일을 찾지 못하는 이유는 아직 빌드하지 않았기 때문이다).
- HelloObjectiveC.1은 HelloObjectiveC 프로그램에 대한 UNIX man 파일이다. Xcode가 프로젝트에 HelloObjectiveC.1 파일을 추가한 이유는 지금 만들 프로그램을 UNIX에서 사용할 것이라고 생각하기 때문이다. 여기에서는 사용하지 않을 것이기 때문에 그냥 무시하면 된다.
- HelloObjectiveC.m 파일은 오브젝티브-C 파일로 `main` 루틴이 들어있다. 다음 섹션에서 자세히 살펴볼 것이다.
- HelloObjectiveC_Prefix.pch 파일은 사전에 컴파일된 헤더 파일로, 많은 수의 헤더 파일을 효율적으로 컴파일하는 데 도움이 되는 정보를 가지고 있다. HelloObjectiveC_Prefix.pch 역시 Xcode가 자동으로 설정하기 때문에 건드릴 필요는 없다.

오브젝티브-C 프로그램 구조

이제 HelloObjectiveC.m 파일을 더블 클릭하여 편집창으로 읽어보자. 편집창은 그림 4.3과 같은 모습을 하고 있다.

```
                                    HelloObjectiveC.m
  10.6 | Debug | i386
   Overview    Project  Debugger           Debug  Clean  Build and Debug  Tasks   Ungrouped
       HelloObjectiveC.m:11    <No selected symbol>

  #import <Foundation/Foundation.h>

  int main (int argc, const char * argv[]) {
    NSAutoreleasePool * pool = [[NSAutoreleasePool alloc]
      init];

    // insert code here...
    NSLog(@"Hello, World!");
    [pool drain];
    return 0;
  }
```

| 그림 4.3 | 편집창에서 띄운 HelloObjectiveC.m

Xcode가 자동으로 생성한 코드는 리스트 4.1과 같다.

리스트 4.1 HelloObjectiveC.m (최초 버전)

```
1  #import <Foundation/Foundation.h>
2
3  int main (int argc, const char * argv[]) {
4      NSAutoreleasePool * pool = [[NSAutoreleasePool alloc] init];
5
6      // insert code here...
7      NSLog(@" Hello, World!" );
8      [pool drain];
9      return 0;
10 }
```

Xcode는 아주 기본적인 "Hello World" 프로그램을 자동으로 생성한다. 그래서 7행의 NSLog 명령문을 보면 "Hello World"를 출력하는 것을 볼 수 있다. 단지 "Hello World" 만 출력하는 프로그램을 작성하는 것이 목적이라면 이와 같은 자동화는 아주 편리하다 고 할 수 있다. 하지만 이것만으로는 많은 것을 배울 수 없다. 그래서 다음 섹션에서는 NSLog 문장을 없애고 오브젝트 개념을 도입한 객체지향 버전의 HelloObjectivcC 프로그램을 다룰 것이다.

이제 코드를 살펴보자.

- 1행: Foundation 프레임워크에 있는 클래스를 import한다. Foundation 프레임워크에는 문자열, 배열, dictionary 등 자주 사용되는 클래스들이 들어있다. 이러한 클래스를 사용하기 위해서는 클래스를 꼭 import해야 한다. 그래서 대부분의 프로그램이 Foundation 또는 Cocoa 프레임워크를 import한다.
- 3행: 여기부터 main 함수가 시작된다(함수의 내용은 중괄호 사이에 들어있다). 모든 오브젝티브-C 프로그램은 main 함수를 필요로 한다. 프로그램이 실행되면 OS는 제어권을 main 함수에 건네준다. 그렇게 함으로써 본격적으로 프로그램이 동작하게 되는데, main 함수의 return문을 만날 때까지 프로그램이 진행된다.

main 앞에 있는 int는 main 함수가 integer 값을 반환함을 알려주는 역할을 한다. int argc와 const char *argv[]는 main 함수의 인수이다. argv(argument variables)는 C 문자열의 배열이며, argc(argument count)는 argv의 배열 요소 개수가 된다. 첫 번째 argv, 즉 argv[0]은 항상 정해져 있는데, 그 값은 바로 프로그램의 이름이 된다. 만약 argc 값이 1보다 크다면, 프로그램을 실행할 때 명령 줄에서 프로그램에 대한 인수를 붙였다는 것을 의미하며, 그 인수들은 argv에 담겨진다.

대부분의 프로그램에는 프로그램 인수가 필요하지 않지만 Xcode는 항상 자동으로 인수를 처리할 수 있도록 코드를 생성하여 개발자에게 편의를 제공한다.

- 4, 8행: 4행에서는 autorelease pool을 생성하고 8행에서는 비운다. Autorelease pool은 오브젝티브-C 메모리 관리 시스템의 레퍼런스 카운트보다 발전된 기능으로 Chapter 14에서 자세히 다룬다. 이번 장 예제에서는 큰 의미가 없기 때문에 무시하고 넘어간다.
- 9행: Mac OS X와 UNIX 시스템에서는 return 값에 0을 사용하는 것으로 프로그램이 정상적으로 종료되었음을 알려준다. 특별히 의미있는 에러를 알려주는 경우를 제외하고는 9행과 같이 return 0이라고 입력하면 된다.

프로그램 빌드 및 실행

다음 섹션으로 넘어가기 전에 HelloObjectiveC를 빌드하고 실행해보자. Xcode 콘솔 창([Run]-[Console] 또는 Shift+⌘+R)을 띄우면 프로그램 실행 결과를 볼 수 있다. 이제 프로그램을 빌드하고 실행하자([Build]-[Build and Run] 또는 ⌘+Return). 그러면 그림 4.4와 같이 콘솔 창에 "Hello World!"가 출력되는 것을 볼 수 있다.

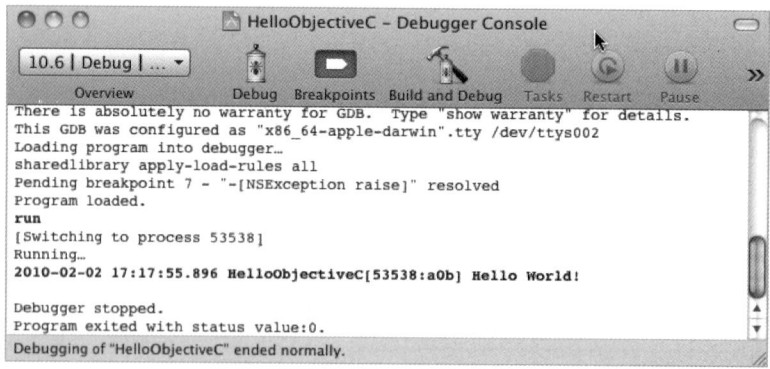

| 그림 4.4 | HelloObjectiveC(최초 버전)를 실행한 결과

GUI 애플리케이션과 `main`

Cocoa GUI 애플리케이션의 `main` 루틴은 굉장히 단순하다.

```
int main(int argc, char *argv[])
{
    return NSApplicationMain(argc,
                    (const char **) argv);
}
```

`main` 루틴에서는 단순히 `NSApplicationMain` 함수를 호출한다. `NSApplicationMain` 함수는 이벤트 루프를 동작시키는데, 이벤트 루프에서는 사용자와의 상호작용을 처리하게 된다. 그러다가 Cocoa GUI 애플리케이션을 끝내면 이벤트 루프를 빠져나와 `NSApplicationMain` 함수가 끝난다.

마찬가지로 Xcode가 `main` 함수를 자동으로 작성해주며, GUI 프로그램을 작성하는 동안 이렇게 생성된 `main` 함수의 내용은 건드릴 일이 거의 없다.

객체지향 버전 Hello World

이번 섹션에서는 HelloObjectiveC 프로그램의 객체지향 버전을 작성할 것이다. 우선 `Greeter`라는 클래스를 정의하는데, `Greeter` 클래스는 환영 메시지를 가지고 있으며, 화면에 환영 메시지를 출력하는 기능도 있다. 새로운 버전의 `main` 루틴에서는 `Greeter` 클래스의 인스턴스를 생성한 다음 환영 메시지를 설정하고 화면에 출력하도록 `Greeter`에 요청하는 일을 진행하게 된다. 모든 오브젝티브-C 클래스와 마찬가지로 `Greeter` 클래스 역시 인스턴스 변수와 메소드를 선언하는 interface 섹션과 메소드를 구현하는 implementation 섹션을 갖는다. `Greeter` 클래스의 interface 섹션은 `Greeter.h` 파일에, implementation 섹션은 `Greeter.m` 파일에 들어있다. 두 개의 파일은 모두 Xcode에서 만들 것이다.

[File]-[New File] (⌘+N)을 선택하면 그림 4.5와 같이 [New File] 창이 나타날 것이다.

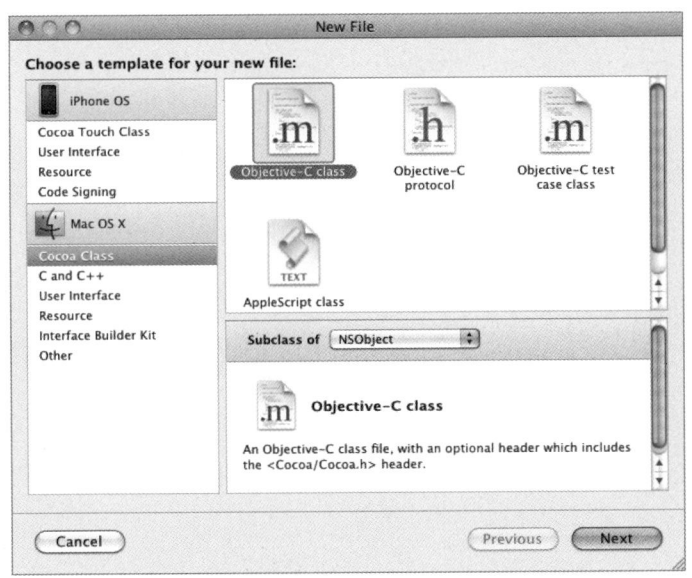

| 그림 4.5 | Xcode의 New File 창

[New File] 창에서 다음과 같이 진행한다.

1. 왼쪽 패널에서 [Mac OS X]-[Cocoa Class]를 선택한다.
2. 오른쪽 패널에 나타난 목록 중 [Objective-C class] 아이콘을 선택한다.
3. [Subclass of]의 드롭다운 메뉴에서 [NSObject]를 선택한다.
4. [Next] 버튼을 클릭하거나 [Return] 키를 누른다. 그러면 [New File] 창이 그림 4.6과 같이 바뀔 것이다.

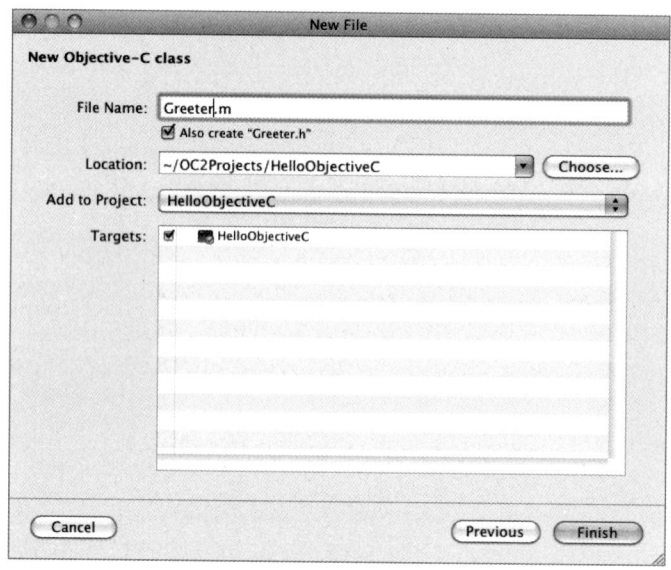

| 그림 4.6 | New File 창의 두 번째 단계 화면

5. 파일 이름을 untitled.m에서 Greeter.m으로 바꾼다.
6. Also create "Greeter.h"에 체크 표시한다.
7. [Finish] 버튼을 클릭하거나 [Return] 키를 누른다.

이제 프로젝트 창을 보면 Xcode에 `Greeter.h`과 `Greeter.m` 파일이 소스코드에 추가된 것을 알 수 있다. 이 두 파일에 대해서는 다음 두 개의 섹션에서 자세히 다룬다.

Greeter.h

프로젝트 창에서 `Greeter.h`를 더블 클릭하여 편집 창으로 띄운 다음 리스트 4.2와 같이 수정한다.

 Xcode는 파일 앞부분에 프로젝트 이름, 파일 이름, 작성자, copyright 공지 등을 포함하는 많은 양의 주석을 달아놓는다. 이러한 주석문은 다른 주석문과 마찬가지로 프로그램을 컴파일하거나 실행시키는 데 아무런 영향을 미치지 않는다. 물론 이 책에서도 생략하였다.

리스트 4.2 Greeter.h

```
1  #import <Cocoa/Cocoa.h>
2
3  @interface Greeter : NSObject
4  {
5    NSString *greetingText;
6  }
7
8  - (NSString*) greetingText;
9  - (void) setGreetingText: (NSString*) newText;
10 - (void) issueGreeting;
11
12 @end
```

1행에서 Cocoa 헤더 파일을 import한다. Xcode가 파일을 생성할 때는 작성하는 프로그램이 명령 줄 프로그램인지 AppKit(Cocoa UI 프레임워크)을 사용하는 GUI 프로그램인지 알지 못하기 때문에 어떤 클래스가 필요한지 결정할 수 없다. 그래서 Xcode는 안전하게 Cocoa의 모든 헤더 파일을 가져온다. 이 프로그램은 AppKit을 사용하지 않기 때문에 Foundation 헤더 파일만 가져와도 되지만, (AppKit 헤더 파일을 포함한) Cocoa 헤더 파일을 가져와도 아무런 문제를 일으키지 않기 때문에 자동으로 생성된 코드를 그대로 사용할 것이다.

3행, 12행에 있는 `@interface`와 `@end`는 모두 컴파일러 지시자로, interface 섹션의 시작과 끝을 알려준다.

`@interface` 줄에는 정의되는 클래스의 이름, 콜론(:), 정의되는 클래스의 수퍼클래스(부모 클래스) 이름이 `@interface`에 이어서 차례대로 나타난다. 3행은 컴파일러에 이

섹션이 수퍼클래스 NSObject를 상속받는 Greeter 클래스를 정의하는 섹션임을 알려준다. NSObject 클래스는 모든 오브젝티브-C 클래스에 필요한 기본적인 동작들을 제공한다. 이 책에서 언급하는 모든 클래스는 NSObject의 서브클래스이거나 NSObject를 상속받는 클래스의 서브클래스이다. 클래스와 상속에 대해서는 Chapter 6에서 자세히 다룬다.

컴파일러는 클래스를 정의하기 위해 수퍼클래스의 정보를 요청한다. 수퍼클래스의 정보는 일반적으로 수퍼클래스의 헤더 파일을 import하는 것으로 제공되며, 이 예제에서는 Cocoa.h 파일에서 자동으로 NSObject.h를 import하기 때문에 추가로 할 일은 없다.

이제 interface 섹션의 중괄호 사이에 인스턴스 변수가 나열되는데, 클래스의 모든 인스턴스는 인스턴스 변수 각각의 복사본을 갖게 된다. Greeter 클래스의 경우 한 개의 인스턴스 변수 `greetingText`를 정의하는데, `greetingText`의 데이터 타입은 `NSString` 오브젝트의 포인터 타입이 된다. `NSString`은 Foundation 클래스로 문자열을 저장하고 처리한다(Chapter 9에서 자세히 다룬다). 인스턴스 변수는 오브젝트의 포인터 타입, C 언어 데이터 타입 모두 가능하다.

`greetingText` 선언부의 포인터 부분은 굉장히 중요하다. 모든 오브젝티브-C 오브젝트는 힙에서 만들어지고 포인터에 의해 참조된다. Mac OS X 10.6부터 새롭게 추가된 블록 기능은 이와 같은 오브젝트의 클래스 규칙에서 예외가 되는데, Chapter 16에서 블록에 대해 이야기하기 전까지는 이러한 예외를 잠시 묻어두기로 하자.

8~10행은 Greeter 클래스의 메소드 선언부이다. 메소드 선언의 형식은 다음과 같다.

```
- (returnType) methodName;
```

인수를 취하는 메소드를 선언하는 경우에는 다음과 같이 선언한다.

```
- (returnType) methodName:(ArgumentType) argumentName;
```

메소드의 반환값이 없는 경우에는 returnType은 `void`가 된다. 맨 앞의 하이픈(-)

표시는 선언되는 메소드가 인스턴스 메소드임을 나타낸다.

　`setGreetingText:`와 `greetingText`는 인스턴스 변수 `greetingText`가 갖고 있는 `NSString` 오브젝트 값을 설정하고 가져온다. 이와 같은 메소드를 accessor 메소드, 혹은 간편하게 setter, getter 메소드라고 일컫는다. accessor 메소드 이름은 보통 메소드 이름에 사용하는 인스턴스 변수 이름을 붙이는 방식으로 짓는 것이 일반적이며, 이렇게 해야만 Cocoa의 고급기능인 key-value 코딩을 사용할 수 있다. 예를 들어, 인스턴스 변수 `someObejct`의 setter와 getter의 이름은 각각 `setSomeObject:`와 `someObject`가 된다.

> **Note**
> 인스턴스 변수가 boolean 값을 갖는 경우, getter의 이름은 `isPropertyName`이 된다. 그래서 boolean 값을 갖는 인스턴스 변수 `visible`에 대해 getter 이름으로 `visible` 또는 `isVisible` 모두 사용 가능하다.

　이와 같이 accessor 메소드를 사용하는 방식을 가리켜 information hiding이라고 하며(캡슐화라고도 한다), 이는 객체지향 프로그래밍의 매우 중요한 개념이다. 즉, `Greeter` 클래스를 사용하는 클래스 바깥의 코드는 인스턴스 변수 `greetingText`를 직접 건드리지 않는다. 이렇게 함으로써 클래스를 관리하는 개발자는 클래스를 수정하는 중간에도 accessor 메소드가 정상적으로 동작하는 것을 보장받게 된다. 예를 들어, `Greeter` 클래스가 업데이트되어 환영 메시지를 각각의 인스턴스 변수에 저장하는 대신 `NSDictionary`에 저장하게 되었다고 가정하자(`NSDictionary`는 키 값을 갖는 일종의 배열로, 모든 오브젝트 값은 각각의 키 값과 함께 저장된다. Chapter 9에서 자세히 다룬다). 이를 구현하기 위하여 `greetingText`와 `setGreetingText` 메소드는 dictionary를 처리할 수 있도록 업데이트하게 되는데, 두 메소드가 업데이트 되는 과정에도 `Greeter` 클래스의 오브젝트를 사용하는 어떠한 코드도 영향을 받지 않는다. 이러한 개념이 information hiding이다.

　마지막 메소드인 `issueGreeting`은 환영 메시지를 출력한다.

Greeter.m

클래스 정의부분의 implementation 섹션에는 실제로 동작하는 코드가 작성된다. Greeting.h 파일의 편집 창을 닫고 프로젝트 창으로 돌아가 Greeter.m 파일을 더블 클릭하여 편집 창으로 연 다음, 그 내용을 리스트 4.3과 같이 수정하자.

리스트 4.3 Greeter.m

```
1  #import "Greeter.h"
2
3  @implementation Greeter
4
5  - (NSString*) greetingText
6  {
7    return greetingText;
8  }
9
10 - (void) setGreetingText: (NSString*) newText
11 {
12   [newText retain];
13   [greetingText release];
14   greetingText = newText;
15 }
16
17 - (void) issueGreeting
18 {
19   NSLog( @"%@", [self greetingText]);
20 }
21
22 - (void) dealloc
23 {
24   [greetingText release];
25   [super dealloc];
26 }
27
28 @end
```

클래스의 implementation 파일은 먼저 클래스의 interface 부분이 담겨있는 헤더 파일을 import한다. 헤더 파일을 큰따옴표(")로 묶는 것으로 헤더 파일을 현재 디렉 토리에서 찾으면 된다는 것을 컴파일러에 알려준다. 이 경우에는 Greeter.h 파일이 Greeter.m 파일이 있는 디렉토리, 즉 프로젝트 디렉토리에 있음을 의미한다. 이미

Greeter.h 에서 프레임워크 헤더 파일을 import하였기 때문에 추가로 프레임워크 헤더 파일을 부를 필요 없이 자동으로 Greeter.m으로도 프레임워크가 import된다.

Implementation 섹션은 컴파일러 지시가 `@implementation`으로 시작한다. `@implementation` 뒤로는 클래스 이름이 따라온다. Implementation 섹션도 `@end` 지시자로 끝나며, 그 사이에 메소드가 구현된다.

메소드는 크게 두 부분으로 구현된다. 먼저 메소드 선언문에서 세미콜론을 제외한 문장이 나타난 다음 중괄호로 묶인 부분이 이어지는데, 중괄호 안에 있는 부분이 바로 메소드가 어떻게 동작하는지를 구현한 코드이다. 그러면 이제부터 모든 메소드에 대해 어떻게 구현하였는지 자세히 살펴보기로 하자.

greetingText

greetingText 메소드는 굉장히 간단한 메소드로, 단순히 인스턴스 변수 greetingText에 저장된 `NSString` 포인터를 반환한다.

setGreetingText:

setGreetingText: 메소드는 몇 가지 새로운 점이 눈에 띈다. 인수를 사용하며, 인수로는 환영 메시지가 담긴 `NSString` 오브젝트 포인터를 사용한다. 콜론(:)은 메소드 이름에 포함된다. 따라서 메소드 이름은

```
setGreetingText:
```

전체가 되며,

```
setGreetingText
```

가 아니다.

리스트 4.3의 12, 13행은 메시지 표현식이다. 메시지 표현식의 형식은 다음과 같다.

```
[receiver message]
```

receiver는 오브젝트로 메소드 실행에 대한 의뢰를 받게 된다. message는 메소드의 이름으로 뒤에 인수가 붙기도 한다. 메시지 표현식이 실행되면 runtime 시스템은 receiver의 클래스를 결정하고, 메소드 이름을 이용하여 클래스의 메소드 리스트에서 알맞은 메소드를 찾아낸 다음 해당 코드를 실행시킨다. 메시지 표현식이 실행되는 자세한 메커니즘에 대해서는 Chapter 5에서 다룬다.

retain과 release는 모두 NSObject로부터 상속받은 NSString 클래스의 인스턴스 메소드이다. 또한 두 메소드는 오브젝티브-C의 레퍼런스 카운트 시스템에 해당된다. 레퍼런스 카운트를 사용하는 프로그램에서 모든 오브젝트는 각기 레퍼런스 카운트[1]를 가지고 있다. 오브젝트의 레퍼런스 카운트는 오브젝트 자신을 참조하는 다른 오브젝트가 몇 개나 되는지를 헤아린다. 오브젝트가 최초로 생성되면 오브젝트 카운트 값은 1이 된다. 오브젝트가 생성된 이후 retain 메시지를 오브젝트에 보낼 때마다 오브젝트의 레퍼런스 카운트는 1씩 증가하며, release 메시지를 오브젝트에 보낼 때마다 오브젝트의 레퍼런스 카운트는 1씩 감소한다. 그래서 오브젝트의 레퍼런스 카운트 값이 0이 되면 오브젝트는 사라지게 된다. 즉, 힙 공간에 있던 오브젝트의 내용이 삭제되고 더이상 해당 오브젝트를 참조할 수 없게 된다.

Greeter 클래스는 인수로 넘어오는 newText 오브젝트를 최초로 생성하지 않았기 때문에 newText의 레퍼런스 카운트가 언제 0이 될지 알지 못한다. 그렇기 때문에 Greeter 클래스가 newText 오브젝트를 사용하는 동안 레퍼런스 카운트가 0이 되는 것을 방지하기 위하여 newText 오브젝트에 retain 메시지를 보내 newText의 소유권을 하나 확보해 놓는다. 이렇게 함으로써 Greeter 클래스가 newText 오브젝트를 사용하는 동안에는 레퍼런스 카운트가 아무리 줄어들어도 1 밑으로는 내려가지 않게 된다.

다음으로, greetingText 변수가 참조하던 NSString 오브젝트의 사용을 끝낸다. 이를 위해, 13행에서 greetingText로 release 메시지를 보내 NSString 오브젝트를 획득하기 위하여 보냈던 retain 메시지와의 수(數)적 균형을 맞추는 것으로 NSString 오브젝트의 소유권을 버린다. release 메시지를 보낸다고 해서 바로 오브젝트가 사라지

---

1 레퍼런스 카운트(reference count), 리테인 카운트(retain count) 모두 오브젝티브-C에서 혼용된다(한글 표현의 통일성을 위해 이 책에서는 레퍼런스 카운트로 통일하였다: 역자 주)

는 것은 아니다. 단지 release 메시지는 오브젝트의 레퍼런스 카운트 값을 1 감소시킬 뿐이며, 레퍼런스 카운트 값이 0이 되는 시점이 되어야 오브젝트가 소멸된다.

> **Note** 맨 처음 setGreetingText: 메소드가 호출될 때 greetingText는 nil일 것이다. Chapter 3 에서도 언급했지만, 메시지 표현식에서 nil이 receiver가 되는 경우에도 에러는 발생하지 않으며, 그냥 무시된다.

마지막으로, 14행에서 새로운 NSString을 greetingText에 저장한다.

12, 13행의 순서는 매우 중요하다. 왜냐하면 newText를 retain하기 전에 greetingText를 release하는 경우, 만일 newText와 greetingText 같은 오브젝트를 참조하고 있다면 release가 먼저 일어나게 되는데, 이렇게 되면 레퍼런스 카운트 값이 먼저 0이 되어 오브젝트가 사라져버리게 되고 retain할 때 오류를 일으키기 때문이다. 물론, greetingText 또는 greetingText가 참조하는 오브젝트를 setGreetingText: 메소드의 인수로 사용할 사람은 없을 것이라고 생각할 수도 있겠지만, 항상 코드는 방어적으로 작성해야 한다는 것을 기억하도록 하자.

issueGreeting

issueGreeting 메소드는 환영 메시지를 출력한다. 메소드는 메시지를 출력하기 위하여 Foundation 함수인 NSLog를 사용한다. 19행에서 두 번째 인수로 전달되는 것은 메시지 표현식이지 오브젝트가 아니다. 그래서 19행이 실행되면 메시지 표현식이 평가되고, 표현식의 return 값이 NSLog의 서식 문자열의 %@에 대한 인수로 사용되는 것이다.

여기에서 사용된 self는 특별한 변수로, 컴파일러와 runtime 시스템에 의해 자동으로 생성된다. self는 오브젝트 포인터를 가지고 있는데, self가 참조하는 오브젝트는 self를 포함하는 메소드가 실행될 때의 receiver가 된다. 그래서 19행이 실행될 때 self가 참조하는 오브젝트는 바로 issueGreeting 메소드가 실행될 때의 receiver가 된다. 그 receiver, 즉 self는 여기에서 greetingText 메시지(메소드)의 receiver 역할을 하게 된다.

`dealloc`

오브젝트의 레퍼런스 카운트 값이 0으로 떨어지면 오브젝트의 내용이 힙으로 반납되기 전에 오브젝트의 `dealloc` 메소드가 호출된다. `dealloc` 메소드는 반납 예정인 오브젝트에 자신을 정리할 수 있는 기회를 제공한다. 또한, `dealloc` 메소드는 `Greeter`의 수퍼클래스인 `NSObject`에 선언되어 있으며, `Greeter` 클래스는 `dealloc` 메소드를 자체적으로 구현하는 것으로 오버라이드한다. 그래서 `dealloc` 메시지가 `Greeter` 클래스의 오브젝트로 날아가면 `Greeter` 클래스에 구현된 코드가 동작하게 된다.

오브젝트를 정리하기 위하여 먼저 `greetingText`에 `release` 메시지를 보낸다. 레퍼런스 카운팅에 있어 가장 중요한 규칙 중 하나가 오브젝트에 `retain` 메시지를 보냈다면 나중에 꼭 `release` 메시지를 보내 레퍼런스 카운트의 균형을 맞추어야 한다는 것이다. 만약 `Greeter` 오브젝트가 `greetingText`에 있는 `NSString` 오브젝트를 `release`하지 않는다면 `Greeter` 오브젝트가 없어지면서 참조의 끈이 끊어지게 되며, 더이상 참조하는 오브젝트가 없어진다면 의미 없이 메모리에 잔류하게 되어 메모리 누수를 일으키게 될 것이다.

25행은 참 흥미롭다. `self`와 달리 `super`는 변수도 포인터도 아니다. `super`가 receiver로 사용되면 runtime은 오브젝트의 수퍼클래스에 구현된 메소드를 실행시킨다. 즉, `[super dealloc]` 메시지가 실행되면 실제로 `NSObject`의 `dealloc` 메소드가 실행된다. 그래서 오브젝트가 차지하고 있는 메모리 공간을 힙에 반납하는 작업은 `NSObject`의 `dealloc`이 수행하게 된다.

만약 클래스를 구현할 때 `dealloc` 메소드도 작성한다면 꼭 수퍼클래스의 `dealloc`을 사용해야 한다는 사실을 잊지 말아야 한다. 만약 이를 놓친다면 `NSObject`의 `dealloc`이 실행할 기회를 잃게 되고, 이는 오브젝트의 메모리 미반납으로 이어질 것이다. `[super dealloc]` 메시지는 `dealloc` 메소드의 맨 마지막 줄에 나와야 한다. `[super dealloc]` 메시지가 끝나면 오브젝트는 사라져 더이상 참조할 수 없게 되기 때문이다.

> **Note** [super dealloc] 이외에는 절대로 dealloc을 직접 사용해서는 안된다. dealloc은 오브젝트의 레퍼런스 카운트 값이 0이 되는 순간 자동으로 동작한다.

HelloObjectiveC.m

이제 드디어 Greeter 클래스를 사용할 시간이다. 메인 루틴의 코드는 Greeter 타입의 오브젝트를 만들고 설정한 다음 그 내용을 출력한다. Greeting.m 편집창을 닫고 HelloObjectiveC.m 파일을 더블 클릭하여 연 다음 리스트 4.4와 같이 입력한다.

리스트 4.4 HelloObjectiveC.m (두 번째 버전)

```
1  #import <Foundation/Foundation.h>
2  #import "Greeter.h"
3
4  int main (int argc, const char * argv[])
5  {
6    NSAutoreleasePool *pool = [[NSAutoreleasePool alloc] init];
7
8    Greeter* myGreeter = [[Greeter alloc] init];
9
10   [myGreeter setGreetingText: @" Hello Objective-C!!" ];
11
12   [myGreeter issueGreeting];
13   [myGreeter release];
14
15   [pool drain];
16   return 0;
17 }
```

2행에서 Greeter 클래스를 사용하기 위하여 헤더 파일을 가져온다. HelloObjectiveC.m 파일에서 Greeter 클래스의 인스턴스를 생성할 것이기 때문에 헤더 파일이 꼭 필요하다.

8행에서는 Greeter 클래스의 인스턴스를 할당 및 초기화시킨 다음 그 포인터를 지역변수 myGreeter에 넣는다. 8행의 명령문에서 가장 깊은 단계의 메시지는 다음과 같다.

```
[Greeter alloc]
```

위 메시지 표현식의 `receiver`는 `Greeter` 클래스이다. 오브젝티브-C의 클래스는 모두 자체적으로 오브젝트이기도 하기 때문에 메소드를 사용할 수 있는데, 이 때 사용되는 메소드가 바로 클래스 메소드이다. `alloc` 메소드 역시 클래스 메소드이며, `Greeter`의 (초기화되지 않은) 인스턴스를 위한 메모리 공간을 할당하고 그 포인터를 반환한다. 초기화되지 않은 `Greeter` 인스턴스는 다시 `init` 메시지의 `receiver`가 된다. `Greeter` 클래스를 구현할 때 `init` 메소드를 오버라이드하지 않았기 때문에 `NSObject` 클래스의 `init` 메소드가 호출될 것이다. `NSObject`의 `init`은 초기화된 오브젝트의 포인터를 반환한다.

10행은 `myGreeter`의 `greetingText`를 세팅한다. 뒤에 나오는

```
@"Hello Objective-C"
```

는 큰따옴표 안에 있는 문장을 `NSString` 오브젝트 상수로 만들도록 컴파일러에 지시한다. 이렇게 만든 상수는 `setGreetingText:` 메시지의 인수가 된다.

> **Note** 예리한 사람이라면 `NSString` 오브젝트 상수가 `setGreetingText:` 메소드로 전달되었을 때 `retain`이나 `release`에 대해 어떻게 동작할지 궁금하게 여길 것이다. 실제로 아무런 일도 일어나지 않는다. 문자열 상수에 대해서는 모두 무시한다. 그렇다면 어차피 문자열 상수를 사용하니 굳이 `retain`이나 `release`를 사용할 필요는 없을 것 같은데도 불구하고 이렇게까지 고민하는 이유는 무엇일까? 그것은 `setGreetingText:` 메소드가 인수로 어떤 `NSString` 오브젝트 타입이 전달될지 알지 못하기 때문이다. 만약 `Greeter` 클래스를 다른 프로그램에서 사용한다면 일반적인 `NSString` 오브젝트가 인수로 넘어올 수도 있는 것이다. 그렇기 때문에 자신이 작성한 클래스가 제대로 동작하는 것을 보장하기 위해서는 절대로 입력 값에 대해 가정하는 습관을 가져서는 안된다.

12행은 프로그램의 결과물로, `myGreeter`가 가지고 있는 환영 메시지를 출력하게 된다.

마지막으로 13행은 `myGreeter`가 참조하는 오브젝트를 `release`시킨다. 맨 처음 오브젝트를 생성할 때 `alloc`을 사용하였기 때문에, 오브젝트의 역할이 끝나 다시 쓸 일

이 없다면 꼭 release시켜야 할 의무가 있다.

프로그램 빌드 및 실행

Xcode의 콘솔 창을 다시 띄운 다음([Run]-[Console] 또는 Shift-⌘+R), 프로그램을 빌드하고 실행하자([Build]-[Build and Run] 또는 ⌘+Return). 그러면 그림 4.7과 같이 콘솔 창에 환영 메시지가 출력되는 것을 볼 수 있다.

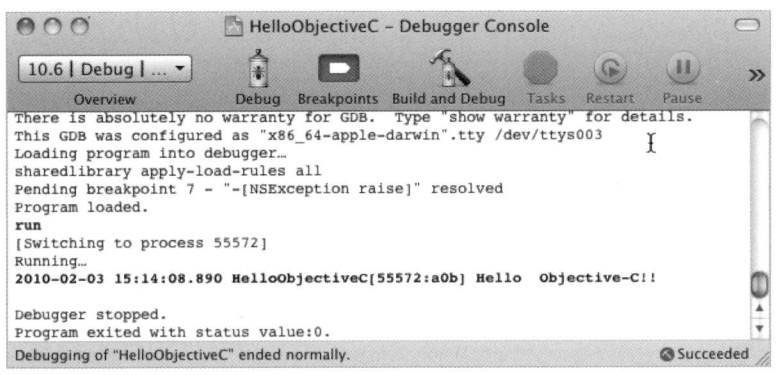

| 그림 4.7 | HelloObjectiveC 두 번째 버전 실행 결과

정리

이번 장에서는 아주 간단한 프로그램에 대해 굉장히 많은 이야기를 했다. 지금까지 잘 따라와 Xcode를 이용하여 HelloObjectiveC 프로그램을 정상적으로 동작시켰다면, 이제 비(非)-GUI 환경에서 프로그램을 빌드하고 실행시킬 수 있는 기술을 갖게 되었을 것이다. 이 정도면 이 책의 나머지 연습 문제에 도전할 수 있는 충분한 지식이 될 것이다.

이번 장을 끝으로 Part I이 끝난다. 지금까지 C언어에 대한 복습과 오브젝티브-C에 대한 기본적인 내용에 대해 살펴보았으며, 이제 다음 장부터는 오브젝티브-C 언어에 대한 좀 더 세부적인 내용에 대해 다룰 것이다. 먼저 Chapter 5에서 메소드 이름과 선언, 메시지 표현식 등의 내용을 포함하는 오브젝티브-C 메시징 시스템에 대해 알아볼 것이다.

연습문제

1. HelloObjectiveC 프로그램을 다음과 같이 수정해보자.
   - Greeting 클래스를 정의하자. Greeting 클래스에는 환영 메시지를 담는 NSString 인스턴스 변수와 환영 메시지에 대한 설명, 예를 들어 "This is the everyday greeting."이나 "This is the VIP greeting." 등과 같은 문자열을 담는 NSString 인스턴스 변수를 가지고 있다. 또한 두 인스턴스 변수를 위한 setter와 getter 메소드도 각각 구현되어야 한다. Interface와 implementation 섹션을 구현하는 부분은 Greeting.h와 Greeting.m에 각각 들어있다. 아직까지 오브젝티브-C가 친숙하지 않다면 Greeter 클래스를 보면서라도 Greeting 클래스를 구현해보자.
   - Greeter 클래스를 수정하여 NSString 대신 Greeting 오브젝트를 사용하도록 구현해보자. 즉, 인스턴스 변수에 Greeting 오브젝트를 저장하면 되며, 이를 위해서는 Greeter.h 파일 헤더 부분에 다음의 문장을 하나 추가해야 한다.

     `@class Greeting;`

     비슷한 이유로 Greeter.m 파일의 앞 부분에도 아래의 문장을 추가해야 한다.

     `#import "Greeting.h"`

     위 두 줄은 컴파일러에 Greeting 클래스의 존재를 알려준다(Chapter 6에서 자세히 다룬다).
   - HelloObjectiveC.m 파일을 수정하여 Greeting 클래스의 인스턴스를 만들고, 그것을 Greeter 오브젝트에 넘겨주도록 구현한다.
   - 프로그램을 빌드하고 실행하여 정상적으로 동작하는지 확인한다.
2. 1번 프로그램을 확장해보자.
   - Greeter 클래스를 수정하여 두 번째 Greeting 오브젝트를 보유하게 한다. 새

로운 인스턴스 변수의 이름은 vipGreeting으로 한다. 물론, 새로운 인스턴스 변수를 위한 setter 및 getter 메소드 역시 구현해야 한다.
- Greeter 클래스의 issueGreeting 메소드를 다음과 같이 수정하여 integer 인수 하나를 받도록 한다.

    -(void) issueGreeting:(int) whichGreeting;

  만약 whichGreeting 값이 0이라면 일반적인 환영 메시지를 출력하고, 1인 경우에는 VIP 환영 메시지를 출력한다. 다른 값이 들어오는 경우에는 에러 문구를 로그로 남긴다.
- HelloObjectiveC.m 파일을 수정하여 두 번째 Greeting 오브젝트를 만들고, 그것을 Greeter 클래스의 vipGreeting에 넘겨준다. 그리고는 환영 메시지와 함께 vipGreeting 메시지도 출력되도록 한다.
- 프로그램을 빌드하고 실행하여 정상적으로 동작하는지 확인한다.

PART 02
기본 개념

Part 2에서는 오브젝티브-C 2.0 언어에 대해 자세히 살펴본다. 먼저 Chapter 5~7에서는 오브젝티브-C를 이해하기 위해 꼭 알아야 할 핵심부분에 대해 다룬다. 그 이후로는 오브젝티브-C 언어의 폭넓은 이해를 위해 필요한 주제에 대해 차근차근 살펴본다. 이렇게 해서 Part 2를 끝내면 비로소 실력있는 오브젝티브-C 프로그래머로 재탄생하게 될 것이다.

Part 2의 각 장은 다음과 같다.

Chapter 05 메시징
Chapter 06 클래스와 오브젝트
Chapter 07 클래스 오브젝트
Chapter 08 프레임워크
Chapter 09 Common Foundation 클래스
Chapter 10 오브젝티브-C에서의 제어문
Chapter 11 카테고리 · 확장 · 보안
Chapter 12 프로퍼티
Chapter 13 프로토콜

Chapter 05

메시징

LEARNING OBJECTIVE-C 2.0

오브젝티브-C에서 오브젝트가 어떠한 작업 또는 동작을 하도록 만들기 위해서는 오브젝트에 메시지를 보내야 한다. 그러면 오브젝트는 메시지에 대한 응답으로 해당하는 메소드를 실행시킨다. 이러한 개념은 함수 호출과는 조금 다른데, 일반적으로 함수는 고정적으로 묶여있다고 할 수 있다. 즉, 프로그램을 컴파일하는 시점에 실행될 함수의 코드가 결정되는 것이다. 그러나 메시징을 사용하면 메시지에 해당하는 실제 코드가 실행 시간에 결정된다.

이번 장에서는 메소드, 메시지 표현식, 메시징 시스템의 메커니즘에 대해 다루면서 오브젝티브-C의 메시징이 어떻게 동작하는지 살펴볼 것이다.

메소드

오브젝티브-C의 메소드 구조는 C 함수와 매우 유사하다(컴파일러는 결국 메소드를 C 함수로 바꾼다). 오브젝티브-C 메소드와 C 함수의 큰 차이점은 다음과 같다.

- 메소드는 자신을 정의하는 클래스의 인스턴스를 대표하여 실행된다. 메소드는 숨겨진 변수 self와 같은 형태의 오브젝트 인스턴스를 가리키는 포인터를 받는다(여기에서 "숨겨진"은 메소드 내에서 선언하거나 인수로 받지 않았음에도 불구하고 self 변수를 사용할 수 있음을 의미한다).
- 메소드는 오브젝트의 인스턴스 변수에 선언하지 않고도 직접 접근할 수 있다.
- 메소드와 메소드 인수의 이름을 짓는 방식은 C 함수와 다르다.

파라미터가 없는 메소드

Chapter 3에서 언급한 그림 그리는 프로그램을 작성한다고 생각해보자. 구현하는 클래스 중에 Shape 클래스도 있으며, 헤더 파일에 다음과 같이 정의되었다고 가정한다.

```
@interface Shape : Graphic
{
```

```
    NSColor *outlineColor;
    NSColor *fillColor;

    ...   // 다른 인스턴스 변수
}

...  // 메소드 선언

@end
```

 NSColor는 AppKit 프레임워크에 정의된 클래스이다. 이 책의 예제에서 사용된 NSColor 클래스에 대해서는 화면이나 프린터에 출력하기 위하여 사용되는 색깔을 표현하는 클래스라는 것 하나만 알고 있으면 된다.

Shape 클래스는 오브젝트를 채우는 색깔을 알려주어야 하기 때문에 아래와 같은 메소드도 구현하였다.

```
1  - (NSColor*) fillColor
2  {
3      return fillColor; // fillColor 는 인스턴스 변수이다.
4  }
```

그림 fillColor 메소드를 살펴보자.

- 1행: 맨 앞의 하이픈(-) 기호는 이 메소드가 인스턴스 메소드임을 알려준다. 이 메소드가 메시지 표현식에서 사용될 때, receiver는 Shape 클래스의 인스턴스가 된다. 더하기(+) 기호로 시작하는 메소드는 클래스 메소드로 receiver는 클래스 이름이 된다. 클래스 메소드에 대해서는 Chapter 7에서 자세히 다룬다.
- 3행: 메소드의 return 타입은 항상 소괄호 안에 나타난다. 즉, fillColor의 return 타입은 1번 줄에 있는 NSColor*로, NSColor 오브젝트의 포인터 타입이 된다.
- 2, 4행: 메소드 본문은 하나 이상의 명령문으로 구성되며, 본문은 중괄호({ ... }) 로 묶인다.

파라미터가 있는 메소드

간혹 메소드에 어떠한 정보를 보낼 일이 생기면 메소드에 인수로 전달하게 되는데, 오브젝티브-C를 처음 접하는 사람들이 가장 많이 놀라는 부분 중 하나가 바로 메소드의 이름을 구성하는 방법이다. 인수 이름 앞에 소괄호로 싸인 인수의 타입이 나오고 바로 그 앞에는 콜론(:)이 붙는다. 그래서 Shape의 채움 색을 설정하는 메소드의 선언문은 다음과 같이 된다.

```
- (void) setFillColor:(NSColor*) newFillColor;
```

콜론(:)은 메소드 이름에 속하기 때문에 위 메소드의 이름은

```
setFillColor
```

가 아니라

```
setFillColor:
```

가 된다.

그렇다면 여러 개의 인수를 갖는 메소드는 어떨까? 여기부터가 바로 이상하게 느껴지기 시작하는 부분이다. 메소드가 두 개 이상의 인수를 갖게 되면 인수들로 인해 메소드의 이름에 변화가 생긴다. Shape의 외곽선과 채움 색을 동시에 설정하는 메소드는 다음과 같이 선언할 수 있다.

```
- (void) setOutlineColor:(NSColor*) outlineColor
            fillColor:(NSColor*) fillColor;
```

위 메소드의 이름은 아래와 같다.

```
setOutlineColor:fillColor:
```

각각의 인수는 콜론 다음에 위치한다.

메소드 이름의 일부분은 인수의 라벨이 아니기 때문에 절대로 자리를 바꾸면 안된다. 그래서 다음의 두 메소드는 서로 다른 메소드가 된다.

```
setOutlineColor:fillColor:
setFillColor:outlineColor:
```

이와 같은 메소드 이름에 처음에는 생소할 수도 있겠지만, 이렇게 메소드 이름을 작성하면 메소드 이름만으로 그 기능을 알려주는 효과가 있고 궁극적으로는 코드의 가독성을 높이는 역할을 하게 된다.

메소드 역시 함수와 마찬가지로 가변 개수의 인수를 가질 수 있으며 메소드 선언은 다음과 같이 한다.

```
- (void) methodWithVariableNumberOfArguments:(id) arg1, ...;
```

콤마(,)와 말줄임표(…)는 메소드 이름에 해당되지 않는다. 따라서 위 메소드의 이름은 아래와 같다.

```
methodWithVariableNumberOfArguments:
```

메소드 이름 규칙

메소드 이름 규칙은 오브젝티브-C 언어의 공식적인 부분에 해당하지는 않지만 거의 관습적으로 쓰이고 있다. 메소드 이름은 소문자로 시작하며, 단어 단위로 나누어 중간에 나오는 새로운 단어의 첫 글자는 대문자로 사용한다. 메소드 이름의 예를 들면 다음과 같다.

```
// 좋은 형태
- (void) setOutlineColor:(NSColor*) outlineColor
         fillColor:(NSColor*) fillColor;
```

아래의 메소드는 대문자로 시작하기 때문에 좋은 형태가 아니다.

```
// 나쁜 형태
```

```
- (void) SetOutlineColor:(NSColor*) outlineColor
          FillColor:(NSColor*) fillColor;
```

엄격하게 말하면, 콜론 앞에는 굳이 글자가 나오지 않아도 된다. 따라서 다음과 같은 메소드도 만들 수 있다.

```
// 매우 나쁜 형태
- (void) setColors:(NSColor*)outlineColor
                  :(NSColor*) fillColor;
```

위 메소드의 이름은 `setColors::`가 된다.

`setColors::` 등과 같이 메소드 이름을 만드는 것이 불가능한 것은 아니지만, 이와 같이 메소드 이름을 만들면 그 코드는 매우 읽기 힘들 것이다.

메시징

오브젝티브-C의 오브젝트로 하여금 자신의 메소드 중 하나를 실행하게 하는 것은 함수를 호출하는 것과는 전혀 다르다. 함수 호출은 보통 고정적으로 연결되어 있다. 즉, 실행 시간에 일어나는 일이 컴파일 시간에 이미 결정된다는 것이다. 그래서 컴파일러가 함수 호출을 만나면 호출되는 함수의 본문으로 점프하도록 jump 명령문을 추가한다. 이와는 달리, 오브젝티브-C에서는 좀 더 동적인 시스템을 사용하는데 이를 일컬어 메시징이라고 한다. 가령, 오브젝티브-C의 오브젝트로 하여금 자신의 메소드 중 하나를 실행시키기 위해서는 오브젝트에 메시지를 전달하면 된다. 그러면 오브젝트는 그에 대한 반응으로 메시지에 해당하는 메소드를 실행한다.

메시지 표현식은 다음과 같다.

```
[receiver message]
```

메시지 표현식은 대괄호 사이에 넣는다. Receiver는 오브젝트로 메소드를 실행시키는 주체가 되며, 메시지를 수신한다. 메시지는 메소드의 이름으로, 이때 메소드는 receiver가 실행시킨다. 메소드에는 인수가 붙기도 한다.

```
NSColor *newColor = ...
Shape   *aShape = ...
[aShape setFillColor: newColor];
```

위 예에서 메시지는 다음과 같다.

```
setFillColor: newColor
```

메시지가 동작하는 과정은 다음과 같다. 메시지 표현식을 실행하면 오브젝티브-C runtime은 receiver를 확인하여 receiver의 클래스를 결정한다. Runtime은 클래스가 정의한 자신의 메소드 리스트와 각 메소드의 이름 및 실제 코드의 위치 포인터 등이 포함된 테이블을 가지고 있다. 그렇기 때문에 runtime이 메시지로부터 메소드 이름을 얻고 나면 receiver의 클래스 테이블을 통해 해당 메소드의 포인터를 찾을 수 있으며 이를 통해 실제 메소드의 코드를 실행할 수 있는 것이다. 이러한 프로세스에 대한 좀 더 자세한 과정은 "메시징 시스템의 자세한 내부 동작"에서 이야기한다.

지금까지 계속해서 사용해온 "setFillColor: 메시지를 aShape에 전달한다."와 같은 표현이 질릴 수도 있을 것이다. 그래서인지 (저자를 포함한) 많은 사람들은 종종 "setFillColor:를 실행한다."라고 말하거나 심지어는 "setFillColor:를 호출한다."라고 표현하기도 한다.

Runtime이란?

과연 "runtime"이란 어떤 존재이며, 이와 같은 일을 모두 처리하는 것인가? 사실 runtime은 미스터리한 존재가 아니다. runtime은 C 함수와 데이터 구조로 구성된 공유 라이브러리일 뿐이다. 라이브러리 함수 중 일부는 프로그램이 시작할 때 호출된다. 이렇게 동작하는 함수들이 컴파일러에 의해 작성된 실행파일 정보가 들어가는 테이블을 만드는 것이다. 다른 라이브러리 함수들은 프로그램에 의해 곳곳에서 호출되어 이렇게 작성된 테이블을 조회하거나 갱신하기 위하여 사용된다. 이와 같은 함수들은 컴파일러에 의해 자동으로 만들어진다.

다형성

다형성이란 서로 다른 클래스의 오브젝트가 동일한 이름의 메소드를 사용할 수 있다는 것을 의미한다. 가령 그림 그리기 프로그램에는 선으로 구성된 도형을 관리하는 Shape 클래스, 글자를 그리는 Text 클래스, 이미지를 그리는 Image 클래스가 있다고 가정하자. Shape, Text, Image 클래스는 모두 draw라는 동일한 이름의 메소드를 가지고 있지만 클래스마다 구현한 내용은 서로 다르다. Shape 클래스의 draw 메소드는 모양을 그리는 법을 알고 있고 Text 클래스의 draw 메소드는 글자를 그리는 법을 알고 있으며, Image 클래스의 draw 메소드는 이미지를 그리는 법을 알고 있다.

그리기 프로그램은 display list라는 리스트를 가지고 있는데 이 안에는 그리기 위한 아이템들이 들어있다. 화면에 그리기 위하여 프로그램은 루프를 돌며 display list에 들어있는 아이템을 하나씩 꺼낸다. 아래의 예제에서 display list는 Foundation 클래스 NSMutableArray의 인스턴스이다. 이러한 상황에서 리스트에 Shape, Text, Image 오브젝트가 섞여 들어있다고 가정하자. 코드에 실린 루프 구조는 Chapter 10에서 다룰 것이다. 다만 여기에서는 enumerator가 오브젝트이며, nextObject 메시지를 수신할 때마다 displayList에 들어있는 오브젝트를 하나씩 꺼낸다는 사실만 이해하고 있으면 된다.

```
1 NSMutableArray *displayList = ...
2 NSEnumerator *enumerator =[displayList objectEnumerator];
3 id graphic;
4
5 while (graphic = [enumerator nextObject] )
6 {
7   [graphic draw];
8 }
```

3행을 보면 변수 graphic의 타입이 id로 되어있는데, id 타입은 "일반적인 오브젝트를 참조하는 포인터"의 의미를 지닌 포인터 타입이다. 이렇게 하면 graphic 변수는 nextObejct 메소드가 반환하는 Shape, Text, Image 등 어떠한 타입의 오브젝트이건 상관없이 받을 수 있게 된다.

5~8행에 걸쳐있는 루프는 매우 단순하면서도 굉장히 강력하다. 왜냐하면 이 루프를 통해 별도의 작업 없이 다양한 클래스의 오브젝트가 들어있는 리스트를 가지고 그림을 그릴 수 있기 때문이다. 루프를 보면 알 수 있듯이 graphic 변수는 그때 그때 서

로 다른 클래스의 오브젝트를 갖게 되며 7행이 실행되면 runtime은 현재 graphic 변수에 들어있는 오브젝트의 클래스를 확인하여 알맞은 버전의 draw를 실행시킨다. 이 루프에서 사용된 클래스는 특정 클래스의 서브클래스이거나 서로 간에 연관이 있지도 않다. 단지 draw라는 이름의 메소드만 구현하고 있으면 된다.

이와 같이 다형성은 유연하면서도 안전한 코드를 작성할 수 있도록 도와준다. 그래서 나중에 그리기 프로그램에 BrushStroke와 같은 새로운 그래픽 클래스를 추가할 일이 생겨도 기존 코드에 큰 영향을 미치지 않으면서 클래스를 추가할 수 있다. 즉, 새로 추가되는 BrushStroke 클래스에 draw 메소드가 새로이 구현되겠지만, 기존에 있던 display list나 그리기 루프 코드를 수정하거나 심지어는 재컴파일할 필요 없이도 BrushStroke 클래스를 사용할 수 있는 것이다.

메시지를 보내는 주체는?

일반적으로 말하는 "메시지 전송"이라는 표현에는 세 가지 개념인 sender, receiver, message가 들어있다. 즉, 어떠한 정보가 sender에서 receiver로 이동하는 것이다. 이미 receiver와 message는 살펴봤다. 그렇다면 과연 sender는 무엇일까? 사실, 이 시점에서 세 가지 개념이 무너지게 되는데 조금 애매하게 표현하자면 sender는 메시지 표현식을 포함하고 있는 함수 또는 코드 블록이 된다. 하지만 오브젝티브-C의 메시징 문법에는 "Sender"에 대한 공식적인 개념이 없다.

오브젝티브-C에 처음 입문하는 사람들이 혼란스러워하는 부분 중 하나는 GUI 애플리케이션에서 버튼, 슬라이더 등과 같은 AppKit 또는 UIKit 컨트롤을 동작시키는 방법이다. 예를 들어 버튼을 설정한다고 했을 때 버튼의 target으로 오브젝트를 등록하게 되는데 버튼을 클릭하면 버튼 오브젝트가 target에 메시지를 보내게 된다. 그리고 target 오브젝트는 버튼 클릭에 대한 응답으로 정의된 어떠한 행동을 취하게 된다. 보통 target에 보내는 메시지는 다음과 같이 생겼다.

```
- (void) somethingChanged:(id) sender
```

이 메시지는 sender라는 한 개의 인수를 갖고 있다. UI 컨트롤은 이 메시지를 통해 자기 자신을 sender에 실어 건네준다. 그러면 제어받는 오브젝트는 receiver가 되어 인수로 전달된 UI 컨트롤의 포인터 값을 받게 되는데 이를 이용하여 다시 UI 컨트롤에 (응답) 메시지를 보낼 수 있게 되는 것이다. 슬라이더의 숫자 값이나 버튼의 on/off 상태 등이 이와 같은 예라고 할 수 있다. 중요한 것은 AppKit이나 UIKit이 디자인된 방식이 이와 같다는 것이다. sender는 단순히 메소드의 인수일 뿐이며 오브젝티브-C 메시징 시스템의 일부분도 특정 기능도 아니다. 인수 이름으로 사용된 sender는 그저 관례대로 사용한 것이기 때문에 sender라는 이름 대신 widgetWhoseValueChanged 같은 이름을 사용해도 아무런 문제가 없다.

메시징 세부사항

지금까지 메시지 표현식이 동작하는 기본적인 지식을 습득했다. 이제는 일반적인 상황에서 메시지가 어떻게 사용되는지 살펴보자.

네스팅

메시지 인수로 인수에 해당하는 (또는 적당한) 타입의 반환값을 제공하는 메시지 표현식을 사용할 수 있다.

```
1 Shape *shape1 = ...
2 Shape *shape2 = ...
3 NSColor *tmpFillColor;
4
5 // shape2의 fill color로 shape1의 fill color를 사용
6 tmpFillColor = [shape1 fillColor];
7 [shape2 setFillColor: tmpFillColor];
```

아래의 코드는 위의 코드와 동일하게 동작한다.

```
Shape *shape1 = ...
Shape *shape2 = ...

// shape2의 fill color로 shape1의 fill color를 사용
[shape2 setFillColor: [shape1 fillColor]];
```

임시 변수를 사용하는 첫 번째 코드가 좀더 장황하지만 디버깅할 때는 제법 유용하다. 왜냐하면 7행에 breakpoint를 걸어(6행 실행 직후가 된다) fillColor 메소드로 한 단계 더 진입할 필요 없이 tmpFillColor 값을 볼 수 있기 때문이다.

메시지 receiver 역시 메시지 표현식으로 대체될 수 있다. 이때는 대체되는 메시지 표현식이 오브젝트를 반환해야 한다.

```
NSMutableArray *displayList = ...
id graphic;
```

```
// display list의 마지막 오브젝트를 그린다.
graphic = [displayList lastObject];
[graphic draw];
```

위 코드 역시 다음과 같이 바꿀 수 있다.

```
NSMutableArray *displayList = ...

// display list의 마지막 오브젝트를 그린다.
[[displayList lastObject]  draw];
```

메시지 표현식의 중첩 사용은 다단계로도 가능하다. 중첩된 메시지 표현식을 평가하는 순서는 안에서 바깥쪽이다. 즉, 맨 안에 있는 메시지 표현식을 평가한 다음 평가한 메시지 표현식을 그 결과값으로 치환하는 것이다. 이러한 과정은 모든 메시지 표현식이 평가될 때까지 반복된다.

당연한 얘기지만 시작하는 대괄호 개수와 끝나는 대괄호 개수는 꼭 맞추어야 한다 (Lisp 전문가라면 몸에 배어있을 것이다). 여러 단계로 중첩된 표현식을 작성할 때 보통 여는 괄호의 개수보다 닫는 괄호의 개수가 하나 많게, 또는 하나 적게 만드는 실수를 많이 하게 되는데 이렇게 열고 닫는 괄호의 개수가 맞지 않게 되면 컴파일러는 에러를 발생시켜 이러한 사실을 알려줄 것이다. Xcode의 텍스트 편집기는 이러한 실수를 방지코자 닫는 괄호를 입력할 때마다 잠시동안 그에 대응하는 열린 괄호를 강조시킨다.

nil 메시징

오브젝티브-C에서는 nil로 메시지를 보내는 경우 아무런 일도 발생하지 않는다. 즉, nil이 receiver인 메시지 표현식을 평가할 때는 메소드 실행을 하지 않고 조용히 무시해준다. 그렇기 때문에 오브젝트가 nil일 경우를 대비하는 코드를 작성할 때,

```
Shape *aShape = ...

if ( aShape!= nil )
```

```
{
  [aShape draw];
}
```

위의 코드처럼 방어적으로 작성할 수도 있겠지만, 오브젝티브-C에서는 다음과 같이 간단하게 작성해도 무방하다.

```
[aShape draw];
```

그래서 만약 aShape가 nil인 경우라면 그냥 무시하고 다음 코드로 넘어간다.

결과값의 타입이 포인터이거나 숫자인 메시지가 nil로 전달되는 경우, 결과값은 0이 된다. 구조체와 같이 다른 타입의 경우에는 규칙이 복잡해지며 경우에 따라서는 결과값이 정의되지 않기도 한다.

Receiver로 nil을 사용하여 예외처리를 하는 코드를 작성하는 부분도 있겠지만 대부분의 경우에는 if문을 사용한 보호코드를 만드는 대신 깔끔하게 작성하는 편이다. 만일, receiver가 nil인지 여부가 중요한 경우에는 언제든지 코드가 명확한지 확인할 수 있다.

메소드가 실행되지 않는다면?
분명히 실행되어야 할 메소드가 동작하지 않고 프로그램이 진행된다면 receiver를 확인해보기 바란다. 대부분 receiver로 nil이 되어있을 것이다. 그리고 자연스럽게 어디에선가 초기화되지 않음을 찾을 수 있을 것이다.

self로 메시지 보내기

만약 오브젝트의 메소드에서 동일한 오브젝트의 다른 메소드 중 하나를 실행시키고자 한다면 메시지의 receiver로 self를 사용해야 한다. self는 숨겨진 변수로, 컴파일러가 self 변수를 메소드가 구현된 곳으로 넘겨준다. self는 오브젝트를 가리키는 포인터로, self가 참조하는 오브젝트는 self가 포함된 메소드가 호출될 때의

receiver이다(self는 메소드의 인수로 명확하게 표시되는 것은 아니지만 메소드 내에서 항상 존재한다).

```
- (void) someMethod
{
  [self someOtherMethod]; // 같은 클래스의 다른 메소드
}
```

이와 같은 패턴은 통상적으로 accessor 메소드를 사용할 때 쓰인다. accessor 메소드는 인스턴스 변수의 값을 가져오거나 세팅하는 메소드를 일컫는다. 물론 굳이 accessor 메소드를 사용하지 않아도 인스턴스 변수에 직접 접근할 수도 있지만, 꼭 인스턴스 변수의 accessor 메소드를 사용해야 하는 경우가 있다. 만약 accessor 메소드가 인스턴스에 들어 있는 오브젝트를 retain 혹은 release하거나, 숫자 변수의 값을 한정시키거나, 특정 상태를 저장하는 등의 부가적인 작업을 하는 경우, 인스턴스 변수에 직접 접근해버리면 이와 같은 작업을 놓치게 되는 것이다.

self는 동일한 기능을 하나 이상의 메소드에 구현할 때도 유용하다. 각 메소드마다 동일한 코드를 넣는 대신 "helper" 메소드를 만들고는 self를 receiver로 하여 helper 메소드를 호출토록 하는 것이다.

super 오버라이딩 및 메시징

클래스는 자신의 수퍼클래스에 있는 동일한 메소드를 @implementation 섹션에 별도로 구현함으로써 오버라이드할 수 있다. 오버라이드 된 메소드를 실행할 때 서브클래스의 인스턴스를 receiver로 하면 서브클래스에 구현된 코드가 동작하게 된다.

예를 들어, Shape 클래스의 서브클래스 AnnotatedShape가 있다고 하자. AnnotatedShape 클래스는 도형 옆에 도형을 설명하는 텍스트를 그린다(이와 같은 기능은 차트를 작성할 때 필요하다). AnnotatedShape 클래스는 텍스트를 저장할 인스턴스 변수를 가지며, Shape 클래스의 몇몇 메소드를 오버라이드한다. 다음의 코드는 AnnotatedShape 클래스의 interface 섹션의 일부이다.

```
@interface AnnotatedShape : Shape
{
  NSString *annotationText;
}

- (NSRect) boundingBox;
- (void) draw;

...

@end
```

Shape 클래스는 도형의 사각형 영역을 반환하는 boundingBox 메소드를 가지고 있다. 스마트한 그래픽 프로그램이라면 모양을 그리기 전에 이 사각형 영역을 프로그램 창 영역과 비교한다. 만일 사각형 영역이 창 영역 밖에 있다면 그 모양을 그리지 않음으로써 CPU 자원을 절약할 수 있는 것이다. AnnotatedShape 클래스는 boundingBox를 오버라이드하는데, 그 이유는 모양에 대한 설명으로 인하여 사각형 영역이 더 넓어지기 때문이다.

```
1 Shape *aShape = ...
2 AnnotatedShape *anAnnotatedShape = ...
3 NSRect shapeBounds;
4 NSRect annotatedShapeBounds;
5
6 shapeBounds = [aShape boundingBox];
7 annotatedShapeBounds = [anAnnotatedShape boundingBox];
```

위 코드에서 6행이 실행될 때 Shape 클래스의 boundingBox 메소드가 동작한다. 그리고 7행에서는 AnnotatedShape 클래스의 boundingBox 메소드가 실행된다.

많은 경우, 서브클래스는 (수퍼클래스의 것과는) 다른 행동을 취하기 위하여 메소드를 오버라이드하기도 한다. 위의 예에서도 AnnotatedShape와 Shape의 boundingBox는 서로 다른 사각 영역을 반환한다. 어떤 경우에는 추가 기능을 제공하기 위하여 오버라이드한다. AnnotatedShape 클래스의 draw 메소드는 Shape의 draw와 동일한 동작을 해야 한다. 하지만 모양을 그리는 데 그치지 않고 거기에 대한 설명까지 그려야 한다. 이러한 기능을 구현하기 위하여 Shape 클래스의 draw 코드를

AnnotatedShape 클래스의 draw 메소드에 복사하기도 한다. 하지만 이렇게 하는 방식은 좋은 방법이 아니다. 왜냐하면 프로그램의 크기도 커질 뿐만 아니라 코드의 안정성이 떨어진다. Shape 클래스의 그리기 코드가 변경되면 AnnotatedShape 클래스의 그리기 코드도 동일하게 수정해야 하기 때문이다. 그래서 아래 AnnotatedShape 클래스의 draw와 같이 좀 더 발전된 방식으로 코드를 구현하는 것을 권장한다.

```
1  - (void) draw
2  {
3      [super draw]; // 모양 그리기
4
5      // 설명을 그리는 코드 구현
6      ...
7  }
```

다음과 같은 형태의 표현식을 평가할 때,

```
[super message]
```

runtime은 현재의 오브젝트(self가 참조하는 오브젝트)를 실제 receiver로 사용하지만 메소드는 message 이름을 가진 수퍼클래스의 메소드 코드를 실행하게 된다. 위 코드 3행을 보면 실제 receiver는 AnnotatedShape 클래스의 인스턴스가 되지만, 동작하는 코드는 Shape 클래스의 draw 메소드가 된다. 즉, AnnotatedShape 클래스의 draw 메소드는 Shape 파트를 그리기 위하여 실제 Shape 클래스의 draw 코드를 사용하고 설명을 그리는 코드를 그 이후에 직접 구현하였다.

 Receiver로 self 또는 super를 사용한다는 것은 이미 오브젝트(self)의 자격으로 메소드가 실행 중이라는 의미를 내포하고 있다. 그렇기 때문에 순수 C 함수에서는 self나 super를 사용할 수 없다.

self와 super 사이에는 중요한 차이점이 있다. self는 합법적인 포인터 변수이지만 super는 그렇지 않다는 것이다. self가 가리키는 메모리 주소에는 오브젝트의 인스턴스가 있다. 그렇기 때문에 메소드를 호출할 때 인수로 전달하는 것이 가능하다.

```
- (void) passItOn
{
  [someOtherObject doSomethingWithMe: self];
}
```

하지만 super는 실제 변수가 아니다. 단지 super는 self를 receiver로 하고 메소드는 self가 속한 클래스의 수퍼클래스에 구현된 것을 사용한다고 runtime에 알려주는 표시일 뿐이다.

 super를 통해 수퍼클래스 버전의 메소드를 실행시킬 때, super 클래스의 구현부분에서 일어나는 모든 self 참조는 여전히 원래의 receiver, 즉 서브클래스의 인스턴스가 된다. 또한 수퍼클래스의 메소드가 다른 클래스의 메소드를 호출하는데, 그 메소드 또한 서브클래스에 의해 오버라이드되었다면 서브클래스에서 구현된 메소드가 실행될 것이다.

Selector

메시지에서 메소드 이름은 가끔 selector 혹은 메소드 selector에 의해 참조되기도 하는데, runtime이 실행시킬 receiver의 메소드를 선택하기 위하여 사용되기 때문이다. Selector는 단순히 이름일 뿐 어떠한 타입 정보도 가지고 있지 않다.

오브젝티브-C는 SEL이라는 타입을 정의하고 있는데, SEL은 selector를 가지고 있음을 나타내는 타입이다. SEL은 selector 이름과 일대일 연결이 되어 있지만, 그 자체가 (이름) 문자열은 아니다. 같은 이름을 가지는 selector는 동일한 SEL을 가지고 있으며, 서로 다른 이름을 가지는 selector는 각각의 SEL과 연결되어 있다. 오브젝티브-C는 효율성을 위해 메소드를 구별지을 수 있는 SEL 타입을 사용한다. 왜냐하면 문자열을 비교하는 것은 느리기 때문이다. 두 개의 문자열을 찾기 위하여 전체 문자열 세트에서 똑같이 루프를 돌면서 찾는 것을 생각해보면 얼마나 느린지 상상할 수 있을 것이다.

 현재까지 메소드의 SEL은 메소드의 문자열 이름을 가지고 있는 유일한 구조체를 가리키는 포인터로 정의되어 있다. 하지만 이것은 구현상의 문제일 뿐 SEL을 사용하는 데 있어서는 영향을 미치지 않기 때문에 나중에는 정의 방식이 달라질 수도 있다.

컴파일러 지시자 `@selector()`는 메소드 이름을 `SEL`로 바꾼다.

```
SEL aSelector = @selector( someMessageName );
```

메소드에 인수가 있는 경우 메소드 이름은 콜론까지 포함한다는 사실을 기억해야 한다. 그래서 다음의 두 `SEL`은 서로 다른 `SEL`이다.

```
@selector( aMethod )
```

```
@selector( aMethod: )
```

`SEL`은 메시지 표현식의 일부분으로 사용할 수 있다. `NSObject`는 다음의 메소드를 정의한다.

```
- (id)performSelector:(SEL)aSelector
```

`performSelector:`가 실행되면 인수로 들어온 selector를 실행하게 된다. 따라서 아래의 두 문장은 동일하게 동작한다.

```
[aShape draw];
[aShape performSelector: @selector( draw )];
```

동일한 내용을 길게 적는 것은 비효율적이다. 하지만 인수로 변수가 넘어오게 되면 `performSelector:`가 제대로 실력발휘를 하게 된다. 예를 들어 그리기 프로그램에서 오브젝트를 선택하면 선택한 오브젝트에 대해 선택되었음을 알려주기 위해 강조표시를 한다고 생각해보자. 그리고 그래픽 오브젝트는 강조표시를 구현하는 `drawHighlighted` 메소드를 가지고 있다고 하면, 강조표시 여부에 따라 오브젝트를 그리는 코드는 다음과 같이 작성할 수 있다.

```
BOOL isHighlightDraw = ...
SEL  shapeDrawingSelector;
```

```
if ( isHighlightDraw )
  {
 shapeDrawingSelector = @selector( drawHighlighted );
  }
else
  {
 shapeDrawingSelector = @selector( draw );
  }

...

Shape *aShape = ...

[aShape performSelector: shapeDrawingSelector];
```

NSObject는 performSelector:withObject:와 performSelector:withObject:withObject:를 정의하여 한 개 또는 두 개의 인수가 있는 메소드를 취할 수 있도록 지원한다. 두 메소드 모두 performSelector:와 동일하게 동작하며 다만 추가 인수가 있다는 것만 다르다.

같은 이름 메소드

만약, id 타입 같은 다이내믹 타이핑을 사용한다면, 비록 클래스 간 연관성이 없다고 하더라도 동일한 이름을 갖는 모든 메소드는 똑같은 인수 타입과 리턴 값을 가져야 한다. 이러한 규칙을 어긴다면 컴파일러는 경고 메시지를 보내는데, 이마저도 무시하면 프로그램은 미묘한 버그를 지닌 채로 동작하게 되는 것이다.

예를 들어 ClassWithInt라는 클래스가 있는데, 이 클래스에 다음과 같은 메소드가 있다고 생각해보자.

```
- (void) setValue:(int) newInt;
```

그리고, 또 다른 클래스 ClassWithFloat 역시 동일한 이름을 갖지만 인수 타입이 다른 메소드가 있다고 가정하자.

```
- (void) setValue:(float) newFloat;
```

이제, 프로그램이 이 두 개의 클래스를 모두 import하여 사용하는 상황을 생각해 보자.

```
1  // 이렇게 프로그래밍하지 마시오!
2  #import "ClassWithFloat.h"
3  #import "ClassWithInt.h"
4
5  id numberObj = [[ClassWithInt alloc] init];
6  [numberObj setValue: 21];
```

위와 같이 프로그램을 작성하면 컴파일러는 다음과 같은 경고를 하게 될 것이다.

```
warning: also found '-(void)setValue:(int)newInt'
warning: using '-(BOOL)setValue:(float)newFloat'
warning: multiple methods named '-setValue:' found
```

만약 컴파일러의 경고를 무시하고 프로그램을 실행시키면 프로그램은 문제에 빠지게 된다. 6행이 실행될 때 `numberObj`에는 ClassWithInt 클래스의 인스턴스가 들어있기 때문에 ClassWithInt 클래스 버전의 `setValue:` 메소드가 실행될 것으로 기대할 것이다. 하지만 실제로 메소드가 받는 `newInt` 인수값은 21이 아닌 1101529088이 된다.

왜 이런 문제가 발생했는지 생각해보자. 위 프로그램을 컴파일하면 컴파일러는 `setValue:`라는 동일한 이름의 두 메소드 정보를 갖게 된다. 그리고 `numberObj` 변수는 `id` 타입이기 때문에 6행 메소드의 인수 타입이 `int`인지 `float`인지 알 수 없는 상황이다. 그런데 컴파일러는 ClassWithFloat.h 파일을 먼저 가져오는 바람에 컴파일러는 `setValue:` 메소드 인수 타입을 `float`이라고 가정해버리는 것이다. 따라서 21을 `int`로 해석하지 않고 `float`으로 해석하게 되며, 21의 비트 값에 해당하는 `float` 값을 ClassWithInt 클래스 버전의 메소드로 넘겨주게 되고, 메소드는 그렇게 넘어온 `float` 값을 다시 `int` 값으로 타입 변환해 사용하는 것이다. 이와 같은 버그는 프로그램 오류에 따른 비정상 종료보다 더 위험하다. 왜냐하면 잘못된 값에 대한 정보가 오가는 것을 전혀 파악하지 못한 채 프로그램 오류의 원인을 엉뚱한 곳에서 찾게 되기 때문이다.

C++와는 달리 오브젝티브-C는 메소드 오버로딩이 없다. C++ 클래스에서는 같은 이름의 메소드를 인수 타입 또는 리턴 타입으로 구분할 수 있지만 오브젝티브-C에서는 이를 허용하지 않는다.

동적/정적 타입 변환

　id 타입으로 선언된 변수는 오브젝트를 가리키는 포인터 타입이지만 어떤 클래스의 오브젝트인지 알지는 못한다. 그래서 id 타입의 변수에는 어떠한 클래스의 오브젝트도 지정이 가능하다. 이러한 개념은 다형성에 있어서는 매우 편리하지만 컴파일 과정에서 정확한 데이터 타입을 가늠하지 못한다는 단점을 안고 가야 한다. 그렇기 때문에 id 타입의 융통성을 필요로 하지 않는다면 그냥 일반 데이터 타입을 사용하여 데이터 타입을 명확하게 하는 것이 좋다.

```
Shape *aShape = [[Shape alloc] init];
```

Shape* 타입으로 선언된 변수는 오직 Shape 클래스 또는 Shape의 서브클래스의 오브젝트만을 취할 수 있다.

```
Shape *aShape = [[AnnotatedShape alloc] init];    // 정상
```

하지만 서브클래스 타입에는 수퍼클래스의 오브젝트를 지정할 수 없다.

```
AnnotatedShape *aShape = [[Shape alloc] init];    // 비정상!
```

위 코드를 컴파일하면 다음과 같은 경고 메시지가 나타난다.

```
warning: incompatible Objective-C types assigning 'struct Shape *',
expected 'struct AnnotatedShape *'
```

컴파일 경고 메시지를 무시하고 메시지를 보낸다면 프로그램 오류가 나타날 것이다. 일반 데이터 타입을 사용하는 것은 동일한 이름의 모든 메소드는 인수 타입과 리턴

타입이 같아야 한다는 규칙에서 조금 자유로워질 수 있다. id 타입을 사용하지 않는다면 이 규칙은 다음과 같이 바뀐다. "서브클래스 관계가 아닌 서로 다른 두 클래스의 동일한 이름의 메소드는 인수 타입과 리턴 타입이 달라도 상관없다." 하지만 여전히 혼란스러운 상황이 발생할 수 있기 때문에 가급적 이렇게 모호하게 프로그래밍하지 않는 것이 가장 좋다.

정리하자면, id의 융통성을 사용하지 않을 것이라면 데이터 타입을 명확하게 지정하여 컴파일러로 하여금 데이터 타입을 검사할 수 있도록 만들어야 한다.

메시징 시스템의 자세한 내부 동작

다음의 코드를 실행하면 doSomething 메시지를 받은 anObject 오브젝트는 doSomething이라는 이름의 메소드를 실행시켜야 한다.

```
id anObject;
[anObject doSomething];
```

이러한 동작에 대해 어떻게 적절히 진행할 수 있는 것일까? 어떻게 anObject가 어떤 클래스의 오브젝트이며, 그에 맞는 doSomething을 실행시킬 수 있는 것일까? 간단히 대답하자면 "알아서 잘 동작한다."라고 할 수 있다. 하지만 이렇게 애매한 답변 대신 메시징 시스템의 진짜 메커니즘을 원하는 사람들은 이번 섹션을 잘 읽어보기를 바란다.

메시지 표현식이 평가되면 runtime은 receiver를 통해 receiver의 클래스를 결정한다. 그런 다음 클래스 정보를 확인하여 메시지 안에 있는 메소드 이름과 동일한 메소드를 찾는다. 그리고는 찾은 메소드를 실행시킨다.

이 내용을 좀 더 자세히 정리하면 다음과 같다.

- 모든 오브젝티브-C의 오브젝트는 자신의 클래스를 안다. 이를 가능케 하기 위하여 컴파일러는 모든 오브젝트 인스턴스에 isa라는 인스턴스 변수를 추가한다.

이름에서 알 수 있듯이 isa는 인스턴스가 어떤 종류의 오브젝트인지를 알려준다. 그래서 실행 시간에 isa는 opaque 타입[1], 즉 클래스에 정의된 인스턴스 변수와 메소드 정보 및 수퍼클래스에 대한 정보를 포함하는 클래스 구조를 참조하는데, 이러한 정보는 프로그램이 실행되면 runtime이 채운다.

- 컴파일러는 메소드를 C 함수로 전환시킨다. 이러한 과정에서 두 개의 외부 인수 self와 _cmd를 함수의 인수 리스트 맨 앞에 추가한다. self는 오브젝트를 가리키는 포인터로, 메시지의 receiver가 된다. 그리고 _cmd는 selector로 메시지의 메소드 이름에서 가져온다.

다음과 같은 오브젝티브-C 메소드를 생각해보자.

```
-(void) doSomethingWithArg:(int) anArg
{
 // ...
}
```

컴파일 과정에서 컴파일러는 doSomethingWithArg: 메소드를 C 함수로 전환시키면서 인수 리스트를 다음과 같이 만든다.

```
( id self, SEL _cmd, int anArg)
```

- 각각의 오브젝티브-C 클래스는 메소드의 selector와 실제 메소드가 구현된 함수 포인터가 매핑된 테이블을 가지고 있다. 이러한 selector를 이용하여 rumtime은 테이블을 통해 매치되는 함수의 포인터를 찾을 수 있다. 각 클래스는 또한 캐시 메커니즘을 사용하여 메소드 탐색 속도를 높였다.

이제 메시지 표현식에서 실제로 동작하는 함수로 변환되는 과정을 잘 쫓을 수 있을 것이다. 다음의 메시지를 살펴보자.

```
Shape *aShape = ...
```

---

1 (역자 주) Opaque 타입은 id 타입과 같이 구조체 혹은 클래스를 참조하는 포인터이지만 그 실체는 어떤 것인지 결정되지 않은 타입을 일컫는다.

```
NSColor *newFillColor = ...

[aShape setFillColor: newFillColor];
```

컴파일러는 위 메시지 표현식을 실행 시간에 동작하는 함수인 objc_msgSend로 바꾼다.

```
objc_msgSend( aShape, @selector( setFillColor: ), newFillColor );
```

objc_msgSend 함수의 첫 번째 인수는 receiver 오브젝트이다. 두 번째 인수는 SEL 타입을 전환한 메소드 이름이며, 뒤를 이어 원래 메소드에서 사용하는 인수들이 나타난다.

실행 시간에 objc_msgSend 함수가 호출되면 다음과 같이 동작한다.

1. objc_msgSend 함수는 aShape의 isa 변수에 저장된 포인터를 찾은 다음, 그 포인터를 따라 Shape 클래스의 클래스 구조를 참조한다.
2. 그리고는 Shape의 메소드 캐시를 확인하여 setFillColor: 메소드에 대한 포인터를 빨리 찾도록 한다.
3. setFillColor: 메소드에 대한 함수 포인터에 대한 캐시 참조를 실패하면 Shape 클래스의 테이블을 통해 찾는다.
4. runtime은 탐색한 함수 포인터를 이용하여 다음의 인수와 함께 함수를 호출한다.

```
( aShape, @selector( setFillColor: ), newFillColor )
```

모든 클래스 구조는 수퍼클래스의 클래스 구조에 대한 포인터를 가지고 있다. 그래서 runtime이 클래스 구조의 캐시, 또는 메소드 테이블에서 해당 selector를 찾지 못하면 수퍼클래스 구조로 연결된 포인터를 쫓아 수퍼클래스의 메소드를 탐색하며, 이러한 과정은 더이상 탐색할 수퍼클래스가 없을 때까지 계속된다. 이 과정에 대해서는 다음 섹션에서 살펴보기로 한다.

오브젝티브-C 2.0에서의 runtime 변경사항

오브젝티브-C 2.0이 되면서 runtime에 커다란 변화가 몇 가지 생겼다. 그 중 하나는 클래스와 메소드에 대한 runtime 정보의 구조가 opaque 타입으로 변한 것이다. 이것은 본질적으로 기본적인 오브젝트 시스템을 C에 직접 구현한 것이며, 기능적으로는 데이터 구조에 직접 접근하지 않으면서도 과거 버전과 동일하게 동작하는 것이다.

메시지 전달

만약 objc_msgSend 함수가 메시지의 메소드를 찾기 위해 계속해서 상위 클래스로 탐색을 진행하다 최상위 단계까지 도달하면 어떻게 될까? 이렇게 되면 objc_msgSend는 NSObject 클래스의 forwardInvocation: 메소드를 최초 메시지 표현식에서 얻은 NSInvocation 인수와 함께 호출한다. NSObject 클래스의 forwardInvocation: 메소드는 NSObject 클래스의 doesNotRecognizeSelector: 메소드를 호출한다.

NSObject의 doesNotRecognizeSelector: 메소드는 exception을 발생시키고 에러 메시지를 로깅한 다음 프로그램을 강제종료시킨다.

하지만, forwardInvocation: 메소드를 오버라이드하고 invocation 인수에 들어 있는 정보를 이용하여 메시지를 적절히 처리할 수 있는 오브젝트로 새로운 메시지를 보냄으로써 이같은 상황을 방지할 수 있는데, 이를 일컬어 메시지 전달(Message Forwarding)이라고 한다. 메시지 전달은 다른 오브젝트에서 취할 수 있는 행동을 대여하는 것으로 비유할 수 있다. 즉, 원래의 오브젝트가 일부 메시지를 처리하고 나머지 메시지는 도우미 오브젝트가 처리하는 식이다.

NSInvocation

NSInvocation은 오브젝티브-C 메시지 표현식이 오브젝트로 캡슐화된 것이다. NSInvocation 오브젝트의 인스턴스 변수는 오브젝트(최초 표현식의 receiver이며, 여기에서는 target이라고 함)와 오브젝트에 전해지는 메시지(selector와 메소드가 취하는 인수들)를 가지고 있다. 또한 다른 오브젝트와 마찬가지로 다른 곳에 저장되거나 메소드 인수로 사용될 수 있다.

Invocation이 캡슐화된 메시지 표현식을 실행하기 위해서는 NSInvocation 오브젝트에 invoke 메시지를 보내면 된다.

```
NSInvocation* anInvocation;
[anInvocation invoke];
```

NSInvocation 클래스는 캡슐화된 메시지 표현식의 receiver, selector, 인수들을 세팅하거나 조회하는 메소드와 반환값을 얻는 메소드를 정의하고 있다. Chapter 16에서 NSInvocation에 대해 다룬다.

효율성

지금까지 메시징 시스템을 보면서 아마도 "메시지를 전달하기 위해서는 탐색하는 과정이 많아 함수 호출에 비해 훨씬 더 많은 시간이 걸릴 것이다."라고 생각할 것이다. 맞는 말이다. 실제도로 그렇다. Runtime 코드는 메소드를 최대한 빨리 찾기 위해 노력하지만 아무리 빨라도 C 함수 호출보다는 느릴 수밖에 없다. 하지만 실제로는 큰 차이를 느끼지 못한다. 왜냐하면 대부분 메소드의 본문을 실행하는 데 걸리는 시간이 메소드를 탐색하는 데 걸리는 시간에 비해 훨씬 크기 때문이다. 메소드 탐색 시간이 문제가 되는 경우는 굉장히 드문 일이다. 이런 경우는 엄청난 횟수로 도는 루프에서 발생할 수 있는데, 이때는 NSObject의 methodForSelector: 메소드를 이용하여 실행하고자 하는 메소드의 C 함수 포인터를 직접 구하여 실행 속도를 높일 수 있다.

```
IMP anIMP = [aShape methodForSelector: @selector( draw )];
```

Chapter 3에서 설명한 바와 같이 IMP는 함수 포인터로 정의되었다. 위와 같이 함수 포인터를 획득한 다음에는 아래와 같이 일반 함수를 호출하듯 사용할 수 있다.

```
(*anIMP) (aShape, @selector( draw ));
```

컴파일러가 메소드를 C 함수로 변화시키는 시점에서 함수의 인수 리스트에 self와 _cmd를 추가한다는 사실을 기억하기 바란다. IMP를 통해 함수를 호출할 때는 추가된 두 인수도 같이 넘겨주어야 한다. 메소드 자체적으로 인수가 있는 경우에는 self와 _cmd 다음에 나열하면 된다.

함수를 직접 호출하는 것이 얼마나 빠른지 확인하기 위하여 testMethod를 백만 번 실행시키는 코드를 작성하였다. 먼저 일반적인 방법으로 메소드를 백만 번 실행시킨 다음 함수를 직접 호출하는 것을 백만 번 반복하는 것으로 비교하였다.

```
int j;
// Loop 1, 일반적인 방법으로 메소드 실행

for ( j=0; j < 1000000; j++ )
 {
  [testObject testMethod];
 }

IMP testIMP = [testObject methodForSelector: @selector( testMethod )];

// Loop 2, IMP를 이용하여 함수를 직접 호출

for ( j=0; j < 1000000; j++ )
 {
  (*testIMP) (testObject, @selector( testMethod ) );
 }
```

testMethod에 단순히 return문만 있는 경우, 두 루프의 실행시간 비율은 다음과 같다.[2]

(time for Loop 1) / (time for Loop2) ~ 2.63

함수를 직접 호출하는 것이 메시지를 보내는 것보다 2.5배 이상 빠른 것을 알 수 있었다! 물론 메소드 내에는 return 문만 있었다는 것이 아쉬운 점이었지만, testMethod 안에 네 개의 부동소수점 곱셈연산이 추가된 경우에도 함수를 직접 호출하는 것이 약 1.25배 더 빨랐다. testMethod 안에 한 개의 sin() 함수가 있는 경우에는 함수를 직접 호출하는 것이 약 1.04배 빨랐다. 결국, 메소드 본문을 실행하는 시간

---

[2] 3.06 GHz Core 2 Duo 프로세서를 탑재한 iMac에 Mac OS X Snow Leopard (버전 10.6.2)에서 측정하였다.

이 메소드를 탐색하는 시간보다 얼마나 더 많은 영향을 미치는지를 결정한다.

> **Note** 메소드의 IMP를 구하여 직접 호출할 때 반드시 주의할 점이 하나 있다. IMP는 다음과 같이 정의되어 있는데,
>
> ```
> typedef id (*IMP)(id, SEL, ...);
> ```
>
> typedef는 모든 메소드의 인수와 반환값이 모두 포인터이거나 integer 타입이라고 가정한다. 그래서 만일 메소드가 부동소수점 타입의 인수를 갖거나 부동소수점 타입의 반환값을 갖는다면 IMP를 이용하여 적절한 함수 포인터 타입으로 전환시켜 주어야 한다. 그렇게 하지 않는다면 컴파일러는 스택 프레임을 정확하게 잡지 못하게 되며, 결국 인수값 또는 반환값에 가비지가 섞일 것이다.
>
> 다음의 메소드 선언문은
>
> ```
> - (void) setLinewidth: (float) input;
> ```
>
> 아래와 같이 함수 포인터로 만들 수 있다.
>
> ```
> void (*functionPtr)( id, SEL, float ) =
>     (void (*)( id, SEL, float))[aShape methodForSelector:
>         @selector(setLinewidth:)];
>
> // 선 두께를 1.5로 지정
> *functionPtr( aShape, @selector(setLinewidth:), 1.5 );
> ```
>
> 함수 포인터 정의의 복잡한 부분에 대해서는 Chapter 16에서 자세히 다룬다.

Introspection과 Runtime

오브젝티브-C의 runtime은 실행 시간에 오브젝트의 다양한 정보를 확인할 수 있도록 하는데, 이러한 과정을 가리켜 introspection 이라고 한다. 이를 통해 오브젝트의 클래스와 수퍼클래스를 확인할 수 있는데, 다음과 같이 class와 superclass 메소드를 사용하면 된다.

```
Class objectsClass;
Class objectsSuperClass;
id anObject;
```

```
objectsClass = [anObject class];
objectsSuperClass = [anObject superclass];
```

오브젝트가 주어진 메시지에 대해 응답을 할 수 있는지 여부를 확인할 수 없는 경우, respondsToSelector: 메소드를 사용하여 메시지를 보내기 전에 오브젝트가 메시지에 대해 응답할 수 있는지를 확인할 수 있다. 예를 들어, 어떠한 프로토콜을 준수하는 클래스가 있다고 생각해보자.

 프로토콜(protocol)은 정의된 메소드들의 집합이다. 그래서 어떤 클래스가 프로토콜을 준수한다는 것은 그 클래스는 해당 프로토콜에 있는 필수 메소드를 모두 구현했음을 의미한다. 프로토콜은 Chapter 13에서 자세히 다룬다.

프로토콜이 옵션 메소드를 제공하는 경우에는 클래스가 굳이 옵션 메소드를 구현하지 않더라도 필수 메소드만 구현하면 프로토콜을 준수하게 된다. 만일 이렇게 옵션 메소드를 구현하지 않은 클래스를 사용할 때 구현되지 않은 메소드를 사용하려고 하면 프로그램은 비정상 종료를 하게 될 것이다. 이러한 문제를 방지하기 위하여 다음과 같이 respondsToSelector: 메소드를 사용한다.

```
id anObject = ...   // 프로토콜을 준수하는 오브젝트
SEL optionalSelector = @selector( optionalMethod );

if ( [anObject respondsToSelector: optionalSelector] )
  {
    [anObject optionalMethod];
  }
```

class, superclass, respondsToSelector: 메소드는 모두 NSObject 클래스에 정의되어 있으며, NSObject 클래스를 상속받는 모든 클래스에서 사용할 수 있다.

앞의 예제에서 구현한 내용뿐만 아니라 C 언어의 runtime 함수를 직접 호출하여 클래스의 인스턴스 변수 혹은 메소드 리스트를 구하거나, 메소드의 구현 부분을 다른 형태로 변화시키는 등 여러 가지 재미있는(때로는 위험한) 일을 할 수도 있지만 이 책에서는 runtime에 관하여 여기까지만 설명할 것이다. Runtime과 관련된 모험을 좀

더 즐기고 싶다면 오브젝티브-C 2.0 Runtime Reference를 참조하도록 하자 (http://developer.apple.com/mac/library/documentation/Cocoa/Reference/ObjCRuntimeRef/Reference/reference.html).

> **Note** 정말로 호기심이 넘쳐 runtime의 메커니즘에 대한 노하우를 알고 싶다면 오픈소스를 통해 runtime을 분석하기 바란다. Runtime 코드는 www.opensource.apple.com/source/objc4/objc4-437.1/에서 구할 수 있다(미리 경고하지만, 코드를 읽는 것이 결코 쉽지는 않을 것이다).

오브젝티브-C 메시징 시스템의 다이내믹한 요소는 매우 강력할 뿐만 아니라 유연하고 창의적인 소프트웨어를 쉽게 빌드할 수 있도록 한다. 하지만 이러한 다이내믹함은 그에 상응하는 대가를 치러야 하는데, 그 대가는 타입 검사와 같은 컴파일러의 유효성 검토를 하는 데 제약이 생긴다는 것이다. 그 결과 몇몇 에러는 실행 시간에서만 확인할 수 있다. 이러한 제약 때문에 C++와 같이 타입 검사에 엄격한 것을 선호하는 사람들도 있다. 하지만 이런 사람들에게 하고 싶은 말이 있다. "잘 갈린 부엌칼은 어떻게 사용하느냐에 따라 위험할 뿐만 아니라 심지어는 목숨을 위협할 수도 있다. 하지만 정말 맛있는 음식은 부엌칼 없이는 나오지 않는다."

정리

오브젝티브-C의 메소드는 함수 호출이 아닌 메시징으로 호출된다. 메시지 표현식은 receiver(호출되는 메소드를 소유하는 오브젝트)와 메시지(실행시킬 메소드 이름, 인수가 붙기도 한다)가 대괄호에 묶인 형태로 구성된다. 메시지 표현식이 평가되면 runtime은 recevier의 클래스를 결정하고 클래스 구조를 확인하여 메소드가 구현된 부분의 포인터를 찾는다. 그런 다음 runtime은 숨겨진 변수 `self`(recevier를 참조하는 포인터)와 `_cmd`(SEL 타입으로 전환된 메소드 이름)를 채우고 실행 코드의 포인터를 사용한다.

이와 같은 구조는 몇 가지 장점을 지닌다. 메시지 표현식의 양쪽 부분은 동적으로 지정(할당)하는 것이 가능하다. 즉, 컴파일 시간이 아닌 실행 시간에 결정될 수 있다. 또한 완벽한 다형성을 제공한다. 만약 receiver가 id 타입(오브젝트를 가리키는 포인터)이라면 서로 다른 클래스에서 구현된 동일한 이름의 메소드가 모두 올 수 있다. 그래서 각기 다른 타입의 오브젝트가 동일한 이름의 그리기 메소드를 실행하는 것과 같이 서로 다른 타입의 오브젝트가 동일한 동작을 하도록 만들 수 있으며, 이것이 곧 다형성이다.

    self와 super는 클래스 또는 수퍼클래스에 있는 메소드를 실행시키고자 할 때 사용하는 키워드이다.

    오브젝티브-C 메시징 시스템의 유연성은 성능상에 약간의 대가를 치르기 때문에, 아주 드문 경우지만 실행 시간이 결정적으로 중요한 순간에는 메시징 시스템을 사용하는 대신 함수를 직접 호출할 수도 있다. 일반적으로 메시지를 탐색하는 데 걸리는 시간은 메시지 본문을 실행하는 시간에 비해 훨씬 짧다.

연습 문제

1. Chapter 4 연습 문제 2번의 HelloObjectiveC 프로그램을 다음과 같이 수정해보자.
   - Greeter 클래스에 메소드를 추가해보자. 추가되는 메소드는 일반 환영 메시지와 VIP 환영 메시지를 동시에 설정한다. 다른 오브젝트와 마찬가지로 greeting과 vipGreeting의 새로운 값을 retain시키고, 이전 값을 release시켜야 한다는 사실을 기억해야 한다.
   - HelloObjectiveC.m 파일을 수정하여 새로운 메소드를 사용할 수 있도록 한다.
   - 프로그램을 빌드하고 실행하여 잘 동작하는지 확인한다.
2. 1번 프로그램에 추가한 새로운 메소드를 다음과 같이 수정해보자.
   - 인스턴스 변수 greeting과 vipGreeting을 직접 접근하지 말고 self 키워드를 활용하여 기존에 존재하는 setGreeting과 setVIPGreeting 메소드에서 새로운 값을 설정토록 만든다.
   - 프로그램을 빌드하고 실행하여 잘 동작하는지 확인한다.
   - 기존에 존재하는 setter 메소드를 사용하도록 새로운 메소드를 작성하면 setter 메소드가 자동으로 메모리 관리를 해준다.

3. Selector를 사용해보자.
   - HelloObjectiveC.m 내에 있는 다음의 메시지 표현식을 `performSelector:` 메소드를 사용하는 메시지 표현식으로 바꾸시오.

     ```
     [myGreeter issueGreeting];
     ```

   - 프로그램을 빌드하고 실행하여 잘 동작하는지 확인한다.

   물론 여기에서 `performSelector:` 메소드를 사용할 이유는 없다. 다만 selector를 사용하는 방법을 익히기 위한 연습일 뿐이다..

4. `nil`에 보내는 메시지가 유효하지 않다는 것을 확인해보자.
   - HelloObjectiveC.m 파일에 `Greeter*` 타입의 두 번째 변수를 다음과 같이 추가하자.

     ```
     Greeter* greeter2;
     ```

   - greeter2 변수에 `nil`을 지정한다.
   - greeter2를 receiver로 하여 `issueGreeting` 메시지를 보낸다.
   - 프로그램을 빌드하고 실행하여 잘 동작하는지 확인한다.

5. C++는 메소드 오버로딩을 허용한다. 그래서 C++의 클래스는 이름은 동일하지만 인수와 반환값의 데이터 타입이 다른 둘 이상의 메소드를 정의하는 것이 가능하다. 오브젝티브-C 메시지 탐색 시스템의 동작원리를 통해 오브젝티브-C에서는 C++ 스타일의 메소드 오버로딩을 구현하는 것이 왜 어려운지를 설명해보자.

Chapter 06

클래스와 오브젝트

LEARNING OBJECTIVE-C 2.0

객체지향 프로그래밍에 있어 오브젝트는 가장 기본이 되는 존재이다. 이번 장에서는 오브젝트를 만드는 과정에 대해 살펴볼 것이다. 이번 장은 크게 다섯 개의 섹션으로 나뉜다.

- 클래스 정의
- 서브클래스를 통한 클래스 확장
- 오브젝트(클래스 인스턴스) 생성
- 오브젝트 소멸
- 오브젝트 복사

일부 내용은 Chapter 3에서 간단히 살펴보았고, 여기에서는 좀 더 깊이 있게 다룰 것이다.

클래스 정의

오브젝티브-C 클래스를 정의할 때는 컴파일러에 두 가지 세트 정보를 제공해야 한다. 첫 번째 세트는 클래스의 인스턴스를 구성하는 부분이다. 여기에는 클래스 이름, 클래스의 수퍼클래스, 클래스의 인스턴스 변수의 데이터 타입과 변수 이름, 클래스 메소드의 선언부 등이 포함된다. 두 번째 세트는 클래스 메소드를 구현한 코드이다. 첫 번째 세트는 클래스의 interface 섹션이며, 두 번째 세트는 클래스의 implementation 섹션이다.

두 섹션은 일반적으로 클래스 이름을 가지는 두 개의 독립된 파일에 나누어 위치한다. 그래서 Guitar 클래스를 예로 들면 interface 섹션은 Guitar.h 헤더 파일에, implementation 섹션은 Guitar.m 파일에 저장한다.

Interface 섹션

이제 시뮬레이션 게임에 사용될 RockStar라는 클래스를 만든다고 생각해보자.

RockStar 클래스의 인스턴스는 일반적으로 록 스타가 하는 일 – 노래, 기타연주, 호텔방 부수기 – 을 한다. 이때 RockStar 클래스의 interface 섹션은 다음과 같이 될 것이다.

```
#import <Foundation/Foundation.h>

@class Band;
@class Guitar;

@interface  RockStar : NSObject

{
  NSString *name;
  Band *band;
  Guitar  *guitar;

    // 인스턴스 변수 추가

}

- (void) sing;
- (void) playGuitar;
- (void) destroyHotelRoom:(float) damageLevel;

// 메소드 선언 추가

@end
```

Interface 섹션에는 다음의 내용이 들어간다.

- 컴파일러 지시자 @interface 뒤에는 정의되는 클래스 이름(여기에서는 RockStar)과 콜론 및 클래스의 수퍼클래스(여기에서는 NSObject)가 순서대로 나열된다.
- 클래스의 인스턴스 변수 선언문은 인스턴스 변수의 데이터 타입, 변수 이름, 세미콜론으로 구성된다. 인스턴스 변수 선언 부분은 중괄호로 묶여 있으며, 클래스에 인스턴스 변수가 없는 경우에는 중괄호를 생략할 수 있다.
- 메소드 선언부분은 인스턴스 변수 선언 뒤에 나타나야 한다.
  하이픈(–) 기호로 시작하는 메소드는 인스턴스 메소드를 나타낸다. 인스턴스 메소드는 클래스의 인스턴스를 receiver로 사용한다. 더하기(+) 기호로 시작하는 메소드는 클래스 메소드이다. 클래스 메소드는 클래스 이름을 receiver로 사용한다. 클래스 메소드에 대해서는 Chapter 7에서 자세히 다룬다.
- 마지막 @end 지시자로 interface 섹션의 끝을 알린다.

컴파일러는 클래스의 수퍼클래스에 대한 정보를 그냥 얻을 수 없기 때문에 클래스의 @interface 섹션은 수퍼클래스의 interface 섹션이 들어있는 헤더 파일을 반드시 import해야 한다. 위 예제에서는 RockStar의 수퍼클래스가 NSObject이며, Foundation 프레임워크 클래스이다. 따라서 Foundation/Foundation.h 파일을 import하면 자동으로 수퍼클래스의 헤더 파일인 NSObject.h 파일이 import된다.

@class 지시자

인스턴스 변수 선언문 또는 메소드 선언문에서 Band 또는 Guitar 등과 같이 클래스 타입을 사용하기 위해서는 컴파일러에 해당 데이터 타입이 클래스임을 알려주어야 한다. 만약 그 클래스의 interface가 import된 헤더 파일(Cocoa 프레임워크 헤더 파일, 수퍼클래스 헤더 파일 등 이미 import된 헤더 파일)에 정의되어 있다면 별도로 할 일은 없다. 그렇지 않은 경우라면 @class 지시자를 사용해야 한다.

RockStar 클래스는 Band와 Guitar 타입의 인스턴스 변수를 가지고 있다. 하지만 RockStar.h 파일에서는 Band.h와 Guitar.h 파일을 import하지 않는다. 그래서 다음의 코드를 꼭 넣어주어야 한다.

```
@class Band;
@class Guitar;
```

@class 지시자는 선언문에서 타입으로 사용되기 전에 나타나야 하며, 이러한 것을 가리켜 전방 선언이라고 한다. 앞의 예제 @class Band;에서는 컴파일러에 Band는 클래스이며 Band* 타입은 클래스를 가리키는 포인터를 나타내지만 지금 당장은 Band 클래스에 대한 정보를 줄 수 없다는 것을 알려준다.

기술적으로 많은 경우에 `@class` 지시자를 사용하는 대신 관련된 헤더 파일을 직접 import할 수도 있을 것이다. 하지만 `@class` 지시자를 사용하는 것이 더 좋은 디자인을 선택한 것이라고 할 수 있다.

- `@class` 지시자를 사용하면 의존성을 줄여 컴파일 시간을 단축시킬 수 있다. 가령, RockStar.h 파일에 Band.h 파일을 import했다고 생각해보자. 만약 Band.h 파일을 수정할 일이 생긴다면 Band.h 파일을 import하는 파일뿐만 아니라 RockStar.h 파일을 import하는 파일까지도 재컴파일해야 한다. 하지만 `@class Band;`를 사용하면 Band.h 파일을 import하는 파일만 재컴파일하면 된다.
- 간혹 `@class` 지시자를 사용해야만 하는 경우가 있다. Band 클래스가 `RockStar*` 타입의 인스턴스 변수 `leadGuitarist`를 가지고 있다고 가정해보자.

```
RockStar *leadGuitarist;
```

이와 같은 경우에는 RockStar.h 파일에도 `Band`가 클래스임을 알려주어야 하고, Band.h 파일에도 `RockStar`가 클래스임을 알려주어야 한다. 이를 위해 Band.h 파일에 RockStar.h 파일을 import하고 동시에 RockStar.h 파일에 Band.h 파일을 import한다면, 이 코드는 컴파일되지 않을 것이다. 이러한 경우에는 적어도 한 곳에는 `@class` 지시자를 사용해야 한다.

Implementation 섹션

Implementation 섹션에는 클래스의 메소드를 구현하는 코드가 들어있다. Implementation 섹션의 구조는 매우 간단하다. 먼저 `@implementation` 지시자와 클래스 이름을 나란히 나열하는 것으로 섹션을 시작하고, `@end` 지시자로 섹션을 종료한다. 그리고 이 두 지시자 사이에 메소드 구현 코드를 넣으면 된다.

RockStar 클래스의 implementation 파일의 내용은 다음과 같다.

```
#import "RockStar.h"
#import "Guitar.h"
```

```
@implementation RockStar

-(void) playGuitar
{
    [guitar tune];

      ...
}

// 추가 메소드 구현 부분

@end
```

만약 클래스의 interface 섹션에 메소드를 선언한 다음, implementation 섹션에 선언한 메소드 코드를 넣는 것을 잊었다고 하더라도 컴파일러는 implementation에 생략된 메소드를 알려준다. RockStar.m 파일에 destroyHotelRoom: 메소드를 구현하지 않은 경우 컴파일러는 다음과 같이 경고 메시지를 보낼 것이다.

```
warning: incomplete implementation of class RockStar
warning: method definition for ' -destroyHotelRoom:' not found
```

위의 경고를 무시한채 구현되지 않은 메소드를 호출하려고 하면 프로그램은 당연히 오류를 일으키며 비정상 종료를 할 것이다.

Import

클래스의 implementation 파일은 해당 클래스의 interface 섹션이 들어있는 헤더 파일을 import한다. 이것은 다른 클래스에 대해서도 마찬가지로 적용해야 한다. RockStar 클래스를 예로 들면, playGuitar 메소드는 중간에 Guitar 클래스의 tune 메소드를 호출하는데 컴파일러의 경고 메시지가 나타나지 않도록 하기 위해서는 RockStar.m 파일은 Guitar.h 파일을 import하도록 해야 한다. 이는 RockStar.h 파일에 Guitar를 위한 @class 지시자를 사용한 경우에도 마찬가지이다. 컴파일러는 tune 메소드의 선언문을 찾기 위하여 Guitar.h 파일을 살펴봐야 한다.

Guitar.h 파일을 import하지 않아도 Guitar 클래스가 Xcode 프로젝트 안에 들어

있고 tune 메소드를 구현하였다면 프로그램은 정상적으로 동작할 것이다. 하지만 컴파일러는 버그 예방을 위해 경고 메시지를 보낼 것이다.

Interface 섹션과 implementation 섹션은 별도의 파일로 관리해야

클래스의 interface 섹션은 별도의 헤더 파일에 구현하여 해당 클래스를 사용하는 파일에서 import하도록 만드는 것이 좋다. 그래서 RockStar의 인스턴스를 만들고, RockStar의 메소드를 실행시키고, RockStar의 서브클래스를 만들기 위해서는 RockStar.h 파일을 import해야 한다. 만약 interface 섹션과 implementation 섹션이 같은 파일에 들어있다면, interface 섹션을 import할 때 implementation 섹션도 같이 딸려오기 때문에 중복되는 심볼에 대한 컴파일 에러가 발생하게 된다.

Interface 섹션과 implementation 섹션을 하나의 파일에 넣어도 괜찮은 유일한 경우는 도우미 클래스가 다른 클래스의 내부에서만 사용할 때이다. 이때는 도우미 클래스의 interface 섹션과 implementation 섹션을 하나의 파일에 구현하여 그 파일을 도우미 클래스를 사용하는 클래스의 implementation 파일에 넣을 수 있다. 도우미 클래스의 interface 섹션은 도우미 클래스의 implementation 섹션과 도우미 클래스를 사용하는 클래스의 implementation 섹션 앞에 나타나야 한다.

서브클래스

새 프로그램을 작성할 때마다 모든 것을 처음부터 구현한다면 정말 시간도 시간이지만 굉장히 지루한 작업이 될 것이다. 오브젝티브-C와 같은 객체지향 언어는 코드를 재사용할 수 있도록 지원함으로써 이러한 시간낭비를 줄이도록 도와준다. 그래서 기존의 클래스의 내용을 수정하거나 추가하는 것으로 새로운 클래스를 만들 수 있다. 물론 어떤 프로그래밍 언어를 사용하든지 소스 레벨에서 코드를 재사용하는 것이 가능하지만, 여기에서 중요한 점은 객체지향 언어의 경우 원래 클래스의 소스 코드 없이도 원래 클래스를 바탕으로 빌드할 수 있다는 것이다.

서브클래스와 관련된 몇 가지 용어에 대해 다음과 같이 정리하였다.

- 기존에 존재하는 클래스를 확장시키면서 정의한 클래스를 원래 클래스의 서브클래스(subclass)라고 한다.

- 원래 클래스는 새로운 클래스의 수퍼클래스(superclass)가 된다.
- 서브클래스는 자신의 수퍼클래스가 가지고 있는 동일한 인스턴스 변수와 메소드를 그대로 갖게 되는데, 이를 일컬어 서브클래스가 수퍼클래스로부터 상속받았다고 한다.

서브클래스 정의

서브클래스는 아래 세 가지 중 한 가지 이상의 방법을 통하여 기존 클래스를 확장 또는 수정할 수 있다.

1. 서브클래스는 수퍼클래스에서 상속받은 인스턴스 변수 외에 추가로 인스턴스 변수를 만들 수 있다. 그러나 수퍼클래스에서 정의된 인스턴스 변수를 없앨 수는 없다.
2. 서브클래스는 수퍼클래스에서 상속받은 메소드 외에 추가로 메소드를 만들 수 있다.
3. 서브클래스는 수퍼클래스에서 정의된 메소드를 사용하는 대신 자신만의 동일한 이름의 메소드를 만들 수 있다. 이를 메소드 오버라이딩이라고 한다.

> **Note** 물론 이론적으로는 위의 세 가지 방법을 전혀 사용하지 않아도 서브클래스를 만들 수 있다. 하지만 서브클래스에 새로운 인스턴스 변수나 메소드도 없고, 그렇다고 수퍼클래스로부터 메소드를 오버라이드하지도 않는다면 그 서브클래스는 단순히 수퍼클래스의 복사본일 뿐 서브클래스의 존재가치는 없다고 할 수 있다.

서브클래스 예제

서브클래스에 대한 예를 들기 위하여 Chapter 3에서 사용한 `Accumulator` 클래스의 서브클래스를 만들어 보기로 한다. `Accumulator` 클래스는 합계 값을 갖고 있으며, 합계 값에 추가, 현재 합계 값 출력, 합계 값을 0으로 초기화시키는 각각의 메소드도 가지고 있다. 이제 새로운 클래스 `NamedAccumulator`를 다음과 같이 디자인할 것이다.

- NamedAccumulator 클래스에는 이름을 저장할 수 있는 기능이 추가된다.
- NamedAccumulator 클래스는 이름을 설정하고 가져올 수 있는 메소드를 보유한다.
- NamedAccumulator 클래스는 Accumulator 클래스 버전의 addToTotal: 메소드를 오버라이드한다. 새로운 버전의 addToTotal: 메소드는 값이 추가될 때마다 그 내용을 로그로 남긴다.

Accumulator 클래스를 리스트 6.1과 6.2에 실었으니 기억을 살려보기 바란다.

리스트 6.1 **Accumulator.h**

```
#import <Foundation/Foundation.h>

@interface Accumulator : NSObject
{
  int total;
}

- (void) addToTotal:(int) amount;
- (int) total;
- (void) zeroTotal;

@end
```

리스트 6.2 **Accumulator.m**

```
#import "Accumulator.h"

@implementation Accumulator

- (void) addToTotal:(int) amount
{
  total = total + amount;
}

- (int) total
{
  return total;
}

- (void) zeroTotal
```

```
{
  total = 0;
}

@end
```

리스트 6.3은 서브클래스 NamedAccumulator의 interface 파일 내용을 보여준다.

리스트 6.3 NamedAccumulator.h

```
 1 #import <Foundation/Foundation.h>
 2 #import "Accumulator.h"
 3
 4 @interface NamedAccumulator : Accumulator
 5 {
 6   NSString *name;
 7 }
 8
 9 - (NSString*) name;
10 - (void) setName:(NSString*) newName;
11 - (void) addToTotal:(int) amount;
12
13 @end
```

리스트 6.3을 천천히 살펴보자.

- 2행: 서브클래스의 interface 파일은 수퍼클래스의 헤더 파일을 import한다. 서브클래스를 생성하기 위해서는 컴파일러가 수퍼클래스의 정의부분을 알아야 한다.
- 4행: @interface 줄에서 콜론 앞에 나온 이름이 서브클래스이고 콜론 뒤에 나온 이름이 수퍼클래스이다.
- 6행: 서브클래스의 인스턴스 변수 섹션에는 추가되는 인스턴스 변수만 나열한다. 예제에서는 NamedAccumulator 클래스가 name이라는 인스턴스 변수 한 개를 추가하였다.
- 9-10행: 두 개의 메소드는 NamedAccumulator 클래스가 정의하는 새로운 메소드이다. 각각 인스턴스 변수 name 값을 설정하고 가져오는 기능을 한다.

- 11행: `NamedAccumulator` 클래스는 `addToTotal:` 메소드를 오버라이드한다. 오버라이드하는 메소드는 서브클래스의 interface 섹션에서 재선언하는 것이 필수 사항은 아니지만 이렇게 코딩하는 습관을 갖는 것이 문서화를 염두에 두었을 때 바람직하다. 이렇게 프로그램을 작성함으로써 다른 사람이 서브클래스가 메소드를 오버라이드한다는 사실을 쉽게 이해할 수 있게 된다.

오버라이드하지 않고 그냥 상속받는 메소드는 선언할 필요가 없다.

서브클래스의 implementation 파일에는 신규로 추가된 메소드와 오버라이드하는 메소드에 대한 구현부분이 들어있다. 리스트 6.4를 통해 `NamedAccumulator` 클래스의 implementation 파일을 살펴보자.

리스트 6.4   NamedAccumulator.m

```
 1 #import "NamedAccumulator.h"
 2
 3 @implementation NamedAccumulator
 4
 5 - (void) setName:(NSString*) newName
 6 {
 7    [newName retain];
 8    [name release];
 9     name = newName;
10 }
11
12 - (NSString*) name
13 {
14    return name;
15 }
16
17 - (void) addToTotal:(int) amount
18 {
19    NSLog(@" Adding %d to the %@ Accumulator" , amount, [self name] );
20    [super addToTotal: amount];
21 }
22
23 - (void) dealloc
24 {
25    [name release];
26    [super dealloc];
27 }
```

```
28
29 @end
```

리스트 6.4를 살펴보자.

- 1행: 다른 클래스 정의와 마찬가지로 서브클래스의 implementation 파일 역시 interface 파일을 import한다.
- 5-10, 12-15행: NamedAccumulator 클래스의 인스턴스 변수 name 값을 설정하고 가져오는 메소드가 구현되어 있다.
- 17-21행: addToTotal: 메소드의 신규 버전이다. 먼저 추가되는 값에 대한 로그를 남기고 수퍼클래스(Accumulator) 버전의 addToTotal: 메소드를 호출하여 원래의 작업을 진행한다. 이와 같은 유형은 서브클래스의 전형적인 패턴이다. 즉, 서브클래스가 수퍼클래스 메소드의 기능에 추가 기능을 부여하고자 할 때 수퍼클래스의 메소드를 오버라이드하여 서브클래스에서 필요한 추가 기능을 구현한 다음 키워드 super를 사용하여 수퍼클래스 버전의 메소드를 호출하여 수퍼클래스 메소드 기능을 실행시킨다.
- 23-27행: 오브젝트의 레퍼런스 카운트 값이 0으로 떨어지면 dealloc 메소드가 동작하여 오브젝트를 힙으로 반납하기 전에 정리작업을 진행한다. Accumulator 클래스의 오브젝트는 포인터 타입의 인스턴스 변수가 없기 때문에 이와 같은 정리작업이 필요없다. dealloc 메소드 입장에서는 Accumulator 클래스가 NSObject로부터 상속받는다는 것만으로도 충분하다.

NamedAccumulator 클래스는 다르다. NamedAccumulator 클래스는 NSString 오브젝트를 인스턴스 변수 name에 저장한다. 인스턴스 변수 name에 저장된 오브젝트는 name에 처음 저장될 때 retain 된다. 그렇기 때문에 NamedAccumulator가 없어지기 전에 release하여 레퍼런스 카운트의 균형을 맞춰야 한다. 이를 위해 NamedAccumulator 클래스는 dealloc 메소드를 오버라이드하였다. dealloc 메소드에서는 name에 들어 있는 오브젝트를 release한 다음, 수퍼클래스의 dealloc을 호출하였다. dealloc 메소드에서는 이번 장 후반에 자세히 다룰 것이다.

 NamedAccumulator 클래스의 정의에서는 수퍼클래스 Accumulator에 대한 어떠한 참조도 없다. 서브클래스를 만들 때 수퍼클래스에 대한 정보는 수퍼클래스의 이름과 수퍼클래스의 헤더 파일만 있으면 되며, 수퍼클래스의 소스코드는 필요하지 않다. 다만, 수퍼클래스에 대한 오브젝트 코드는 프로그램에 링크되어야 한다.

이제 NamedAccumulator 클래스를 다음과 같이 사용할 수 있게 되었다.

```
NamedAccumulator* ac = [[NamedAccumulator alloc] init];

[ac zeroTotal];
[ac setName: @"Bandersnatch"];

[ac addToTotal: 100];
[ac addToTotal: 37];

NSLog( @"The total in the %@ Accumulator is... %d",
       [ac name],[ac total] );
```

위 코드를 실행하면 아래와 같은 결과가 나타난다.

```
Adding 100 to the Bandersnatch Accumulator
Adding 37 to the Bandersnatch Accumulator
The total in the Bandersnatch Accumulator is... 137
```

클래스 계층

서브클래스를 계속해서 만들어내면 그것들 간에 관계가 형성되는데, 이런 관계를 클래스 계층(class hierarchy)이라고 한다. 클래스 계층에서 어떤 클래스보다 상위 단계에 있는 클래스를 조상 클래스(ancestor class)라고 한다.

클래스 계층의 최상위에 있는 클래스를 root 클래스라고 한다. root 클래스는 수퍼클래스를 갖지 않는다. 물론 NSProxy 같은 예외도 있지만 모든 오브젝티브-C 클래스의 root 클래스는 NSObject이다.

> **Note** NSProxy 클래스는 골격만 갖춰진 클래스로, 다른 오브젝트의 표준 입력으로 동작하는 오브젝트의 root 클래스로 사용된다. 예를 들어, 분산 오브젝트(distributed object: 하나 이상의 프로세스를 사용하는 시스템)를 사용하는 시스템을 만들고자 할 때 다른 프로세스의 오브젝트를 대표하는 NSProxy의 서브클래스를 만들어 사용하면 된다. 그래서 proxy 오브젝트가 메시지를 받으면, proxy를 대표하는 오브젝트로 메시지를 전달한다. 분산 오브젝트에 대한 더 자세한 내용은 http://developer.apple.com/mac/library/documentation/Cocoa/Conceptual/ObjectiveC/Articles/ocRemoteMessaging.html 사이트를 참조하도록 하자.

NSObject 클래스는 오브젝트에 필요한 기본적인 메소드를 정의하고 구현하여 오브젝트가 오브젝티브-C의 runtime과 잘 동작하도록 한다. 이러한 메소드의 대표적인 예로 오브젝트 할당, 메모리 관리, introspection 등이 있다. 이와 같은 메소드는 NSObject 클래스를 상속받는 클래스를 만들기만 하면 애써 구현할 필요없이 공짜로 사용할 수 있다.

> **Note** Introspection은 실행시간에 오브젝트의 클래스를 결정하는 기능을 뜻한다.

클래스 계층 예제

그림 6.1은 가상의 식당 운영 프로그램을 위한 클래스 계층의 일부분을 보여준다.

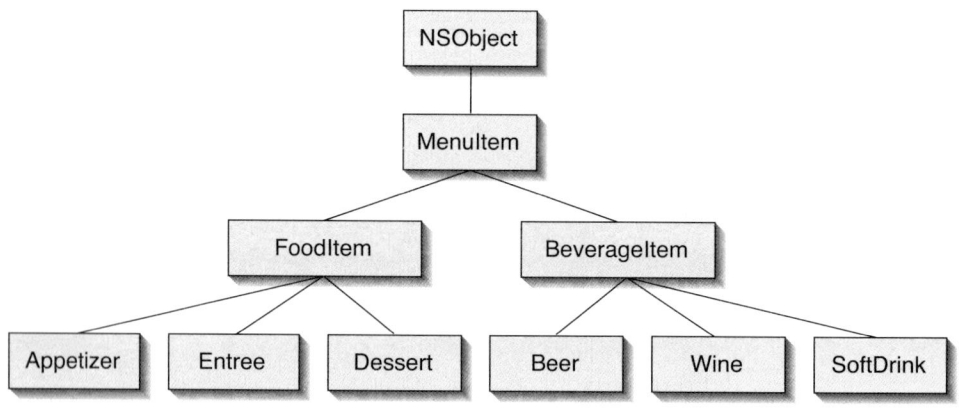

| 그림 6.1 | 식당 운영 프로그램을 위한 클래스 계층

Root 클래스에서부터 클래스 계층을 따라 내려갈수록 일반적인 내용에서 세부적인 내용으로 접근하게 된다. 그림 6.1에서 MenuItem 클래스는 메뉴에 대한 가격, 열량 등과 같이 일반적인 식당에서 흔히 사용하는 항목들을 인스턴스 변수로 사용할 것이다.[1] 그리고 BeverageItem의 경우에는 음료수에 특화되어 리필 음료가 무료인지 여부를 알려주는 정보 등에 대한 인스턴스 변수를 추가할 수도 있을 것이다. 만약 음식과 음료를 특별히 구별할 필요가 없다면 FoodItem과 BeverageItem 클래스를 나누어 만들지 않아도 될 것이다. 클래스 계층의 최하위 클래스가 가장 세부적이다. Wine 클래스 같은 경우에는 순전히 와인에만 특화되어 포도 품종, 생산연도, 양조장 명칭 등에 대한 정보들을 사용할 것이다.

> **Note** 상속은 매우 강력한 도구이지만 이를 무분별하게 사용해서는 안된다. 길게 늘어뜨린 상속관계는 프로그램의 취약점을 늘리는 결과를 일으킬 수도 있다. 왜냐하면 연이은 상속관계를 가진 클래스 계층의 거의 최상위 계층에 있는 클래스를 수정하는 경우 그 여파가 프로그램 전체로 퍼지는 바람에 의도하지 않은 결과가 나타날 수도 있기 때문이다. 이와 비슷한 기법으로 카테고리가 있다. 카테고리는 서브클래스를 만들지 않고 메소드를 클래스에 추가하는 것을 가능케 한다. 카테고리에 대해서는 Chapter 11에서 다룬다.

추상 클래스

앞의 식당 예제에서 사용한 MenuItem, FoodItem, BeverageItem은 모두 추상 클래스(Abstract Class)이다. 추상 클래스는 서브클래스를 위하여 템플릿을 구성해주는 클래스이다. 일반적으로 추상 클래스의 인스턴스는 만들지 않는다.

생각해 보면 MenuItem의 인스턴스를 만들어도 소용이 없다. 왜냐하면 메뉴 아이템의 추상적 개념을 먹거나 마실 수 없기 때문이다. 하지만 수퍼클래스에서 메뉴 아이템의 가격과 열량을 저장하는 기능을 구현함으로써 이를 상속하는 모든 서브클래스에 자동으로 이 기능을 제공할 수 있다. 예제에서 각 항목에 대한 가격과 열량을 기록하고 가져오는 코드는 추상 클래스에 한 번만 작성하면 된다. 그러나 추상 클래스를 사용하지 않는 경우에는 모든 클래스에 일일이 구현해야 하기 때문에 결국 여섯 번을

---

[1] 이 부분은 절대로 가상으로 꾸며낸 것이 아니다. 이미 2008년 7월 뉴욕에서는 식당 메뉴에 칼로리를 명시하도록 법으로 규정하였다.

작성해야 할 것이다. 이렇듯 추상 클래스를 사용하는 것은 일을 줄일 수 있을 뿐만 아니라 오류의 위험도 감소시킬 수 있다.

일부 추상 클래스는 메소드를 선언만 하고 서브클래스에서 구현토록 하기도 한다. MenuItem 클래스의 경우에도 메뉴 아이템에 대한 내용을 기술하는 menuBlurb 메소드를 정의하고 있다. 하지만 MenuItem 클래스 수준에서는 아무것도 하는 일이 없으며, 서브클래스가 menuBlurb 메소드를 오버라이드해서 사용하기를 기대하고 있다.

물론 서브클래스로 하여금 무조건 메소드를 오버라이드하도록 강제성을 부여하는 공식적인 기능은 없다. 다만 서브클래스를 구현하면서 오버라이드할 메소드를 작성하는 것을 잊어버리는 경우를 대비하여 추상 클래스 메소드에 경고문구를 로깅할 수는 있다.

MenuItem 클래스의 menuBlurb 메소드에 이러한 개념을 반영하면 다음과 같이 될 것이다.

```
- (NSString*) menuBlurb
{
    NSLog(@" Warning: concrete subclass of class MenuItem must override menuBlurb." );

    return nil;
}
```

추상 클래스 대신 세미-추상 클래스를 사용하는 것도 가능하다. 세미-추상 클래스는 일반 클래스와 같이 자체적으로도 인스턴스를 만들어 사용할 기능을 부여할 수 있다. 하지만 서브클래스를 사용해야 더 발전된 기능을 사용할 수 있다.

이와 같은 개념을 잘 보여주는 예로 Cocoa 프레임워크의 NSView를 들 수 있다. NSView 클래스는 화면 영역을 보여주는 클래스로, NSView 클래스의 자체 인스턴스는 몇 가지 기본적인 기능을 제공하며 서브뷰라는 형태로 다른 뷰에 대한 컨테이너로 사용되기도 한다. 하지만 뷰에 무언가를 그리기 위해서는 NSView의 서브클래스를 정의하고 drawRect: 메소드를 오버라이드해야만 한다. 이와 비슷하게 사용자 입력에 따라 반응하는 뷰를 보여주기 위해서는 마찬가지로 사용하는 뷰가 NSView의 서브클래스여야 하며 사용자 입력을 처리하는 mouseDown: 같은 메소드를 오버라이드해야 한다.

추상 클래스 또는 메소드에 대한 별도의 문법

오브젝티브-C에는 추상 클래스에 대해 별도로 명시된 문법이 없다. 만일 추상 클래스를 사용한다면 이에 대한 기록을 남겨야 한다(클래스 헤더 파일 등 클래스와 관련된 문서에 남기면 된다). Java나 C++와는 달리 추상 클래스에서의 인스턴스 생성을 막아주는 기능은 오브젝티브-C에는 없다.

또한 오브젝티브-C에는 추상 메소드 혹은 virtual 메소드를 선언하기 위한 별도의 문법을 마련하지 않았다. 그렇기 때문에 추상 클래스를 만들면 서브클래스에서 생성해야 하는 메소드를 비어있는 메소드 형태로 추상 클래스에 구현해야 한다. 만일 추상 클래스에서 이러한 메소드를 선언만 하고 구현하지 않는다면 컴파일러는 경고 메시지를 보낼 것이다. 그런 상황에서 서브클래스에서도 메소드를 구현하지 않으면 메소드 호출 시점에서 runtime 에러가 발생할 것이다.

오브젝트 생성

오브젝티브-C의 오브젝트를 생성하기 위해서는 메모리 할당과 초기화라는 두 단계를 거쳐야 한다. 메모리 할당 단계에서는 오브젝트가 사용할 메모리를 힙에서 할당받으며, 초기화 단계에서는 오브젝트에 필요한 초기 값을 채워준 다음 그 메모리 주소에 대한 포인터를 반환한다. 일반적으로 이 두 단계는 다음과 같이 하나의 명령문으로 묶어 사용한다.

```
Foo* myFoo = [[Foo alloc] init];
```

다음 두 섹션에서 오브젝트 생성에 대해 자세히 살펴볼 것이다.

오브젝트 메모리 할당

오브젝트 메모리 할당은 `NSObject` 클래스에서 상속받은 클래스 메소드 `alloc`으로 한다.

클래스 오브젝트와 클래스 메소드에 대해서는 다음 장에서 자세히 다룰 것이다. 여기에서는 우선 클래스 메소드는 receiver로 클래스 오브젝트, 더 쉽게 클래스 이름을 사용한다는 것만 알고 있으면 된다.

alloc이 하는 일은 다음과 같다.

- alloc은 새로운 오브젝트를 위한 메모리를 할당하고 그 주소를 가리키는 포인터를 반환한다.
- alloc은 오브젝트의 인스턴스 변수 isa의 내용을 채운다. 컴파일러는 모든 오브젝트 인스턴스에 대해 isa라는 이름의 인스턴스 변수를 자동으로 생성한다. isa는 오브젝트의 클래스 구조에 대한 포인터이다.
- alloc은 나머지 오브젝트의 내용은 0으로 채운다. isa를 제외한 나머지 인스턴스 변수값은 모두 0으로 시작한다.
- alloc은 생성한 오브젝트의 레퍼런스 카운트 값을 1로 세팅한다. 그렇기 때문에 레퍼런스 카운트의 균형을 맞추기 위하여 alloc을 사용한 다음에는 release 또는 autorelease 메시지를 보내야 한다(Autorelease는 Chapter 14에서 다룬다).

alloc에서 반환된 오브젝트는 init 메시지의 receiver가 된다. init은 오브젝트의 필요한 부분을 초기화하여 제대로 세팅된 오브젝트의 포인터를 반환한다.

new

new는 NeXT 시절에 사용한 키워드로 간혹 오래된 코드에서 볼 수 있다. new는 클래스 메소드로 메모리 할당과 초기화를 동시에 수행한다.

```
Foo *myFoo = [Foo new];
```

+new 메소드는 alloc과 init의 조합과 동일하다(현재까지는 그렇게 구현되어 있다). new 메소드를 사용하는 것이 불가능하지는 않지만 요즘 코드에서는 거의 사용하지 않고 있다. 또한 인수를 곁들이는 초기화에서는 사용할 수 없다. 그래서 대다수의 프로그래머는 alloc과 init을 조합하는 것을 선호한다.

alloc과 allocWithZone:

Mac OS X는 힙 영역을 동적으로 할당하는 소위 `malloc` 구역으로 나눈다. 클래스 메소드 `allocWithZone:`은 오브젝트가 어떤 구역을 사용토록 할 것인지를 지정할 수 있다.

`alloc`은 `allocWithZone: nil`로 구현되어 있는데, 인수 `nil`은 `allocWithZone:`으로 하여금 기본 malloc 구역에 할당하도록 한다. 기본 malloc 구역 대신 별도의 malloc 구역을 사용하는 것은 아주 특별한 기술을 요하며 몇몇 경우에는 문제를 일으키기도 한다. 그래서 Apple에서는 `alloc`을 사용할 것을 권고하고 있다.

오브젝트 초기화

오브젝티브-C의 초기화 메소드는 `init`으로 시작하는 것을 원칙으로 하고 있다(강제성은 없다). 만일 오브젝트에 대해 별도의 초기화가 필요없는 클래스를 디자인한다면 `NSObject`에서 상속받은 `init` 메소드를 사용할 수 있다. `NSObject`의 `init` 메소드는 `self`를 반환하는 것 외에는 별도로 하는 일이 없다. 하지만 디자인하는 클래스에서 인스턴스 변수값을 지정하거나 callback을 등록하거나 다른 자원을 할당하는 등 별도의 초기화를 필요로 할 때는 `init`을 오버라이드하여 별도의 초기화 코드를 구현해야 한다.

`init`의 구조

다음은 `init`의 전형적인 모습을 나타낸다.

```
1  - (id) init
2  {
3    if ( self = [super init] )
4      {
5        // 클래스에서 별도로 필요로 하는 초기화
6      }
7    return self;
8  }
```

코드 내용은 다음과 같다.

- 3행: (한 개의 =를 사용) 수퍼클래스의 `init` 메소드를 사용하여 오브젝트를 초기화한다. 수퍼클래스의 초기화를 거친 오브젝트는 `self` 변수에 지정된다. `self`는 컴파일러가 모든 메소드에 자동으로 추가하는 숨겨진 변수임을 기억할 것이다.
- `self`로의 지정문은 꼭 필요하다. `init` 메소드가 실행되는 시점에 `self`에는 원래의 receiver(`alloc`이 반환한 오브젝트)에 대한 포인터가 들어있다. 그러나 수퍼클래스의 `init`이 실패하여 `nil`을 반환하거나, 원래의 receiver를 release시키고 다른 오브젝트를 반환할 수도 있다. 결국, `self`는 초기화된 오브젝트의 포인터가 되어야 하기 때문에 반드시 수퍼클래스 `init`의 반환값으로 지정해야 한다.
- 5행: 수퍼클래스 `init`이 `nil`을 반환하지 않은 경우 추가로 필요한 초기화를 진행할 수 있다.
- 7행: 마지막으로, 새로 만들어진 오브젝트 포인터를 꼭 반환시켜야 한다. 만일 이를 놓친다면 이렇게 생성된 오브젝트는 가비지가 될 것이다.

`init`의 반환값 타입

앞에서 `init` 메소드의 반환값의 타입이 특정 클래스가 아닌 `id`라는 사실을 확인하였을 (어쩌면 놀랐을) 것이다. 이렇게 하는 데에는 두 가지 이유가 있다.

- 앞에서도 언급하였지만, `init` 메소드는 receiver를 release하고는 원래의 receiver의 서브클래스에 속하는 오브젝트로 대체할 수도 있다. 이와 같은 현상은 클래스 클러스터로 구현된 클래스에서 자주 일어난다.

  클래스 클러스터는 인터페이스로 사용되는 대면 클래스(public 클래스)가 서브클래스(private 클래스) 그룹을 관리하는 방식으로 디자인된 방식을 일컫는다. 그래서 public 클래스의 인스턴스를 할당하고 초기화하면, 실제로 public 클래스의 인스턴스가 아닌 private 서브클래스 중 하나의 인스턴스가 receiver가 되어 할당 및 초기화 된다. 이러한 클래스 클러스터의 대표적인 예로 Foundation 프레임워크의 `NSString`, `NSArrray`, `NSDictionary` 등이 있다. 자세한 내용은 Chapter 9에서 다룰 것이다.

- 서로 다른 클래스의 receiver가 동일한 init 메소드를 사용할 수도 있다. 즉, init 메소드의 반환값 타입을 id로 지정함으로써 최초 메소드를 선언한 원래 클래스로부터 상속받은 클래스가 사용할 수 있도록 한다.

---

alloc과 init 조합

하나의 명령문에서 alloc과 init을 조합하여 사용하는 것은 이제 기본적인 형태가 되었다.

```
Foo* myFoo = [[Foo alloc] init]; // 올바른 사용
```

위와 같이 사용함으로써 다음과 같이 사용하는 것에 대한 오류를 방지할 수 있다.

```
Foo* myFoo = [Foo alloc];
[myFoo init];                 // 잘못된 사용
```

위의 코드는 무엇이 잘못되었을까? 바로 init의 반환값을 무시하는 것이 잘못되었다. 만일 init이 오브젝트를 원래 클래스의 서브클래스 오브젝트로 바꾸어 버리거나(Foo가 클래스 클러스터인 경우 발생), 초기화를 실패하여 init이 nil을 반환하는 경우, myFoo에 그 내용이 반영되지 않은 채 여전히 힙에 반환된 포인터를 갖고 있게 되는 오류가 생긴다.

그래서 위 코드는 다음과 같이 정확하게 수정하여 사용해야 한다. 그러나 아래와 같이 코드를 작성하는 것은 장황할 뿐만 아니라 위의 코드와 같이 init의 반환값을 myFoo에 지정하는 것을 잊어버리는 오류를 일으키는 실수를 저지를 수도 있다.

```
// 문제는 없지만 장황하고 실수를 유발할 수 있다.

Foo* myFoo = [Foo alloc];
myFoo = [myFoo init];
```

클래스 클러스터는 디자인 패턴 중 하나로, 하나의 대표 public 클래스로 여러 개의 private 서브 클래스를 숨기는 형태를 일컫는다. 그래서 public 클래스(추상 클래스)의 인스턴스를 요청할 때, 실제로 받는 것은 private 서브클래스의 인스턴스가 된다. Chapter 9에서 더 다룰 것이다.

인수를 사용하는 초기화

만약 클래스의 인스턴스 변수를 초기화할 때 특정 값을 지정하고 싶다면 초기화 메소드에 지정하고자 하는 값을 인수로 보내주면 될 것이다(기본 초기화 메소드 init은

NSObject 클래스로부터 상속받아 사용하는 것 외에는 별다른 기능이 없다. 하지만 init을 이용하여 클래스 구현에 필요한 만큼의 초기화 메소드를 만들 수 있다).

 인스턴스 변수에 초기화 값으로 0 또는 nil을 사용하는 경우에는 인수를 사용하는 별도의 초기화 메소드를 구현할 필요가 없다. 함수와 자동으로 인수값을 지정하는 메소드와 달리, 오브젝트가 생성될 때 인스턴스 변수값은 alloc에 의해 0으로 초기화된다.

이번에는 TeeShirt 클래스를 만든다고 생각해보자. TeeShirt 클래스는 셔츠 크기를 저장하는 NSUInteger 타입의 인스턴스 변수 shirtSize를 가지고 있다. 그래서 셔츠 크기를 지정하면서 TeeShirt 오브젝트를 초기화하는 메소드를 만들고자 한다면, 다음과 같이 작성할 수 있을 것이다.

```
- (id) initWithShirtSize:(NSUInteger) inShirtSize
{
  if ( self = [super init] )
    {
      shirtSize = inShirtSize;
    }
  return self;
}
```

 초기화 메소드의 이름을 init으로 시작하는 것은 이제 거의 일반화되다시피 하였다. 인수를 사용하는 초기화 메소드의 이름은 일반적으로 initWithFoo:와 같이 사용되며, Foo 자리에 설정하는 프로퍼티 이름이 들어간다(앞으로 초기화 메소드를 init...으로 표현할 것이다).

초기화 메소드는 하나 이상의 인수를 사용할 수 있다. TeeShirt 클래스 디자인을 수정하여 셔츠 색깔을 나타내는 인스턴스 변수 shirtColor를 추가한다면, 초기화 메소드 initWithShirtSize: 역시 크기와 색깔을 동시에 초기화하는 메소드로 바꿔주어야 할 것이다.

```
1  - (id) initWithShirtSize:(NSUInteger) inShirtSize
2          color:(NSColor*) inShirtColor
3  {
4    if ( self = [super init] )
5      {
```

```
 6         shirtSize = inShirtSize;
 7         shirtColor = [inShirtColor retain];
 8     }
 9     return self;
10 }
```

7행을 보면 TeeShirt 클래스에서 NSColor 오브젝트를 사용하는 동안 NSColor 오브젝트가 소멸되지 않도록 하기 위하여 retain 메시지를 사용하고 있다. retain 메시지를 사용하였기 때문에 레퍼런스 카운트의 균형을 맞추기 위하여 TeeShirt 클래스의 dealloc 메소드에 release 메시지가 반드시 들어가야 한다.

여러 개의 인스턴스 변수가 초기화되어야 함에도 불구하고 그 중에 일부만 인수로 사용하는 초기화 메소드를 구현하는 것도 가능하다. 이런 경우에는 초기화 메소드에서 나머지 인스턴스 변수에 대해 기본값을 지정해주어야 한다. TeeShirt 클래스의 shirtSize 값은 인수로 전달하고 shirtColor 값은 기본값을 사용하는 초기화 메소드의 예를 다음과 같이 들 수 있다.

```
- (id) initWithShirtSize:(int) inShirtSize
{
  NSColor *defaultShirtColor = [NSColor whiteColor];
  return     [self initWithShirtSize: inShirtSize
                    color: defaultShirtColor];
}
```

코드를 보면 initWithShirtSize: 메소드로 셔츠 색깔에 대한 값은 기본값을 지정한 다음 TeeShirt의 진짜 초기화 메소드 initWithShirtSize:color:를 사용하여 오브젝트의 초기화를 진행하는 것을 알 수 있다.

지정된 초기화 메소드

모든 클래스는 하나의 지정된 초기화 메소드를 가지고 있어야 한다. 지정된 초기화 메소드(지정된 이니셜라이저)는 하나의 인스턴스를 완전히 초기화시켜주는 메소드이다. 그래서 지정된 초기화 메소드는 보통 오브젝트의 설정을 위해 필요한 모든 인수를 사용하거나 그에 걸맞는 작업을 진행한다. 만일 오브젝트를 초기화하는 데 인수가 필요하지 않다면 지정된 초기화 메소드는 init이 된다.

앞의 TeeShirt 클래스의 예를 살펴보면 initWithShirtSize:color: 메소드가 TeeShirt 클래스의 지정된 초기화 메소드가 된다. initWithShirtSize:color: 메소드를 사용하면 TeeShirt의 모든 인스턴스를 초기화시킬 수 있다.

클래스의 초기화 메소드를 설계할 때 지켜야 할 두 가지 규칙이 있는데, 그것은 다음과 같다.

1. 클래스의 나머지 초기화 메소드는 최종적으로 (수퍼클래스가 아닌) 클래스의 지정된 초기화 메소드를 호출해야 한다. TeeShirt 클래스의 경우 initWithShirtSize: 메소드는 TeeShirt 클래스의 지정된 초기화 메소드 initWithShirtSize:color: 를 호출하였다.
2. 클래스의 지정된 초기화 메소드는 수퍼클래스의 지정된 초기화 메소드를 호출해야 한다. 지정된 초기화 메소드는 수퍼클래스의 지정된 초기화 메소드를 호출할 수 있는 유일한 초기화 메소드이다.

TeeShirt 클래스는 다음과 같이 위 두 가지 규칙을 지킨다.

1. initWithShirtSize: 메소드는 TeeShirt 클래스의 지정된 초기화 메소드 initWithShirtSize:color:를 호출한다.
2. initWithShirtSize:color: 메소드는 수퍼클래스(NSObject)의 지정된 초기화 메소드 init을 호출한다.

 Cocoa 프레임워크가 하는 것처럼 여러분도 클래스 문서에 어떤 초기화 메소드가 지정된 초기화 메소드인지 명시해야 한다. 하지만 지금까지의 규칙과는 상관없이 오브젝티브-C 문법에서는 지정된 초기화 메소드와 관련하여 공식적으로 명시된 내용은 없다.

여기에서 주의할 점이 있는데, TeeShirt 클래스에는 하나의 문제가 있다는 것이다. 즉, TeeShirt 클래스의 지정된 초기화 메소드가 수퍼클래스 NSObject와 다르다는 것이다(initWithShirtSize:color:와 init). 이런 경우 다음과 같은 코드를 작성할 때

문제가 발생하는데,

```
TeeShirt *aTeeShirt = [[TeeShirt alloc] init];
```

TeeShirt는 init을 오버라이드하지 않기 때문에 NSObject 버전의 init을 사용할 수 밖에 없으며, 당연히 NSObject는 TeeShirt에 대해 아는 바가 없기 때문에 TeeShirt의 인스턴스 변수 shirtSize와 shirtColor 값을 제대로 초기화시키기 않을 것이다. 이런 문제를 해결하기 위해서는 TeeShirt 클래스가 init 메소드를 오버라이드해야 하며, 오버라이드된 init은 TeeShirt 클래스의 지정된 초기화 메소드를 호출하도록 구현되어야 한다.

```
- (id) init
{
  NSUInteger *defaultShirtSize = 36;
  NSColor *defaultShirtColor = [NSColor whiteColor];
  return
    [self
        initWithShirtSize: defaultShirtSize color: defaultShirtColor];
}
```

그림 6.2는 TeeShirt 클래스의 초기화 메소드 간의 호출 관계를 도식화하여 나타내고 있다. 회색 상자는 각 클래스의 지정된 초기화 메소드를 나타낸다.

만일 구현한 클래스의 지정된 초기화 메소드의 이름이 수퍼클래스의 지정된 초기화 메소드 이름과 다르다면 반드시 수퍼클래스의 지정된 초기화 메소드와 동일한 이름의 메소드를 오버라이드해야 한다. 복잡해 보이지만 생각만큼 부담스럽지는 않을 것이다. 왜냐하면 일반적으로 오브젝티브-C의 클래스 계층구조가 그다지 깊지 않기 때문이다. 또한 대부분의 경우 주의를 기울여야 하는 초기화 메소드는 몇 개 되지 않는다.

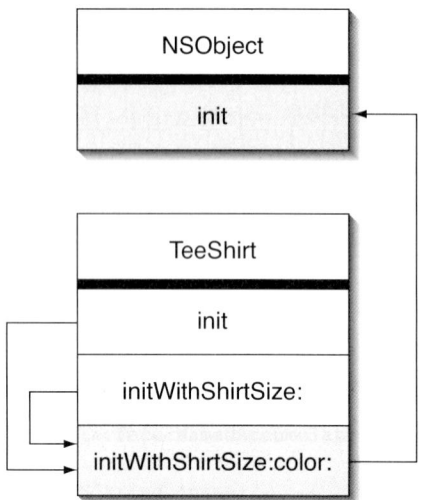

| 그림 6.2 | TeeShirt 클래스의 초기화 메소드. 회색으로 표시된 메소드는 지정된 초기화 메소드를 나타낸다.

초기화 실패

오브젝트 초기화에 실패하면 무슨일이 일어날까? 아마도 오브젝트가 필요로 하는 몇몇 기능은 동작시킬 수 없을 것이다. 어떠한 일이 생기건 간에 초기화 실패 시 가장 좋은 행동은 관련된 내용을 깨끗하게 정리하는 것이다.

1. `dealloc`에서 처리하지 않는 정리작업까지 해야 한다. 예를 들어, `init` 메소드에서 생성한 임시 오브젝트나 `connection`은 메소드가 끝나기 전에 `release`시켜야 한다.
2. `self`를 `release`해야 한다. 왜냐하면 `self`는 `alloc`에서 생성되어 레퍼런스 카운트 값이 1이기 때문에 `release`를 통해 레퍼런스 카운트 값의 균형을 맞춰야 한다.
3. `nil`을 반환한다. `nil`을 반환함으로써 초기화가 실패했고 오브젝트가 생성되지 않았음을 알려줄 수 있기 때문이다.

 초기화 메소드 내에서 `[self release]`를 실행하면 오브젝트의 레퍼런스 카운트 값이 0이 되면서 자동으로 오브젝트의 `dealloc` 메소드가 동작하게 된다("오브젝트 소멸" 섹션에서 다룬다.). 초기화 실패 시 오브젝트 정리 작업을 직접 처리하도록 클래스를 디자인했다면 초기화 실패 시점에서 클래스의 `dealloc`이 제대로 호출되도록 만들어야 한다.

이번에는 배열 오브젝트로 구성된 두 개의 인스턴스 변수 anArray1과 anArray2를 가지고 있다고 생각해보자(NSArray와 NSMutableArray는 Chapter 9에서 다룬다). 그리고 두 배열은 정상적으로 작동하기 위하여 초기화 되어야 한다고 가정하자.

anArray1은 비어 있는 배열로 초기화되고, anArray2는 NSArray 클래스의 초기화 메소드 initWithContentsOfFile:을 이용하여 파일의 내용으로 초기화시킬 것이다. 만일 파일을 읽는 데 실패하면 initWithContentsOfFile:은 실패하여 nil을 반환하게 된다. 이렇게 되면 오브젝트의 초기화는 실패하게 되며, 자연히 init도 정리작업을 한 다음 nil을 반환해야 할 것이다.

다음의 코드를 보면서 어떻게 이러한 상황을 처리하였는지 생각해보자.

```
1  - (id) init
2  {
3    if ( self = [super init] )
4      {
5        anArray1 = [[NSMutableArray alloc] init];
6
7        if ( anArray1 == nil )
8          {
9            [self release];
10           return nil;
11         }
12
13       anArray2 =
14           [[NSArray alloc]
15               initWithContentsOfFile: @" /Users/rclair/stuff" ];
16
17       if ( anArray2 == nil )
18         {
19           [self release];
20           return nil;
21         }
22     }
23   return self;
24 }
25
26 - (void) dealloc
27 {
28   [anArray1 release];
29   [anArray2 release];
30   [super dealloc];
31 }
```

- 3행: 수퍼클래스의 init을 호출하여 그 반환값을 self에 지정한 다음 반환값이 nil인지 확인한다.
- 5행: anArray1에 대해 메모리 할당 및 초기화를 진행한다.
- 7행: anArray1의 초기화가 실패하는 경우는 메모리가 부족할 때 뿐이다. 이러한 상황에서는 다른 여러 가지 문제와 함께 프로그램이 비정상적으로 종료할 가능성이 매우 높다. 어쨌거나 프로그램의 안정성을 조금이나마 높이기 위해 anArray1의 값이 nil인지 확인한다.
- 9행: anArray1이 nil인 경우, 오브젝트는 초기화되지 못하여 self를 release시킨다. 만일 self를 release하지 않는다면 self에 할당된 메모리 공간은 메모리 누수가 된다. 즉, 아무데도 사용하지 않으면서 힙에 반환되지도 않는다.
  self를 release하면 오브젝트의 dealloc 메소드가 동작한다. 이때 28, 29행은 anArray1과 anArray2에 아무런 영향도 미치지 않는데, 그것은 anArray1, anArray2 모두 nil이기 때문이다. 30행에서 수퍼클래스의 dealloc을 호출하여 수퍼클래스에서 선언한 인스턴스 변수에 들어있는 오브젝트를 release시킨다.
- 10행: nil을 반환하여 초기화가 실패하였음을 알린다.

anArray1이 정상적으로 생성되면 init 메소드의 내용이 계속해서 진행된다.

- 13행: anArray2의 메모리를 할당하고 /Users/rclair/stuff 파일의 내용으로 초기화시킨다.
- 17행: anArray2가 정상적으로 생성되었는지 확인한다.
- 19행: anArray2가 정상적으로 생성되지 않았다면 self는 release 되며 dealloc이 호출된다. 5행에서 생성된 anArray1이 28행에서 release된다.
- 20행: nil을 반환하여 초기화가 실패하였음을 알린다.
- 23행: anArray1과 anArray2가 모두 nil이 아니라면 수퍼클래스의 초기화가 제대로 진행되었다는 의미이며, 이 시점에서 드디어 완전하게 초기화된 오브젝트가 반환된다.

[self release]가 실행된 다음에는 self에 들어있는 오브젝트는 더이상 유효하지 않다. 그렇기 때문에 self를 release한 시점부터 nil을 반환하기 전까지 self를 참조하는 코드를 넣어서는 안된다. 이를 어기는 경우 프로그램이 비정상적으로 종료될 수 있다.

오브젝트 소멸

이번에는 다 사용한 오브젝트를 없애는 방법에 대해 살펴보자. 사용이 끝난 오브젝트를 힙에 잘 반납하여 다른 용도로 재사용할 수 있도록 하는 것은 굉장히 중요하다. 오브젝티브-C에서는 오브젝트를 명료하게 소멸시키지 않아도 상관없다.

만약 가비지 컬렉션(Chapter 15 참조)을 사용한다면 (대부분의 경우) 오브젝트 소멸에 대해 걱정할 필요는 없다. 가비지 컬렉터라는 별도의 프로세스가 주기적으로 깨어나 더이상 사용할 필요가 없는 오브젝트가 있는지 확인한 다음 자동으로 없애주기 때문이다.

레퍼런스 카운트를 사용하는 경우, 사용이 끝난 오브젝트에 대해서는 release 메시지를 보내주어야 한다. 그렇게 해서 오브젝트의 레퍼런스 카운트 값이 0으로 떨어지면 오브젝트의 dealloc 메소드가 동작하게 된다. 오브젝트의 dealloc 메소드는 다음과 같이 동작해야 한다.

1. 생성되거나 retain된 모든 오브젝트에 release 메시지를 보낸다.
2. 수퍼클래스의 dealloc 메소드를 호출한다.

TeeShirt 클래스의 dealloc 메소드를 다시 한 번 살펴보자.

```
- (void) dealloc
{
  [shirtColor release];
  [super dealloc];   // 중요!
}
```

처음 TeeShirt 클래스의 인스턴스가 생성될 때 shirtColor는 retain된 오브젝트

(NSColor)를 갖게 되는데, 이제 더이상 사용하지 않을 것이기 때문에 retain된 오브젝트에 release 메시지를 보내 레퍼런스 카운트의 균형을 맞춰주어야 한다. 그렇지 않는다면 shirtColor가 참조하던 오브젝트는 잠재적인 메모리 누수지역이 된다.

[super dealloc]이 있는 줄은 매우 중요하다. 왜냐하면 수퍼클래스의 dealloc, 즉 NSObject의 dealloc이 오브젝트가 사용하던 메모리를 힙에 반납하기 때문이다. 만약 자신이 구현한 클래스와 NSObject 간 상속관계의 연결고리선 상에 있는 클래스 중 한 곳에서라도 dealloc 메소드 안에 [super dealloc] 코드를 넣지 않는다면 NSObject의 dealloc은 실행되지 않게 되며, 이로 인해 오브젝트가 사용하던 메모리 공간은 누수지역이 될 것이다. 이러한 점을 방지하기 위하여 컴파일러는 [super dealloc]이 생략된 부분에 대해 경고 메시지를 보낸다.

> **Note** 철자를 틀리지 않도록 조심하자. 만약 dealloc 메소드를 정의하면서 이름을 잘못 입력하여 deallloc 등과 같은 이름으로 정의해버리면, 나중에 dealloc을 호출할 때 수퍼클래스의 dealloc이 호출될 것이다. 이렇게 되면 실제 클래스의 dealloc에서 정리해야 할 오브젝트의 release가 발생하지 않아 해당 영역이 메모리 누수지역으로 빠질 뿐만 아니라, 컴파일러도 잘못된 이름의 메소드를 서브클래스를 위한 메소드로 인식하고 이에 대한 경고 메시지를 보내지 않는다.

dealloc 메소드를 작성할 때는 [super dealloc] 메시지를 메소드의 가장 마지막에 적어야 한다. 왜냐하면 [super dealloc]이 끝나면 오브젝트가 모두 사라져 self에 대한 모든 참조가 유효하지 않게 되기 때문이다.

예를 들어, NamedAccumulator 클래스에 dealloc 메소드에 마지막 로그 메시지를 기록한다고 가정해보자(리스트 6.4 참조).

만일 수정한 dealloc 메소드를 다음과 같이 작성하였다면

```
- (void) dealloc
{
    // 잘못된 사용!
    [super dealloc];

    NSLog(@" The final total of %@ is %d", [self name], [self total] );
    [name release];
}
```

dealloc 메소드가 실행될 때 다음과 비슷한 오류메시지를 보내면서 프로그램이 비정상적으로 종료할 것이다.

```
*** -[NamedAccumulator name]:
        message sent to deallocated instance 0x10010d6b0
```

제대로 작성된 코드는 다음과 같다.

```
- (void) dealloc
{
  // 올바른 사용
  NSLog(@" The final total of %@ is %d" , [self name], [self total] );
  [name release];

  [super dealloc];
}
```

위 코드에서 [self name] 메시지가 [name release] 메시지 앞에 온 것에 집중하기 바란다. 보통, 인스턴스 변수를 release하면 인스턴스 변수도 소멸된다.

오브젝트 복사

오브젝트를 복사하는 것은 말처럼 쉬운 일이 아니다. NSObject 클래스는 copy라는 이름의 메소드로 오브젝트 복사를 구현하였는데, 이 글을 보면서 아마도 오브젝트 복사를 위해 다음과 같이 copy 메소드를 상속받아 사용하면 될 것이라고 생각하는 사람이 많을 것이다.

```
SomeClass *anObject = [[SomeClass alloc] init];
SomeClass *anObjectCopy = [anObject copy];
```

위 코드는 경고문구 없이 컴파일된다. 그러나 코드 실행 시 오류를 일으키며 프로그램을 비정상 종료시킬 것이다.

NSObject의 copy 메소드는 중간에 nil 인수를 사용하면서 copyWithZone: 메소드를 호출하는데, 문제는 NSObject 클래스가 copyWithZone: 메소드를 구현하지 않았다는 점이다. 그럴 수밖에 없는 것이 복사하는 오브젝트의 클래스가 어떤 클래스이며 어떻게 복사를 해야 하는지, 심지어는 그 클래스가 복사를 허용하는지조차 NSObject로서는 알 길이 없기 때문이다.

> **Note**
> copyWithZone: 메소드는 복사를 할 때 어떤 malloc 구역을 사용할지 지정할 수 있다. 눈치챘겠지만, copy와 copyWithZone:의 관계는 alloc과 allocWithZone:과의 관계와 동일하다. 현재 Apple에서는 기본 malloc 구역을 사용할 것을 권고하고 있다(기본 구역을 사용하기 위해서는 인수로 nil을 넘겨주면 된다).

복사를 구현하고자 한다면 클래스는 NSCopying 프로토콜을 준수해야 한다. 프로토콜은 Chapter 13에서 다루지만, 우선 여기에서는 NSCopying 프로토콜을 준수하는 것이 복사를 구현하고자 하는 클래스가 copyWithZone: 메소드를 구현하면 된다는 것이라고 이해하면 된다. Cocoa 프레임워크의 오브젝트를 복사하기 위해서는 해당 오브젝트의 클래스가 NSCopying 프로토콜을 준수하는지 확인해야 한다(보통 클래스 문서에 명시되어 있다). 생각보다 많은 프레임워크 클래스가 복사를 지원하지 않는다.

만일 여러분이 만드는 클래스에서 복사를 지원토록 하고 싶다면 직접 copyWithZone: 메소드를 구현해야 한다. 그리고 메소드를 구현하기 전에 어떤 복사항목이 어떻게 되는지를 먼저 결정해야 한다. 이어지는 두 섹션에서 copyWithZone: 메소드를 디자인할 때 고려해야 할 사항에 대해 설명할 것이다.

얕은 복사/ 깊은 복사

복사하고자 하는 오브젝트에 있는 인스턴스 변수 중 몇 개가 (다른 오브젝트나 malloc된 메모리 공간을 참조하는) 포인터 변수인 경우, 새로 복사하는 오브젝트의 인스턴스 포인터 변수가 참조하는 내용을 새로 만들 것인지 아니면 원본 오브젝트의 레퍼런스를 사용할 것인지를 결정해야 한다. 원본 오브젝트의 레퍼런스를 그대로 사용하도록 복사하는 것을 얕은 복사라고 하고 참조하는 내용까지 모두 복사하여 사용하는 것을 깊은 복사라고 한다.

과연 어떤 방식을 사용해야 하는가? 정답은 없다. 여러분이 만드는 프로그램에 따라, 혹은 클래스를 디자인하는 방법에 따라 결정될 것이다. 복사 방식을 결정할 때 고려해야 할 몇 가지 사항을 언급하자면 다음과 같다.

- 얕은 복사는 원본 오브젝트와 복사본 오브젝트를 엮어버린다. 즉, 오브젝트의 내용을 수정하면 원본과 복사본에 동시에 반영된다.
- 깊은 복사는 복사 정도에 따라 원본 오브젝트와 복사본 오브젝트를 완전히 독립된 오브젝트로 만들 수 있다. 다만 깊은 복사는 얕은 복사에 비해 굉장히 비싼 연산임에는(실행시간과 메모리 사용량 모두) 틀림없다.
- 깊은 복사와 얕은 복사를 배타적으로 구분지을 필요는 없다. 오브젝트의 인스턴스 중 일부는 깊은 복사로, 다른 일부는 얕은 복사로 구현할 수 있다.
- 클래스의 인스턴스 변수가 모두 기본 C 타입인 경우에는 깊은 복사와 얕은 복사의 차이가 없다.

대부분의 Cocoa 프레임워크 클래스는 얕은 복사를 구현하고 있다.

Mutable 복사/Immutable 복사

Chapter 9에서 다시 보겠지만 일부 Cocoa 프레임워크 클래스는 immutable 인스턴스를 생성한다. Immutable 오브젝트의 인스턴스 변수는 오브젝트가 생성된 이후 값을 바꿀 수 없다. 예를 들면, `NSNumber`와 `NSColor`의 인스턴스는 바꿀 수 없다. 만일 새로운 `NSNumber` 값이나 `NSColor` 색깔 조합을 사용하고 싶다면 오브젝트를 새로 만들어야 한다. 이러한 일이 가능한 것은 두 클래스 모두 내부 상태를 변경하는 메소드를 제공하지 않기 때문이다.

`NSString`이나 집합 클래스(`NSArray`, `NSDictionary`, `NSSet`) 같은 다른 프레임워크 클래스도 immutable 인스턴스를 생성하지만, mutable 인스턴스를 만들 수 있는 서브클래스를 두고 있다. 이런 유형의 클래스와 마찬가지로 `NSObject`는 `mutableCopy` 메소드를 제공한다.

copy와 마찬가지로, NSObject의 mutableCopy 메소드 역시 mutableCopyWithZone: 메소드를 nil 인수를 사용하여 호출한다. 이미 예상했겠지만 NSObject 클래스는 mutableCopyWithZone: 메소드를 구현하지 않았다. mutableCopyWithZone: 메소드를 구현하는 것은 mutable 서브클래스를 제공하는 immutable 클래스에서 이루어진다. mutableCopyWithZone: 메소드를 구현하는 클래스에 대해서는 NSMutableCopying 프로토콜을 준수한다고 이야기한다.

예를 들어, NSArray 클래스는 복사와 mutable 복사를 모두 허용한다. 그래서 NSArray의 mutable 복사본(원본 배열과 동일한 내용을 가지고 있으면서 오브젝트 추가 및 삭제가 가능한 배열 복사본)을 구하기 위해서는 다음과 같이 코드를 작성하면 된다.

```
NSArray *anArray = ...
NSMutableArray *aMutableCopyOfAnArray = [anArray mutableCopy];
```

mutable 복사를 구현하기 전에 구현코자 하는 클래스가 mutable 복사를 지원하는지 문서를 통해 확인해야 한다.

 Foundation 문서는 http://developer.apple.com/mac/library/documentation/Cocoa/Reference/Foundation/ObjC_classic/에서, AppKit 문서는 http://developer.apple.com/mac/library/documentation/Cocoa/Reference/ApplicationKit/ObjC_classic에서 볼 수 있다.

복사 메소드 구현하기

여러분이 디자인하는 클래스가 immutable 인스턴스만을 사용한다면, retain 메시지를 이용하여 복사하고자 하는 오브젝트를 넘겨주는 것으로 copyWithZone: 메소드를 구현할 수 있다.

```
- (id) copyWithZone:(NSZone*) zone
{
  return [self retain];   // self는 immutable 클래스의 인스턴스
}
```

Immutable 오브젝트는 수정할 수 없기 때문에 원본과 복사본이 달라질 수가 없다. 그렇기 때문에 위 예제와 같이 단순히 retain 메시지를 추가하는 것으로 오브젝트를 release할 때까지 사용할 수 있는 것이다.

더욱 일반적인 경우로, mutable한 오브젝트를 복사할 때는 복사본 오브젝트를 위한 메모리 공간을 할당받은 다음 원본 오브젝트의 값을 이용해 복사본 오브젝트를 초기화시키면 된다.

copyWithZone: 메소드 구현에 대해 많이 권고하는 방법이 수퍼클래스의 copyWithZone:을 사용하여 새로운 복사본을 만들고 수퍼클래스에서 정의된 인스턴스 변수를 채운 다음 나머지 서브클래스에서 정의된 인스턴스 변수를 채우고 복사본을 반환시키는 것이다.

안타깝게도 클래스가 NSObject 클래스로부터 직접 상속받거나 copyWithZone: 메소드를 구현하지 않은 클래스로부터 직접 상속받는다면 이러한 기법을 사용할 수 없다. 이와 같은 경우에는 일일이 복사본 할당 및 초기화를 구현해야 한다. TeeShirt 클래스를 예로 들어 copyWithZone: 메소드를 리스트 6.5와 같이 작성했다고 하자.

리스트 6.5 **TeeShirt 클래스의 copyWithZone: (버전 1)**

```
- (id) copyWithZone:(NSZone*) zone
{
  id copiedTeeShirt =
    [[TeeShirt allocWithZone: zone]   // 잠재적인 버그!
        initWithShirtSize: [self shirtSize] color: [self color]];

  return copiedTeeShirt;
}
```

위 코드는 TeeShirt 클래스의 인스턴스에 대해서는 잘 동작한다. 그러나 만약 TeeShirt의 서브클래스를 사용하는 경우에는 버그로 작용한다. 그 이유를 살펴보기 위해 TeeShirt의 서브클래스 SloganTeeShirt를 정의해보자. SloganTeeShirt 클래스는 셔츠 앞면에 글자를 인쇄한다.

```
#import "TeeShirt.h"
```

```
@interface SloganTeeShirt : TeeShirt
{
  NSString* slogan;
}

-(void) setSlogan:(NSString*) slogan;
-(NSString*) slogan;

...

@end
```

그런 다음 `SloganTeeShirt` 클래스를 위한 `copyWithZone:` 메소드를 리스트 6.6과 같이 구현한다.

리스트 6.6 `SloganTeeShirt` 클래스의 `copyWithZone:`

```
1  - (id) copyWithZone:(NSZone*) zone
2  {
3    // 수퍼클래스의 copyWithZone:이 잘못 작성되는 바람에
4    // 이 코드는 버그가 되어버렸다.
5
6    id copiedSloganTeeShirt = [super copyWithZone: zone];
7    [copiedSloganTeeShirt setSlogan: [self slogan]];
8    return copiedSloganTeeShirt;
9  }
```

하지만 리스트 6.6에는 문제가 있다. 6행을 실행하고 나면 unrecognized selector exception을 일으키며 비정상적으로 중단되는데, 그 이유는 `TeeShirt` 클래스의 `copyWithZone:`(리스트 6.5) 때문이다. 리스트 6.6의 6행 `[super copyWithZone: zone]`이 실행되면 `TeeShirt`의 `copyWithZone:`은 `SloganTeeShirt`의 오브젝트가 아닌 `TeeShirt`의 오브젝트를 반환하는 것이다.

그래서 7행이 실행되면 `copiedSloganTeeShirt`에 들어있는 `TeeShirt` 오브젝트로 `setSlogan:` 메시지가 날아가며, `TeeShirt` 클래스는 `setSlogan:` 메소드를 구현하지 않았기 때문에 crash가 일어나는 것이다.

이 문제를 해결하기 위해서는 리스트 6.5의 `TeeShirt`의 `copyWithZone:` 메소드가 반환하는 오브젝트의 클래스가 `copyWithZone:` 메소드가 호출될 때의 receiver와 같

은 클래스로 만들어주면 된다. 즉, copyWithZone: 메소드가 TeeShirt 오브젝트를 receiver로 하여 호출되면 TeeShirt의 복사본을 반환하고, SloganTeeShirt 오브젝트를 receiver로 하여 호출되면 수퍼클래스의 인스턴스 변수값으로 채워진 SloganTeeShirt 오브젝트를 반환하도록 하는 것이다.

제대로 수정된 TeeShirt 클래스의 copyWithZone:은 리스트 6.7과 같다.

리스트 6.7 TeeShirt 클래스의 copyWithZone: (버전 2)

```
1  -(id) copyWithZone:(NSZone*) zone
2  {
3    id copiedTeeShirt =
4      [[[self class] allocWithZone: zone]
5        initWithShirtSize: [self shirtSize] color: [self shirtColor]];
6
7    return copiedTeeShirt;
8  }
```

위 코드의 핵심은 4행의 [self class] 메시지가 self가 참조하는 오브젝트의 클래스를 반환한다는 것이다. 그래서 TeeShirt의 오브젝트가 receiver가 되어 TeeShirt의 copyWithZone:을 호출하면 [self class]는 TeeShirt를 반환하여 TeeShirt 클래스의 오브젝트가 만들어진다. 또한 SloganTeeShirt의 오브젝트가 receiver가 되어 TeeShirt의 copyWithZone:을 호출하면 self는 SloganTeeShirt의 인스턴스가 되기 때문에 [self class]는 SloganTeeShirt를 반환한다(앞에서 super를 사용하여 메소드를 호출하면 메소드는 수퍼클래스에서 구현된 메소드가 동작하지만 receiver는 호출시점의 원래 오브젝트가 된다고 했던 것을 기억할 것이다). 그래서 새로이 생성된 오브젝트는 SloganTeeShirt의 오브젝트가 되어 인스턴스 변수 slogan을 설정할 수 있게 된다.

마지막으로, 오브젝티브-C 작명 규칙에 따라 copy로 시작하는 이름의 메소드를 실행하면 새로운 오브젝트를 받게 된다. 이렇게 받은 오브젝트는 레퍼런스 카운팅을 고려하여 사용이 끝난 후 release시켜야 한다. 마찬가지로 copyWithZone: 메소드를 구현할 때도 이러한 부분을 감안하여 복사본으로 사용될 오브젝트의 레퍼런스 카운트 값을 1로 만들어주어야 한다. 앞의 예에서도 리스트 6.7에서 alloc된 신규 오브젝트를 받았으며, 리스트 6.6과 같이 다른 copy 메소드를 통해 얻은 오브젝트를 반환하기도 하였다.

정리

이번 장을 통해 클래스를 정의하는 방법부터 시작하여 오브젝트의 메모리 할당, 초기화, 소멸, 복사에 대한 내용까지 학습했다. 이번 장의 내용과 앞 장의 메시징에 대한 내용이 오브젝티브-C의 핵심 부분이 된다. 여기까지 학습한 여러분은 이제 오브젝티브-C 프로그램을 깔끔하게 작성할 수 있어야 한다.

연습 문제

1. RockStar 클래스와 Band 클래스의 기초 버전을 작성해보자. RockStar 클래스는 Band 타입의 인스턴스 변수를 가지고 있으며, Band 클래스는 RockStar 타입의 인스턴스 변수를 갖는다.
   - RockStar.h에 Band.h를 import 하고 Band.h에 RockStar.h를 import한 다음 컴파일이 제대로 안되는 것을 확인한다.
   - 둘 중 하나 혹은 두 파일 모두 @class 지시자를 사용하여 컴파일 에러 문제를 해결한다.
2. NamedAccumulator 클래스가 정상적으로 동작하는지 확인하는 간단한 프로그램을 작성해보자(리스트 6.1, 6.2, 6.3, 6.4를 프로젝트에 포함시켜야 한다).
3. NamedAccumulator 클래스를 위한 초기화 코드를 작성해보자. 하나는 NSString과 int 인수를 받아 각각 이름(name)과 합계(total) 값으로 초기화하고, 다른 하나는 NSString 인수 하나만 받아 이름 값 초기화에 사용하고 합계 값은 기본값인 0으로 설정한다. 모든 초기화 메소드는 오브젝티브-C의 작명 기준을 지켜야 한다.
   - 작성하는 초기화 메소드 중 하나는 반드시 클래스의 지정된 초기화 메소드가

되어야 한다. 어떤 초기화 메소드가 지정된 초기화 메소드로 적합한가?
- 모든 초기화 메소드는 최종적으로 지정된 초기화 메소드를 호출해야 한다.
- `init`을 수정하는 것을 잊지 않도록 한다.
- 2번의 시험 프로그램을 이용하여 초기화 메소드가 정상적으로 동작하는지 확인한다.

4. `Accumulator`와 `NamedAccumulator` 클래스에서 사용할 복사(copy) 메소드를 구현해보자. 2번의 시험 프로그램을 이용하여 복사 메소드가 정상적으로 동작하는지 확인하자.

5. `Accumulator`의 서브클래스 `AveragingAccumulator` 클래스를 구현해보자. `AveragingAccumulator` 클래스는 `addToTotal:` 메소드에 의해 총 합계가 더해진 횟수를 기억해야 한다. 또한 인스턴스 메소드 `averagePerTransaction`은 `addToTotal:`로 계산한 총 합계에 대한 평균값을 반환해야 한다. 그리고 시험 프로그램을 작성하여 클래스가 정상적으로 동작하는지도 확인하자.

Chapter 07

클래스 오브젝트

LEARNING OBJECTIVE-C 2.0

Java나 C++와는 달리 오브젝티브-C의 클래스는 그 자체가 오브젝트이다. 또한 오브젝티브-C의 클래스는 특수한 클래스 Class의 인스턴스가 된다. 그래서 클래스에 메시지를 보낼 수 있으며, 당연히 클래스는 받은 메시지에 대한 메소드를 실행할 수 있다. 이번 장에서는 클래스 오브젝트와 클래스 메소드의 기술적인 세부내용을 다루고 클래스 메소드에 대한 몇 가지 예제를 살펴볼 것이다. 이번 장 마지막 부분에서는 예제를 확장시켜 클래스의 모든 인스턴스를 볼 수 있는 변수를 구현하는 방법에 대해서도 알게될 것이다.

클래스 오브젝트

오브젝티브-C 프로그램의 모든 클래스는 단일 클래스 오브젝트로 구성되며, 클래스 오브젝트에는 클래스 정의에 대한 정보가 들어있다. 클래스 오브젝트는 클래스의 정의 내역을 이용하여 컴파일러가 자동으로 생성하기 때문에 클래스 오브젝트 생성을 위한 별도의 작업은 하지 않아도 된다.

클래스 오브젝트는 메시지를 받을 수 있으며 클래스 메소드를 실행시킬 수도 있다. 대표적인 예가 바로 앞에서 이미 살펴본 클래스 메소드 alloc이다.

```
[SomeClass alloc]
```

클래스 메시지의 receiver는 클래스 오브젝트이다. 위 표현식을 보면 클래스 이름이 클래스 오브젝트를 나타내는 것을 알 수 있다.

 클래스 메시지 표현식에서의 receiver 자리에는 클래스 오브젝트가 와야 하기 때문에 클래스 이름만을 사용할 수 밖에 없다.

클래스 오브젝트는 클래스의 인스턴스가 아니다. 그렇기 때문에 클래스의 인스턴스 메소드를 사용하는 메시지 표현식에서 클래스 오브젝트를 receiver로 사용할 수 없다. 예를 들어 NSArray 클래스의 인스턴스 메소드 count를 생각해 보자. count 메소드는 배열에 들어있는 오브젝트의 개수를 반환한다. 이때 NSArray 클래스 오브젝트를 receiver로 하여 count 메소드를 사용한다고 하면,

```
[NSArray count];
```

컴파일러는 다음과 같이 경고할 것이다.

```
testbed.m:6: warning: 'NSArray' may not respond to '+count'
testbed.m:6: warning: (Messages without a matching method signature
testbed.m:6: warning: will be assumed to return 'id' and accept
testbed.m:6: warning: '...' as arguments.)
```

만일, 이를 무시하고 강제로 프로그램을 실행하면 다음과 비슷한 오류를 내며 중단할 것이다.

```
*** Terminating app due to uncaught exception
 'NSInvalidArgumentException',
reason: ' +[NSArray count]:
    unrecognized selector sent to class 0x7fff707ebd28'
```

오브젝티브-C의 클래스는 오브젝트이지만, 클래스 오브젝트는 인스턴스 변수를 갖지 않는다. 오브젝티브-C는 다른 객체지향 언어에서 사용하는 클래스 변수를 취급하지 않는다.

클래스 변수(해당 언어에 한함)는 클래스 전체에서 접근 가능한 변수이다. 일반 인스턴스 변수와는 달리 클래스 변수는 복사본이 없으며 클래스의 모든 인스턴스에 공유된다.

그러나 "클래스 변수 흉내내기"에서 C의 extern 변수를 이용하여 클래스 변수의 기능을 구현하는 방법에 대해 설명할 것이다.

Class 타입

Class 타입의 변수는 클래스 오브젝트를 참조하는 포인터로 사용된다. 이러한 클

래스 오브젝트의 포인터를 구하기 위해서는 클래스 이름을 receiver로 하고 클래스 메소드 class를 호출하면 된다.

```
Class aClass = [NSString class];

// 이제 aClass는 NSString 클래스 오브젝트의 포인터를 갖는다.
```

> **Note** Class는 포인터 타입으로 변수 선언시 *를 사용하지 않아도 된다.
>
>   Class *someClass;   // 잘못된 표현

class 메소드와 유사하게 superclass 메소드를 사용하여 수퍼클래스의 오브젝트 포인터를 얻을 수도 있다.

```
Class aClass = [NSString superclass];

// 이제 aClass는 NSString의 수퍼클래스인 NSObject 클래스 오브젝트의 포인터를 갖는다.
```

> **Note** NSObject 클래스에도 인스턴스 메소드 class와 superclass가 있다. 두 메소드 모두 오브젝트의 클래스와 수퍼클래스를 반환한다. 이러한 메소드를 클래스와 같이 사용할 때, 특히 협업으로 코드를 작성하는 과정에서는 더욱 조심해야 한다. 통상적으로 많이 사용하는 대다수의 클래스는 실제로 클래스 클러스터이기 때문이다. 클래스 클러스터의 인스턴스를 요청하면 원본 클래스가 아닌 원본 클래스의 private 서브클래스의 인스턴스를 받는 경우도 있다. 그렇기 때문에 클래스 클러스터의 인스턴스로 class 혹은 superclass 메시지를 보내면 예상치 못한 결과가 나타날 수도 있다(자세한 내용은 Chapter 9에서 다룬다).

클래스 메소드를 사용할 때 receiver로 클래스 이름 대신 Class 타입의 변수를 사용하는 것도 가능하다. 이것은 생성하고자 하는 오브젝트의 클래스가 실행시간에 어떤 것인지 알지 못하는 상황에서 굉장히 유용하다. 예를 들어 설정 파일에 적혀있는 타입으로 새로운 오브젝트를 생성하는 경우,

```
NSString *classNameAsString = ... // 파일에서 문자열을 읽음
Class classToInstantiate = NSClassFromString( classNameAsString );
id newObject = [[classToInstantiate alloc] init];
```

NSClassFromString은 C 함수로 NSString을 인수로 받아 해당하는 클래스 오브젝트의 포인터를 반환한다. 반환된 포인터는 Class의 변수 classToInstantiate에 저장된다. 결국 classToInstantiate를 receiver로 사용하여 새로운 오브젝트를 알맞은 타입으로 초기화시킬 수 있게 된다.

Type Introspection

NSObject 메소드 isMemberOfClass:와 isKindOfClass:를 사용하면 오브젝트의 클래스에 대해 확인할 수 있다.

```
[mysteriousObject isMemberOfClass: [Dog class]];
```

위 코드의 결과가 YES이면 mysteriousObject는 Dog 클래스의 인스턴스이며, NO인 경우에는 그렇지 않음을 의미한다.

```
[mysteriousObject isKindOfClass: [Dog class]];
```

위 코드의 경우 결과가 YES이면 mysteriousObject는 Dog 클래스 또는 Dog 클래스를 상속하는 클래스의 인스턴스임을 의미한다. 그래서 만일 Dog의 서브클래스 RescueDog를 정의하였다면 mysteriousObject가 Dog, 또는 RescueDog 클래스의 인스턴스라면 위 코드의 결과는 YES가 된다.

이 두 메소드를 사용하는 일은 그렇게 많지 않을 것이다. 만약 이 메소드를 사용하는 자신을 발견한다면, 코딩을 잠시 멈추고 이 메소드를 사용하지 않고 해결할 수 있는 방법을 고민해보기 바란다. 예를 들어, id 타입의 오브젝트를 다룰때, 이 오브젝트로 특정 메시지를 보내는 것이 안전한지 확인하기 위해 respondsToSelector: 메소드를 사용하면 된다.

```
id mysteriousObject = ...
if ( [mysteriousObject respondsToSelector: @selector( rollOver )] )
  {
    [mysteriousObject rollOver];
  }
```

위 코드를 보면 (굳이 신경쓸 필요 없는) 오브젝트의 클래스 대신 (실제로 실행하고자 하는) 오브젝트의 행동을 확인하는 것을 알 수 있다(연습 문제 2번에서 다시 다룬다).

클래스 메소드

클래스 메소드는 클래스의 클래스 오브젝트에 정의된 메소드이다. 다른 말로 표현하자면, 클래스의 인스턴스가 아닌 클래스 오브젝트(클래스 이름)를 receiver로 해서 보낼 때 사용하는 메소드를 클래스 메소드라고 한다. 클래스 메소드는 다음과 같은 특징을 갖는다.

- 클래스 메소드는 더하기 기호를 시작으로 선언한다. alloc을 예로 들면 다음과 같다.

    + (id) alloc

- 인스턴스 메소드와 마찬가지로 클래스 메소드 선언은 @interface 섹션에서, 정의는 @implementation 섹션에서 이루어진다. 일반적으로 클래스 메소드 선언 또는 정의 부분은 인스턴스 메소드의 그것보다 앞서 적는데, 이는 관습일 뿐 강제성이 부여된 것은 아니다.
- 클래스 메소드는 클래스의 인스턴스용으로 정의된 인스턴스 변수에 직접 접근할 수 없다(예를 들어, 각각 다른 값이 들어간 인스턴스 변수 네 개를 만든 상황에서 클래스 메소드가 인스턴스 변수에 접근한다면 어떤 값을 가져올 것인지 알 길이 없다).
- 인스턴스 메소드와 마찬가지로 클래스 메소드 역시 서브클래스로 상속된다. 서브클래스는 상속받은 클래스 메소드를 오버라이드할 수 있다. 예를 들어, 새로 만든 클래스에 NSObject의 클래스 메소드 description을 오버라이드하여 별도의 문자열을 반환토록 구현할 수 있다.
- 동일한 이름의 클래스 메소드와 인스턴스 메소드를 만들 수 있다. 이 둘 간의 구분은 runtime이 하는데, 메시지의 receiver가 클래스 오브젝트인 경우에는 클래스 메소드를 호출하고, 인스턴스가 receiver인 경우에는 인스턴스 메소드를 호출한다.
- 클래스 메소드를 작성할 때 정말 주의해야 하는 부분이 있다. 클래스 메소드 내에서 사용하는 self는 클래스 오브젝트를 참조하며 클래스의 인스턴스를 참조

하지 않는다는 것이다. 이 사실을 잊는다면 프로그램에 버그 또는 오류를 야기시킬 뿐만 아니라 문제의 원인을 찾는 것도 굉장히 어렵게 될 것이다.

기타 클래스 메소드

클래스 오브젝트의 주 기능은 클래스의 인스턴스를 찍어내는 공장 역할을 하는 것이다. 앞에서 오브젝트 인스턴스를 만드는 데 클래스 메소드 alloc을 사용한다는 것을 익혔다. 이번에는 자주 사용하지 않지만 알아두면 좋은 클래스 메소드에 대해 다룰 것이다. Convenience constructor와 싱글톤(singleton)은 Cocoa 프레임워크에서 널리 알려진 패턴이다. 두 개념을 익히고 나면 아마도 여러분의 클래스에 사용하고픈 생각이 들 것이다.

Convenience Constructor

Cocoa 프레임워크의 많은 클래스는 하나의 메소드에 할당과 초기화를 묶는 convenience constructor를 정의한다. NSString의 클래스 메소드 string은 convenience constructor의 대표적인 예이다. string 메소드는 초기화되었으나 비어있는 문자열을 반환한다.

```
NSString *emptyString = [NSString string];
```

NSString은 stringWithFormat:, stringWithString:, stringWithCharacters:length: 등과 같은 여러 가지 convenience constructor를 제공한다(http://developer.apple.com/mac/library/documentation/Cocoa/Reference/Foundation/Classes/NSString_Class/Reference/NSString.html에서 전체 리스트를 확인할 수 있다.). 보통 클래스가 많은 수의 각기 다른 init... 메소드를 정의하는 경우, 동일한 인수를 사용하는 convenience constructor init... 메소드와 일치시킨다.

Convenience constructor를 사용할 때 굉장히 주의해야 할 점이 있는데, 그것은 바로 레퍼런스 카운팅(reference counting)이다. 즉, Convenience constructor를

사용하여 얻은 오브젝트는 소유하지 않는다는 것이다(convenience constructor는 이름에 "alloc", "copy"가 들어있지 않으며, "new"로 시작하지도 않는다). 그래서 convenience constructor를 통해 획득한 오브젝트는 (예: 획득한 오브젝트를 인스턴스 변수에 지정) 반드시 retain하여 소유권을 획득해야 한다. 그렇지 않으면 사용하는 도중 오브젝트는 사라지고 비할당된 구역을 참조하는 포인터로 남게 될 것이다.

다음의 예를 살펴보자.

```
NSArray *arrayOne =
  [[NSArray alloc] initWithObjects: @"iPhone", @"iPod", nil];
NSArray *arrayTwo =
  [NSArray arrayWithObjects: @"iPhone", @"iPod", nil];
```

arrayOne의 경우 alloc을 사용하였기 때문에 소유하고 있다. 그래서 arrayOne을 다 사용하고 나면 release하여 레퍼런스 카운트의 균형을 맞추어야 한다. 이와는 반대로, arrayTwo는 convenience constructor를 사용하여 가져왔기 때문에 소유권이 없다. 그래서 arrayTwo를 계속해서 유지시키려면 반드시 retain 메시지를 보내주어야 한다(사용을 마친 후에는 당연히 release해야 한다).

Convenience Constructor 생성

Dog 클래스를 다시 생각해보자. 이제 다음과 같이 Dog 클래스의 초기화된 인스턴스를 반환하는 convenience constructor를 만든다고 하자.

```
+ (id) dog
{
  return [[[Dog alloc] init] autorelease];
}
```

alloc은 Dog의 인스턴스를 생성하면서 레퍼런스 카운트 값을 1로 지정한다. autorelease는 alloc과의 균형을 위한 release를 알아서 실행한다(autorelease는 나중에 release하도록 예약해 놓는다. Autorelease에 대한 보충설명을 참조하도록 하자).

Autorelease

레퍼런스 카운트 시스템을 사용하며 오브젝트를 생성할 때 생성 메소드 이름에 `alloc`, `copy`가 들어있거나 또는 `new`로 시작하는 경우에는 레퍼런스 카운트 값이 1인 오브젝트를 받는다. 그래서 레퍼런스 카운트의 균형을 맞추기 위해 release시켜야 할 의무를 갖게 된다. 이러한 제약은 가끔 곤란한 경우를 일으키기도 한다. 만약 생성한 오브젝트를 반환하는 메소드를 만드는 경우 레퍼런스 카운트 균형을 맞추기 위해 release 메시지를 보내야 하는 곳은 바로 오브젝트를 생성하는 메소드 내부가 될 것이다. 그러나 메소드 내에서 release 메시지를 보내버리면 오브젝트를 반환도 하기 전에 반납해버릴 것이다. 이러한 경우를 위해 오브젝트를 생성하면서 release를 예약하여 release 실행을 늦추는 기법이 필요한데, 바로 autorelease 메시지가 이와 같은 일을 한다.

오브젝트가 `autorelease` 메시지를 받으면 오브젝트 포인터는 현재의 autorelease pool에 추가된다. 시간이 지나 pool이 사라질 때 autorelease pool에 있는 모든 오브젝트는 release 메시지를 받게 된다. 오브젝트가 하나 이상의 `autorelease` 메시지를 받는 경우, 각각의 `autorelease` 메시지에 대해 release 메시지를 받는다. GUI 프로그램에서는 통상 이벤트 루프가 끝날 때 pool이 사라진다. 또한 레퍼런스 카운트 관리를 위해 autorelease는 release로 취급하여 셈한다. 레퍼런스 카운팅에 대해서는 Chapter 14에서 자세히 다룬다.

Convenience constructor를 사용하여 받은 오브젝트를 지속적으로 사용할 때는 반환된 오브젝트에 대해 꼭 소유권을 획득해야 한다는 것을 기억하기 바란다.

```
Dog *spot = [Dog dog];
[spot retain];
```

메소드 dog은 클래스 Dog에 대해 잘 동작한다. 하지만 Dog의 서브클래스를 사용하는 경우에는 문제가 생긴다. Dog의 서브클래스 RescueDog을 생성하면 서브클래스는 convenience constructor dog을 상속하게 되는데, 현재 버전의 dog은 RescueDog 클래스에 대응하지 못한다. 즉,

```
[RescueDog dog]
```

위 코드를 실행하면 RescueDog의 인스턴스가 반환되는 것이 아니라 Dog의 인스턴스가 반환된다. 이 문제를 해결하기 위해서는 `alloc`의 receiver로 Dog 대신 `self`를 사용하면 된다.

```
+ (id) dog
{
  return [[[self alloc] init] autorelease];
}
```

dog은 클래스 메소드이기 때문에 self는 클래스 오브젝트를 가리키게 되며, 따라서 dog을 호출한 클래스의 클래스 오브젝트가 receiver가 된다. 이렇게 수정한 버전의 dog은 Dog과 RescueDog 두 클래스에 대해 모두 잘 동작한다.

```
[Dog dog]
```

위 코드는 Dog의 인스턴스를 반환하며,

```
[RescueDog dog]
```

는 RescueDog의 인스턴스를 반환한다.

일반적으로 convenience constructor는 리턴 타입으로 특정 클래스 대신 id를 사용하여 서브 클래스도 자연스럽게 상속하여 사용할 수 있도록 한다.

Convenience constructor는 보통 convenience constructor를 통해 받은 오브젝트의 내용이 convenience constructor가 호출된 영역에서만 사용될 때 주로 애용된다. 즉, 어떤 메소드 내에서 convenience constructor를 통해 얻은 오브젝트는 그 메소드 안에서만 사용하는 것이다. 왜냐하면 오브젝트를 계속해서 보관하지 않을 경우 굳이 그 오브젝트를 retain할 필요가 없기 때문이다. Convenience constructor를 통해 얻은 오브젝트에 대한 메모리 관리는 autorelease pool이 하게 된다. 하지만 오브젝트가 굉장히 크거나 iOS 프로그램에서 메모리 문제가 예상되는 경우에는 alloc ... init 조합으로 오브젝트를 생성한 다음, 사용이 끝난 직후 바로 release하는 것이 더 좋다. 이렇게 함으로써 오브젝트가 메모리를 점유하는 시간을 최소화하여 오브젝트 사용으로 인한 메모리 문제를 최대한 낮출 수 있다.

싱글톤

싱글톤(Singleton)은 공유되는 단 한 개의 인스턴스만 사용하는 클래스이다. 싱글톤 클래스는 운영체제 서비스를 대표하는 데 사용되거나 inspector 패널 같은 UI 아이템으로 많이 사용된다. 다음은 싱글톤의 일반적인 셋업이다.

```
+ (InspectorPanel*) sharedInspectorPanel
{
    static InspectorPanel *inspectorPanel = nil;

    if ( ! inspectorPanel )
      {
        inspectorPanel = [[InspectorPanel alloc] init];
      }
    return inspectorPanel;
}
```

먼저 `InspectorPanel` 클래스의 공유 인스턴스를 하나 만들어 static 변수에 넣는다. 그래서 `sharedInspectorPanel` 메시지를 클래스 오브젝트로 보내면 static 변수에 저장된 포인터를 반환하게 된다.

또한, 위 코드는 인스턴스 지연 생성 기법을 보여준다. 즉, 공유 인스턴스를 사용하기 전에는 생성하지 않는 것이다. 이것 역시 Cocoa 프로그래밍에서 많이 사용되는 디자인 패턴이다. 인스턴스 지연 생성은 프로그램의 시작 시간을 줄여주는 역할을 하는데, 프로그램이 시작할 때 한번에 모든 오브젝트를 만들지 않고 필요한 것만 생성시키기 때문이다.

 디자인 패턴에 대해 더 많이 학습하고, 더 좋은 코드로 향상시키기 위해 적용하는 방법을 알고 싶다면 〈코코아 디자인 패턴〉(에릭 벅, 케이앤피북스, 2011)을 참고하자.

클래스 초기화

오브젝티브-C runtime은 클래스를 사용하기 전에 초기화시킬 기회를 제공한다. 클래스 오브젝트가 최초의 메시지(보통 클래스의 인스턴스 생성을 위한 `alloc` 메시지가 된다)를 수신하면, runtime은 그 메시지에 대한 동작을 잠시 중단시키고

initialize 메시지를 클래스 오브젝트에 먼저 보낸다. 즉, 보내던 메시지보다 먼저 initialize 메시지가 전달되는 것이다.

> **Note** 클래스를 초기화하기 위하여 initialize 메소드를 사용하는 것은 클래스의 인스턴스를 초기화시키기 위해 init... 메소드를 사용하는 것과는 다르다.

NSObject에서 상속받는 initialize 메소드는 아무 일도 하지 않는다. 대부분의 클래스는 별도의 클래스 초기화 작업을 필요로 하지 않지만, 간혹 다음과 같이 initialize 메소드를 오버라이드할 일이 발생한다.

- Foundation 프레임워크는 NSUserDefaults라는 싱글톤 클래스를 제공한다. NSUserDefaults 클래스는 Mac OS X의 defaults 시스템과 프로그램 간 상호작용을 관리한다(defaults 시스템은 사용자 설정 등 사용자에 기반한 여러 가지 세팅 값들을 관리한다). 여러분의 클래스에서 사용자의 기본값을 가져오거나 설정하고자 할 때, NSUserDefaults 공유 인스턴스를 사용하는 부분을 initialize 메소드에 구현할 수 있다.
- 클래스가 클래스 변수 효과를 내기 위해 extern 변수를 사용하는 경우 initialize 메소드를 통해 그 준비 작업을 하도록 할 수 있다.

클래스 초기화에 대한 이해를 돕기 위해 money pool에 있는 돈을 기반으로 거래를 하는 딜러 팀을 시뮬레이션하는 게임을 생각해보자. Trader 클래스는 extern 변수를 이용하여 money pool을 자체 관리한다. 그리고 게임 세션 간 money pool의 값을 저장하기 위하여 NSUserDefaults 시스템을 사용할 수 있다. 게임이 시작되면 Trader 클래스의 initialize 메소드를 사용하여 defaults 시스템에서 currentMoneyPool 값을 가져온다.

```
static NSInteger currentMoneyPool;

@implementation Trader
```

```
+ (void) initialize
{
  currentMoneyPool =
      [[NSUserDefaults standardUserDefaults]
          integerForKey: @"MoneyPool" ];
}

...

@end
```

Trader 클래스가 처음 메시지를 받으면 initialize 메소드는 저장해둔 money pool 값을 가져와 extern 변수 currentMoneyPool에 저장한다.

initialize의 문제점

initialize 메소드를 사용할 때 조심하지 않으면 잠재적인 문제가 되는 부분이 있다. 만약 initialize를 오버라이드하는 클래스가 있는데, 이 클래스의 서브클래스는 initialize를 오버라이드하지 않는 경우 원래의 클래스는 initialize 메시지를 두 번 받게 될 것이다. 첫 번째는 클래스 자신이 최초로 사용될 때, 두 번째는 서브클래스가 최초로 사용될 때 각각 수신한다. 이러한 문제를 피하기 위해서는 원래 클래스에서만 사용하도록 조건을 걸면 된다.

```
+ (void) initialize
{
  if ( self == [Dog class] )
    {
      // Dog 클래스의 초기화 부분
    }
}
```

> **Note** 이론적으로 위 코드에서 if 구문을 생략하고 Dog의 모든 서브클래스에 대해 initialize 메소드를 구현토록 만들어도 상관은 없다. 하지만 이는 좋은 생각이 아니다. 이렇게 구현하게 되면 Dog 클래스가 정상적으로 동작하는지 여부가 Dog 클래스의 서브클래스가 제대로 코딩되었는지에 따라 결정된다. 그렇기 때문에 위와 같이 Dog 클래스를 구현하여 혹시라도 서브클래스에서 initialize 메소드를 구현하지 않는 실수를 저지르더라도 Dog 클래스의 초기화는 한 번만 일어나도록 보장하는 것이 좋다.

클래스 변수 흉내내기

이번 장 앞 부분에서 언급한 것과 같이 오브젝티브-C는 클래스 변수를 지원하지 않는다. 하지만 클래스 implementation 파일을 범위로 하는 클래스 변수를 흉내낼 수 있다. 즉, 클래스의 인스턴스의 도움 없이도 extern 변수에 접근할 수 있는 클래스 메소드를 정의할 수 있는 것이다.

이해를 돕기 위해 어떻게 Coupon 클래스가 제한된 개수의 쿠폰을 발행하도록 구현하는지 리스트 7.1과 7.2를 통해 살펴보도록 한다.

리스트 7.1 CouponDispenser/Coupon.h

```objc
#import <Foundation/Foundation.h>

@interface Coupon : NSObject
{
    ...
}

+ (int) numberCouponsLeft;
+ (void) resetCoupon;

@end
```

리스트 7.2 CouponDispenser/Coupon.m

```objc
#import "Coupon.h"

#define INITIAL_COUPON_ALLOCATION 100

// 여기에서 사용된 static 키워드는 availableCoupons 변수의 영역을
// 이 파일 내로 한정시키기 위해 사용되었다.

static int availableCoupons = INITIAL_COUPON_ALLOCATION;

@implementation Coupon

-(id) init
{
    if (self = [super init] )
    {
        if ( availableCoupons == 0 )
        {
```

```
            [self release];
            return nil;
        }
        availableCoupons--;
    }
    return self;
}

+ (int) numberCouponsLeft
{
    return availableCoupons;
}

+ (void) resetCoupon
{
    availableCoupons = INITIAL_COUPON_ALLOCATION;
}

...

@end
```

availableCoupons는 Coupon 클래스를 위해 발행가능한 쿠폰 수를 관리한다. 그래서 init이 호출될 때마다 availableCoupons 값을 확인하여 쿠폰 발행 가능여부를 확인한다. availableCoupons 값이 0이 되면 init은 self를 release 하고 nil을 반환한다. 그렇지 않은 경우, availableCoupons 값을 1 감소시키고 쿠폰을 반환한다.

이 메커니즘의 약점은 상속에 취약하다는 것이다. Coupon의 서브클래스 NewCoupon이 있다고 하면 아마도 동일한 static 변수 availableCoupons를 공유하게 될 것이다. 마찬가지로, 여러 개의 서브클래스를 만들면 서브클래스는 모두 Coupon 클래스의 static 변수를 공유하게 될 것이다. 만일 각 서브클래스마다 각자의 쿠폰 수를 관리하고자 한다면 이렇게 구현해서는 안될 것이다. 이를 해결하기 위해서는 다음과 같은 추가 작업이 필요하다.

1. Coupon과 NewCoupon에 대해 각각 static 변수 availableCoupons와 availableNewCoupons를 선언한다. 이렇게 하면 각각의 클래스에 대한 쿠폰 수를 관리할 수 있다.

2. 두 클래스의 implementation 파일에 아래의 클래스 accessor를 구현한다.

```
+ (int) availableCoupons;
+ (void) setAvailableCoupons:(int) inAvailableCoupons;
```

Coupon 클래스에 구현된 accessor는 availableCoupons에 접근하고 NewCoupon 클래스에 구현된 accessor는 (Coupon 것을 오버라이드한다.) availableNewCoupons에 접근한다.

3. 클래스 accessor를 사용하기 위하여 클래스와 서브클래스에서 구현된 쿠폰 수에 접근하는 메소드를 다시 작성해야 한다. 인스턴스 메소드 내에서 accessor는 아래와 같이 호출되어야 한다.

```
[[self class] availableCoupons];
[[self class] setAvailableCoupons: newNumber];
```

이렇게 하면 해당되는 버전의 accessor가 호출된다(클래스 메소드에서는 [self class]를 사용할 필요가 없다. 왜냐하면 self는 이미 클래스 오브젝트를 참조하기 때문이다).

리스트 7.3은 수정된 버전을 보여준다. 수정된 부분은 **진하게** 표시했다. 수정된 코드는 서브클래스로 적용시킬 수 있으며, static 변수에 접근하기 위하여 accessor는 확장 안에서 선언한다. 이 코드들은 모두 내부적으로 사용되기 때문에 공용 헤더 파일에 나타나서는 안된다.

> **Note** 확장(Extension)은 메소드 선언을 implementation 파일에서 하는 것으로(Chapter 11에서 자세히 다룬다). 내부적으로만 사용하기 위해 선언하는 메소드를 일반 영역에서 보이지 않도록 하기 위한 방법을 제공한다. 확장 interface 섹션은 @interface로 시작하며, 이어서 해당 클래스 이름과 빈 괄호가 나타난다. 다른 섹션과 마찬가지로 섹션의 끝은 @end로 알려준다. 확장에서 선언된 메소드는 다른 메소드와 같이 클래스의 @implemenation 섹션에서 작성된다.

 리스트 7.3 CouponDispenserFixed/Coupon.m

```
#import "Coupon.h"

#define INITIAL_COUPON_ALLOCATION 100
```

```objc
// 여기에서 사용된 static 키워드는 availableCoupons 변수의 영역을
// 이 파일 내로 한정시키기 위하여 사용되었다.

static int availableCoupons = INITIAL_COUPON_ALLOCATION;

// 확장(Extension) 영역에서의 private accessor 선언

@interface Coupon ()

+ (int) availableCoupons;
+ (void) setAvailableCoupons:(int) inAvailableCoupons;

@end

@implementation Coupon

+ (int) availableCoupons
{
  return availableCoupons;
}

+ (void) setAvailableCoupons:(int) inAvailableCoupons
{
  availableCoupons = inAvailableCoupons;
}

- (id) init
{
  if (self = [super init] )
    {
      if ( [[self class] availableCoupons] == 0 )
        {
          [self release];
          return nil;
        }
      [[self class] setAvailableCoupons:
          [[self class] availableCoupons]-1 ];
    }
  return self;
}

+ (int) numberCouponsLeft
{
  return [self availableCoupons];
}

+ (void) resetCoupon
```

```
{
    [self setAvailableCoupons: INITIAL_COUPON_ALLOCATION];
}

@end
```

리스트 7.4와 7.5는 서브클래스 NewCoupon을 보여준다. NewCoupon은 static 변수 availableNewCoupons를 갖고 있으며, private accessor 메소드 availableCoupons와 setAvailableCoupons:를 오버라이드해 availableNewCoupons에 접근하도록 하여 Coupon과 NewCoupon이 쿠폰 개수를 별도로 관리할 수 있도록 만들었다.

리스트 7.4 NewCoupon.h

```
#import <Foundation/Foundation.h>
#import "Coupon.h"

@interface NewCoupon : Coupon
{

}

@end
```

리스트 7.5 NewCoupon.m

```
#import "NewCoupon.h"

#define INITIAL_NEW_COUPON_ALLOCATION 50

static int availableNewCoupons = INITIAL_NEW_COUPON_ALLOCATION;

@interface NewCoupon ()

+ (int) availableCoupons;
+ (void) setAvailableCoupons:(int) inAvailableCoupons;

@end


@implementation NewCoupon

+ (int) availableCoupons
```

```
{
  return availableNewCoupons;
}

+ (void) setAvailableCoupons:(int) inAvailableCoupons
{
  availableNewCoupons = inAvailableCoupons;
}

// 이 메소드는 수퍼클래스의 것을 오버라이드하고 있으며,
// 이를 통해 각 클래스는 자신만의 초기값을 보유할 수 있게 된다.

+ (void) resetCoupon
{
  [self setAvailableCoupons: INITIAL_NEW_COUPON_ALLOCATION];
}
...

@end
```

리스트 7.3과 7.5에서 Coupon과 NewCoupon은 각자 분리된 static 변수 availableCoupons와 availableNewCoupons를 갖는다. 또한 각 클래스는 별도로 구현된 클래스 accessor 메소드 availableCoupons와 setAvailableCoupons:를 통해 자신의 static 변수에 접근한다.

리스트 7.3에서 init은 static 변수에 직접 접근하는 대신 클래스 accessor 메소드 availableCoupons와 setAvailableCoupons:를 통해 남은 쿠폰 개수를 가져오거나 설정한다.

```
[[self class] availableCoupons]
```

이제 위 명령은 다음의 두 명령문에 대해 각각 해당되는 availableCoupons 버전이 동작한다.

```
[[Coupon alloc] init]

[[NewCoupon]alloc] init]
```

정리

오브젝티브-C 클래스는 오브젝트이며 클래스 메소드를 가지고 있다. 클래스 오브젝트와 클래스 메소드에 대해 꼭 기억해야 할 점을 정리하면 다음과 같다.

- 클래스 메소드는 +로 시작한다.
- 클래스 메소드를 호출하기 위해서는 클래스 이름이나 클래스 오브젝트를 참조하는 포인터를 메시지 recevier로 사용하면 된다.
- 클래스 오브젝트를 참조하는 포인터는 Class 타입의 변수에 저장할 수 있다.
- 클래스 오브젝트는 인스턴스 변수를 갖지 않으며, 인스턴스 변수 및 인스턴스 메소드를 사용하지도 못한다.
- 가장 많이 사용하는 클래스 메소드는 alloc으로, alloc은 클래스의 인스턴스를 찍어내는 공장 메소드이다.
- 그 다음으로 많이 사용하는 클래스 메소드는 convenience constructor이다. Convenience constructor는 초기화된 인스턴스를 반환한다.
- 중복된 static 변수를 이용해 클래스 변수의 기능을 구현할 수 있지만 이를 위해서는 서브클래스에 별도의 작업이 필요하다.

연습 문제

1. 클래스 Train과 서브클래스 BulletTrain을 다음과 같이 구현해보자.
   - Train을 위한 convenience constructor를 만든다. Convenience constructor는 BulletTrain 클래스로도 상속될 수 있어야 한다.
   - Train의 인스턴스와 BulletTrain의 인스턴스를 convenience constructor를 사용하여 만드는 프로그램을 작성한다.
   - 반환된 인스턴스를 로깅하여 프로그램이 정상적으로 동작하는지 확인한다.
2. 추상클래스 Dog과 그 서브클래스 AmericanDog, JapaneseDog, ItalianDog를 생각해보자. 여러분은 Dog의 짖는 소리를 로깅하는 간단한 코드를 작성할 것을 의

뢰받았다고 가정하고 다음 코드의 문제점은 무엇인지 설명해보자(이 문제는 문법 문제가 아니라 디자인 문제이다).

```
Dog *myDog = ...

if ( [myDog isMemberOfClass: [AmericanDog class]] )
   {
      NSLog(@"woof woof");
   }
else if ( [myDog isMemberOfClass: [JapaneseDog class]] )
   {
      NSLog(@"wan wan");
   }
else if ( [myDog isMemberOfClass: [ItalianDog class]] )
   {
      NSLog(@"bau bau");
   }
```

디자인을 향상시킬 수 있는 방법은 무엇일까? 그리고 만일 서브클래스 FrenchDog을 추가한다면 위 코드와 수정한 코드는 어떻게 바뀌게 될까?

3. Coupon 클래스의 최초 버전을 이용하여 프로그램을 다음과 같이 구현해보자(리스트 7.1, 7.2 참조).
   - 리스트 7.3, 7.4, 7.5와 같은 개선점을 반영하지 않은 단순한 버전의 NewCoupon 서브클래스를 작성한다.
   - Coupon의 인스턴스를 구한 다음 Coupon과 NewCoupon의 잔여 쿠폰 수를 로깅한다.
   - 그리고는 NewCoupon의 인스턴스를 구하고 마찬가지로 Coupon과 NewCoupon의 잔여 쿠폰 수를 로깅한다.
   - 결과를 통해 Coupon과 NewCoupon이 하나의 잔여 쿠폰 수를 공유하고 있는지 확인한다.

4. 3번 문제에서 Coupon과 NewCoupon을 제대로 된 버전으로 바꾼 다음(리스트 7.3, 7.4, 7.5 참조), Coupon과 NewCoupon이 각자 잔여 쿠폰 수를 정상적으로 관리하는지 확인해보자.

5. 4번에서 작성한 프로그램에 새로운 타입의 쿠폰 NewCoupon2를 추가해보자.

NewCoupon2는 NewCoupon의 서브클래스이다. Coupon, NewCoupon, NewCoupon2가 각자 잔여 쿠폰 수를 정상적으로 관리하는지 확인해보자.

6. 5번에서 작성한 프로그램에서 잔여 쿠폰 수를 관리하는 static 변수의 초기화 부분을 initialize 메소드로 옮겨보자. 각 클래스마다 initialize 메소드가 필요할 것이다(여기에서는 initialize 메소드로 옮기는 것에 대한 이점은 없다. 그러나 실전에서는 아마도 default system이나 디스크 자원 등을 통해 초기값을 가져와야 하는 경우도 생길 것이다).

Chapter 08

프레임워크

LEARNING OBJECTIVE-C 2.0

여러분이 만약 실력있는 목수이고 집을 지어줄 것을 의뢰받았다고 생각해 보자. 아마도 집을 짓기 위하여 나무를 베고 목재를 다듬는 등 필요한 모든 것을 원자재로부터 직접 만들어낼 수도 있을 것이다. 그렇게 해서 만든 집은 아마도 장인으로서는 매우 소중한 작품이겠지만, 거주지를 만드는 입장에서는 엄청나게 비효율적인 과정이 될 것이다. 그대신 재료점을 찾아가 미리 만들어진 문, 창문 등의 구성품을 구매하는 것이 훨씬 효율적일 것이다. 이와 같이 오브젝티브-C에서 가구 재료점과 같은 역할을 하는 것이 바로 프레임워크(framework)이다. 프레임워크는 미리 정의된 클래스와 유용한 함수의 저장소로 프로그램을 만들 때 사용할 수 있다. 오브젝티브-C에서 말하는 프레임워크는 Java나 C++에서의 클래스 라이브러리와 같은 개념이다.

프레임워크의 중요한 속성은 동적으로 공유된 자원을 가져올 수 있다는 것이다. 즉, 프레임워크가 보유하고 있는 실행코드나 자원들은 시스템에 하나만 있으면 되며, 필요할 때 한 번만 메모리에 올려 그 내용을 필요로 하는 모든 애플리케이션이 동시에 사용할 수 있다. 요즘은 디스크 용량이 큰 문제는 아니지만 메모리는 아직도 비싼 값을 한다.

만일 GUI 애플리케이션을 만드는 경우라면 프레임워크 오브젝트를 사용함으로써 마치 유니폼을 착용하는 것과 같이 자신이 만든 UI 체계를 다른 애플리케이션과 통일시킬 수도 있다. 이렇게 함으로써 사용자는 다른 애플리케이션에서 얻은 직관적인 UI를 그대로 여러분의 애플리케이션에 적용할 수 있다.

이번 장에서는 프레임워크란 무엇이며 프로그램을 작성하면서 프레임워크를 어떻게 사용하는가에 대해 알아본다. 그리고 Max OS X 또는 iOS 프로그램에서 사용하는 상위의 프레임워크를 살펴볼 것이다. 특히 Foundation 프레임워크에 대해서는 Chapter 9에서 더 자세히 다룰 것이다. Foundation 프레임워크는 오브젝티브-C의 root 클래스이자 문자열, 배열, set, dictionary, 숫자 오브젝트 등 OS와 상호작용하는 오브젝트의 클래스인 `NSObject` 클래스를 정의한다.

프레임워크란?

프레임워크는 번들의 한 형태이다. 번들은 디렉토리 계층으로 동적 공유 라이브러리, 각종 자원(헤더 파일, 이미지, 사운드, nib 등)을 한 곳에 모아놓은 것이다. Max OS X나 iPhone OS 개발에 사용되는 동적 공유 라이브러리는 프레임워크라는 형태로 포장되어 있다. 프레임워크 번들 이름은 항상 frameworkName.framework 와 같은 모양으로 사용한다.

프레임워크는 사용된 프로그래밍 언어에 관계없이 동적 라이브러리를 포장할 수 있다. 그러나 많은 경우 오브젝티브-C 또는 C 인터페이스를 가진 프레임워크를 사용할 것이다.

> **Note** 프레임워크는 특히 Mac OS X와 iOS 프로그래밍을 할 때 많이 쓰인다. 하지만 필요한 경우에는 일반 라이브러리나 동적 라이브러리를 사용할 수도 있다.

프레임워크 사용하기

오브젝티브-C 혹은 C 프레임워크를 사용하기 위해서는 프레임워크에서 정의한 클래스 혹은 함수에 대한 내용이 들어있는 헤더 파일을 가져와야 한다. 대다수의 프레임워크는 그룹 헤더를 가지고 있는데, 그룹 헤더는 각 프레임워크에 대한 개별 헤더 파일들을 import한다. 그 중에는 umbrella 프레임워크도 있는데, umbrella 프레임워크는 두 개 이상의 프레임워크로 구성된 프레임워크이다.

아래의 코드를 통해 Foundation 프레임워크에 있는 클래스에 대한 모든 헤더 파일을 import하게 된다.

```
#import <Foundation/Foundation.h>
```

프레임워크에 대한 모든 헤더 그룹을 import한다고 해서 작성하는 프로그램 크기가 늘어나지는 않는다. 컴파일러 입장에서는 관련되는 모든 헤더 파일을 import해주는 것이 좋다. 또한 링커 입장에서는 실행 코드를 만들기 위한 재료에 프레임워크가 포함된다는 사실을 알려주는 것도 좋다. Xcode는 프로젝트를 생성할 때 (프로젝트 타입에 따라) 기본적으로 필요한 프레임워크를 프로젝트에 추가한다. 프로젝트에 프레임워크를 추가하기 위해서는 Xcode 왼쪽의 Project Navigator 패널에서 프로젝트를 선택하고 가운데의 [TARGETS] 리스트에서 타겟 실행파일을 선택한 다음 오른쪽 상단에서 [Build Phases] 탭을 선택한다. 그러면 아래 목록에 [Link Binary With Libraries]가 보이고 그 안에 이미 Foundation 프레임워크가 로드된 것을 확인할 수 있다. 여기에서 [+] 버튼을 누르면 프레임워크를 추가할 수 있다(그림 8.1).

만일 명령 프롬프트에서 gcc(GNU 컴파일러)를 이용하여 컴파일한다면 사용하는 프레임워크를 gcc에 알려줘야 한다. 그렇게 하기 위해 -framework 옵션을 사용하여 프레임워크 이름을 건네주면 되는데, 이때 프레임워크 이름에서 .framework 부분은 빼고 적는다. 예를 들면 다음과 같다.

```
gcc myProgram.m -framework Foundation
```

여러 개의 프레임워크를 사용하는 경우에는 -framework 옵션을 일일이 사용해야 한다.

```
gcc myProgram.m -framework Foundation -framework CoreFoundation
```

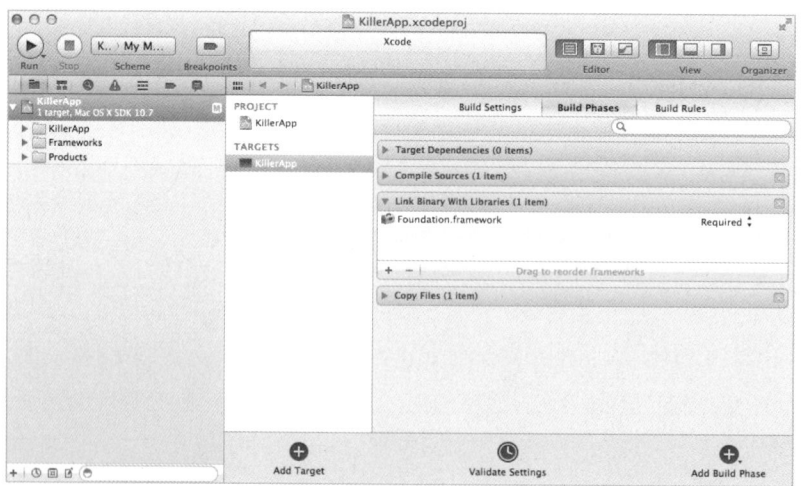

| 그림 8.1 | Xcode 프로젝트에 프레임워크 추가하기

Cocoa 프레임워크

Cocoa는 Mac OS X 프로그램을 작성할 때 사용되는 오브젝티브-C 기술로, Apple이 NeXTStep으로부터 매입하였다. Cocoa 프레임워크는 umbrella 프레임워크로 크게 세 가지 주요 프레임워크로 구성되어있다.

- Foundation 프레임워크: Foundation에는 대부분의 애플리케이션에 필요한 기본적인 오브젝트가 들어있다. 다음 장에서 주요 Foundation 클래스에 대해 다룰 것이다.
- AppKit 프레임워크: AppKit은 Application Kit의 약자로 OS X에서 동작하는 GUI 애플리케이션을 작성하는 데 필요한 클래스가 들어있다.
- Core Data: Core Data는 가장 최근(Mac OS X 10.4)에 포함된 프레임워크로 persistent 오브젝트(디스크에 저장되어 프로그램을 종료해도 지속되는 오브젝트)를 다룬다.

이 세 가지 프레임워크를 한 번에 가져오기 위해서는 다음과 같이 import하면 된다.

```
#import <Cocoa/Cocoa.h>
```

명령 프롬프트 프로그램을 작성하여 Core Data나 AppKit을 사용하지 않는다면 단순히 Foundation 그룹만 불러도 된다.

```
#import <Foundation/Foundation.h>
```

오브젝티브-C 언어와 Cocoa 프레임워크의 관계는 Java와 Java 클래스 라이브러리 같은 관계이다. 즉, 언어 자체는 간편하면서 배우기 쉽지만 실제로 일을 하기 위해서는 라이브러리에 대해 자세히 알아야 한다. 마찬가지로 오브젝티브-C 언어를 익히면 Cocoa 프로그래머로서의 자질을 갖추는 것이지만 안타깝게도 이것은 시작일 뿐이다. 이 책의 내용을 모두 마스터한 다음에도 킬러 앱을 만들기 위해 〈코코아 프로그래밍(3판)〉(아론 힐리가스, 아담 프레블, 인사이트, 2012)같은 책을 보고 Cocoa 프레임워크에 대한 더 자세한 내용을 익히기 위해 시간을 더 투자해야 할 것이다.

iPhone

iPhone에서는 AppKit 대신 UIKit 프레임워크를 사용한다. UIKit은 iPhone 유저 인터페이스를 위한 클래스를 제공한다. UIKit을 import하면 자동으로 Foundation 헤더도 import한다.

```
#import <UIKit/UIKit.h>
```

UIKit와 Foundation을 묶어 Cocoa Touch라고 부른다.

> **Note** 이름은 Cocoa와 비슷하지만 Cocoa Touch에는 umbrella 프레임워크가 없으며, CocoaTouch.h 같은 헤더 파일도 없다.

AppKit

AppKit은 대규모 프레임워크로 Mac OS X GUI 앱을 만드는 데 사용되는 약 200개의 클래스가 들어있다. AppKit에 대해 자세히 파고드는 것은 이 책의 범주를 넘어서는 것이기 때문에 여기에서는 AppKit에서 중요한 클래스에 대해 간단히 설명할 것이다.

간단하게 이야기하자면 GUI 애플리케이션은 화면의 하나 이상의 위치에 어떠한 정보(글, 이미지)를 표시하고 사용자는 마우스, 키보드 등과 같은 입력 장치를 사용하여 상호작용을 하게 된다. 그러면 운영체제는 이와 같은 동작을 인식하게 되는데, 이를 이벤트라고 한다. 이벤트가 애플리케이션으로 전달되면 애플리케이션은 이를 이용해 상태를 변경시키고 그 결과를 화면에 반영한다.

GUI 앱을 작성할 때 꼭 알아야 할 AppKit 클래스는 다음과 같다.

- `NSApplication`은 Cocoa GUI 애플리케이션에서 중심이 되는 클래스이다. 모든 애플리케이션은 이 클래스의 인스턴스를 하나 갖고 있어야만 한다. 보통 `NSApplication`의 서브클래스를 만드는 대신 별도의 오브젝트를 만들고는 그것을 `NSApplication`의 delegate으로 지정하여 필요한 설정을 한다.
- `NSWindow`는 화면에 창을 그린다.
- `NSView`는 창 영역을 표현한다. 대부분의 창은 `NSView`이거나 `NSView`를 상속하는 서브클래스이다.
- `NSEvent`는 사용자와 애플리케이션 간의 상호작용에 대한 정보를 갖는데, 이러한 정보에는 이벤트 타입, 이벤트가 발생한 화면상에서의 위치, 시각, 이벤트에 사용된 키 등이 있다.
- `NSButton`, `NSSlider`, `NSMenu`, `NSSegmentedControl`, `NSColorWell` 등과 같은 컨트롤은 사용자가 어떤 방법으로 입력하였는지 애플리케이션에 알려준다.
- `NSDocument`는 사용자가 한번에 하나 이상의 데이터를 읽고 사용할 수 있는 애플리케이션을 빌드하는 데 사용되는 중요한 클래스이다.

AppKit은 또한 하위 레벨의 C 언어로 작성된 Core Graphics 라이브러리의 기능을 감싸는 오브젝티브-C 클래스를 제공한다. AppKit을 이용하여 벡터 그래픽(`NSBezierPath`)이나 비트맵 그래픽(`NSImage`) 모두 그릴 수 있다.

많은 AppKit 클래스가 복잡하고 방대한 메소드 목록을 가지고 있다. 예를 들어, 다양한 편집 기능을 갖고 있는 TextEdit 프로그램은 `NSView`의 서브클래스인 `NSTextView` 클래스를 사용한다. TextEdit 프로그램의 전체 소스코드는 계정의 라이브러리 디렉토리에 들어있다. Mac OS X Lion의 경우 /User/계정이름/Library/Developer/Shared/Documentation/DocSets/com.apple.adc.documentation.AppleLion.CoreReference.docset/Contents/Resources/Documents/samplecode/TextEdit 디렉토리이다.

Core Foundation

Core Foundation은 하위 레벨의 C 언어로 만들어진 프레임워크로, 오브젝티브-C의 Foundation 프레임워크과 (어느 정도는) 매치되는 관계를 갖는다. Core Foundation은 데이터 타입을 정의하며 상당수의 C 언어 프레임워크가 사용하는 서비스를 제공한다. 이 시점에서 Core Foundation에 대해 언급하는 이유는 Cocoa 프로그램 또는 Cocoa Touch 프로그램을 작성하다 보면 Core Graphics(다음 장에서 설명한다)같은 하위 레벨의 C 프레임워크 사용을 위해 간간히 필요하기 때문이다.

순수 C 언어로만 작성되었음에도 불구하고 Core Foundation은 오브젝트로 엮여 있다. 많이 사용되는 Core Foundation 타입으로는 `CFString`, `CFArray`, `CFMutableArray`, `CFDictionary`, `CFMutableDictionary`, `CFData`, `CFNumber` 등이 있다.

> **Note** C 언어는 객체지향 언어가 아니지만 오브젝트 시스템을 구현하는 데 사용할 수는 있다.

Core Foundation 오브젝트는 opaque 포인터(뒤에서 설명한다)를 사용하여 접근할 수 있다. 즉, Core Foundation 오브젝트의 포인터 타입은 typedef로 데이터 타입 이름 끝에 `Ref`를 붙인 데이터 타입을 사용한다. 그래서 `CFMutableArray*`로 선언하는 대신 `CFMutableArrayRef`로 선언하는 것이다.

다음은 Core Foundation 오브젝트를 생성하는 예이다.

```
CFMutableArrayRef cfMutableArray =
    CFArrayCreateMutable ( CFAllocatorRef allocator,
                           CFIndex capacity,
                           const CFArrayCallBacks *callBacks
                         );
```

`allocator`는 오브젝트의 메모리 할당 방법에 대한 정보를 가지고 있고, `capacity`는 배열에 들어가는 요소의 최대 개수이며, `callbacks`는 callback 함수 포인터이다. Callback 함수는 배열에 오브젝트가 추가되거나 삭제될 때 retain 및 release를 실행할 때 사용된다.

자세한 내용까지는 몰라도 괜찮다. 위 코드의 목적은 Core Foundation 오브젝트의 예를 보여주는 것 뿐이다.

이번에는 Foundation 오브젝트에서 mutable 배열을 생성하는 것을 살펴보자.

```
NSMutableArray *nsMutableArray =
  [[NSMutableArray alloc] initWithCapacity: capacity];
```

여기에서 중요한 점은 Core Foundation 오브젝트가 Foundation 오브젝트에 비해 다루기가 어렵다는 것이다. Core Foundation 오브젝트를 사용하는 것이 오브젝티브-C를 사용하는 것보다 시간도 많이 걸리고 버그 발생 가능성도 높다.

Opaque 포인터

Core Foundation 오브젝트는 opaque 포인터를 통해 참조된다. Opaque 포인터는 사용자(개발자)에게 제공되지 않는 private 헤더 파일에 구현된 구조체를 참조하는 포인터이다. 헤더 파일 없이는 제공되는 함수를 통해서만 구조체 멤버에 접근이 가능하며, 구조체를 참조하는 포인터를 역참조하는 방식으로 그 내용에 접근할 수 없을 뿐만 아니라 디버거를 통해서도 그 내용을 볼 수 없다. 즉, 정보를 감추는 것이 opaque 포인터를 사용하는 목적인 것이다. 그래서 opaque 포인터의 작성자는 public 인터페이스를 고치지 않으면서 내부 구현부분을 수정할 수 있다. Core Foundation의 경우 디버거를 통해 Core Foundation 오브젝트의 내용을 볼 수 있도록 하는 CFShow 함수를 제공하지만, 디버깅하면서 Core Foundation 오브젝트를 다루는 것은 제법 고된 작업이 될 것이다.

Core Foundation 오브젝트 메모리 관리

Core Foundation 오브젝트는 오브젝티브-C의 레퍼런스 카운팅 시스템과 유사한 메모리 관리 시스템을 가지고 있다.

- Core Foundation 함수 이름에 `Create` 또는 `Copy`가 들어간 함수를 호출하여 Core Foundation 오브젝트를 소유할 수 있다.
- 다른 함수(보통 `Get`이 들어있다)로는 Core Foundation 오브젝트를 소유하지 못한다. 만일 오브젝트를 계속해서 사용하고 싶다면 반드시 소유권을 획득해야

하며, 이를 위해 CFRetain 함수가 제공된다.
- 소유권을 갖고 있는 오브젝트의 사용이 끝나면 CFRelease 함수를 통해 반드시 release시켜야 한다.

오브젝티브-C의 release와 retain 메소드 역시 다른 오브젝티브-C 메소드와 마찬가지로 receiver가 nil인 경우에는 그냥 무시된다. 그러나 CFRetain이나 CFRelease 함수의 경우에는 NULL을 인수로 제공하면 crash를 일으키게 된다. 그렇기 때문에 CFRetain이나 CFRelease 함수를 사용하기 전에는 인수가 NULL인지 꼭 확인해야 한다.

 Core Graphics(다음 섹션에서 설명)같은 하위 레벨 C 프레임워크 중 일부는 Core Foundation과 같이 동일한 오브젝트 메모리 관리 시스템을 사용한다.

Toll-Free Bridging

몇몇 Foundation 클래스는 매치되는 Core Foundation 클래스의 메모리 레이아웃과 거의 동일한 메모리 레이아웃을 사용한다. 이러한 클래스의 경우, Foundation 오브젝트의 포인터는 매치되는 Core Foundation 오브젝트를 참조하는 용도로 사용되기도 하며 그 반대로도 사용된다. 그저 적당히 타입 변환만 해주면 되기 때문에 Apple에서는 이러한 기능을 일컬어 toll-free bridging이라고 한다.

리스트 8.1은 NSString과 CFString을 통해 toll-free bridging의 예를 보여준다.

리스트 8.1 **TollFreeBridge.m**

```
#import <Foundation/Foundation.h>
#import <CoreFoundation/CoreFoundation.h>

int main( void )
{
  NSAutoreleasePool *pool = [[NSAutoreleasePool alloc] init];

  // NSString 생성

  NSString *nsString = @"Toll-Free";

  // nsString을 CFString 타입으로 변환시킨 다음 CF 함수를 사용하여 길이를 구함
```

```
    CFStringRef cfString;
    cfString = (CFStringRef) nsString; // CFString 타입으로 변환
    int length = CFStringGetLength ( cfString );
    NSLog( @"CFString length is: %d", length );

    // CFString 생성

    CFStringRef cfString2 =
            CFStringCreateWithCString( NULL,
                                       "Bridge",
                                       kCFStringEncodingASCII);

    // cfString을 NSString 타입으로 변환시킨 다음 로깅에 사용

    NSString *nsString2;
    nsString2 = (NSString*) cfString2;
    NSLog( @"NSString is: %@", nsString2 );

    [pool drain];
}
```

위 코드의 결과는 다음과 같다.

```
CFString length is: 9
NSString is: Bridge
```

Toll-free bridged 클래스의 전체 목록은 부록 B에 실려있다.

Core Graphics

Core Graphics는 Quartz 2D 그래픽용 하위 레벨 API이다. Core Foundation과 마찬가지로 Core Graphics 역시 C로 작성되었지만 객체지향 성격을 갖고있다. Quartz는 장치 독립적인 2D 이미징 모델을 구현하는데, 이 모델은 PDF(예전에는 PostScript) 이미징 모델과 거의 똑같다. 여기에서 언급하는 장치 독립은 프레임워크에서 사용하는 모든 차원, 좌표체계가 장치 픽셀 단위가 아닌 미리 정의된 부동소수점 시스템을 기반으로 함을 의미한다. 결국에는 대부분의 그래픽이 픽셀로 바뀌기는

하지만 비트맵 작업을 하는 경우가 아니라면 픽셀까지 고민하면서 그래픽 작업을 할 일은 거의 없다.

Core Graphics는 색깔·투명도·색조합 설정, 직선 및 Bezier 곡선 경로 생성, 영역 채우기, 이미지 및 PDF 생성·편집, 텍스트 그리기, 이미지 자르고 붙이기 등과 같은 기능을 제공한다. 또한 색 공간 및 좌표체계도 관리한다.

Core Graphics에서 제공하는 많은 기능은 오브젝티브-C의 오브젝트로 포장되어 AppKit 프레임워크에서 사용할 수 있다. 하지만 포장되지 않은 일부 영역을 사용하기 위해서는 Core Graphics를 직접 사용해야 한다. 다행히 AppKit 레벨의 오브젝트 메시지와 Core Graphics의 함수 간 전환을 문제없이 할 수 있다. 가능한 AppKit 레벨에서 모든 것을 처리한 다음 나머지를 Core Graphics에서 처리하는 것이 좋다.

하지만 iPhone에서는 상황이 다르다. UIKit은 Core Graphics의 아주 일부분만 감싸고 있기 때문에 AppKit에서는 가능한 부분이 iPhone의 UIKit에서는 불가능하여 Core Graphics를 사용해야 하는 경우도 있다.

> **Note** Core Graphics에 대한 자세한 내용을 알고싶다면 〈Programming with Quartz: 2D and PDF Graphics in Mac OS X〉(David Gelphman, Bunny Laden 공저, San Francisco: Morgan Kaufmann, 2006)을 참조하도록 하자.

Core Animation

애플리케이션에 애니메이션을 추가할 수도 있다. 일부 애니메이션은 Mac OS X에 속해있는데, 독에서 앱을 삭제할 때 일어나는 펑 하면서 사라지는 효과(puff of smoke)와 창을 최소화할 때 나타나는 지니 효과(Genie) 등이 몇 년 간 대표적인 애니메이션 효과였다. 그러나 Leopard와 iPhone이 등장하면서 많은 애니메이션 효과들이 빛을 보게 되었다. 이같은 변화의 가장 큰 수혜자가 바로 오브젝티브-C 프레임워크 중 하나인 Core Animation으로, Core Animation은 애니메이션 작업에 들어가는 시간과 노력을 많이 줄여주었다. 극단적으로 표현하자면 개발자는 단순히 어떤 애니메이션을 어느 위치에서 돌릴 것인지 (간혹 마지막 장면을 추가하여) Core Animation에 알려주기만 하면 된다. 나머지는 Core Animation이 알아서 처리한다.

Core Animation에 대한 더 깊은 내용은 《Core Animation: Simplified Animation Techniques for Mac and iPhone Development》(Marcus Zarra, Matt Long 공저, Addison-Wesley, 2009)를 참조하도록 하자.

기타 Apple 프레임워크

지금까지 언급한 프레임워크 외에도 Apple은 상·하위 레벨에서 사용할 수 있는 다양한 프레임워크를 제공한다. 이 중 몇 가지를 들자면 다음과 같다.

- WebKit: 오브젝티브-C 프레임워크로, 웹 기반 컨텐츠와 브라우저 기능을 추가할 때 사용한다.
- ImageIO: C 언어 프레임워크로, 다양한 포맷의 이미지를 읽고 쓸 수 있다.
- Core Image: 오브젝티브-C 프레임워크로, GPU를 사용하여 이미지 처리속도를 향상시킨다.
- Core Audio: C 언어 프레임워크로, 오디오 처리를 위해 사용한다.

다음의 프레임워크는 Apple에서 제공하는 것은 아니지만 Mac OS X와 iOS에서 지원하고 있다.

- OpenGL(Mac OS X), OpenGL ES(iOS): C 언어 프레임워크로, 하드웨어 가속 기능을 이용하여 3D 그래픽 처리 속도를 높인다.
- OpenAL: C 언어 프레임워크로, 오픈 소스인 OpenAL 오디오 라이브러리를 지원한다.

 Mac OS X에서 사용할 수 있는 프레임워크 목록은 /System/Library/Frameworks에서 볼 수 있다.

써드파티 프레임워크

몇몇 회사와 개인 개발자들은 특별한 작업을 위한 오브젝티브-C 혹은 C 프레임워크를 제공한다. 이러한 프레임워크는 Apple에서 제공하는 프레임워크와 마찬가지로 Xcode 프로젝트에 추가해야 사용할 수 있다. 다만 프로그램 실행 시간에 해당 프레임워크를 사용할 수 있어야 한다. 왜냐하면 Apple에서 제공하는 프레임워크는 Mac OS X 시스템을 설치할 때 같이 설치되지만 써드파티(Third-Party) 프레임워크는 그렇지 않기 때문이다.

만일 운영체제가 애플리케이션에서 사용하는 프레임워크를 찾지 못한다면 다음과 같은 에러를 내면서 crash를 일으킬 것이다.

```
Dyld Error Message:
  Library not loaded:
@executable_path/../Frameworks/VitalStuff.framework/Versions/A/VitalStuff
  Referenced from: /Applications/KillerApp.app/Contents/MacOS/KillerApp
  Reason: image not found
```

이러한 문제를 예방하기 위해서는 사용하는 써드파티 프레임워크를 애플리케이션 번들의 Frameworks 디렉토리에 반드시 넣어주어야 한다.

 동일한 프레임워크를 사용하는 애플리케이션을 여러 개 만든다면, 애플리케이션의 설치 과정에 프레임워크를 /Library/Frameworks 디렉토리에 복사하는 단계를 추가하여 애플리케이션들이 공유할 수 있도록 해주는 것이 좋다.

자신만의 프레임워크를 만드는 것도 가능하다. 하나 이상의 애플리케이션이 사용하게 될 클래스를 만드는 경우 이를 묶어 프레임워크로 만들 수 있는데 클래스 디자인, 코딩, 테스트 작업 및 프레임워크 빌딩 작업을 모두 Xcode에서 하면 된다. 그런 다음 프레임워크를 Xcode 프로젝트에 추가하고, 애플리케이션 번들에도 프레임워크 파일을 복사하면 된다.

더 자세한 내용

기술적으로 프레임워크는 버전 관리되는 번들이다. 버전 관리되는 번들의 디렉토리 구조가 별도로 있어 다른 버전의 컨텐츠가 동시에 존재할 수 있다. 이러한 방식은 프레임워크를 유지하는 개발자가 새로운 버전의 프레임워크를 추가해도 이전 버전의 프레임워크가 공존하기 때문에 이전 버전의 애플리케이션 코드도 동작할 수 있도록 한다. 다음은 전형적인 프레임워크 디렉토리의 구조이다.

```
SomeFramework.framework/
    SomeFramework@ -> Versions/Current/SomeFramework
    Headers@ -> Versions/Current/Headers
    Resources@-> Versions/Current /Resources
    Versions/
        A/
            SomeFramework*
            Headers/
            Resources/
        Current@ -> A
```

위의 예제 프레임워크는 초기 (A) 버전을 사용하고 있다. 최상위 레벨에 있는 `SomeFramework`, `Headers`, `Resources`는 현재 버전의 디렉토리로 심볼릭 링크(symbolic link)되어 있다.

> **Note** 위 리스트를 보면, 심볼릭 링크(symbolic link)는 디렉토리 이름 끝에 @를 붙여 표시하였으며, 실행파일에는 이름 끝에 *를 붙여 표시하였다.
>
> ```
> SomeFramework*
> ```

프레임워크 디렉토리에는 들어갈 일이 많지 않지만, 프레임워크의 헤더 파일을 살펴보는 것은 프레임워크에 대한 문서가 명확하지 않거나 문서 자체를 제공하지 않을 때 프레임워크를 이해하는 데 도움이 된다.

어떤 프레임워크는 umbrella 프레임워크로, 여러 개의 프레임워크를 모은 프레임워크이다. Cocoa 프레임워크가 대표적인 umbrella 프레임워크이다. Umbrella 프레임워크도 심볼릭 링크를 제공하기 때문에 프레임워크의 내부를 뒤져보지 않아도 프레임워크의 서브 프레임워크를 쉽게 인식할 수 있다.

Apple에서 제공하는 프레임워크는 /System/Library/Frameworks 디렉토리에 있다. 그리고 사용자가 애플리케이션을 설치하면서 같이 설치된 프레임워크는 /Library/Frameworks 디렉토리에 있다. 애플리케이션 자체적으로만 사용하는 프레임워크의 경우 애플리케이션 번들 내부에 위치하게 되며 디렉토리는 MyApp.app/Contents/Frameworks 가 된다.

Mac OS X와 iOS 역시 내부적으로만 사용하는 프레임워크가 있다. 이 프레임워크들은 아예 사용을 못하는 것은 아니지만 가급적 사용하지 않는 것이 좋다. 잘못 사용하다가는 향후 출시될 운영체제에 영향을 미치기 때문이다. iOS의 경우 내부 프레임워크를 사용하면 App Store에 등록할 수 없다.

정리

프레임워크는 번들(일종의 디렉토리 형태의 구조)로 동적 라이브러리의 실행 코드와 자원에 접근할 수 있도록 한다. 모든 오브젝티브-C 프로그램은 기본 클래스를 제공하는 Foundation 프레임워크를 사용한다. Mac OS X GUI 프로그램은 UI를 구성하기 위하여 AppKit 프레임워크를 사용하며, iPhone UI의 경우에는 UIKit 프레임워크를 사용한다. Apple에서는 오디오나 그래픽 같은 특정 기능에 집중된 다양한 종류의 프레임워크를 제공한다. 이 중에는 C로 쓰여진 프레임워크도 있으며, Core Foundation 프레임워크에서 정의된 오브젝트 시스템과 메모리 관리 기능을 사용한다.

Chapter 09

Common Foundation 클래스

LEARNING OBJECTIVE-C 2.0

오브젝티브-C는 굉장히 간결한 언어다. 실제로 오브젝티브-C의 능력 중 대부분은 관련된 클래스 라이브러리, 즉 프레임워크에 있다. 앞 장에서 이미 프레임워크에 대한 일반적인 내용에 대해 살펴보았다. 이번 장에서는 특히 Foundation 프레임워크의 몇 가지 클래스에 대해 다룰 것이다.

Foundation 프레임워크는 문자열, 배열, dictionary, 숫자 오브젝트 등 기본적인 엔티티에 대한 클래스를 제공한다. 물론 Foundation 프레임워크 없이 오브젝티브-C 프로그램을 작성하는 것이 불가능하지는 않지만, Foundation 클래스를 사용하는 것이 시간과 버그를 줄이는 데 도움이 된다.

이번 장은 immutable과 mutable 버전을 모두 갖는 클래스에 대한 일반적인 정보와 클래스 클러스터(class cluster)에 대한 이야기로 시작한다. 그리고 가장 많이 사용하는 Foundation 클래스 `NSString`, `NSArray`, `NSDictionary`, `NSSet`, `NSData`와 이들의 mutable 서브클래스 `NSNull`, `NSNumber`, `NSURL`에 대해서 살펴본 다음 비(非)-오브젝트 구조를 갖는 `NSRange`, `NSPoint`, `NSSize`, `NSRect`에 대해 설명할 것이다.

> **Note** Foundation 클래스의 전체 리스트와 그에 대한 설명은 http://developer.apple.com/mac/library/documentation/Cocoa/Reference/Foundation/ObjC_classic에서 확인할 수 있다.

Immutable 클래스, Mutable 클래스

오브젝티브-C의 오브젝트, 글자, 바이트를 싣는 용도로서의 Foundation 클래스는 immutable과 mutable로 구분되는데 기본적인 클래스는 모두 immutable이다. Immutable 클래스의 인스턴스를 만들면 그 내용을 바꿀 수 없다. 예를 들어 `NSArray`(immutable 클래스)의 인스턴스를 만든 후 배열에 오브젝트를 추가하기 위해서는 오브젝트가 추가된 배열을 새로 만들고 이전 배열을 release시켜야 한다. 내용을 변경시킬 수 있는 mutable 클래스는 모두 연관된 immutable 클래스의 서브클래스이다.

Mutable 클래스와 immutable 클래스를 분리하여 만드는 것은 immutable 클래스의 구현방법에 따라 어느정도 효율성을 제공할 수 있도록 한다. Immutable 배열을 생성하면 배열에 들어가는 오브젝트 수가 배열 생성시점에 고정된다. 하지만 mutable 배열은 그 내용의 늘고 줄음을 지원해야 하기 때문에 더 복잡해진다. 이번 장에서 설명하는 immutable 및 mutable 클래스는 다음과 같다.

- NSString, NSMutableString
- NSArray, NSMutableArray
- NSDictionary, NSMutableDictionary
- NSSet, NSMutableSet
- NSData, NSMutableData
- NSIndexSet, NSMutableIndexSet

클래스 클러스터

NSString, NSArray, NSDictionary, NSSet, NSNumber, NSData 클래스는 클래스 클러스터(Class Cluster)로 구현되었다. 클래스 클러스터는 단순한 인터페이스를 통해 복잡한 부분을 숨기는 역할을 한다. 클래스 클러스터를 볼 때 밖으로 보이는 부분은 추상 클래스로, 실제로 클래스 내용은 내부에 숨겨져있으며 단단하게 구성된 서브클래스에 구현되어 있다. 내부의 서브클래스는 추상클래스에서 사용하는 인터페이스에 대한 부분을 모두 구현하는데, 내부적으로는 공간을 최소화하고 성능을 최대화하는 방향으로 구현된다. 어쨌거나 클래스 클러스터의 인스턴스를 요청하면 클러스터의 내부에서 구현된 서브클래스 중 하나의 인스턴스를 받게 된다. 서브클래스가 어떤 것이 되는지는 사용하는 init 메소드에 의해 결정된다.

Note 클래스 클러스터에 대한 자세한 내용은 〈코코아 디자인 패턴〉(에릭 벅, 케이앤피북스, 2011)을 참조하도록 하자.

클래스 클러스터로 클래스를 만들기 위해서는 다음을 유의해야 한다.

- 클러스터로 구현되는 클래스의 init 메소드는 alloc을 통해 넘어오는 다양한 타입의 오브젝트에 대해 알맞은 서브클래스를 이용하여 처리해줄 수 있어야 한다. 클러스터의 alloc 메소드는 별도의 껍데기 클래스에 속하는 임시 오브젝트를 반환하는데, init 메소드는 임시 오브젝트를 release하고 클러스터의 해당 서브클래스의 인스턴스를 반환한다. 이와 같은 절차는 매우 중요하다. 즉, alloc을 통해 받은 오브젝트에 대해 retain을 해서는 안된다. alloc과 init을 중첩하여 한 줄로 작성하면 다음과 같다.

    ```
    SomeClassCluster *classCluster = [[SomeClassCluster alloc] init];
    ```

    Chapter 6에서 언급한 바와 같이 alloc과 init을 중첩하여 사용하는 것은 오브젝트를 생성하는 표준 문법이다. 만약 이러한 표준을 습관화한다면 alloc과 init 이슈에 대한 고민이 없어질 것이다.

- NSObject의 메소드 isMemberOfClass:는 클래스 클러스터 인스턴스로 사용되면 안된다.

    ```
    NSArray *array = [NSArray arrayWithObject: @"Foo"];
    BOOL test = [array isMemberOfClass: [NSArray class]];
    ```

    위 코드를 실행하고 난 후 test 값은 NO가 되는데, 그 이유는 array는 NSArray의 인스턴스가 아니라 NSArray의 내부 서브클래스의 인스턴스이기 때문이다.

- 클래스 클러스터의 서브클래스를 만드는 것은 일반 클래스의 서브클래스를 만드는 것보다 더 복잡하다. 이 부분은 이 책의 범위를 넘어서기 때문에 다루지 않겠다.

클래스 클러스터 확인 방법

클래스가 클래스 클러스터인지 확인할 수 있는 유일한 방법은 클래스에 대한 문서를 읽는 것 뿐이다. 아마도 다음과 같은 클래스 메소드가 있다면 좋겠지만 아직까지 이런 메소드는 없다.

```
+(BOOL)[SomeClass isClassCluster]
```

NSString

C 언어에서의 문자열은 char 문자들이 들어있고 NULL로 끝나는 배열이다. NULL 바이트는 문자열의 끝을 알려주는 용도로 사용된다. 또한 C 언어 문자열은 구조체를 갖지 않는다. 그래서 간단한 작업에 사용하기에는 참 좋지만 본격적으로 사용하기에는 몇 가지 문제점 – 버퍼 오버플로우, 텍스트로 사용될 곳에 NULL 사용, NULL 문자 공간 미확보 등 – 과 함께 문자열 처리를 구현하는 고통이 수반된다.

Foundation 프레임워크는 이러한 C 스트링의 문제를 해결하기 위하여 NSString이라는 문자열 클래스를 만들었다. NSString은 크게 두 가지 타입이 있다. 하나는 NSString 상수로 컴파일러가 생성하는 NSString 문자열 상수이며, 다른 하나는 다른 오브젝티브-C 오브젝트와 동일한 NSString 오브젝트이다.

NSString 상수를 만들기 위해서는 문자열 앞뒤로 큰따옴표를 붙이고 맨 앞에 @를 붙이면 된다.

```
NSString* greeting = @"Hello";
```

위 구문은 NSString 포인터 타입 변수 greeting을 선언하면서 동시에 NSString 상수 "Hello"의 주소값으로 초기화한다.

문자열 상수와는 달리 `alloc ... init` 조합이나 NSString의 convenience constructor를 사용하여 NSString 오브젝트를 만들 수도 있다. 아래의 예제는 파일에 저장된 글자들을 convenience constructor를 사용하여 NSString 오브젝트를 만드는 것을 보여준다.

```
NSString*  textOfFile =
    [NSString stringWithContentsOfFile: @"/Users/you/textfile.txt"
            encoding: NSUTF8StringEncoding
            error: NULL]; // 당장은 에러를 무시한다.
```

인수로 사용된 파일 경로 자체도 NSString이다.

텍스트 인코딩은 복잡한 주제로 이 책의 내용을 벗어난 부분이다. 예제에서 사용한 코드는 ASCII 코드이다. ASCII 코드 문자는 1바이트 UTF8(Unicode) 글자이다.

NSString은 대규모 클래스로 100개가 넘는 메소드를 보유하고 있다. 이러한 메소드에는 파일, URL, 기타 스트링 등으로부터 문자열을 생성하는 메소드, 문자열을 비교·추출하는 메소드, 파일 또는 URL로 보내는 메소드, 양식에 맞춰주는 메소드, 파일 시스템 경로와 관련된 메소드 등 다양한 메소드들이 있다. NSString 오브젝트는 오브젝티브-C에서 사용된다. 또한 텍스트, 파일 시스템 경로, NSString 오브젝트들은 Foundation 프레임워크의 dictionary 클래스의 키 값으로 빈번하게 사용된다.

NSString 예제

이번에는 몇 가지 NSString 예제를 통해 기본적인 문자열 작업을 살펴보자. 각 예제는 발췌된 짧은 코드와 함께 그 결과를 나열하는 식으로 구성하였다.

NSLog

```
NSLog( @"The sky is %@.", @"blue" );
```

결과는 다음과 같다.

```
The sky is blue.
```

참고사항은 다음과 같다.

- NSLog 포맷 스트링은 그 자체가 NSString이다.
- NSLog는 %@ 구분자에 해당하는 인수에 description 메시지를 보낸다. 그러면 %@이 description 메소드에서 반환된 NSString의 텍스트로 치환된다. NSString의 description 메소드는 단순히 self를 반환한다.

NSString 길이 구하기

```
NSString *string = @"A string to measure";
NSUInteger stringLength = [string length];
NSLog( @"The length is: %d.", stringLength);
```

결과는 다음과 같다.

```
The length is: 19.
```

NSString 내용을 대문자로 변환한 새로운 문자열 생성

```
NSString *string1 = @"Make me taller.";
NSString *string2 = [string1 uppercaseString];
NSLog( @"Uppercased string: %@", string2 );
```

결과는 다음과 같다.

```
Uppercased string: MAKE ME TALLER.
```

비슷한 메소드로 lowercaseString이 있다. 주의할 점은 uppercaseString 메소드는 string1을 대문자로 변환시키지 않는다는 것이다. 그저 (autorelease 된) 새로운 문자열을 반환한다. string1은 그대로 남는다.

종종 다음과 비슷한 코드를 보게 될 것이다.

```
string1 = [string1 uppercaseString];
```

사실 위 코드에서 원래의 NSString이 대문자로 변하지 않는다. 뿐만 아니라 NSString 오브젝트는 immutable로 변경할 수 없다. 따라서 위 코드의 실제 의미는 NSString 포인터 타입의 변수 string1에 uppercaseString 메소드로부터 반환된 새로운 문자열의 주소를 지정하는 것이다. 만약 변경 전 string1이 문자열 상수이거나 autorelease된 오브젝트라면 상관없지만, 그렇지 않은 경우에는 원래의 string1이 참조하던 메모리 공간은 잃어버리게 된다(메모리 누수 발생).

NSString 뒤에 다른 NSString을 붙이기

```
NSString *string1 = @"The First Part ";
NSString *string2 = @"The Second Part";
NSString *result = [string1 stringByAppendingString: string2];
NSLog( @"Resulting string: %@", result );
```

결과는 다음과 같다.

```
Resulting string: The First Part The Second Part
```

예에서 알 수 있듯이, string1은 바뀌지 않았다. stringByAppendingString 메소드는 새로운 문자열을 반환할 뿐이다.

문장을 단어 단위로 나누기

```
NSString *string1 = @"This sentence is falling apart";
NSArray *words =
  [string1 componentsSeparatedByCharactersInSet:
    [NSCharacterSet whitespaceCharacterSet]];
NSLog( @"Word array: %@", words);
```

결과는 다음과 같다.

```
Word array: (
    This,
    sentence,
    is,
    falling,
    apart
)
```

componentsSeparatedByCharactersInSet 메소드는 NSString 문자열에 있는 단어들이 배열 요소로 구성된 배열을 반환한다.
componentsSeparatedByCharactersInSet 메소드는 단어를 구분할 구분자를 추가 인수로 받는다. NSCharacterSet은 Foundation 클래스로 글자 set을 표현하며,

whitespaceCharacterSet은 convenience constructor로 공백과 탭 글자로 구성된 set을 반환한다.

C 문자열과 NSString 간 변환

만일 프로그램이 일반 C 라이브러리 또는 Unix 레벨과의 인터페이스를 사용한다면 C 문자열과 NSString 오브젝트 간 변환이 필요할 것이다. 다음은 C 문자열을 NSString으로 변환시키는 코드이다.

```
char*    cString = "Hello Universe";
NSString*   nsString = [NSString stringWithUTF8String: cString];
```

다음은 반대로 NSString을 C 문자열로 변환시키는 코드이다.

```
NSString* nsString = @"Anybody Home?";
char* cString = [nsString UTF8String];
```

UTF8String 메소드는 UTF-8 Unicode 글자로 구성된 배열을 반환한다. UTF-8은 ASCII 코드의 상위집합이며, 0~127까지의 값이 UTF-8과 ASCII가 동일하다. 과거에 사용하던 NSString 메소드 stringWithCString:과 cString은 이제 deprecated로 표시되어 신규 버전에서는 지원하지 않는다.

UTF8String 메소드에서 반환된 C 문자열에 대한 메모리는 시스템이 소유하고 있으며, 현재의 autorelease pool을 release 할 때 같이 free시킨다. 만약 C 문자열을 계속해서 사용하고자 한다면 별도로 복사해서 사용해야 한다.

NSMutableString

NSString 오브젝트는 immutable로, 한 번 생성한 이후에는 변경할 수 없다. 만일 NSString의 내용을 변경하고 싶다면 NSString의 서브클래스인 NSMutableString을 사용해야 한다.

```
NSMutableString* mutableString =
    [NSMutableString stringWithString: @"Shun the Bandersnatch."];

[mutableString insertString: @"frumious " atIndex: 9];

NSLog( @"%@", mutableString );
```

위 코드의 결과는 다음과 같다.

```
Shun the frumious Bandersnatch.
```

C와 마찬가지로 `NSString`이나 `NSMutableString`의 문자열의 인덱스 번호는 0부터 시작한다.

문자열 상수

`NSString`의 문자열 상수 인스턴스는 컴파일러에 의해 읽기 전용(read-only) 메모리에 생성된다. 그렇기 때문에 다른 오브젝트와 마찬가지로 `NSString`의 문자열 상수 인스턴스를 참조하는 포인터를 사용하여 어디서나 문자열 상수를 사용할 수 있다.

```
NSString *string = [@"speak louder!" uppercaseString];
NSLog( @"Uppercased string: %@", string );
```

위 코드의 결과는 다음과 같다.

```
Uppercased string: SPEAK LOUDER!
```

문자열 상수는 프로그램이 실행하는 동안 계속 살아있으며, 오브젝티브-C 메모리 관리 시스템에 영향을 받지 않는다. 그러나 `NSString*` 타입의 변수가 문자열 상수를 가리키는지 일반 `NSString` 오브젝트를 가리키는지 알 수 없기 때문에 메모리 관리 규칙을 그대로 지켜야 한다. 문자열 상수에 `retain` 또는 `release` 메시지를 보내도 아무런 동작을 하지 않는다.

컬렉션 클래스

`NSArray`, `NSDictionary`, `NSSet` 및 해당하는 mutable 클래스는 모두 컬렉션 클래스로, 오브젝트 컬렉션을 다룬다. 다른 언어, 특히 스크립트 언어에서 이와 같은 개념을 접해봤을 것이다. 오브젝티브-C에서는 Foundation 프레임워크에서 제공하며, `NSDictionary`와 `NSArray`는 Foundation과 AppKit에서 여러 개의 오브젝트를 메소드에 전달하거나 메소드로부터 반환 받는 용도로 폭넓게 사용되고 있다.

NSArray

C 배열은 주어진 개수만큼 연속된 메모리 공간을 차지한다. 다음을 보면,

```
unsigned char name[25];
```

`name[0]` 주소부터 정확히 25바이트만 할당하게 되는데, 배열 길이에 대한 runtime 정보도 없으며 길이 초과 여부를 검사하지도 않는다. 그렇기 때문에 다음과 같은 동작을 막을 길이 없다.

```
unsigned char name[25];
name[100] = 200;
```

지정문을 보면 무엇이 되든지 &name+100 주소에 저장이 되는 것이다. 이렇게 되면 데이터가 손상되거나 더 나아가 crash를 일으키는 원인이 된다. 이러한 실수 혹은 의도적 공격(버퍼 오버플로우 공격)에 대한 대비는 C 프로그래밍에 있어 큰 고민거리 중 하나이다.

`NSArray` 클래스(서브클래스 `NSMutableArray` 포함)는 이와 같은 문제를 해결한 오브젝트 배열을 제공하는데, `NSArray`의 특징은 다음과 같다.

- `NSArray` 오브젝트는 오브젝티브-C 오브젝트만 담는다. `NSArray`에는 순수 C 타입을 담을 수 없다.

- NSArray 오브젝트는 영역을 확인한다. 그렇기 때문에 0보다 작은 값이나 배열 크기보다 더 큰 값을 인덱스로 사용하는 경우 runtime 에러가 발생한다.
- NSArray 오브젝트는 항상 꽉 채운다. 그래서 배열 중간에 비는 부분이 없다.
- NSArray 오브젝트는 자신의 컨텐츠에 대해 retain한다. 배열에 추가되는 오브젝트는 retain 메시지를 받으며, 배열에서 삭제될 때 release 메시지를 받는다.

NSArray의 길이

count 메소드는 NSArray의 아이템 개수를 반환한다.

```
NSArray *fruitBasket =
  [NSArray arrayWithObjects:
    @"Apple", @"Orange", @"Banana", nil];

NSUInteger numFruits = [fruitBasket count];
NSLog (@"Number of fruits in the basket: %d", numFruits );
```

arrayWithObjects:는 convenience constructor로 지정된 오브젝트로 채워진 배열을 반환하는데, 콤마(,)로 구분된 오브젝트 리스트를 인수로 받아 배열에 넣는다. 오브젝트 리스트는 nil로 끝낸다. 위 코드의 실행결과는 다음과 같다.

```
Number of fruits in the basket: 3
```

NSArray의 영역 검사

인덱스 값으로 음수를 사용하거나 배열 크기를 넘는 값을 사용하면 runtime 에러가 발생한다.

```
NSArray *fruitBasket =
  [NSArray arrayWithObjects:
    @"Apple", @"Orange", @"Banana", nil];

id myFruit = [fruitBasket objectAtIndex: 5];
```

위 코드를 실행하면 다음과 같은 에러가 발생한다.

```
*** Terminating app due to uncaught exception 'NSRangeException',
reason: '*** -[NSCFArray objectAtIndex:]: index (5) beyond bounds (3)
```

 에러 메시지에 나타난 `NSCFArray`는 `NSArray`의 내부 서브클래스이다. `NSArray`가 클래스 클러스터라는 사실을 기억하기 바란다. 클래스 클러스터의 인스턴스를 요청하면 클러스터의 public 클래스의 내부 서브클래스의 인스턴스를 받게 된다.

NSMutableArray에 오브젝트 추가하기

오브젝트 하나를 `NSMutableArray`에 추가하면 길이가 1 늘어난다. 오브젝트를 추가하기 위해서는 우선 배열에 남는 공간이 있어야 하고 배열의 맨 마지막에 오브젝트가 들어가는데 남은 공간 중 특정 인덱스 위치에 오브젝트를 추가할 수 없다. 다음과 같은 코드에서는

```
NSMutableArray *mutableFruitBasket =
  [NSMutableArray arrayWithObjects:
    @"Apple", @"Orange", @"Banana", nil];

[mutableFruitBasket insertObject: @"Kiwi" atIndex: 6];
```

바로 앞의 예제 결과와 비슷한 영역 에러를 보게 될 것이다.

만약 오브젝트를 배열의 중간에 추가하면 추가하는 인덱스부터 나머지까지의 오브젝트가 하나씩 밀리면서 오브젝트가 추가된다.

```
NSMutableArray *mutableFruitBasket =
  [NSMutableArray arrayWithObjects:
    @"Apple", @"Orange", @"Banana", nil];

NSLog( @"Fruit basket before adding kiwi: %@", mutableFruitBasket );

[mutableFruitBasket insertObject: @"Kiwi" atIndex: 1];

NSLog( @"Fruit basket after adding kiwi: %@", mutableFruitBasket );
```

위 코드의 결과는 다음과 같다.

```
Fruit basket before adding kiwi: (
    Apple,
    Orange,
    Banana
)
Fruit basket after adding kiwi: (
    Apple,
    Kiwi,
    Orange,
    Banana
)
```

Mutable 배열에서 오브젝트를 삭제하는 것도 비슷하게 동작한다. 즉, 삭제하는 오브젝트의 뒤에 있는 오브젝트가 하나씩 앞으로 당겨지며 빈 공간을 없애고 전체 배열 길이도 1 감소된다.

NSArray의 오브젝트를 위한 메모리 관리

NSArray에 추가되는 오브젝트는 retain 메시지를 받는다. 그리고 배열에서 삭제되는 오브젝트는 release 메시지를 받는다. 또한 배열이 dealloc될 때는 전체 오브젝트가 release 메시지를 받는다. 이러한 정책 때문에 NSMutableArray에서 삭제한 오브젝트를 사용하고자 할 때 특히 조심해야 한다. 왜냐하면 오브젝트를 retain한 존재가 배열밖에 없다면 오브젝트를 배열에서 추출하는 순간 오브젝트의 레퍼런스 카운트 값은 0이 될 것이고, 그렇게 되면 더이상 오브젝트를 사용할 수 없기 때문이다.

```
// 위험!

id objectOfInterest = [myMutableArray objectAtIndex: 0];

[myMutableArray removeObject: objectOfInterest];

// objectOfInterest는 deallocated 되었을 가능성이 있다.

[objectOfInterest someMessage];
```

앞의 코드의 마지막 줄에서 이미 오브젝트가 dealloc되었을 수도 있으며, 그렇다면 바로 crash를 일으킬 것이다. 그렇기 때문에 배열에서 제거할 오브젝트를 사용한다면 제거하기 전에 미리 retain해두어야만 한다.

```
// 좋음!
id objectOfInterest = [[myMutableArray objectAtIndex: 0] retain];
[myMutableArray removeObject: objectOfInterest];
[objectOfInterest someMessage];
```

여기에서 주의할 점이 있는데, 오브젝트를 retain했기 때문에 사용을 마치고 나면 release 또는 autorelease 시켜주어야 한다.

NSDictionary

NSDictionary와 NSMutableDictionary는 키-값(key-value) 쌍으로 이루어진 집합을 다룰 수 있도록 한다(Dictionary는 다른 언어에서 연관 배열로 사용되기도 한다). 키는 값에 대한 이름으로 값을 찾는 데 사용되며, 값은 키에 대한 컨텐츠 역할을 하며 내용이 바뀌기도 한다. 키-값 쌍은 엔트리라고도 한다.

Dictionary에 엔트리를 추가하면 dictionary는 키의 복사본을 만든다. 즉, 어떠한 오브젝트를 키로 사용하기 위해서는 오브젝트의 클래스는 반드시 copyWithZone: (Chapter 6 참조) 메소드를 구현해야 한다. 이 사항만 지킨다면 어떠한 타입의 오브젝트를 사용하든 상관없다. 하지만 일반적으로 NSString 오브젝트가 키로 많이 쓰인다.

다음 예제는 mutable dictionary를 하나 만들고 엔트리를 몇 개 추가한 다음 키를 이용해 저장된 오브젝트를 찾는 것을 보여준다.

```
NSMutableDictionary *favoriteFruits =
    [NSMutableDictionary dictionaryWithCapacity: 3];

// 엔트리 몇 개 추가
[favoriteFruits setObject: @"Orange" forKey: @"FavoriteCitrusFruit"];
```

```
[favoriteFruits setObject: @"Apple"     forKey: @"FavoritePieFruit"];
[favoriteFruits setObject: @"Blueberry"  forKey: @"FavoriteBerry"];

NSLog( @"Favorite fruits are: %@", favoriteFruits);

// 엔트리 내용 수정
[favoriteFruits setObject: @"Raspberry"  forKey: @"FavoriteBerry"];

NSLog( @"Favorite fruits are: %@", favoriteFruits );

// 키를 이용하여 엔트리 조회
id pieFruit = [favoriteFruits objectForKey: @"FavoritePieFruit"];

NSLog( @"Favorite pie fruit is: %@", pieFruit );
```

위 예제의 결과는 다음과 같다.

```
Favorite fruits are: {
    FavoriteBerry = Blueberry;
    FavoriteCitrusFruit = Orange;
    FavoritePieFruit = Apple;
}
Favorite fruits are: {
    FavoriteBerry = Raspberry;
    FavoriteCitrusFruit = Orange;
    FavoritePieFruit = Apple;
}
Favorite pie fruit is: Apple
```

Convenience constructor `dictionaryWithCapacity:`의 인수는 단순히 dictionary의 초기 크기를 정하는 데 사용된다. NSMutableDictionary에 엔트리가 추가되면 자동으로 크기가 늘어난다.

`setObject:forKey:` 메소드는 mutable dictionary에 엔트리를 추가하는 데 사용된다. Dictionary마다 하나의 키에 대한 값은 하나만 사용된다. 그래서 이미 값을 가지고 있는 키에 새로운 값을 추가하면 기존에 있던 값은 새로운 값으로 대체된다. 앞의 예에서도 @"FavoriteBerry" 키에 대한 값이 @"Blueberry"에서 @"Raspberry"로 바뀌었다.

`objectForKey:` 메소드는 주어진 키에 대한 값을 NSDictionary나 NSMutableDictionary에서 찾는다. 키에 대한 엔트리가 없다면 메소드는 `nil`을 반환한다.

Dictionary에 추가되는 값으로 사용되는 오브젝트는 추가되면서 `retain` 메시지를 받는다. 하지만 키로 사용되는 오브젝트는 복사되기 때문에 `retain` 메시지를 받지 않는다. 엔트리가 dictionary에서 빠지거나 dictionary가 release되면 키(원본이 아닌 복사본)와 값에 해당하는 오브젝트들은 모두 `release` 메시지를 받는다. 그래서 `NSMutableArray`와 마찬가지로 `NSMutableDictionary`에서 제거할 예정인 오브젝트를 사용하고 싶다면 미리 `retain`해두어야 한다. 그렇지 않으면 dictionary에서 오브젝트를 빼내는 순간 오브젝트가 dealloc 될 것이다.

NSSet

`NSSet`과 `NSMutableSet`은 수학에서 말하는 집합처럼 오브젝트를 묶는다. 오브젝트 집합은 다음과 같은 특징을 갖는다.

- 집합의 멤버들은 정렬되지 않는다. 또한 특정 오브젝트를 선택해서 조회하지도 못한다. 그저 `allObjects` 메소드를 사용해 모든 오브젝트를 가져오거나 `NSEnumerator` 오브젝트(Chapter 10 참조)를 사용하여 루프를 돌면서 조회하는 수밖에 없다. `allObjects`에서 반환된 배열에서의 오브젝트의 순서나 일일이 루프를 돌면서 조회되는 오브젝트의 순서는 정해져 있지 않다.
- 집합에 들어있는 오브젝트는 몇 번을 추가하든지 하나만 나타난다.
- `NSArray`, `NSDictionary`와 마찬가지로 집합에 추가되는 오브젝트는 `retain` 메시지를 받으며, 집합에서 빠지거나 집합이 dealloc되면 오브젝트는 `release` 메시지를 받는다.

다음 예제는 `NSMutableSet`에 이미 있는 오브젝트를 추가할 때 어떤 결과가 나오는지 보여준다.

```
NSMutableSet *favoriteFruits =
    [NSMutableSet setWithCapacity: 3];

// 오브젝트 추가
```

```
[favoriteFruits addObject: @"Orange"];
[favoriteFruits addObject: @"Apple"];

NSLog( @"Favorite fruits are: %@", favoriteFruits );

// 이미 추가된 동일한 오브젝트를 추가
[favoriteFruits addObject: @"Apple"];

NSLog( @"Favorite fruits are: %@", favoriteFruits );
```

결과는 다음과 같다.

```
Favorite fruits are: (
    Apple,
    Orange
)}
Favorite fruits are: (
    Apple,
    Orange
)}
```

두 번이나 추가했지만 `@"Apple"`은 한 번만 나타나는 것을 볼 수 있다.

NSNumber

오브젝티브-C를 (Java 경험 없이) 처음 접하는 사람이라면 C의 숫자 타입을 오브젝티브-C의 배열, dictionary, set에 직접 넣지 못하는 것에 놀랐을 것이다. 사실 오브젝트를 필요로 하는 곳에서는 일반 C 타입(숫자 또는 구조체)뿐만 아니라 일반 C 타입을 참조하는 포인터도 사용할 수 없다. 기본 C 타입은 오브젝트가 아니다.

만약 `float`을 `NSArray`에 넣으려고 한다면

```
float x = 99.9;
NSMutableArray* array = [NSMutableArray array];
[array addObject:  x];
```

이 코드는 컴파일되지 않는다.

```
error: incompatible type for argument 1 of 'addObject:'
```

float 대신 int를 사용하면

```
int n = 99;
NSMutableArray* array = [NSMutableArray array];
[array addObject:  n];
```

코드는 컴파일되지만 int인지 포인터인지 헷갈린다는 경고문구를 내보낸다.

```
warning: passing argument 1 of 'addObject:' makes pointer from integer without a
cast
```

결국 실행 도중 crash를 일으키며 중단된다.

```
Segmentation fault
```

오브젝티브-C 컬렉션 클래스에 숫자를 저장하거나 오브젝트를 필요로 하는 곳에서 숫자를 사용하고 싶다면 숫자를 NSNumber 클래스의 인스턴스로 감싸주어야 한다.

```
float aFloat = 99.9;
NSNumber *floatAsAnObject = [NSNumber numberWithFloat: aFloat];

NSMutableArray* array = [NSMutableArray array];
[array addObject:  floatAsAnObject];

NSLog( @"Array contains: %@", array );
```

위 코드의 결과는 다음과 같다.

```
Array contains: (
"99.9"
)
```

실제 숫자가 필요한 경우에는 NSNumber가 반환해준다.

```
float y;

y = [floatAsAnObject floatValue];   // y는 이제 = 99.0
```

NSNumber는 BOOL과 char를 포함한 모든 숫자 타입을 저장하고 꺼낼 수 있다. NSNumber 오브젝트도 alloc ... init 조합을 사용하여 생성할 수 있지만 그보다는 convenience constructor를 사용하는 것이 더 일반적이다.

```
NSNumber* fiveAsNSNumber = [NSNumber numberWithInt: 5];
```

NSNumber의 인스턴스는 immutable로, 오브젝트가 생성된 후에는 그 내용을 바꿀 수 없다. 그래서 다른 숫자 값을 사용하기 위해서는 새로운 NSNumber 오브젝트를 생성해야 한다.

NSNull

Foundation 프레임워크의 놀라운 점 중 하나는 컬렉션 오브젝트에 비어있음(no object)을 나타내는 무언가를 넣기 위해서는 약간의 작업이 필요하다는 것이다. 프로그램을 짜다 보면 배열구조 자체만을 사용하기 위하여 "no object"를 넣는다거나 키는 있고 값은 없어서 "no object"를 dictionary에 넣는 경우도 생기기 마련이다. 물론 대부분의 경우 오브젝트가 없음을 나타내는 nil을 사용하면 되지만, nil 자체는 오브젝트가 아니기 때문에 배열, dictionary, set에 사용할 수 없다.

다음의 예는 배열에 int, float을 추가하는 것보다 더 위험하다.

```
id someObject = nil;

NSMutableArray* myArray = [NSMutableArray array];

[myArray addObject: someObject];
```

왜냐하면 위 코드를 컴파일해도 아무런 경고 메시지를 남기지 않기 때문이다(컴파일러는 someObject를 배열에 추가할 때 nil 값을 갖는지 알 수 없다). 그러나 실행을 시켜보면 바로 에러를 일으키며 중단된다.

```
*** Terminating app due to uncaught exception
    'NSInvalidArgumentException',
reason:
    '*** -[NSCFArray insertObject:atIndex:]: attempt to insert nil'
```

이러한 문제를 해결하기 위하여 Foundation 프레임워크는 NSNull 클래스를 제공한다. NSNull은 null 오브젝트를 반환하는 null 메소드 하나만 갖는다.

```
+(NSNull*) null
```

이를 이용하면 컬렉션 클래스에 null 오브젝트를 넣을 수 있다.

```
NSMutableArray* array = [NSMutableArray array];
[array addObject: [NSNull null]];
NSLog( @"Array contains: %@", array );
```

위 코드의 결과는 다음과 같다.

```
Array contains: (
    "<null>"
)
```

NSNull 오브젝트는 단순히 존재에만 가치가 있을 뿐 아무것도 하는 것이 없다. 게다가 인스턴스 메소드 하나 없다. NSNull이 하는 일이 없기 때문에 인스턴스 또한 필요로 하지 않는다. 그래서 NSNull은 싱글톤(singleton)이다. 즉, [NSNull null]은 똑같은 오브젝트를 반환한다. 이 동일한 오브젝트는 프로그램 내에서 수없이 사용되어도 문제를 일으키지 않는다.

NSData

오브젝트 세상에서만 지내는 것이 항상 가능하지는 않다. 가끔 바이트 블록 단위로 처리해야 하는 경우도 있기 때문이다. 직접 파싱(parsing)하는 파일이나 raw 이미지 파일 등은 파일 내용이 바이트로 구성되는 경우도 많다. NSData는 이러한 바이트 블록을 오브젝티브-C 오브젝트로 포장하는 convenient constructor를 제공한다.

NSData를 사용하기 위해 거쳐야 하는 질문이 있다. "바이트의 소유자는?", "바이트는 어디서 오는가?" NSData는 몇 가지 옵션을 제공하는데, 이미 존재하는 바이트를 복사하면서 인스턴스를 만들 수도 있다.

```
unsigned howManyBytes = 100;

char* someBytes = (char*) malloc( howManyBytes );

NSData* data = [NSData dataWithBytes: someBytes length: howManyBytes];
```

위 코드는 someBytes의 내용을 NSData 오브젝트가 생성하고 소유하는 버퍼에 복사한다. 그리고 NSData 오브젝트가 dealloc될 때 버퍼도 free된다. someBytes를 free시킬 의무는 개발자 자신에게 있다. 만일 복사 비용을 들이고 싶지 않다면 다음과 같이 코드를 작성할 수 있다.

```
unsigned howManyBytes = 100;

char* someBytes = (char*) malloc( howManyBytes );

NSData* myData =
    [NSData dataWithBytesNoCopy: someBytes
            length: howManyBytes
            freeWhenDone: YES];
```

NSData 오브젝트는 기존에 있던 바이트를 자신의 버퍼로 사용한다. freeWhenDone:의 인수가 YES인 경우에는 NSData 오브젝트는 바이트의 소유권을 획득하여 자신이 dealloc될 때 소유하고 있던 바이트를 free시킨다. (만약 someBytes가 위 코드의 malloc에 의해 할당되지 않았다면 freeWhenDone:의 인수는 NO가 되어야 한다. 그렇지 않고 YES로 넘기면 crash가 일어날 것이다.)

NSData의 바이트에 접근하기

bytes 메소드를 통해 NSData 오브젝트의 바이트 버퍼에 접근할 수 있다. bytes 메소드의 반환값은 const void*로, 반환값은 상수 포인터 타입의 변수에 지정되어야 한다.

```
NSData *data = ...
const char*  constantBytes = [data bytes];
```

접근한 바이트 버퍼의 내용을 읽기만 하지 않고 추가로 다른 작업을 하거나 바이트 버퍼의 내용을 새로 채워넣기를 원한다면 NSData의 mutable 서브클래스 NSMutableData를 사용해야 한다. NSMutableData의 바이트에 들어있는 숫자나 내용은 모두 변경이 가능하다.

mutableBytes 메소드를 통해 NSMutableData 오브젝트의 바이트 버퍼의 포인터를 얻을 수 있다.

```
NSMutableData* mutableData = [NSMutableData dataWithLength: 100];
char* mutableBytes = [myMutableData mutableBytes];
```

첫 번째 줄에서 100 바이트짜리 버퍼를 갖는 NSMutableData 오브젝트를 생성하고 두 번째 줄에서 버퍼의 맨 앞에 있는 바이트의 포인터를 얻는다. 단연히 mutableBytes는 순수 C 포인터로, 다음의 주소를 넘어서 데이터를 쓰면 절대 안된다.

```
mutableBytes[[myMutableData length] - 1]
```

파일에서 NSData 생성, NSData를 파일로 저장

NSData는 바이트를 파일에 쓰기 및 파일에서 읽기를 지원하는 메소드를 제공한다.

```
NSString* pathToFile = ...

NSData* myData = [NSData dataWithContentsOfFile: pathToFile];

NSString* pathToOutputFile = ...

[myData writeToFile: pathToOutputFile atomically: YES];
```

`atomically:`의 인수가 `YES`인 경우에는 바이트 내용이 별도의 백업 파일에 저장된다. 저장이 끝나면 백업 파일은 `path` 인수에 지정된 파일이름으로 바뀐다.

NSURL

Apple은 URL을 사용하여 네트워크 자원뿐만 아니라 파일 자원에도 접근하는 방향으로 이동중이다. 그래서 파일에 접근하는 메소드를 `file://` URL 형태로 되어있는 파일도 접근이 가능하도록 수정하고 있다. 그래서 Foundation 프레임워크는 URL이 담긴 `NSString`을 사용하는 대신 `NSURL` 오브젝트에 URL을 담도록 하고 있다. `NSURL`은 파일 URL과 네트워크 URL 모두 사용이 가능하다.

```
NSURL *someFile = [NSURL fileURLWithPath: @"/Users/rclair/notes.txt"];
NSURL *website =
    [NSURL URLWithString:  @"http://www.chromaticbytes.com"];
NSLog(@"Host: %@ URL: %@", [someFile host], [someFile absoluteString]);
NSLog(@"Host: %@ URL: %@", [website host], [website absoluteString]);
```

위 코드에서 파일 경로를 통해 파일 `NSURL`을 생성하고 네트워크 URL의 `NSString` 버전으로 네트워크 `NSURL`을 생성한다. 그런 다음, 각 `NSURL` 오브젝트에 대해 `host` 메소드로 `host`를, `absoluteString` 메소드로 URL 문자열을 출력한다. 실행 결과는 다음과 같다.

```
Host: localhost URL: file://localhost/Users/rclair/notes.txt
Host: www.chromaticbytes.com URL: http://www.chromaticbytes.com
```

구조체

Foundation 프레임워크는 일반적으로 오브젝티브-C로 되어있지만 완전히 객체지향 프로그래밍을 지향하지는 않는다. 소규모의 엔티티같은 경우에는 오브젝트를 사용하는 대신 구조체를 채용하였다. 종종 보게 될 구조체는 다음과 같다.

- NSRange는 시작점과 길이로 구성된다.

    ```
    typedef struct _NSRange
    {
      NSUInteger location;
      NSUInteger length;
    } NSRange;
    ```

- NSPoint는 2차원 공간의 점을 나타낸다.

    ```
    typedef struct _NSPoint
    {
      CGFloat x;
      CGFloat y;
    } NSPoint;
    ```

- NSSize는 사각형 영역에 대한 크기를 정의한다. 간혹 오프셋(offset)으로 잘못 사용되는 것을 볼 수도 있다.

    ```
    typedef struct _NSSize
    {
      CGFloat width;
      CGFloat height;
    } NSSize;
    ```

- NSRect는 2차원 사각형을 기준점(x, y 값이 가장 작은 꼭지점 좌표)과 크기로 정의한다.

    ```
    typedef struct _NSRect
    {
    NSPoint origin;
    NSSize  size;
    } NSRect;
    ```

NSRange는 문자열의 일부를 추출하는 데 폭넓게 사용된다.

```
NSString *string = @"abcdefghijklmnopqrstuvwxyz";
NSRange *range = NSMakeRange( 5, 10 );
NSString *substring = [string substringWithRange: range];
NSLog( @"Substring is %@", substring );
```

위 코드를 보면, Foundation 함수 NSMakeRange를 이용하여 5에서 시작하여 길이가 10인 NSRange 구조체를 만드는데, 이렇게 만든 NSRange 구조체는 NSString 메소드 substringWithRange:의 인수로 사용되어 인덱스 5에서부터 10개 글자를 취하여 문자열을 만드는 데 기여한다. 실행 결과는 다음과 같다.

```
Substring is fghijklmno
```

NSPoint, NSSize, NSRect 모두 Foundation에서 선언되었지만 AppKit에서 뷰(view), 컨트롤, 윈도우, 그래픽을 그리는 경로 등을 정의하는 데 사용된다.

 NSPoint, NSSize, NSRect는 iPhone 버전의 Foundation에는 정의되지 않았다. UIKit은 Core Graphics 구조체인 CGPoint, CGSize, CGRect를 사용한다.

NSPoint, NSSize, NSRect는 Core Graphics의 CGPoint, CGSize, CGRect와 메모리 구조가 똑같다. Core Graphics 레벨에서 작업을 해야 하는 경우에는 Foundation 함수 NSRectToCGRect, NSRectFromCGRect를 사용하여 Foundation과 Core Graphics 구조체를 왔다갔다 할 수 있다.

```
NSRect nsRect = NSMakeRect( 0.0, 0.0, 100.0, 100.0 );
CGRect cgRect = NSRectToCGRect( nsRect );
```

반대로

```
CGRect cgRect = CGRectMake( 0.0, 0.0, 100.0, 100.0 );
NSRect nsRect = NSRectFromCGRect( cgRect );
```

구조체 생성 함수 외에도 Foundation 프레임워크는 `NSRange`, `NSPoint`, `NSSize`, `NSRect`와 관련된 많은 함수를 정의하고 있다.[1]

정리

이번 장에서는 Foundation 프레임워크에서 가장 많이 사용되는 클래스 – `NSString`, `NSArray`, `NSDictionary`, `NSSet`, `NSNumber`, `NSData`, `NSURL` – 에 대해 살펴보았다. `NSString`과 `NSArray`는 항상 영역을 확인하기 때문에 순수 C의 문자열, 배열보다 더 안전하다. `NSDictionary` 클래스는 다른 언어에서 사용하는 연관 배열(associative array)을 구현한다. `NSNumber` 클래스는 숫자값을 오브젝트로 사용할 수 있도록 숫자값을 감싸고 있으며, `NSData`는 바이트 블록을 감싸고 있다. 마지막으로 순수 C 구조체를 사용하는 Foundation 엔티티 `NSRange`, `NSPoint`, `NSSize`, `NSRect`에 대해서도 살펴보았다.

연습 문제

1. Foundation 배열 클래스의 영역 검사를 확인해보자.
   - `NSMutableArray`를 생성하고 3개의 `NSString` 오브젝트를 추가한다.
   - `objectAtIndex:` 메소드를 사용하여 인덱스 –1의 오브젝트를 조회한 다음 인덱스 3의 오브젝트를 조회한다. 어떠한 일이 일어나는가?
   - `insertObject:atIndex:` 메소드를 사용하여 인덱스 –1에 다른 `NSString` 오브젝트를 추가한다. 어떠한 일이 일어나는가?
   - 이제 새로운 문자열을 인덱스 3에 추가하고 결과는 어떤지 설명해보자.
2. Dictionary를 연습해보자.
   - 비어있는 `NSMutableDictionary`를 생성한다.

---

[1] 자세한 내용은 http://developer.apple.com/mac/library/documentation/Cocoa/Reference/Foundation/Miscellaneous/Foundation_Functions/Reference/reference.html에서 확인할 수 있다.

- 가족이나 친구이름을 `NSString` 타입으로 dictionary에 저장한다. 이때 키는 다음과 같이 관련된 명칭을 사용한다.
  - `[friendsAndFamilyDict addObject" @"Martin" forKey: @"Father"];`
- 다른 키를 사용하여 동일한 값을 여러 개 추가하는 것이 가능한지 확인한다.
- 같은 키를 사용하여 다른 값을 추가한다. 어떤 일이 일어나는가?
- `objectForKey:` 메소드를 사용하여 존재하지 않는 키에 대한 값을 조회한다. 이렇게 했을 때 프로그램 crash가 일어나는가?

3. `Adder` 클래스를 만들어보자. 클래스 메소드는 두 개의 `NSNumber` 오브젝트를 인수로 받은 다음, 두 수의 합을 `NSNumber`로 반환한다(`NSNumber` 오브젝트는 `float` 값을 갖는다고 가정한다). 간단한 프로그램을 작성하여 메소드를 시험해보자.

4. `NSArray`를 정렬해 보자.
   - `NSArray` 하나를 만든다. 그 안에 들어가는 멤버는 다음과 같다: `@"Raspberry"`, `@"Peach"`, `@"Banana"`, `@"Blackberry"`, `@"Blueberry"`, `@"Apple"`
   - `NSArray` 메소드 `sortedArrayUsingSelector:`를 사용하여 정렬된 배열을 구한다. Selector 인수는 `NSString` 메소드 `caseInsensitiveCompare:`를 사용한다. 프로그램을 작성하기 전에 `sortedArrayUsingSelector:`와 `caseInsensitiveCompare:`에 관련된 문서를 읽는 것이 도움이 될 것이다.
   - 새로 만든 정렬된 배열의 내용을 로깅한다.

5. `NSData`를 연습해보자.
   - 버퍼 크기가 50바이트인 `NSMutalbeData` 오브젝트를 만든다.
   - 오브젝트의 버퍼를 가리키는 포인터를 구한다.
   - 포인터를 이용하여 버퍼에 1부터 50까지 integer 숫자를 기록한다.
   - `NSMutableData` 오브젝트의 내용을 파일에 저장한다.
   - 두 번째 프로그램으로, 파일을 이용하여 `NSData` 오브젝트를 초기화한다.
   - `NSData` 오브젝트의 버퍼를 가리키는 포인터를 구한다.
   - 포인터를 이용하여 버퍼의 내용을 로깅하고 제대로 결과가 나타나는지 확인한다.

6. retain과 release 메시지를 사용할 때마다 로그를 남기는 클래스를 만들어보자. 이를 위해서는 retain과 release 메소드를 오버라이드해야 할 것이다. 두 메소드 첫 번째 줄에 각각 NSLog를 넣은 다음에 수퍼클래스를 호출하면 된다. 새로 만든 클래스를 NSMutableArray, NSMutableDictionary와 함께 사용해보고 다음의 내용이 동작하는지 확인해보자.
   - 오브젝트가 추가될 때 retain된다.
   - 오브젝트가 삭제될 때 release된다.
   - 배열 또는 dictionary가 dealloc 될 때 오브젝트가 release된다.

Chapter 10

오브젝티브-C에서의 제어문

LEARNING OBJECTIVE-C 2.0

Chapter 1에서 기본 C 언어에서 루프 및 분기를 위한 제어문 – if, for, while – 에 대해 알아보았다. 이번 장에서는 이러한 제어문이 오브젝티브-C에서 어떻게 사용되는지 살펴볼 것이다. 그리고 오브젝티브-C 2.0에 새로 추가된 루프 기능인 Fast Enumeration에 대해서 언급하고, 마지막으로 오브젝티브-C의 예외처리 시스템에 대해서 설명할 것이다.

if문

Chapter 3에서 언급한 바와 같이, 오브젝티브-C는 자체 bool 타입인 BOOL과 함께 참과 거짓을 뜻하는 상수 YES와 NO를 가지고 있다. BOOL 타입을 반환하는 메시지 표현식은 if문의 조건 부분에서 사용될 수 있다.

```
NSArray *employeeNames = ...
NSString* nameOne = @"Ralph";

if ( [employeeNames containsObject: nameOne] )
  {
    ...
  }
```

또한 BOOL 타입을 반환하는 표현식들을 논리 연산자와 결합하여 복잡한 조건을 만들 수도 있다.

```
NSArray *employeeNames = ...

NSString *nameOne = @"Ralph";
NSString *nameTwo = @"Alice";

if ( [employeeNames containsObject: nameOne] &&
     [employeeNames containsObject: nameTwo] )
  {
    ...
  }
```

여기에서 주의할 점이 있는데, C는 빠른 비교 기법을 사용한다는 것이다. 그래서 만약 nameOne이 employeeNames에 들어있지 않다면 뒤에 있는 메시지는 평가, 즉 실행하지도 않는다. 물론, 위 예제에서는 두 번재 메시지의 실행 여부에 영향을 받지 않지만 메시지 표현식에서 다른 일을 하는 경우에는 문제가 될 가능성이 높다.

간결한 비교문에 대한 주의사항

YES 또는 NO와 비교하는 간결한 비교문을 사용하는 경우에는 엄청난 주의를 요한다. 다음 코드는 약간 장황하다.

```
NSArray *employeeNames = ...
NSString* nameOne = @"Ralph";

// 기술적으로는 OK, 그러나 장황하다.

if ( [employeeNames containsObject: nameOne] == NO )
   {
      NSLog( @"%@ doesn't work here." );
   }
```

그러나 YES와 비교하는 경우에는 충분히 버그를 안고 간다고 할 수 있는데,

```
NSArray *employeeNames = ...
NSString* nameOne = @"Ralph";

// 아직 버그는 아니지만 위험하다.

if ( [employeeNames containsObject: nameOne] == YES )
   {
      NSLog( @"%@ works here." );
   }
```

간결한 비교문을 사용한 위 코드는 큰 문제가 없다. 왜냐하면 containsObject: 메소드는 오직 YES 또는 NO만 반환하기 때문이다. 그러나 이렇게 간결한 비교문으로 YES와 비교를 하는 습관을 갖고 있다면 언젠가 큰 문제에 빠질 수 있는 위험을 갖고있다고 할 수 있다. 가령, NSString을 가지고 있으며, 이 문자열의 길이가 0이 아닌지 확인을 한다고 하자. 이러한 상황에서 "0이 아니면 참"이라고 생각하고 다음과 같이 프로그램을 작성하면 문제가 생긴다.

```
NSString* nameOne = @"Ralph";

// 잘못됨!
```

```
if ( [nameOne length] == YES )
   {
      // 0보다 큰 길이의 문자열을 처리
   }
```

위 조건식의 결과는 거짓이다.

기억을 되살려보자. BOOL은 실제로 integer 타입이며 YES는 1의 값을 갖는 상수로 정의되어 있다.

```
#define YES   (BOOL)1
```

위 예제에서 문자열의 길이는 5이다. 5는 1과 같지 않기 때문에 조건식의 결과는 거짓이 된다.

위 코드를 수정한 코드이다.

```
// 정상

if ( [nameOne length] )
   {
      // 0보다 큰 길이의 문자열을 처리
   }
```

좀 더 명확하게 하고 싶다면 다음과 같이 작성할 수도 있다.

```
// 역시 정상

if ( [nameOne length] != 0 )
   {
      // 0보다 큰 길이의 문자열을 처리
   }
```

오브젝트 비교

보통 if문은 두 개의 표현식이 같은지 확인하는 용도로 많이 쓰인다. 순수한 숫자 타입의 경우 이는 간결하면서도 명백하다.

```
int b = ...
int a = 9;

if ( a == b )
   {
      printf("The same!\n" );
   }
```

b값이 9라면 참이고 그렇지 않다면 거짓이다.

==과 =를 주의할 것

비교문을 타이핑할 때 주의해야 할 것이 있다. ==는 비교 연산자이며 =는 지정 연산자이다. 만약 다음과 같은 비교문

```
if ( a==b )
```

을 잘못 입력하여 = 하나를 빼먹는 것은

```
if ( a=b )
```

가장 흔한 C 프로그래밍 실수 중 하나이다. 첫 번째 표현식은 a와 b가 같은지 비교를 한다. 그러나 두 번째 표현식은 b값을 a에 지정하는 것으로, 표현식의 결과는 a값이 되기 때문에 a가 0인지 아닌지를 비교하게 되는 것이다.

오브젝트를 비교할 때는 "같다"의 의미에 대해 생각해봐야 한다. 왜냐하면 포인터가 같은지, 참조하는 내용이 같은지를 구분해주어야 하기 때문이다. 포인터가 같은지 확인하는 것은 쉽다. 오브젝트는 "클래스의 인스턴스를 가리키는 포인터"이기 때문에 두 오브젝트의 포인터가 서로 같은 메모리 주소를 참조하는지를 비교하기만 하면 된다. 비교문 역시 기본 타입과 마찬가지로 바로 비교하면 된다.

```
SomeClass *object1 = ...
SomeClass *object2 = ...

if ( object1 == object2 )
  {
    NSLog( "The objects are identical" );
  }
```

어떤 클래스에 대해서는 클래스의 인스턴스에 들어있는 내용이 같을 수도 있다. 예를 들어, 두 개의 `NSString` 오브젝트가 동일한 텍스트를 가질 수도 있다. 또한 두 개의 NSColor 오브젝트가 똑같은 색 공간과 색 성분을 가질 수도 있다.

`NSObject`는 오브젝트를 비교하는 `isEqual:` 메소드를 정의한다. NSObject에서 구

현된 isEqual: 메소드는 단순히 포인터가 같은지 확인한다. 그렇기 때문에 SomeClass가 isEqual: 메소드를 오버라이드하지 않는다면 다음 코드는 바로 위의 코드와 다를 바가 없다.

```
SomeClass *object1 = ...
SomeClass *object2 = ...

if ( [object1 isEqual: object2] )
  {
    NSLog( @"The objects are equal" );
  }
```

많은 클래스가 isEqual: 메소드를 오버라이드한다. 예를 들어, NSColor에서 구현된 isEqual: 메소드가 YES를 반환했다면 두 오브젝트의 인스턴스는 동일한 색 공간과 색 성분을 갖고 있는 것이다.

일부 Cocoa 클래스는 비교를 위한 특별한 메소드를 제공하는데, 오브젝트에 대한 정보를 가지고 있을 때 사용할 수 있다. 예를 들어, NSString은 isEqual:보다 더 빨리 처리하는 isEqualToString: 메소드를 제공하는데, 두 오브젝트가 문자열일 경우에 사용할 수 있다.

```
NSString *string1 = ...
NSString *string2 = ...
if ( [string1 isEqualToString: string2] )
  {
    NSLog( @"The strings are the same." );
  }
```

> **Note** isEqual:과 isEqualTo:와 헷갈리지 않도록 주의하기 바란다. isEqualTo: 메소드는 Cocoa 스크립트 프로토콜의 일부분이다[1].

---

1 (역자 주) isEqualTo:는 isEqualTo<Class>:를 줄여서 표현한 것으로 이러한 메소드에는 isEqualToArray: 등을 들 수 있다. isEqualToArray: 메소드는 두 배열에 들어있는 멤버들을 일일이 비교하여 그 내용이 모두 같은 경우 YES를, 그렇지 않은 경우 NO를 반환한다.

for문 및 Implicit 루프

많이 사용하는 프로그램 작업 중 하나가 루프를 돌며 오브젝트 컬렉션에 있는 내용을 하나하나 조회하는 것이다.

for문

오브젝티브-C 배열을 루프하기 위해 표준 C의 `for`를 사용할 수 있다. 다음의 예를 보자.

```
NSArray *displayList = ... // 그래픽 오브젝트로 구성된 배열
NSUInteger j;

NSUInteger numToDraw = [displayList count];

for (j=0; j < numToDraw; j++ )
  {
    [[displayList objectAtIndex: j] draw];
  }
```

`objectAtIndex:`로부터 반환된 오브젝트의 타입은 `id`이다. 각 멤버가 `draw` 메시지에 대해 동작할 수 있기 때문에 루프는 정상적으로 돌아갈 것이다.

Implicit 루프

앞의 예제 코드는 `NSArray`의 `makeObjectsPerformSelector:` 메소드를 사용하여 Implicit 루프를 만들면 훨씬 깔끔하게 바꿀 수 있다.

```
NSArray *displayList = ...
[displayList makeObjectsPerformSelector: @selector( draw )];
```

Implicit 루프는 앞의 예제와 같이 명시된 루프와 똑같이 동작한다. 즉, `displayList` 안에 있는 오브젝트에 순서대로 `draw` 메시지가 전달된다.

`NSSet` 클래스도 `makeObjectsPerfomSelector:` 메소드를 제공한다.

```
NSSet *aSet = ...
[aSet makeObjectsPerformSelector: @selector( doSomething )];
```

aSet에 있는 모든 오브젝트는 차례대로 doSomething 메시지를 받게 된다. 메시지를 받는 오브젝트의 순서는 정해져 있지 않다.

NSArray와 NSSet 클래스는 다음의 메소드도 갖고 있다.

```
makeObjectsPerformSelector:withObject:
```

이 메소드는 implicit 루프를 도는 데 사용되는 selector에 한 개의 인수를 제공한다.

```
NSMutableArray *displayList = ...
[displayList makeObjectsPerformSelector: @selector( drawWithColor: )
         withObject: [NSColor blueColor]];
```

displayList에 있는 각 오브젝트는 drawWithColor:[NSColor blueColor] 메시지를 받는다.

만일 (오브젝트 타입이 아닌) 일반 데이터 타입을 사용하는 인수를 사용하거나 사용하는 인수가 2개 이상인 경우에는 그냥 보통의 명시된 루프를 사용해야 한다.

인수를 사용하거나 사용하지 않거나 다음의 두 메소드,

```
makeObjectsPerformSelector:
makeObjectsPerformSelector:withObject:
```

에서 사용되는 selector는 receiver로 사용되는 배열이나 set를 변경시키지 않는다.

블록을 포함한 Implicit 루프

Mac OS X Snow Leopard(v 10.6)를 선보이면서 Apple은 블록을 사용하여 Foundation의 오브젝트 컬렉션을 차례로 탐색하면서 루프를 도는 많은 메소드를 추가하였다. 블록은 함수와 비슷하지만, 함수와는 달리 자체 컨텐츠를 보유하고 있다.

블록과 블록을 이용하는 새로운 메소드는 Chapter 16에서 다룬다.

while문과 NSEnumerator

while 루프를 사용하면서 NSEnumerator 클래스의 인스턴스를 이용하면 좀 더 자연스럽게 루프를 돌면서 오브젝트를 조회할 수 있다. NSEnumerator는 nextObject 메소드를 통해 오브젝티브-C 컬렉션 내에 있는 오브젝트를 한 번에 하나씩 꺼낸다. 모든 오브젝트의 조회가 끝나면 nextObject 메소드는 nil을 반환한다.

NSEnumberator 오브젝트는 직접 생성하지 않는다. NSEnumerator는 추상 클래스이면서 인스턴스를 생성하기 위한 인터페이스가 없기 때문에 enumberator를 사용하고자 하는 컬렉션 클래스를 통해 enumerator 오브젝트를 구한다.

다음 예제는 앞 섹션에서 다룬 예제를 while문으로 바꾼 코드이다.

```
NSMutableArray *displayList = ... // 그래픽 오브젝트로 구성된 배열
GraphicObject *graphicObject;

NSEnumerator *myEnumerator = [displayList objectEnumerator];

while ( graphicObject = [myEnumerator nextObject] )
  {
    [graphicObject draw];
  }
```

while문 괄호 안에 있는 지정 표현식의 결과값은 graphicObject의 값이다. 루프를 돌면서 nextObject 메소드의 반환값은 graphicObject에 들어가고, graphicObject의 값이 참인지 거짓인지 체크한다. nextObject 메소드가 오브젝트를 반환하는 경우에는 graphicObject 역시 nil이 아닌 값을 갖기 때문에, 조건식 결과는 참이 되어 while문 내용이 실행된다. 컬렉션의 내용을 모두 조회하게 되면 nextObject가 nil을 반환하는데, 그렇게 되면 조건식 결과도 거짓이 되어 루프를 빠져나간다.

이 시점에서 enumerator 오브젝트는 모두 소진되어 더이상 사용할 수 없게 된다. 그래서 컬렉션 오브젝트에 대해 다시 루프를 돌기 위해서는 새로운 NSEnumerator 오

브젝트를 얻어야 한다.

```
myEnumerator = [displayList objectEnumerator];
```

배열 enumerator는 배열의 오브젝트를 순서대로 탐색한다. Set과 dictionary의 경우에는 별다른 순서가 없다. 컬렉션 클래스 중 특별한 enumerator를 갖는 것도 있는데, NSArray는 오브젝트를 역순서로 탐색하는 reverseObjectEnumerator를 제공한다. NSDictionary의 경우에는 내용이 아닌 키를 탐색하는 keyEnumerator를 제공한다.

Enumerate하는 동안 Mutable 컬렉션 수정하기

Mutable 컬렉션을 enumerate하는 동안에 컬렉션을 수정(오브젝트 추가 또는 삭제)하는 것은 위험할 뿐만 아니라 결과를 예측할 수 없다. 이러한 문제를 피하는 방법은 다음과 같다.

- 컬렉션에 들어있는 모든 오브젝트를 담는 새로운 배열을 하나 만든 다음 새로운 배열을 enumerate하는 동안 원래의 컬렉션을 수정한다.
- Enumerate하는 동안 필요한 변경사항 리스트를 작성한다. Enumerate가 끝나고 나면 변경사항을 적용할 수 있다.

GraphicObject 클래스에 receiver가 비트맵 그래픽인지 여부를 알려주는 isBitmap 메소드가 있다고 가정하자. 이때, 배열 displayList에 있는 오브젝트 중에서 비트맵 그래픽만 없애는 방법을 다음 코드에서 보여준다. 이 코드에서는 displayList의 복사본을 enumerate한다.

```
1 NSMutableArray *displayList = ... // 그래픽 오브젝트 배열
2 GraphicObject *graphicObject;
3
4 NSEnumerator *enumerator =
5   [[NSArray arrayWithArray: displayList] objectEnumerator];
```

```
 6
 7  while ( graphicObject = [enumerator nextObject] )
 8  {
 9     if ( [graphicObject isBitmap] )
10        {
11           [displayList removeObject: graphicObject];
12        }
13  }
```

4, 5행에서 autorelease된(immutable) `displayList` 복사본을 생성한 다음, 복사본의 오브젝트 enumerator를 얻는다. 그런 다음 enumerator를 이용하여 while 루프를 도는데, 이때 원래 컬렉션의 변경사항을 적용한다.

위 예제의 중요한 점은 enumerate되는 배열(`displayList` 복사본)은 enumerate 하는 동안 건드리지(수정하지) 않는다는 것이다.

`allObjects` 메소드를 이용하여 `NSSet`(또는 `NSMutableSet`)의 모든 오브젝트가 들어간 배열을 얻을 수 있다. 또한 `allValues` 메소드를 이용하여 `NSDictionary`(또는 `NSMutableDictionary`)의 모든 값에 해당하는 오브젝트가 들어간 배열도 얻을 수 있다. 두 가지 경우 모두 배열에 들어가는 오브젝트의 순서는 일정한 규칙이 없다.

다음 코드는 앞의 예제를 바꾸어 원래의 배열인 `displayList`를 enumerate하면서 삭제할 오브젝트만 들어있는 임시 배열을 만든다.

```
NSMutableArray *displayList = ... // 그래픽 오브젝트 배열

GraphicObject *graphicObject;
NSMutableArray *tmpArray = [NSMutableArray array];

NSEnumerator *enumerator = [displayList objectEnumerator];

// 제거할 오브젝트가 들어가는 배열 생성

while ( graphicObject = [enumerator1 nextObject] )
   {
      if ( [graphicObject isBitmap] )
         {
            [tmpArray addObject: graphicObject];
         }
   }
```

```
// 오브젝트 제거
[displayList removeObjectsInArray: tmpArray];
```

tmpArray는 NSMutableArray여야만 한다. 그래야 오브젝트를 추가할 수 있다. Enumeration이 끝나고 나면 tmpArray에 해당하는 오브젝트는 displayList에서 제거된다.

Fast Enumeration

오브젝티브-C 2.0에 새로 추가된 문법이 있다. 바로 컬렉션을 enumerate하는 것으로 for ... in으로 불린다. for ... in은 일반적인 루프와 NSEnumerator와의 조합보다 속도가 빠르다. 이러한 장점 때문에 NSEnumerator와 while 조합 대신 for ... in을 사용하는 것이 더 좋다. 그러나 나중에 보겠지만 어떤 경우에는 NSEnumerator가 도우미 클래스 역할을 하며 훨씬 유용하게 사용되기도 한다.

for ... in 루프의 기본 형태는 다음과 같다.

```
for ( type loopVariable in expression )
  {
    statements
  }
```

expression의 평가 결과는 반드시 NSFastEnumeration 프로토콜을 준수하는 오브젝트(보통 Cocoa 컬렉션 클래스 계열)가 되어야 한다(프로토콜을 준수한다는 것은 지정된 메소드들을 구현한다는 의미와 같다. 프로토콜은 Chapter 13에서 다룬다).

for ... in 루프가 실행하면 loopVariable은 컬렉션의 맨 처음 아이템 값으로 지정되고 본문의 statements 부분이 실행된다. 이러한 과정은 컬렉션의 아이템을 모두 조회할 때까지 반복된다.

다음은 앞의 예제를 for ... in 버전으로 바꾼 예이다.

```
NSMutableArray *displayList = ... // 그래픽 오브젝트 배열

for ( GraphicObject *graphicObject in displayList )
  {
    [graphicObject draw];
  }
```

또한 이미 존재하는 변수도 for ... in 루프에서 사용할 수 있다.

```
NSMutableArray *displayList = ... // 그래픽 오브젝트 배열
GraphicObject *graphicObject;

for ( graphicObject in displayList )
  {
    [graphicObject draw];
  }
```

for ... in 루프를 사용함에 있어 중요한 점 몇 가지는 다음과 같다.

- break를 사용하여 루프를 빠져나오거나 continue를 사용하여 다음 번으로 넘어가는 것이 가능하다.
- loopVariable이 for ... in 루프 내부에서 선언되었다면 루프 바깥에서는 loopVariable 변수를 볼 수 없다.
- loopVariable이 존재하는 변수이며, for ... in 바깥에서 선언되었다면 변수 값은 루프가 어떻게 끝나느냐에 달려있다. 정상적으로 루프가 종료하면 loopVariable 값은 nil이 된다.
- break 명령문을 만나면 loopVariable은 break를 만날 때의 값을 그대로 지니게 된다.

Cocoa 컬렉션 클래스 NSArray, NSDictionary, NSSet과 함께 NSEnumerator 역시 NSFastEnumeration 프로토콜을 준수해야 한다. 그렇다면 왜 NSEnumerator인가? 때때로 클래스는 특별한 작업을 위해 NSEnumerator의 서브클래스를 제공한다. 예를 들어, displayList를 반대 순서로 탐색하면서 오브젝트를 그린다면 다음과 같이 하면 된다.

```
NSMutableArray *displayList = ... // 그림을 그릴 그래픽 오브젝트 배열

for ( GraphicObject *graphicObject in
    [displayList reverseObjectEnumerator] )
  {
    [graphicObject draw];
  }
```

Fast Enumeration을 사용하면 코드도 깔끔해질 뿐만 아니라 몇 가지 이점을 제공하는데, 그 중 하나가 "빠른" 속도이다. Fast Enumeration은 일반 루프보다 더 빨리 동작하도록 최적화되었다. 이를 가능케 한 것이 루프의 인라인(in-line) 파트를 효율적으로 하였기 때문이다. 즉, 한 번에 많은 오브젝트를 요청하여 메시지 또는 함수 호출 수를 줄인다.

Fast Enumeration은 또한 루프가 진행되는 동안 컬렉션이 수정되는 것을 방지하는 장치도 마련했다.

```
NSMutableArray *displayList = ... // 그래픽 오브젝트 배열

for ( GraphicObject *graphicObject in displayList )
  {
    if ( [graphicObject isBitmap] )
      {
        [displayList removeObject: graphicObject];
      }
  }
```

위 코드를 실행하면 다음과 같이 runtime 에러가 발생한다.

```
*** Terminating app due to uncaught exception 'NSGenericException',
    reason:
*** Collection <NSCFArray: 0x1032b0> was mutated while being enumerated.
```

Fast Enumeration에서 컬렉션을 수정하기 위해서는 앞에서 언급한 것과 비슷한 작업을 해야 한다. 예를 들면 다음과 같다.

```
NSMutableArray *displayList = ... // 그래픽 오브젝트 배열

NSEnumerator *myEnumerator = [displayList objectEnumerator];
NSArray *allTheObjects = [myEnumerator allObjects];

for ( GraphicObject *graphicObject in allTheObjects )
  {
    if ( [graphicObject isBitmap] )
      {
        [displayList removeObject: graphicObject];
      }
  }
```

NSDictionary와 Fast Enumeration

이 부분은 정확히 읽어두지 않으면 나중에 실수할 가능성이 높다. `for ... in`을 NSDictionary 오브젝트와 사용할 때는 오직 dictionary의 키만 조회한다는 사실을 기억하기 바란다. Fast Enumeration으로 dictionary의 값을 조회하고 싶다면 다음과 같이 dictionary의 오브젝트 enumerator를 사용해야 한다.

```
NSDictionary *myDictionary = ...
for ( id objectInDictionary in [myDictionary objectEnumerator] )
  {
    ...
  }
```

Fast Enumeration 예제

지금까지 설명한 내용에 대해 예제를 통해 이해하도록 하자. 이번 예제 프로그램은 myls로, Unix의 ls 명령을 흉내낸다.

 ls는 Unix 명령으로, 파일과 디렉토리를 보여준다. ls를 잘 모르겠다면 터미널 프로그램(응용 프로그램→유틸리티→터미널)을 실행시킨 다음 `man ls`를 입력하기 바란다. 그럴 필요 없이 ls만 입력해도 어떻게 프로그램이 돌아가는지 쉽게 알 수 있을 것이다.

리스트 10.1을 빌드한 다음 Unix 프롬프트에서 `myls`라고 입력할 수 있다.

```
%myls
```

그러면 현재 디렉토리의 파일을 보여줄 것이다.

```
%myls foo
```

위와 같이 입력하면 `myls`는

- `foo`가 디렉토리인 경우 `foo` 디렉토리 내에 있는 파일을 보여준다.
- `foo`가 파일인 경우 "`foo`"와 같이 나타난다.
- `foo`가 없다면 에러 메시지가 나타난다.

인수가 하나 이상인 경우, `myls`는 인수마다 동일한 작업을 한다.

`myls`는 standard output(터미널 창)으로 결과를 보내기 위하여 `NSLog` 대신 `printf`를 사용한다. 마찬가지로 `NSString`과 C 문자열 사이를 왔다갔다 하기 위하여 `NSString` 메소드 `stringWithUTF8String:`과 `UTF8String`을 사용한다.

 가능한 C 문자열보다는 `NSString`을 사용해야 한다. 하지만 안타깝게도 운영체제는 C 문자열을 사용하기 때문에 운영체제와 교류하는 경우에는 문자열 타입 전환이 필요하다.

`myls`는 지금까지 다루지 않은 Foundation 오브젝트 중 하나인 `NSFileManager`를 사용한다. `NSFileManager`는 운영체제와 교류하는 부분을 감싸고 있는 Foundation 오브젝트의 대표적인 예라고 할 수 있다. 또한 `NSFileManager`는 싱글톤으로 파일 시스템을 순차적으로 관리할 수 있도록 한다. 파일 매니저 오브젝트를 획득하게 되면 프로그램은 터미널 창에서 작업할 수 있는 대부분의 일을 파일 시스템에서 할 수 있게 된다. 파일 매니저는 파일 및 디렉토리 생성·이동·삭제, 파일 복사, 파일 존재여부 확인, 권한 확인, 심볼릭 링크 생성, 현재 디렉토리 확인 등을 할 수 있다.

여기서 잠시 NSFileManager 클래스에 대한 문서를 보고 싶다면 http://developer.apple.com/mac/library/documentation/Cocoa/Reference/Foundation/Classes/NSFileManager_Class/Reference/Reference.html 에서 확인하도록 하자.

제일 먼저 해야 하는 일은 NSFileManager의 클래스 메소드 defaultManager를 사용하여 파일 매니저의 인스턴스를 얻는 것이다.

```
NSFileManager* fileManager = [NSFileManager defaultManager];
```

그런 다음, 파일 매니저를 이용하여 디렉토리 내용을 NSString 오브젝트의 배열로 받을 수 있다.

```
NSArray* directoryContents =
  [fileManager contentsOfDirectoryAtPath: @"/Users/you" error: NULL];
```

 contentsOfDirectoryAtPath:error: 메소드의 error: 인수는 반환되는 NSError 오브젝트의 포인터가 들어간다. 에러 정보를 받는 것에 흥미를 느낀다면 다음과 같이 NSError 오브젝트를 사용해보기 바란다.

```
NSError *returnedError;
NSArray* directoryContents =
  [fileManager contentsOfDirectoryAtPath: @"/Users/you"
                error: &returnedError];
```

contentsOfDirectoryAtPath:error: 메소드에서 에러가 발생하면 반환된 NSError 오브젝트에는 에러에 대한 정보가 들어간다. myls 역시 contentsOfDirectoryAtPath: 인수로 들어온 경로가 존재하는지 확인한다. 그러나 에러가 발생한다고 해서 특별히 그 정보를 사용할 일이 없기 때문에 NULL을 인수로 사용하였다.

전체 프로그램은 리스트 10.1에 실려있다.

리스트 10.1 **myls.m**

```
1 #import <Foundation/Foundation.h>
2
3 int main (int argc, const char * argv[])
4 {
```

```
5    NSAutoreleasePool* pool = [[NSAutoreleasePool alloc] init];
6
7    BOOL isDirectory;
8
9    NSMutableArray* pathsToList =
10           [NSMutableArray arrayWithCapacity: 20];
11   NSFileManager* fileManager = [NSFileManager defaultManager];
12
13   // argv[0]은 명령어 이름이다.
14   // 나머지는 디렉토리 또는 파일 리스트이다.
15
16   if ( argc == 1 ) // 명령어만 사용한 경우로, 현재 디렉토리를 보여준다.
17     {
18        [pathsToList addObject:  [fileManager currentDirectoryPath]];
19     }
20   else
21     {
22        // 인수를 NSString으로 바꾼 다음,
23        // 배열에 추가한다.
24      int j;
25      for ( j=1; j < argc; j++ )
26        {
27           [pathsToList addObject:
28                [NSString stringWithUTF8String: argv[j]]];
29        }
30     }
31
32   for ( NSString* path in pathsToList )
33     {
34       if ( [fileManager fileExistsAtPath: path
35                   isDirectory: &isDirectory] )
36         {
37          if ( isDirectory ) // 디렉토리 내에 있는 파일을 보여준다.
38            {
39             NSArray* directoryContents =
40                [fileManager contentsOfDirectoryAtPath: path
41                        error: NULL];
42              for ( NSString* contentPath in directoryContents )
43                {
44                  printf( "%s\n", [contentPath UTF8String] );
45                }
46            }
47          else  // 파일이기 때문에 단순히 그 이름만 보여준다.
48            {
49               printf( "%s\n", [path UTF8String] );
50            }
```

```
51          }
52      else    // 주어진 이름으로 된 파일이나 디렉토리가 없다.
53          {
54           printf("myls: %s:  No such file or directory\n",
55                   [path UTF8String]);
56          }
57      }
58   [pool drain];
59   return 0;
60 }
```

argv는 C 배열로 오브젝트가 아니다. 그렇기 때문에 `myls`는 일반 `for` 루프를 사용하여 (25행부터 시작) 나머지 인수를 `NSString`으로 바꾼다음 `NSMutableArray`에 저장한다.

`pathToList`와 `directoryContents`는 `NSMutableArray` 인스턴스이기 때문에 `for ... in` 구문을 사용할 수 있다(32~42행).

`NSFileManager` 메소드 `fileExistsAtPath:isDirectory:`(34행)는 흥미롭다. 두 번째 인수는 `BOOL*` 타입인데, 그렇다면 `BOOL` 타입으로 선언된 주소를 보내주어야 한다는 것을 의미한다. 이렇게 하는 이유는 메소드가 두 개의 `BOOL` 값을 반환하려고 하기 때문이다. 하나는 인수로 주어진 파일 이름이 존재하는지를 알려주며, 나머지 하나는 그 파일이 디렉토리인지를 알려준다. 첫 번째 `BOOL` 값은 메소드의 반환값으로 제공하며, 두 번째 `BOOL` 값은 인수로 들어온 `BOOL*` 변수에서 세팅하는 것으로 제공한다.

예외처리

예외(Exception)는 비정상적인 상태로 프로그램을 더이상 진행하지 못하게 만든다. 예외가 생성되는 것을 보통 예외가 발생했다고 하거나 예외를 일으킨다고 표현하는데, 예외를 일으키는 일반적인 상황으로는 메시지에 응답하지 못하는 오브젝트에 메시지를 보낸다거나 `NSArray`에서 배열 영역 밖에 있는 인덱스의 오브젝트에 접근하려고 하는 것을 들 수 있다. 만일 이러한 예외 상황에 대비하지 않는다면 예외가 발생하면서 프로그램은 중단될 것이다.

오브젝티브-C는 이러한 예외를 처리할 수 있도록 `@try`, `@catch`, `@finally` 등의 컴파일러 지시자를 제공한다. 각 지시자가 어떻게 사용되는지 리스트 10.2에서 보여주고 있다.

> **Note** Mac OS X 10.3 이전 버전에서는 예외처리를 지원하지 않는다. 예외처리를 사용하기 위해서는 Mac OS X 10.3 또는 그 이후 버전에서만 사용해야 한다.

리스트 10.2 Exceptions/SimpleExceptionHandler.m

```
1  id hamburger = @"hamburger";
2
3  @try
4  {
5      hamburger = [hamburger addCheese];
6  }
7  @catch( NSException *exc )
8  {
9      NSLog( @"Exception: %@ : %@", [exc name], [exc reason] );
10 }
11 @finally
12 {
13     NSLog( @"This block is always executed." );
14 }
```

문제가 발생할 만한 코드는 `@try` 블록에 놓는다. 리스트 10.2에서는 다음 코드 부분이

```
hamburger = [hamburger addCheese];
```

예외를 일으키는데, 그 이유는 `hamburger`는 `NSString` 타입이지만 `NSString`은 `addCheese` 메소드를 구현하지 않았기 때문이다.

`@catch` 블록은 발생된 예외를 붙잡아(catch) 처리한다. 예외는 항상 예외 오브젝트와 함께 발생하는데, 예외 오브젝트는 `@catch` 블록의 인수로 사용된다. Runtime과 Cocoa 프레임워크는 `NSException` 클래스의 인스턴스를 예외 오브젝트로 사용한다. 예제에서도 `NSException` 오브젝트를 `@catch` 블록에서 예외 정보를 로깅하는 용도로 사용하고 있다.

@finally 블록은 항상 실행된다. 만약 @try 또는 @catch 블록에 return문이 있는 경우, return문은 @finally 블록이 실행된 다음에 동작한다. 리스트 10.2에서는 @finally 블록에서 로그 메시지를 남긴 후 @finally 블록 다음을 실행한다.

> **Note** 다중 쓰레드 프로그램에서 예외는 예외가 일어난 쓰레드에서만 처리된다.

사용자 정의 예외처리

Runtime 시스템과 Cocoa 프레임워크는 다양한 상황에서 일어나는 예외를 발생시켜준다. 이와는 별도로 자신이 직접 예외를 일으킬 수 있는데, 이때 @throw 지시자를 사용한다. 다음의 예를 살펴보자.

```
- (void) addOnion
{
  if ( [pantry numOnions] <= 0 )
    {
      NSException* exception =
         [NSException exceptionWithName:@"OutOfOnionException"
                   reason:@"PantryEmpty" userInfo:nil];

      @throw exception;
    }
  else
    {
      ... // 양파(onion) 추가
    }
}
```

NSException

NSException은 Foundation 프레임워크 클래스로 예외와 관련된 유용한 정보들이 엮여있다. NSException을 생성할 때 예외의 이름을 지정할 수 있으며, 예외에 대한 추가 정보를 NSDictionary에 담아 제공할 수 있다. 사용자 정의 예외를 발생시킬 때 같이 사용하는 예외 오브젝트는 아무 타입이든 상관없으나, runtime과 Cocoa 프레임워크는 항상 NSException만 사용한다.

앞의 예제는 NSException 오브젝트를 사용하지만, 오브젝티브-C의 오브젝트라면 모두 예외 오브젝트로 사용할 수 있다. 예를 들어, NSException의 서브클래스 또는 NSString을 예외 오브젝트로 사용할 수도 있다.

```
@throw  @"Sorry. We're out of Onions";
```

예외를 처리하는 @catch 블록은 @throw문에서 사용된 오브젝트와 같은 타입의 인수를 사용해야 한다. 위의 코드에서는 NSString 타입으로 예외 오브젝트를 사용하였기 때문에 @catch 블록에서는 NSString 타입을 인수로 사용해야 한다.

```
@catch( NSString* s )
{
  ...
}
```

여러 개의 @catch 블록

여러 가지 예외 상황에 대해 다른 타입의 예외 오브젝트를 사용하여 예외를 일으킬 수 있다. 이렇게 일으킨 예외는 여러 개의 서로 다른 예외 오브젝트 타입을 인수로 사용하는 @catch 블록으로 처리할 수 있다. 다음 코드를 보자.

```
@try
  {
    ...
  }
@catch (NSString* myString)
  {
    // NSString 또는 NSString의 서브클래스 타입으로
    // 예외 오브젝트가 딸려온 예외를 처리
  }
@catch (NSException *myException)
  {
    // NSException 오브젝트가 딸려온 예외를 처리
  }
@finally
  {
    ...
  }
```

여러 개의 @catch 블록이 있는 경우, 발생한 예외는 해당 예외 오브젝트 타입과 동일한 타입을 인수로 사용하는 @catch 블록 중 (프로그램 작성 순서로) 맨 앞에 있는 블록을 실행한다. 동일한 타입으로 인정되는 조건은 같은 클래스이거나 해당 클래스의 서브클래스인 경우가 된다. 만일 예외가 발생할 때 사용된 예외 오브젝트의 타입과 일치하는 @catch 블록이 없는 경우에는 예외를 붙잡지 않는다. 동시에 @finally 블록이 실행되지 않은 상태로 프로그램은 중단된다.

중첩된 예외처리

@try 블록에는 또 다른 @try/@catch/@finally 세트를 넣을 수 있다.

```
@try
  {
    @try
      {
      }
    @catch( NSException *exc )
      {
      }
    @finally
      {
      }
  }
@catch( NSException *exc )
  {
  }
@finally
  {
  }
```

> **Note** 위의 예는 간단한 형태로 나타낸 것이다. 안쪽 @try/@catch/@finally 부분 역시 더 깊은 단계로 들어갈 수 있다.

예외가 발생하면 예외가 일어난 단계의 @catch 블록부터 시작하여 상위단계로 올라가며 예외 오브젝트 타입과 동일한 @catch 블록이 예외를 잡는다. @catch 블록에서도 예외가 발생될 수 있는데(원래의 예외 또는 새로운 예외), 이렇게 발생된 예외는 그 안에 있는 @catch 블록이나 상위단계의 @catch 블록에서 처리될 수 있다.

새로운 예외처리 전에 원래의 `@catch` 블록에 연결된 `@finally` 블록이 먼저 실행된다.

다른 프레임워크에서 사용하는 예외 타입은?

Apple 문서에는 runtime과 Cocoa 프레임워크에서 발생할 수 있는 예외에 대한 전체 리스트를 제공하지 않는다. 대신 예외가 발생할 수 있는 각 프레임워크의 메소드를 해당 메소드 문서에 기술하고 있다.

예외처리 사용

프로그램에서 예외처리를 사용하기 위해서는 컴파일러에 예외처리를 사용한다는 사실을 알려주어야 한다. 즉, 명령 프롬프트에서 fobjc-exceptions 옵션을 gcc에 넘겨주어야 한다. Xcode를 사용하는 경우에는 [TARGETS]에서 실행 파일을 선택한 다음 [Build Settings]의 Apple LLVM compiler 3.1 – Language 섹션에서 [Enable Objective-C Exceptions] 값을 [Yes]로 지정하면 된다(그림 10.1).

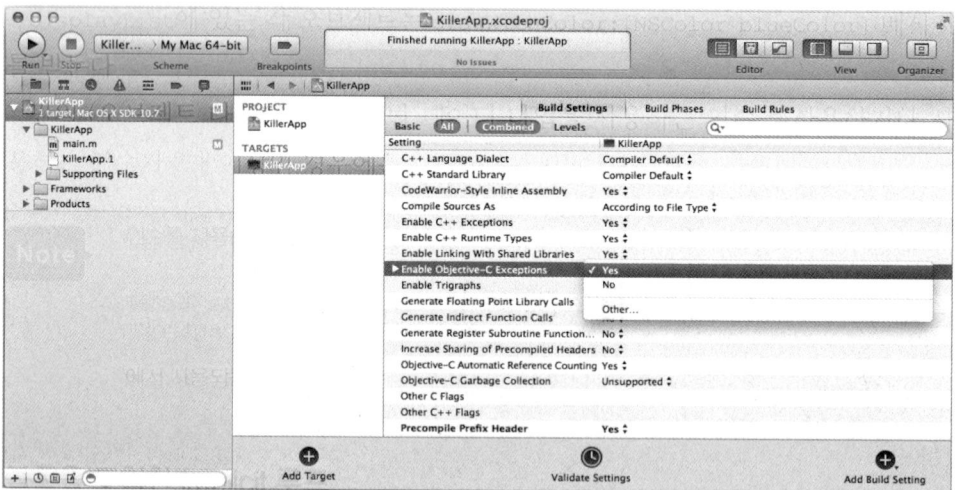

| 그림 10.1 | Xcode에서 예외처리 활성화

예외처리가 꼭 필요한가?

지금까지 예외처리에 대한 모든 내용을 학습했다. 하지만 오브젝티브-C에서 예외처리는 거의 사용하지 않는다는 사실도 알아야 한다. 특히 흐름 제어시에는 절대 예외처리를 사용해서는 안된다. 파이썬(Python)같은 일부 언어들은 예외처리에 최적화되어 있지만 오브젝티브-C는 그렇지 않다. 오브젝티브-C에 있어 예외처리는 비싼 연산에 해당된다.

오브젝티브-C의 예외처리는 기본적으로 프로그래머의 에러를 잡거나 다른 복구 불가 문제를 잡기 위해 디자인되었다. 만약 에러 조건을 좀 더 자세히 확인할 수 있다면 굳이 비싼 예외처리를 사용할 필요는 없다.

예를 들어, `id` 타입의 오브젝트가 있는데 어떤 메시지를 받을 수 있는지 알지 못하는 경우, 다음과 같이 `respondsToSelector` 메소드를 사용하여 메시지 사용가능 여부를 확인할 수 있다.

```
id someObject;

if ( [someObject respondsToSelector: @selector(addCheese)] )
  {
    [someObject addCheese];
  }
else
  {
    NSLog(@"Sorry. Can't add cheese to %@", [someObject description]);
  }
```

위와 같이 코드를 작성하는 것이 `@try` 블록에

```
[myObject addCheese];
```

를 넣는 것보다 훨씬 좋다.

또한, 일반적인 에러 조건은 반환값으로도 충분히 확인할 수 있다. 다음 코드를 보자.

```
- (BOOL) addOnion
{
```

```
    if ( [pantry numOnions] <= 0 )
      {
        return NO;
      }
    else
      {
        ...  // 양파(onion) 추가
        return YES;
      }
}
```

만일 에러 조건에 대해 더 많은 정보가 필요하다면 에러에 대한 정보를 갖고 있는 `NSError` 오브젝트에 대한 레퍼런스를 인수로 보내서 받을 수도 있다.

예외처리를 사용하면서 생기는 문제 중 하나는 안쪽 단계에서 예외가 발생하면 몇 단계 위의 `@catch` 블록에서 잡힐 수 있다는 것이다. 예외가 일어나면 `@catch` 블록으로 이동하는데, 그 과정에서 중간에 있는 코드들을 모두 건너뛰어버린다. 만일 중간에 지나쳐버리는 코드에 cleanup 코드나 꼭 실행되어야만 하는 코드가 있다면 `@finally` 블록을 지난 뒤 프로그램의 상태는 예상과는 다르게 될 가능성이 있다. 이러한 상황에서 프로그램이 계속 진행된다면 의도치 않은 결과가 나타나거나 crash가 일어날 수도 있을 것이다. Cocoa 프레임워크의 경우 이렇게 그냥 지나치는 코드들이 특히 문제의 소지가 있다.

정리

이번 장에서는 오브젝티브-C에서의 반복문과 분기문에 대해서 살펴보았다. 이번 장의 주요 내용은 다음과 같다.

- 일반 C 제어문에서도 오브젝티브-C의 `BOOL` 타입을 사용할 수 있다. 그러나 YES 또는 NO를 직접 명시하여 사용하는 비교 표현식은 피해야 한다.
- 두 오브젝트를 비교할 때는 포인터 비교(두 오브젝트는 동일한 오브젝트)인지 값 비교(두 오브젝트는 서로 다르지만 담고 있는 내용이 같음)인지 결정해야 한다.

- 컬렉션에 대해 `for` 루프를 사용할 수 있지만, 컬렉션이 `NSArray`나 `NSSet`이고 루프 본문이 하나의 메시지로만 구성된 경우에는 `makeObjectsPerformSelector:`를 사용하는 implicit 루프를 만들어 코드를 깔끔하게 할 수 있다.
- 오브젝티브-C 2.0 이전 버전의 경우 컬렉션을 루프하는 가장 좋은 방법은 `while` 루프와 `NSEnumerator` 오브젝트의 조합을 사용하는 것이다. 컬렉션 오브젝트로부터 얻는 `NSEnumerator` 오브젝트는 `nextObject` 메소드를 통해 컬렉션 내 오브젝트를 한 번에 하나씩 꺼낼 수 있다. 컬렉션의 모든 오브젝트를 꺼내고 나면 `nextObject` 메소드는 `nil`을 반환한다.
- 오브젝티브-C는 Fast Enumeration과 `for ... in` 구문을 추가하였다. Fast Enumeration은 그동안의 루프보다 더 좋은 성능을 보여준다.
- 오브젝티브-C는 `@try/@catch/@finally` 지시자를 사용하는 예외처리 시스템을 제공한다. 하지만 예외처리는 비싼 연산이기 때문에 완전히 예외적인 상황에서만 사용해야 하며 흐름 제어에서는 사용하면 안된다.

다음 장에서는 이미 존재하는 클래스에 메소드를 추가하는 방법과 오브젝티브-C의 (약간은 제한적인) 보안 기능에 대해 살펴볼 것이다.

연습 문제

1. 다음 코드를 포함하는 프로그램을 작성해보자.

```
NSArray *arrayOfStrings =
    [NSArray arrayWithObjects: @"", @"Objective-C", nil];

for ( NSString *string in arrayOfStrings )
  {
    if ( [string length] == YES )
      NSLog( @"%@ has non-zero length!", string );
    else
      NSLog( @"%@ has zero length!", string );
  }
```

작성한 프로그램이 제대로 동작하지 않는 것을 확인한 다음 정상적으로 실행되도록 수정한다.

2. `NSString` 오브젝트로 구성된 (내용은 무방) 배열을 하나 만들어보자. 순수 C 언어의 `for` 루프와 `NSArray`의 `objectAtIndex:` 메소드를 사용하여 배열에 들어있는 모든 문자열의 글자 개수를 구해보자.

3. 2번에서 작성한 프로그램을 `while` 루프와 `NSEnumerator` 오브젝트를 사용하는 버전으로 바꿔보자.

4. 3번에서 작성한 프로그램을 `for ... in` 루프를 사용하는 버전으로 바꿔보자.

5. 다음의 mutable 배열을 만들어보자.

    ```
    NSMutableArray *animalArray =
        [NSMutableArray arrayWithObjects: @"Lion", @"Tiger",
            @"Elephant", @"Duck", @"Rhinoceros", nil];
    ```

    `for ... in` 루프를 이용하여 `animalArray`를 탐색하면서 다섯 글자가 넘는 모든 문자열을 제거한다. 이때 이 과정을 `for ... in` 루프에서 직접 진행해보자. 결과가 어떻게 되는가?

6. 마찬가지로 5번의 배열을 이용하여 다섯 글자가 넘는 모든 문자열을 제대로 제거하는 프로그램을 작성해보자. 문자열 제거 전의 `animalArray`와 제거 후의 `animalArray`의 내용을 다음의 코드를 이용하여 출력해보자.

    ```
    NSLog( @"%@", [animalArray description] );
    ```

    이번 프로그램 역시 `for ... in` 루프를 사용해야 한다.

7. 세 개의 문자열을 갖는 배열을 만들어보자. 배열의 예는 다음과 같다.

    ```
    NSArray *duckArray =
        [NSArray arrayWithObjects: @"Huey", @"Dewie", @"Louie", nil];
    ```

    그런 다음, `@try/@catch/@finally` 블록을 만들어보자. `@catch` 블록은 `NSException` 오브젝트를 붙잡은 다음 예외 이름과 원인을 로깅한다. `@finally` 블록은 `@finally` 블록이 실행된다는 메시지를 로깅한다. 그 다음 `@try/@catch/@finally`

블록 다음에 또 다른 로깅 명령문을 넣는다. 이제 `@try` 블록 안에 배열 내부에 접근하는 명령문을 작성한다. 먼저 2번 인덱스에 해당하는 배열 아이템에 접근시키고 `@finally` 블록이 동작하는지 확인한다. 그리고는 3번 인덱스에 해당하는 배열 아이템에 접근시켜 보자. 이제 무슨 일이 일어나는가?

Chapter 11

카테고리·확장·보안

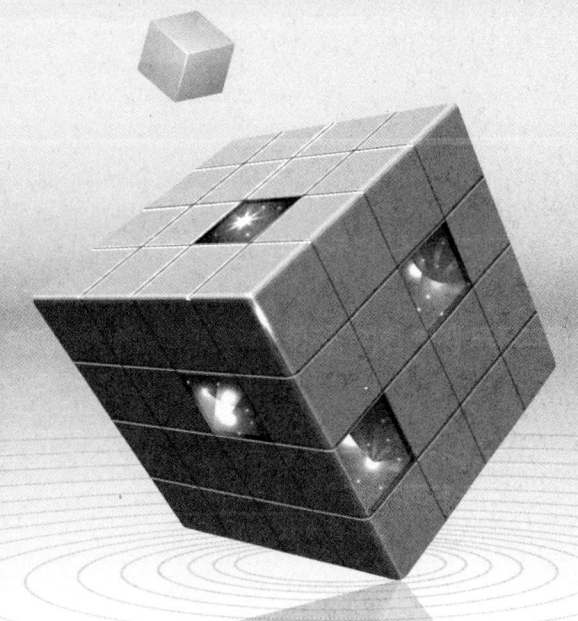

LEARNING OBJECTIVE-C 2.0

Chapter 6에서 클래스 정의, 메모리 할당, 초기화, 오브젝트 인스턴스 복사 등에 대한 기본적인 내용을 학습했다. 하지만 오브젝트를 간단히 생성하는 것 외에도 더 많은 것들이 있다. 이번 장에서는 이미 존재하는 클래스에 메소드를 추가하는 방법, (적어도 몇몇) 외부 영역에 메소드의 존재를 알리지 않는 방법, 오브젝트의 인스턴스 변수에 접근하는 회수를 제한하는 방법 등에 대해 살펴볼 것이다. 또한 오브젝티브-C의 보안(및 보안 관련 제약)에 대해서도 논의할 것이다.

카테고리

카테고리(Category)는 이미 존재하는 클래스의 서브클래스를 만들거나 클래스의 소스코드를 고치지 않으면서 메소드를 추가할 수 있는 방법을 제공한다. 카테고리를 사용하여 클래스의 기능을 확장시키는 것은 서브클래스를 만드는 것보다 훨씬 간편한 작업이 될 것이다.

이해를 돕기위해 다음을 생각해보자. "Four score and seven years ago" 문장을 다음과 같이 바꾸려고 한다: "FourScoreAndSevenYearsAgo" 이와 같이 문장에 들어있는 단어의 첫 글자만 대문자로 하고 공백 없이 붙여서 만든 문자열을 CamelCase 문자열이라고 한다(CamelCase는 낙타의 혹 모양으로부터 유래되었다).

> **Note** 일반적으로 사용되는 오브젝티브-C의 클래스 이름 역시 CamelCase 방식이다. 오브젝티브-C의 메소드 이름은 CamelCase의 변형으로 맨 앞 글자만 소문자를 사용한다.

CamelCase 문장으로 변환시키는 작업을 위해 아마도 먼저 `NSString`에 대한 문서에서 `NSString` 클래스에 `-camelCase` 메소드가 있는지 확인할 것이다. 하지만 아쉽게도 이러한 메소드는 없다.

그러면 이제 `camelCase` 메소드를 추가하기 위하여 `NSString`의 서브클래스를 만들려고 할 것이다. 하지만 이것은 다음의 두 가지 문제가 있다.

- Chapter 9에서 이미 언급했듯이 `NSString`은 클래스 클러스터이다. 그래서 비록

서브클래스를 만드는 것이 불가능하지 않더라도 클래스 클러스터의 서브클래스를 만드는 것은 명확하지 않을 뿐만 아니라 제대로 동작하는 것을 보장하기 위해서는 엄청난 수읽기가 필요하다.

- 만약 서브클래스를 통해 camelCase 메소드를 추가한다면 CamelCase로 변환시키고자 하는 모든 문자열의 타입을 NSString에서 서브클래스로 변환시켜야만 한다. 이것은 꽤 고된 작업으로, 대부분의 클래스가 문자열을 NSString 오브젝트로 반환하기 때문에 다른 클래스와 작업할 때는 매번 변환작업을 해야한다.

결국 이와 같은 작업을 위해 서브클래스를 만든다는 것은 꽤나 비효율적인 일이다. 하지만 카테고리를 사용하면 얘기가 달라진다. 카테고리를 사용하는 경우에는 단지 @interface 섹션에 메소드 선언문을, @implementation 섹션에 메소드 코드를 추가해주기만 하면 그만이다. 그러면 runtime은 이렇게 작성한 카테고리 메소드를 클래스에 추가한다. Runtime이 추가한 시점부터 카테고리 메소드는 마치 원래부터 해당 클래스에 있던 메소드마냥 동작하게 된다.

NSString을 위한 CamelCase 카테고리 메소드의 예를 살펴보자. 카테고리를 위한 헤더 파일은 일반 클래스의 헤더 파일과 비슷하다(리스트 11.1).

리스트 11.1 NSString+CamelCase.h

```
#import <Foundation/Foundation.h>

@interface NSString (CamelCase)

-(NSString*) camelCaseString;

@end
```

카테고리 헤더 파일은 확장시키고자 하는 클래스의 헤더 파일을 import해야 한다. 이 예제에서 NSString 헤더 파일은 Foundation/Foundation.h 에서 import한다. @interface 줄에는 메소드를 추가하고자 하는 클래스 이름(NSString)과 함께 카테고리 이름(CamelCase)을 나열한다. 카테고리 파일 이름은 통상적으로 '클래스이름+카테고리 이름'으로 구성되며, 이 예제에서도 이러한 규칙을 따라 NSString+CamelCase.h 라는 이름으로 카테고리 헤더 파일을 만들었다.

> **Note** 카테고리와 서브클래스의 큰 차이점은 카테고리에는 클래스를 사용하는 변수를 추가할 수 없다는 것이다. 이를 반영하듯 앞의 헤더 파일에도 인스턴스 변수 섹션이 없다.

이제 카테고리의 구현 부분을 볼 차례이다. 카테고리의 implementation 파일(리스트 11.2)은 일반적인 클래스의 implementation 파일과 비슷하다. 관련된 헤더 파일을 import해야 하는 것이나 @implementation과 @end 지시자 사이에 메소드 구현 코드를 넣어야 하는 것은 똑같다. 다만 @implementation 줄에 클래스 이름과 카테고리 이름이 나타난다는 것이 다르다.

리스트 11.2 NSString+CamelCase.m

```
1  #import "NSString+CamelCase.h"
2
3  @implementation NSString   (CamelCase)
4
5  -(NSString*) camelCaseString
6  {
7    NSString* capitalizedString = [self capitalizedString];
8
9    NSArray* components =
10     [capitalizedString componentsSeparatedByCharactersInSet:
11        [NSCharacterSet whitespaceCharacterSet]];
12
13    NSString* output = @"";
14
15
16    for ( NSString* word in components )
17      {
18        output = [output stringByAppendingString: word];
19      }
20
21    return output;
22  }
23 @end
```

이제 리스트 11.2를 살펴보자.

- 7행에서는 `NSString` 메소드 `capitalizedString`을 사용하여 문자열에 있는 모든 단어의 첫 글자는 대문자로, 나머지는 소문자로 바꾼 새로운 문자열을 얻는다. 여기서 중요한 점은 다른 메소드와 마찬가지로 카테고리 메소드 역시 메소드가 호출될 때의 `receiver`를 참조하기 위하여 `self`를 사용할 수 있다는 것이다. 또한 카테고리 메소드는 일반 메소드와 같이 클래스의 인스턴스 변수를 사용할 수 있다.
- 9행에서는 원본 문자열에 들어있는 각 단어를 추출하여 배열에 담는다. 이렇게 추출된 단어들은 16행부터 시작하는 루프에서 하나의 문자열로 묶는다. 이런 식으로 하여 문장 중간에 있는 공백을 없앤다.
- 21행에서 최종 문자열을 반환한다. `stringByAppendingString:` 메소드로부터 반환된 문자열은 autorelease되었기 때문에 별도의 retain 작업 없이 그냥 return할 수 있다.

이렇게 해서 다음 코드와 같이 `NSString`을 가지고 카테고리를 사용할 수 있게 되었다.

```
#import "NSString+CamelCase.h"

NSString* string = @"Four score and seven years ago";
NSLog( @"%@", string );
string = [string camelCaseString];
NSLog( @"%@", string );
```

위 코드의 실행 결과는 다음과 같다.

```
Four score and seven years ago
FourScoreAndSevenYearsAgo
```

카테고리를 이용한 메소드 오버라이딩

클래스에서 정의된 기존의 메소드를 카테고리를 이용하여 오버라이드하는 것도 가능하다.

- 카테고리를 사용하여 메소드를 오버라이드하는 것은 약간 민감하고 위험한 부분이 있다. 만약 메소드가 모든 상황에서 어떻게 동작하는지, 그리고 어디에서 사용되는지를 정확하게 알지 못한다면 아마도 어딘가를 망가뜨리는 중일 것이다.
- 카테고리를 사용하여 메소드를 오버라이드할 때 새로운 버전의 메소드는 원래의 메소드를 대치한다. 즉, 더이상 원본 메소드를 호출할 수 있는 방법이 없다. 하지만 원본 메소드가 수퍼클래스의 것을 오버라이드한 경우, 카테고리 버전의 메소드에서 super를 사용하여 수퍼클래스 버전의 메소드를 호출할 수 있다.
- 하나의 클래스에 대해 여러 개의 카테고리를 만들 수 있지만 각 카테고리는 서로 이름이 달라야 한다.
- 카테고리 메소드는 다른 카테고리 메소드를 오버라이드할 수 없다. 물론 다른 카테고리에서 동일한 이름의 메소드를 선언해도 컴파일러나 링크 에러는 발생하지 않는다. 그러나 실행할 때에는 어떤 카테고리가 로드되었느냐에 따라 그 메소드 버전이 결정된다.

무엇을 사용해야 하는가? 카테고리? 서브클래스?

"작업에 맞는 도구를 사용하라."라는 말이 있다. 하지만 도대체 알맞은 도구란 무엇인가? 워낙 작업의 종류가 다양하기 때문에 명확한 답을 내릴 수는 없지만, 고려할 만한 사항을 몇 가지 든다면 다음과 같다.

- **단순한 것이 최고다.** 카테고리 메소드로 할 수 있다면 카테고리 메소드를 사용하자. 클래스의 상속관계를 늘이는 것은 코드 관리를 어렵게 만드는 요인이다.
- **NSString과 같이 클래스 클러스터로 구성된 클래스는 서브클래스를 위한 복잡한 작업을 요한다.** 할 수 있다면 카테고리를 사용하자.
- **카테고리는 넓은 확장성을 갖는다.** 클래스에 추가하는 카테고리 메소드는 클래스의 인스턴스뿐만 아니라 클래스를 상속하는 클래스의 인스턴스도 사용할 수 있다. 이것은 메소드의 기능을 크게 확장시킨다. 그래서 만약 NSObject에 카테고리를 추가하고자 한다면, 어떻게 넣을지 잠시 고민하면 그만일 것이다. 모든 오브젝트에 동시에 영향을 미칠 수 있다는 점에서 카테고리는 참 좋은 아이디어라고 할 수 있다.
- **카테고리를 사용하여 오버라이드하는 것은 위험하다.** 기존에 존재하는 메소드를 카테고리 메소드로 오버라이드할 때는 신중을 기해야 한다. 카테고리 메소드로 대치하기 전에 반드시 원본 메소드가 어떻게 동작하는지 충분히 이해해야 한다.
- **인스턴스 변수를 추가하기 위해서는 서브클래스가 필요하다.** 클래스를 확장하여 인스턴스 변수를 추가하기 위해서는 서브클래스를 만들어야 한다.

- **서브클래스만을 사용해야 하는 경우도 있다.** 동일한 클래스를 각기 다른 방법으로 확장하면서 그 위치도 프로그램 내에서 서로 달리 하는 경우에는 아마도 서브클래스를 구현해야 할 것이다.
- **서브클래스 용도로 사용되는 클래스도 있다.** 어떤 클래스는 부분적으로 또는 전체적으로 추상화되어 서브클래스를 만들어야 정상적으로 동작한다. 이러한 대표적인 예로 `NSView`를 들 수 있다. 직접 무언가를 그리거나 마우스 움직임에 반응하기 위해서는 `NSView`의 서브클래스를 만들어야 한다.
- **컴포지션(Composition) 패턴을 사용하라.** 컴포지션을 사용하여 클래스를 확장시킬 수도 있다(컴포지션은 디자인 패턴이며 프로그래밍 언어 기능이 아니다). 컴포지션을 사용한다는 것은, 즉 확장시키고자 하는 클래스의 인스턴스를 포함하는 완전히 새로운 클래스를 만드는 것을 의미한다. 원본 클래스에 있는 메시지는 원본 클래스를 감싸는 새로운 클래스의 메시지에 의해 호출되며 새로운 클래스의 메시지에 추가 기능이 들어간다.

목록이 많지만 모든 항목들이 의미하는 바는 모두 똑같다. 즉, 생각하고 코딩하라는 것이다.

카테고리의 기타 용도

카테고리는 다양한 용도로 사용된다.

- 대규모 클래스는 수백 개의 메소드와 수천 줄의 코드로 구성된다. (이러한 예로 AppKit의 `NSWindow` 클래스가 있으며, /System/Library/Frameworks/AppKit.framework/Versions/C/Headers/NSWindow.h 에서 확인할 수 있다.) 이러한 클래스를 카테고리를 사용해서 관리가 용이한 여러 개의 파일로 나눌 수 있다. 그래서 인스턴스 변수와 기본 메소드는 일반 interface와 implementation 파일에 담고, 다른 메소드는 그룹별로 카테고리 파일에 담는다. 이렇게 하면 협업시 클래스를 동시에 작업할 수 있게 된다.
- 카테고리는 또한 클래스 메소드가 사용자에게 public하게 보이도록 제어하는 용도로도 사용된다. 이를 위해 클래스 메소드를 public과 private 두 종류로 나눈 다음 public 용으로 사용할 클래스의 인스턴스 변수와 메소드 선언부는 일반 헤더 파일에 두고 클래스의 private API 용으로 사용할 메소드는 카테고리 파일에 담는다. 그리고는 public용 헤더 파일만 사용자에게 배포하는 것이다. Information hiding을 위해서는 이렇게 하는 방법밖에 없다. 만일 누군가 어떻게든 private용 메소드를 사용하려고 한다 해도 막을 길은 없다.

- 마지막으로, (implementation 파일을 제외한) 카테고리 헤더 파일은 비공식 프로토콜(Chapter 13에서 다룬다)을 선언하는 데 사용될 수 있다. 즉, 카테고리 헤더 파일을 사용하여 프로토콜에 해당 메소드가 존재하며 프로토콜을 준수하는 클래스에 구현되어 있다는 것을 컴파일러에 알려준다.

카테고리 메소드는 최상위급

카테고리에 정의된 메소드는 클래스 interface 부분에 정의된 메소드의 모든 권한과 기능을 갖는다. 사실, 실행 시간에서 두 메소드의 차이는 없다. 두 메소드 모두 클래스의 인스턴스 변수에 접근이 가능하다. 또한 두 메소드 모두 클래스의 서브클래스로 상속이 가능하다.

확장

다른 프로그래머가 사용하게 될 클래스를 디자인한다고 가정해보자. 그렇다면 아마도 내부적으로만 사용하는 메소드 몇 가지를 만들 수도 있을 것이다. 하지만 클래스 헤더 파일에서 메소드를 선언한다면 클래스를 사용하는 사람은 모든 메소드를 보게 될 것이다. 확장은 이와 같이 public하게 볼 수 있는 메소드에 대해 클래스의 implementation 파일에서 interface 섹션을 추가하여 메소드를 선언하는 것으로, public하게 볼 수 있던 메소드를 가려준다. (확장이라는 표현은 interface 선언부를 .m 파일에까지 확장한다는 의미에서 붙인 이름이다.) 보통 읽기 전용으로 사용하는 인스턴스 변수를 위한 setter 메소드를 내부적으로 사용하기 위하여 확장을 사용한다. 리스트 11.3은 확장을 사용한 헤더 파일을 보여준다. 클래스는 인스턴스 변수 readOnlyBool 변수를 위한 getter를 선언한다. 그러나 setter 메소드는 선언하지 않는다. 이렇게 함으로써 readOnlyBool 변수는 제대로 읽기 전용 변수가 되는 것이다(최소한 스누핑(snooping)하지 않는 경우에 한한다. 이번 장의 "보안"에서 살펴볼 것이다).

리스트 11.3 ClassWithExtension.h

```
@interface ClassWithExtension : NSObject
{
```

```
    BOOL readOnlyBool;
}

- (BOOL) readOnlyBool;

@end
```

확장은 이름이 없다는 것만 빼고는 카테고리 선언부와 똑같다. 또한 클래스의 implementation 파일에 작성되는데, @implementation 지시자 앞에 넣어야 한다(리스트 11.4). @interface 줄에 있는 괄호 안에 이름이 없는 것을 알 수 있다.

리스트 11.4 ClassWithExtension.m

```
#import "ClassWithExtension.h"

@interface ClassWithExtension ()

- (void) setReadOnlyBool: (BOOL) newValue;

@end

@implementation ClassWithExtension

- (BOOL) readOnlyBool
{
  return readOnlyBool;
}

- (void) setReadOnlyBool:(BOOL) newValue
{
  readOnlyBool = newValue;
}

- (id) init
{
  if (self = [super init] )
    {
      [self setReadOnlyBool: YES];
    }
  return self;
}

@end
```

얼핏 보면 확장은 이름이 없는 카테고리처럼 느껴진다. 그러나 확장과 카테고리에는 몇 가지 다른점이 있다.

- 확장 메소드는 같은 파일 내 `@implementation` 섹션에 있어야 한다.
- 카테고리와는 달리 확장 메소드를 선언만 하고 구현하지 않은 경우에는 컴파일러가 확인하여 경고한다.

인스턴스 변수 범위(접근 제어)

오브젝티브-C는 오브젝트의 인스턴스 변수에 대한 접근을 통제하기 위하여 다음과 같은 세 가지 지시자를 제공한다.

- `@private`: 인스턴스 변수는 오직 인스턴스 변수를 선언한 클래스의 메소드에 의해서만 접근이 가능하다. 서브클래스에서 접근하려고 하면 에러를 일으킨다.
- `@protected`: 인스턴스 변수는 인스턴스 변수를 선언한 클래스와 이 클래스를 상속 받는 모든 클래스의 메소드에 의해서만 접근이 가능하다.
- `@public`: 인스턴스 변수는 클래스를 정의한 코드 밖에서도 클래스 또는 이 클래스의 서브클래스에 의해 접근이 가능하다.

클래스 또는 서브클래스의 메소드가 인스턴스 변수에 접근할 수 있도록 하기 위해 `@public` 지시자는 클래스의 인스턴스에 대한 포인터를 마치 C 구조체 포인터마냥 다룰 수 있도록 한다. 즉, 다음과 같이 인스턴스 변수에 접근하는 것이 가능하다.

```
instance->instance variable;
```

인스턴스 변수에 직접 접근하지 마시오

앞에서 인스턴스 변수에 직접 접근하는 것이 가능하다고 설명했지만, 가능하면 직접 접근하지 않기를 바란다. 클래스 내부에 직접 접근하는 것은 객체지향 프로그래밍의 기본 개념 중 하나인 캡슐화를 깨뜨리는 것이기 때문이다. 클래스 내부에 직접 접근할 수 있는 코드를 작성한 다음 나중에 클래스 구현부를 고치게 되면 코드가 깨질 수도 있다.

세 가지 접근 제어 지시자는 모두 클래스 interface 섹션에서 인스턴스 변수를 기술하기 전에 위치한다. 그리고 다른 지시자가 나타날 때까지 효력을 미친다. 접근 제어 지시자를 명시하지 않은 경우에는 기본적으로 @protected의 효력이 발생된다(리스트 11.5).

리스트 11.5 DinnerDish.h

```
@interface DinnerDish : NSObject
{
    Chef*    chef;
@private
    Recipe* recipe;
    int     calories;
@protected
    BOOL lowFat;
    BOOL spicy;
@public
    NSString* description;
}

@end
```

리스트 11.5를 보면, DinnerDish 클래스의 인스턴스 변수 chef, lowFat, spicy는 @protected이고, recipe, calories는 @private이며, description은 @public이다.

역사적으로 오브젝티브-C 프로그래머는 접근 제어 지시자를 사용하는 것에 익숙하지 않았다(이제 천천히 변하고 있다). 대부분의 프로그래머는 기본값인 @protected 지시자를 사용한다. 그러나 만약 @private 지시자가 표시된 인스턴스 변수를 갖는 클래스를 사용한다면, 이 클래스의 인스턴스 변수는 직접 접근할 수 없을 뿐만 아니라 카테고리나 서브클래스에서도 사용하거나 수정할 수 없다는 사실을 알아야 한다(어쩌면 서브클래스의 private 인스턴스 변수에 접근하기 위해 카테고리를 사용하여 @private 지시자를 엎어버릴지도 모르지만). 즉, 클래스를 디자인한 프로그래머의 의도는 이러한 인스턴스 변수는 클래스의 공개 인터페이스가 아니며 추후에 버전이 올라가면서 바뀔 수도 있다는 것으로 이해해야 한다.

메소드를 위한 접근 제어

아무 것도 없다. 오브젝티브-C는 메소드를 위한 private, protected, public 장치를 마련하지 않았다. 그래서 메소드 이름을 알고 있다면 언제든지 메시지 용도로 사용할 수 있다. 만일 컴파일러가 (현재의 영역에서 메소드 선언을 보면서) 메시지에 대해 오브젝트가 응답하지 않을 것 같다고 판단한다면 경고 메시지를 보낸다. 하지만 진짜 판정은 실행 시간에 이루어진다. 오브젝트가 메시지에 응답한다면 그대로 진행한다. 그렇지 않은 경우 (클래스 디자이너에 의해) 오브젝트가 메시지를 전달(forward)하거나 혹은 예외를 일으킨다.

Private 용도로 사용하고 싶은 메소드를 클래스 사용자가 호출하는 것을 막기 위하여 메소드를 확장 영역에서 선언하거나 별도의 카테고리 파일에서 선언할 수도 있을 것이다. 하지만 이는 출입문을 잠그는 정도의 효과만 있을 뿐이다. 그저 정직한 사람들만 정직하게 할 뿐 private 메소드를 어떻게든 사용하려고 달려드는 사람을 막을 방법은 없다.

이름공간(Namespace)

현재까지 오브젝티브-C는 이름공간을 보유하지 않고 있다. 다른 언어에서는 이름공간을 사용하여 서로 다른 라이브러리에서 정의된 오브젝트의 이름이 겹치는 것을 방지한다(라이브러리는 오브젝티브-C에서 프레임워크로 불린다. Chapter 8을 참고하도록 하자). 만일 서로 다른 프레임워크에 Button이라는 이름의 클래스를 만든다면 문제가 발생할 것이다. 이를 해결하기 위하여 대부분의 오브젝티브-C 프레임워크에서는 이름을 지을 때 프레임워크를 대표하는 두 세 글자를 클래스 이름 앞에 붙인다. 예를 들어, Cocoa 프레임워크는 NS(NeXTStep에서 차용)를 붙이기 때문에 AppKit 프레임워크의 버튼 클래스의 이름은 NSButton이 된다.

보안

앞에서도 언급하였지만 일부 극소수의 오브젝티브-C 프로그래머들만 @private, @protected, @public 지시자 때문에 고민을 한다. 이렇게 지시자를 사용해봤자 카테고리에 의해 접근 제어가 쉽게 무너지기 때문이다.

리스트 11.6을 보자.

리스트 11.6 ClassWithSecret.h

```
@interface ClassWithSecret : NSObject
{
  @private
    int secretNumber;
}

@end
```

컴파일러는 서브클래스가 인스턴스 변수 secretNumber에 접근하는 것을 막는다. 만약 접근하려고 하면 에러를 일으킨다. 하지만 secretNumber에 절대로 접근할 수 없는 것이 아니다. 리스트 11.7과 11.8에서 볼 수 있듯이 ClassWithSecret[1]의 카테고리 메소드를 정의하면 얼마든지 접근할 수 있다.

---

[1] 이 예제에서는 일부러 accessor 메소드 이름에 대해 표준 이름 규칙을 적용하지 않았다. 그 이유는 ClassWithSecret 클래스가 private 헤더나 확장에서 내부적으로만 사용하는 표준 accessor 메소드 이름으로 된 메소드를 갖고 있을 수도 있기 때문이다. 그래서 혹시나 메소드 이름이 겹쳐버리면 카테고리에서 정의한 메소드로 대체되며, 그렇게 되면 클래스가 깨질 수도 있기 때문에 표준 이름 규칙을 사용하지 않은 것이다.

리스트 11.7 **ClassWithSecret_Cheating.h**

```
@interface ClassWithSecret (Cheating)

- (int) revealSecretNumber;
- (void) changeSecretNumber:(int) newSecretNumber;

@end
```

리스트 11.8 **ClassWithSecret_Cheating.m**

```
#import "ClassWithSecret+Cheating.h"

@implementation ClassWithSecret (Cheating)

- (int) revealSecretNumber;
{
  return secretNumber;
}

- (void) changeSecretNumber:(int) newSecretNumber
{
  secretNumber = newSecretNumber;
}

@end
```

카테고리 메소드는 ClassWithSecret 클래스의 원래 제작자가 ClassWithSecret의 일부분을 제공하듯 정확하게 동작한다. 이렇게 카테고리를 사용함으로써 secretNumber에 직접 접근할 수 있게 된다. 뿐만 아니라, 컴파일러의 경고 없이도 @private 변수 secretNumber에 접근할 수 있는 ClassWithSecret의 서브클래스도 만들 수 있다(리스트 11.9, 11.10).

리스트 11.9 **CheatingNosySubclass.h**

```
#import <Foundation/Foundation.h>
#import "ClassWithSecret.h"

@interface CheatingNosySubclass : ClassWithSecret
{
}
```

```
- (void) revealSecret;
- (void) resetSecretNumber:(int) newSecretNumber;

@end
```

> **리스트 11.10** **CheatingNosySubclass.m**

```
#import "CheatingNosySubclass.h"
#import "ClassWithSecret+Cheating.h"

@implementation CheatingNosySubclass

- (void) revealSecret
{
    printf("The secret number is... %d\n", [self revealSecretNumber] );
}

- (void) resetSecretNumber:(int) newSecretNumber
{
    [self changeSecretNumber: newSecretNumber];
}

@end
```

Runtime은 오브젝티브-C 실행파일에 들어 있는 정보를 이용하여 구조체를 채우고 다른 프로그램이 읽을 수 있도록 한다. 이러한 정보를 읽어 사람이 이해할 수 있는 형태로 출력하는 명령 줄 프로그램이 몇 가지 있다.

클래스 덤프

명령 줄 프로그램 `otool`(표준 Mac OS X 배포판에 있음)은 오브젝티브-C 프로그램이나 프레임워크에 있는 인스턴스 변수와 메소드를 암호문처럼 나타내기는 하지만 어쨌거나 화면에 보여줄 수 있다. 이보다 좀 더 나은 프로그램으로 `class-dump`(www.codethecode.com/projects/class-dump)가 있다. `class-dump`는 각 클래스에 대해 오브젝티브-C interface 섹션처럼 보기 좋게 나타낸다.

`otool`과 `class-dump` 모두 교육적인 목적으로는 좋다. 하지만 private 메소드나 private 프레임워크를 탐색하기 위하여 사용하지는 말자. Private 메소드와 문서에 API로 명시되지 않은 것들은 공지 없이 바뀌기 때문이다. 만일 이러한 메소드를 사용했는데 메소드의 정의 내용이 바뀌거나 메소드가 없어져버리면 작성한 프로그램은 깨져버릴 것이다.

앞에서도 언급했지만 오브젝티브-C는 메소드 이름에 대해 접근 제어를 제공하지 않는다. 그렇기 때문에 내부적으로만 사용하고자 하는 메소드를 private 헤더 파일이나 implementation 파일의 확장 영역에 카테고리로서 정의하여 숨겨보아도 class-dump 같은 프로그램을 사용하면 쉽게 숨겨진 메소드를 호출할 수 있다. 컴파일러는 경고를 하겠지만 class-dump를 통해 얻은 정보를 이용하여 별도의 카테고리 헤더 파일에 메소드를 선언하면 충분히 비껴갈 수 있다.

이러한 방법을 절대로 사용하지 않도록 하자. 다만 불가능한 접근은 없다는 사실은 알고 있어야 한다. 오브젝티브-C를 처음 접하는 사람은 이러한 내용에 놀랄 수도 있겠지만 실제로 이런 부분이 큰 문제를 일으키지는 않는다. 왜냐하면 대부분의 사람들은 문서에 명시되지 않은 내부적인 코드를 사용하는 것이 좋지 않음을 알고 있기 때문이다.

> **Note** 만일 내부적으로만 사용하거나 Apple 문서에 기술되지 않은 메소드를 사용하여 앱을 만들었다면 App Store 등록시 거절당할 것이다.

하지만 반드시 주의해야 할 부분이 있다. 그 한 예가 바로 라이센스 코드(시리얼 넘버)이다. 자신이 만든 앱이 크랙(crack)으로부터 자유로울 수는 없겠지만, 적어도 라이센스 코드나 이에 준하는 정보를 그냥 C 문자열로 쭈욱 기록하여 크래커(cracker)가 너무 쉽게 풀어버리는 일이 발생하는 것을 원하지는 않을 것이다.

오브젝티브-C에서 C 함수 호출하기

오브젝티브-C를 새로 시작하는 사람들이 많이 물어보는 것 중 하나가 "오브젝티브-C 메소드 안에서 C 함수를 호출하는 것이 가능한가?"이다. 이에 대한 대답을 기술적, 실무적, 철학적 관점으로 나누어보겠다.

기술적 관점

당연히 가능하다. 오브젝티브-C는 C의 상위집합이다. 그렇기 때문에 명령문이나 표현식의 어느 위치에서든지 C 함수를 호출할 수 있다(물론 반환값이 표현식에 적합해야 한다). 또한 C 함수의 인수로 오브젝트의 포인터를 사용할 수 있으며 함수 본문에서 오브젝트(인수로 얻거나 함수 내에서 직접 생성)에 메시지를 보낼 수 있을 뿐만 아니라 함수의 반환값으로 오브젝트 포인터를 사용할 수도 있다.

실무적 관점

때때로 C 함수를 사용해야 한다. 만일 Mac OS X 프로그램이나 iPhone 프로그램을 작성한다면 몇몇 작업은 Apple C 언어 라이브러리를 필요로 할 것이다. 대표적인 예로 iPhone에서 그래픽을 사용하는 경우를 들 수 있다. 현재까지는 iPhone의 UIKit은 그리기에 있어 그리 많은 기능을 제공하지 않는다. 그래서 비트맵 같은 것을 그리기 위해서는 Core Graphics C API를 사용해야 한다. Apple 바깥 세계로 시야를 확장하면 훌륭한 기능으로 무장된 어마어마한 양의 써드파티(third-party) C 라이브러리들을 접할 수 있을 것이다. 오브젝티브-C는 순수 C와 잘 동작하기 때문에 소스 코드 없이도 라이브러리를 링크하여 사용할 수 있다.

철학적 관점

자, 이제 진짜 위험한 부분이다. 일부 객체지향 프로그래밍 신봉자들은 C 함수를 사용하는 것에 대해 결사반대의 입장을 취한다. 그들은 여러분이 최대한 순수 C를 멀리하기를 바랄 것이다. 이러한 오브젝티브-C의 개념적 입장에 대한 수많은 글을 보고 싶다면 게시판에 다음과 같은 질문을 하기 바란다. "제 클래스에서 도우미로 필요한 수학 루틴이 있습니다. 이 코드를 implementation 파일에 C 함수로 작성한 다음 메소드에서 C 함수를 호출하면 되나요?" 아마도 C 코드를 감싸는 메소드를 작성하라는 OOP 강경파의 답글을 접하게 될 것이다.

물론 그것도 한 가지 답이 될 수 있다(두 가지 모두 잘 동작할 것이다). 하지만 저자는 상반된 견해를 가지고 있다. 저자에게 있어 오브젝티브-C의 놀라운 점 중 하나는 모든 내용에 대해 객체지향 개념을 엄격하게 적용하지 않아도 된다는 것이다. 물론 이는 분명한 논쟁거리임에 틀림없지만, 저자는 이렇게 말하고 싶다. "객체지향 프로그래밍은 하나의 방법론일 뿐 절대 신념이 될 수 없다." 객체지향 프로그래밍이 수많은 작업에 정말 좋다는 것은 분명하다. 하지만 어떤 작업에는 다른 방법이 더 효과적이라는 것이다. 많은 수학 계산은 절차적인 방법을 지향하고 단순히 오브젝티브-C로 감싸기만 하여 그들이 부르짖는 "객체지향"을 구현해봤자 별 이득이 없다. 만약 수학 도우미 함수가 필요하다면 고민하지 말고 C를 쓰기 바란다. 여러 개의 함수를 만들게 된다면 그것들을 묶어 별도의 .c 파일(오브젝티브-C 오브젝트를 참조하는 경우에는 .m 파일)에 담은 다음 대응되는 헤더 파일에서 함수를 선언하면 된다. 이렇게 하면 언제든지 함수가 필요할 때마다 가져다 쓸 수 있다.

정리

카테고리는 기존에 존재하는 클래스를 수정하지 않고도 메소드를 추가할 수 있는 방법을 제공한다. 그렇다고 서브클래스를 사용하여 클래스를 확장하는 것이 아니라 클래스의 일부가 되도록 만든다. 단순히 메소드 선언부만 들어있는 카테고리 헤더 파일을 사용하면 대규모 클래스를 여러 개의 파일로 나누거나 공개용 혹은 내부용 메소드로 구성된 헤더 파일로 나눌 수 있다.

확장은 내부용 메소드의 선언을 숨기는 방법을 제시한다. 오브젝티브-C 메소드의 선언을 볼 수 없도록 해야 메소드를 private으로 사용할 수 있다. 그러나 메소드의 이름만 알면 메소드 선언을 보지 못해도 메소드 호출이 가능하다.

오브젝티브-C는 `@public`, `@protected`, `@private` 지시자를 통해 인스턴스 변수의 접근을 제어한다. 하지만 `@private` 변수라도 카테고리 메소드를 사용하면 public하게 접근하는 것이 가능하다.

연습 문제

1. 문장에 있는 단어의 순서를 반대로 구성하는 `NSString`의 카테고리 메소드를 만들어보자. 카테고리 메소드 `-reverseWords`는 "dog bites man" 문장을 "man

bites dog"로 바꾸어야 한다(원본 문자열이 receiver가 되고 바뀐 문장이 메소드의 반환값이 된다). -reverseWords 메소드를 테스트하는 프로그램도 작성하자.

2. 확장을 갖는 클래스를 만들고 이를 시험하는 프로그램을 작성해보자(대단한 내용을 담을 필요 없이 그저 메소드 본문에 printf나 NSLog 정도만 사용하면 된다).
   - 확장 영역에서 선언한 메소드의 구현 부분을 임시로 생략한 다음 이렇게 생략된 부분에 대해 컴파일러가 경고를 하는지 확인한다.
   - 확장 메소드의 구현 부분을 추가한 다음 테스트 프로그램에서 호출토록 한다. 오브젝트가 메소드에 대해 응답하지 않는다는 컴파일러의 경고가 나타나는지 확인한다. 그럼에도 불구하고 정상적으로 메소드를 호출할 수 있는지도 확인하자.

3. 인스턴스 변수의 범위 규칙을 확인해보자. 먼저 @private, @protected, @public 인스턴스 변수를 각각 하나씩 갖는 클래스를 만든다.
   - 클래스 바깥에서 각 인스턴스 변수를 직접 접근해보자(오브젝트->인스턴스 변수).
   - 원본 클래스의 서브클래스를 만든 다음, 서브클래스 메소드에서 각 인스턴스 변수에 접근해보자.

4. 2번에서 정의한 클래스의 @private 인스턴스 변수를 스누핑(snooping)하는 카테고리를 리스트 11.7, 11.8과 같이 만들어보자.

5. class-dump 프로그램을 다운받도록 한다(www.codethecode.com/projects/class-dump). 먼저 연습문제로 작성한 오브젝티브-C 프로그램에 대해 실행하여 결과가 어떻게 나타나는지 확인해보자. class-dump는 명령 줄 프로그램으로, 터미널 프로그램에서 다음과 같이 실행하면 된다.

   class-dump executable name

   Xcode를 사용하는 경우, 프로젝트 executable은 프로젝트 이름과 같은 이름으로 프로젝트 디렉토리의 build/[설정 이름] 디렉토리에 위치한다. 별도의 설정 이름을 사용하기 전까지 기본 설정 이름은 Debug가 되기 때문에 executable은 프로젝트 디렉토리의 build/Debug 디렉토리에 있을 것이다.

Chapter 12

프로퍼티

LEARNING OBJECTIVE-C 2.0

가장 흔한 프로그래밍 작업 중 하나가 바로 오브젝트의 인스턴스 변수값을 지정하고 가져오는 것이다. 인스턴스 변수를 직접 접근할 수 있는 경우도 있지만 직접 접근하는 것은 좋지 않은 방법이다. 인스턴스 변수에 제대로 접근하는 방법은 바로 accessor 메소드를 사용하는 것이다. Accessor 메소드 중 인스턴스 변수의 값을 세팅하는 것을 별도로 setter라고 하고 인스턴스 변수의 값을 가져오는 것을 별도로 getter라고 한다.

예를 들어, integer 값을 갖는 인스턴스 변수 numberOfDogs가 있다고 하자. 그러면 이 인스턴스 변수를 위한 두 개의 accessor 메소드를 작성해야 한다.

```
-(int) numberOfDogs;  // 현재 값 반환
-(void) setNumberOfDogs:(int) newNumberOfDogs;  // 새로운 값 설정
```

Getter 이름을 instanceVariableName으로 하고 setter를 setInstanceVariableName으로 하는 것은 관용적으로 굳어진 것이지 오브젝티브-C 언어의 문법이 아니다. 그러나 키-값 코딩(key-value coding)같은 Cocoa의 고급 기능은 이러한 규칙에 의존하기 때문에 반드시 규칙을 따르는 것이 좋다. 키-값 코딩은 변수 사용여부를 확인하는 NSString 키를 이용하여 인스턴스 변수의 값을 정하고 가져올 수 있도록 한다.
키-값 코딩은 《코코아 프로그래밍(3판)》(아론 힐리가스, 아담 프레블, 인사이트, 2012) 7장 "키-밸류 코딩, 키-밸류 옵저빙"에서 찾아볼 수 있다.

Accessor 사용에 따른 한 가지 단점은 인스턴스 변수를 많이 갖는 클래스일수록 코드가 장황해진다는 것이다. 오브젝티브-C 2.0에서는 선언된 프로퍼티라고 부르는 새로운 기능을 선보이는데, 단 두 개의 명령문만으로 accessor 코드를 작성하는 수고를 덜어준다.

- `@property` 명령문은 accessor 메소드를 선언하는 간편한 방법을 제공한다.
- `@synthesize` 명령문은 컴파일러가 지정된 accessor 메소드를 자동으로 작성하게 만든다.

Apple은 이러한 기능을 "선언된 프로퍼티"로 통용하지만, 여기에서는 간단히 "프로퍼티"로 사용할 것이다.

이번 장은 인스턴스 변수에 직접 접근하는 것에 대한 문제를 짚어보고 accessor 메소드를 사용하는 방법을 소개하는 것을 시작으로, 새로운 선언된 프로퍼티 기능에 대한 세부 내용 – 프로퍼티 선언 방법, 컴파일러가 자동으로 accessor 메소드를 생성하게 하는 방법, 자동화 대신 accessor 메소드를 직접 코딩하게 되는 시점 – 을 다룬다. 또 오브젝티브-C 2.0에 추가된 또하나의 새로운 기능인 점 표기법에 대해 설명한다. 점 표기법은 대괄호로 둘러싸인 일반적인 메시지 표현식을 사용하여 accessor 메소드를 호출하는 방법 대신 다른 것을 제시한다.

오브젝트 밖에서 인스턴스 변수에 접근하기(절대 하지 말 것)

회사의 직원을 조회하는 비즈니스 시스템 일부의 제작을 의뢰받았다고 가정하자. 그래서 직원의 이름, 사번, 관리자, 연봉으로 구성된 아주 간단한 모델로 시작하기로 하였다.

리스트 12.1은 이러한 직원 정보를 담는 용도로 사용될 인스턴스 변수를 선언하는 Employee 클래스를 보여준다.

리스트 12.1

```
@interface Employee : NSObject
{
  int employeeNumber;
  NSString *name;
  Employee *supervisor;
  int salary;
}

...

@end
```

이제 이 클래스의 인스턴스를 이용해 연간 급여 비용을 계산해보자(견실한 회사라면 경영부서에서는 회사가 직원에게 연봉을 지급할 수 있는지 확인할 것이다). C언어에서 객체지향 프로그래밍에 갓 입문한 사람이라면 리스트 12.2에서와 같이 인스턴스 변수 salary에 직접 접근하여 전체 급여 비용을 계산하고자 할 것이다.

리스트 12.2 오브젝트 외부에서 인스턴스 변수 접근

```
NSArray *allEmployees = // ...
int payroll = 0;

for ( Employee* employee in allEmployees )
  {
    payroll += employee->salary; // 나쁜 방식!
  }
```

제발 리스트 12.2와 같이 하지 않도록 하자. 물론 기술적으로는 가능하지만 컴파일러는 경고를 보낼 것이다.[1] 왜냐하면 Employee 클래스에 들어있는 인스턴스 변수는 기본적으로 @protected이기 때문이다(@protected 변수들은 클래스 또는 서브클래스 내부에서만 접근이 가능하다는 것을 기억할 것이다). 심지어는 컴파일 경고를 없애기 위해 Employee.h에서 인스턴스 변수 선언을 @public으로 할지도 모른다. 하지만 이렇게 하는 것은 정말 위험천만한 일이다.

객체지향 프로그래밍의 원칙 중 하나가 캡슐화이다. 즉, 내부적으로 어떻게 동작하는지 전혀 알지 못해도 Employee 오브젝트를 사용할 수 있어야 하는 것이다. 이렇게 한다면 클래스의 구현 내용이 바뀌더라도 이 클래스를 이용하는 코드에는 영향을 미치지 않는다.

Accessor 선언 및 정의

이제 Employee 인스턴스의 인스턴스 변수를 직접 접근하지 않을 것이기 때문에 인스턴스 변수를 다룰 수 있는 accessor 메소드(setter와 getter)를 만들어야 한다. 리스트 12.3은 accessor 메소드를 사용하는 버전의 Employee.h이다.

---

[1] @protected 인스턴스 변수에 직접 접근하는 것은 오류다. 하지만 아직까지 컴파일러는 경고만 보내고 있다. 하지만 나중에는 에러로 처리할 것이다.

리스트 12.3 Employee.h (Accessor 사용)

```
@interface Employee : NSObject
{
  int employeeNumber;
  NSString *name;
  Employee *supervisor;
  int salary;
}

- (void) setName:(NSString*) newName;
- (NSString*) name;
- (void) setSupervisor:(Employee*) newSupervisor;
- (Employee*) supervisor;
- (void) setSalary:(int) newSalary;
- (int) salary;

...

@end
```

리스트 12.3을 보면 인스턴스 변수 employeeNumber의 setter가 없다. 직원의 연봉, 관리자, 심지어는 이름도 바뀔 수 있겠지만, 아마도 사번은 그 직원이 퇴사할 때까지는 바뀌지 않기 때문일 것이다(인스턴스 변수 employeeNumber는 Employee 인스턴스가 생성될 때 init 메소드에서 초기화된다).

Accessor의 형태

전형적인 getter의 형태는 인스턴스 변수를 반환하는 것이다(리스트 12.4).

리스트 12.4 getter 형태

```
- (Employee*) supervisor
{
  return supervisor;
}
```

대부분의 경우, 인스턴스 변수에 저장된 오브젝트는 저장될 때 retain되고 다른 새로운 오브젝트로 바뀔 때 release된다. 전형적인 setter 형태는 리스트 12.5와 같다.

리스트 12.5 retain을 사용하는 setter 형태

```
- (void) setSupervisor:(Employee*) newSupervisor
{
  [newSupervisor retain];
  [supervisor release];
  supervisor = newSupervisor;
}
```

supervisor 변수에 저장된 기존 오브젝트에 release 메시지를 보내 처음 오브젝트가 지정될 때 보냈던 retain 메시지와 균형을 맞춘다. setter 메소드 본문의 명령문 순서는 굉장히 중요하다. 만일 supervisor와 newSupervisor가 동일한 오브젝트라면, newSupervisor를 retain하기 전에 supervisor를 release해버리면 오브젝트를 retain하기 전에 먼저 dealloc될 것이다. 결국 supervisor에는 dealloc된 오브젝트의 포인터가 들어가게 되어 나중에 supervisor를 메시지 표현식의 receiver로 사용하면 crash를 일으키는 원인이 된다.

어떤 경우에는 오브젝트를 retain하는 대신 복사하여 저장할 수도 있을 것이다. 보통 오브젝트의 현재 상태를 보관하는 용도로 이런 방법을 사용한다. 이런 스타일의 setter는 리스트 12.6과 같다.

리스트 12.6 copy를 사용하는 setter 형태

```
- (void) setName:(NSString*) newName
{
  NSString *tmp = name;
  name = [newName copyWithZone: nil];
  [tmp release];
}
```

 Note 당연한 이야기지만 오브젝트를 복사하기 위해서는 클래스에 copyWithZone: 메소드가 구현되어 있어야 한다.

단순한 accessor의 형태는 그저 몇 줄 안되지만, accessor 개수는 많이 늘어날 수 있다. Employee 클래스에서도 고작 4개의 변수에 대한 accessor 코드는 거의 한 페이지를 차지한다. 오브젝티브-C 2.0의 새로운 기능은 이러한 단순작업을 제거해준다.

프로퍼티를 이용한 Accessor

앞에서 작성한 `Employee` 클래스는 interface 섹션에서 accessor를 선언하는 부분은 `@property` 구문을, implementation 섹션에서 컴파일러로 하여금 accessor 코드를 작성토록 요청하는 부분은 `@synthsize` 지시자를 사용하여 바꿀 수 있다. 리스트 12.7은 수정된 interface 섹션을 보여준다. 수정된 코드는 진하게 표시하였다.

리스트 12.7 @property 구문으로 바꾼 Employee.h

```
#import <Foundation/Foundation.h>

@interface Employee : NSObject
{
  int employeeNumber;
  NSString *name;
  Employee *supervisor;
  int salary;
}

@property (nonatomic, readonly) int employeeNumber;
@property (nonatomic, retain)   NSString *name;
@property (nonatomic, retain)   Employee *supervisor;
@property (nonatomic, assign) int salary;

...

@end
```

Accessor 메소드가 선언된 부분은 `@property` 구문으로 대치되었다. 이렇게 함으로써 엄청난 발전을 가져왔다. 먼저 코드의 길이가 줄어들었다. 한 줄로 getter와 setter를 동시에 선언할 수 있게 되었다. 다음으로 가독성이 높아졌다. 그리고 보너스로 accessor를 생성하는 방법에 대한 몇 가지 정보도 싣고 있다(괄호 안에 있는 아이템인 속성에 대해서는 잠시 후에 설명한다).

진짜 놀라운 부분은 implementation 파일의 코드 크기에 있다(리스트 12.8).

리스트 12.8 Employee.m

```
#import "Employee.h"
```

```
@implementation Employee

@synthesize employeeNumber;
@synthesize name;
@synthesize supervisor;
@synthesize salary;

...

@end
```

이게 전부이다. `@synthesize` 구문은 `@implementation` 섹션에 위치하는데, 이렇게 하면 컴파일러는 해당 accessor 메소드를 자동으로 생성한다. 더이상 단순노동은 없다.

좀 더 설명하자면, 위 예제의 코드 중 다음 코드는 컴파일러로 하여금 두 개의 메소드 `setName:`과 `name`을 생성하게 만든다.

```
@synthesize name;
```

자동 생성된 두 메소드는 실행 시간에 존재하게 된다. 하지만 이미 작성한 것처럼 호출할 수 있다.

타이핑을 더 줄이기 위해 `@synthesize` 구문에 여러 개의 프로퍼티를 나열할 수도 있다.

```
@synthesize employeeNumber, name, supervisor, salary;
```

Accessor 메소드를 synthesize하는 것은 강제사항이 아니다. 어떤 경우에는 단순한 setter, getter 대신 추가 기능이 들어간 버전으로 작성할 수도 있기 때문에, 이때는 accessor를 직접 작성할 것임을 컴파일러에 알리기 위하여 `@dynamic` 지시자를 사용한다.

```
@dynamic propertyName;
```

@dynamic은 기본값이기 때문에 굳이 코드를 남기지 않아도 된다. @synthesize와 @dynamic이 둘 다 보이지 않을 때 컴파일러는 @dynamic으로 인식하여 프로퍼티의 accessor를 직접 구현했을 것이라고 가정한다("@dynamic에 대한 보충 설명" 참조).

 Note 프로퍼티를 @synthesize하고는 또 프로퍼티의 accessor를 작성하는 경우에 컴파일러는 직접 작성한 코드를 사용한다. 예를 들어, @synthesize를 사용한 다음 동일한 프로퍼티의 setter만 직접 작성하였다면 컴파일러는 getter를 synthesize하고 setter는 직접 작성한 코드를 사용한다.

프로퍼티 이름과 인스턴스 변수 이름은 다를 수 있다

프로퍼티 이름과 그 프로퍼티를 나타내는 인스턴스 변수 이름을 달리 하는 것이 가능하다. 그래서 다른 이름을 사용하고자 한다면 @synthesize 구문을 통해 컴파일러에 알려주어야 한다.

```
@synthesize propertyName = instance variableName;
```

앞의 Employee 예제(리스트 12.7, 12.8)에서 사용된 인스턴스 변수 supervisor를 boss라는 이름으로 바꾸면서 프로퍼티 이름인 supervisor는 그대로 유지시킬 수 있다. 업데이트된 interface 섹션은 다음과 같다.

```
#import <Foundation/Foundation.h>

@interface Employee : NSObject
{
  int    employeeNumber;
  NSString  *name;
  Employee  *boss;
  int    salary;
}

@property (nonatomic, readonly) int employeeNumber;
@property (nonatomic, retain)   NSString *name;
@property (nonatomic, retain)   Employee *supervisor;
@property (nonatomic, assign) int salary;

...

@end
```

그리고 implementation 부분은 다음과 같다.

```
#import "Employee.h"

@implementation Employee

@synthesize employeeNumber;
@synthesize name;
@synthesize supervisor = boss;
@synthesize salary;

...

@end
```

Synthesize된 accessor는 여전히 `supervisor`와 `setSupervisor`이다. `boss`는 오직 내부적으로만 사용된다.

@property 구문

프로퍼티 선언부의 형태는 다음과 같다.

```
@property ( attributes )  type name;
```

`type`과 `name`은 자체로 설명이 된다. `attributes`는 accessor가 어떻게 코드되는지를 설명한다. 이제부터 속성값으로 사용되는 것들에 대해 차례로 알아보자.

assign, retain, copy

속성은 setter가 형성되는 방법에 영향을 미친다. 그래서 만약 `assign`을 사용한다면 setter는 단순히 새로운 값을 프로퍼티에 지정한다.

```
myProperty = newValue;
```

assign 속성은 비(非)오브젝트 프로퍼티로 사용할 수 있는 단 하나의 속성이다.

레퍼런스 카운팅을 사용하는 오브젝트 프로퍼티에 대해 assign은 약한 레퍼런스(Chapter 14 참조)를 생성한다.

retain 속성을 사용하고 @synthesize를 사용하면 컴파일러는 리스트 12.5와 동일한 작업을 하는 setter를 생성한다. 가비지 컬렉션(Chapter 15 참조)을 사용하는 경우 retain은 assign과 동일한 의미를 갖게 되며, 레퍼런스 카운팅과 가비지 컬렉션을 모두 사용해야만 하는 프레임워크 코드를 작성하지 않는 동안에는 retain을 사용할 필요가 없다.

copy 속성을 사용하고 @synthesize를 사용하면 컴파일러는 리스트 12.6과 동일한 작업을 하는 setter를 생성한다.

> **Note**
> copy 속성을 사용하기 위해서는 클래스가 복사를 할 수 있어야 한다. 즉, 클래스는 -copyWithZone:을 구현함으로써 NSCopying 프로토콜을 준수해야 한다(Chapter 6 참조).

만일 assign, retain, copy를 명시하지 않는다면 컴파일러는 기본값인 assign으로 인식한다. 기본 데이터 타입의 경우에는 이렇게 해도 큰 문제가 없으나 레퍼런스 카운팅을 사용하는 오브젝트 프로퍼티에 대해서는 컴파일러가 세 가지 속성 중 하나를 지정하지 않았다는 경고 문구를 보낼 것이다.

그러면 복사와 retain 중 어떤 것을 사용해야 할까? 그것은 오브젝트 디자인과 프로퍼티가 나타내는 것에 달려있다. 프로퍼티가 계속해서 변하는 오브젝트의 현재 상태를 뜨는 데 사용된다면 copy 속성을 사용해야 한다.

그렇지 않고 프로퍼티가 엔티티 그 자체를 의미한다면 retain 속성을 사용해야 한다. Employee 타입의 프로퍼티(president, vicePresident, employeeOfTheMonth 등)와 함께 다양한 오브젝트를 가진 비즈니스 시스템을 상상해 보자. 이때, employee에 대한 name, salary 같은 내용들이 바뀔 때마다 모든 employee 복사본을 업데이트하기 위하여 전체 시스템을 건드리는 것은 원치 않는다. 이런 경우, retain(약한 레퍼런스를 사용하고자 할 때는 assign) 속성을 사용하면 주어진 employee를 갖기로 지정된 모든 인스턴스 변수는 Employee의 동일한 인스턴스를 참조하게 된다.

readwrite, readonly

프로퍼티가 readwrite로 선언되면 프로퍼티 값을 읽고 쓸 수 있다. 즉, 두 가지 accessor가 synthesize된다. 이것이 기본이다. 만약 프로퍼티가 readonly로 선언되면 오직 getter만 synthesize된다. 그래서 이런 상태에서 (존재하지 않는) setMy Property: 메소드를 호출하면 selector에 응답하지 못한다는 예외를 일으키며 프로그램은 중단된다.

nonatomic

이 속성은 조금 이상한 것이 atomic 키워드는 없다. 만약 nonatomic 속성을 사용하지 않는다면 자동으로 기본 속성 atomic으로 프로퍼티가 선언된다. nonatomic을 지정하는 경우, 컴파일러는 쓰레드 보호에 대한 고려 없이 accessor를 synthesize한다.

다중쓰레드 프로그램에서 프로퍼티에 접근할 때는 다른 쓰레드가 사용 중인 set 또는 get이 끝날때까지 기다리게 된다. 만일 두 번째 쓰레드가 기다리지 않고 프로퍼티를 수정한다면 첫 번째 쓰레드가 설정하거나 획득하는 프로퍼티 값이 잘못될 수가 있다. 이를 막기 위해서는 프로퍼티를 atomic으로 선언해야 한다(nonatomic을 넣지 않으면 된다). 그러면 synthesize 된 accessor는 atomic하게 된다. 즉, 다른 쓰레드의 방해 없이 set 또는 get이 정상적으로 동작하게 된다.

비(非)오브젝트 프로퍼티, 또는 가비지 컬렉션을 사용하는 경우 getter는 간단한 return 문이 되고 setter 역시 atomic으로 동작하는 간단한 지정문이 된다. 레퍼런스 카운팅을 사용하는 오브젝트의 경우에는 조금 어려워진다. Synthesize된 setter와 getter는 lock을 사용하여 set과 get 작업을 하는 동안 다른 쓰레드가 진입하지 못하도록 막는다. 또한 getter는 먼저 retain한 다음 반환한 오브젝트를 autorelease시킨다.

 이와 같이 getter가 동작하는 이유는 다른 쓰레드가 오브젝트를 release하는 것을 막기 위해서이다. 이렇게 함으로써 오브젝트를 사용하고자 하는 쓰레드가 정작 사용하거나 retain하기 전에 레퍼런스 카운트 값이 0으로 떨어지는 것을 막는다.

Lock을 사용하게 되면 성능에 영향을 미치기 때문에 다중쓰레드를 사용하지 않는다면 반드시 nonatomic을 넣어야 한다. 그래야만 synthesize된 accessor는 lock을 사용하지 않고 리스트 12.5, 12.6과 같이 getter와 setter가 만들어진다.

setter=name, getter=name

보통 프로퍼티 myProperty가 synthesize되면 setter와 getter 이름으로 각각 setMyProperty와 myProperty가 된다. 하지만 setter=name, getter=name을 사용하면 별도의 이름을 부여할 수 있다. 주로 Bool 타입 프로퍼티를 다룰 때 많이 볼 수 있는데, 가령 프로퍼티 이름이 caffeinated이고, getter 이름으로 isCaffeinated를 사용코자 할 때는 다음과 같이 하면 된다.

```
@property (nonatomic, getter=isCaffeinated) BOOL caffeinated;
```

이렇게 함으로써 코드의 가독성을 높일 수 있다.

속성과 @dynamic

만약 accessor 메소드를 직접 작성한다면 컴파일러는 메소드가 @property 선언문에서 지정한 속성과 일치하는지 검사하지 않는다. 그래서 copy로 선언해놓고 지정한다거나 readonly로 선언해놓고 setter 메소드를 작성하는 등의 (선언한 내용에) 잘못된 행동을 해도 그냥 묵인한다.

@dynamic에 대한 보충 설명

@synthesize의 정반대가 @dynamic이다. 프로퍼티에 대해 @dynamic으로 지정하면, 컴파일러는 accessor 메소드를 직접 구현할 것이라고 예측한다. 만약 구현된 accessor 메소드가 없다면 컴파일 시간에 컴파일러는 경고 메시지를 내보내며, 그래도 무시하고 실행하면 프로퍼티를 사용하려고 할 때 오류를 낸다.

컴파일러가 도와줄 수 있음에도 불구하고 accessor 메소드를 직접 작성하는 이유는 무엇일까? 컴파일러는 단순히 프로퍼티를 설정하거나 가져오는 용도의 accessor를 만들어준다. 하지만 가끔은 프로퍼티 작업을 할 때 추가 작업이 필요할 수도 있는 법이다. 예를 들어, 입력 데이터를 필터링하여 필요한 범위로 제한시키는 것을 들 수 있다.

스피커 볼륨값을 갖는 프로퍼티를 생각해보자.

```
#define kMaxVolume 1.0
#define kMinVolume 0.0
{
  float speakerVolume;
}
@property (atomic, assign) float speakerVolume;
```

입력 가능 범위가 0.0부터 1.0이라고 한다면 이 기준에 맞추도록 setter를 작성할 수 있다.

```
- (void) setSpeakerVolume: (float) newVolume
{
  // 범위를 넘어가는 입력값을 보정
  if (newVolume > kMaxVolume)
    {
      speakerVolume = kMaxVolume;
    }
  else if (newVolume < kMinVolume)
    {
      speakerVolume = kMinVolume;
    }
  else
    {
      speakerVolume = newVolume;
    }
}
```

별도의 accessor를 만드는 다른 이유는 간혹 인스턴스 변수와 프로퍼티가 연관이 없는 경우가 있기 때문이다. 오브젝트의 공개 인터페이스에 대한 설명이 실제로 만들어진 것이 프로퍼티다. 그래서 프로퍼티는 오브젝트의 특징이나 상태를 표시한다. 그러나 프로퍼티가 오브젝트의 내부 구조까지 알려줄 필요는 없다. 다시 말하자면, 프로퍼티는 보통 인스턴스 변수에 저장되지만(대부분의 경우가 여기에 해당한다) 인스턴스 변수가 될 필요는 없다. 또한 오브젝트가 소유하거나, 파일에 저장되거나, 아니면 계산을 위해 잠시 사용되는 도우미(helper) 오브젝트에 프로퍼티가 저장될 수도 있다. 사실 getter가 프로퍼티를 반환하거나 setter가 프로퍼티를 설정하는 한 이런 부분은 별 문제가 되지 않는다.

예제를 통해 getter가 반환한 프로퍼티가 계산에 사용되는 모습을 살펴보자. 먼저 RestaurantEmployee 클래스이다.

```
#import <Foundation/Foundation.h>

@interface RestaurantEmployee : NSObject
{
  int age;
  ...
}

@property (nonatomic, assign) int age;
@property (nonatomic, readonly) BOOL canServeBeer;
...

@end
```

어떤 지역에서는 일정 수준의 나이를 넘지 못하면 술을 서빙하지 못하게 지정하였다. 그래서 예제에서는 canServeBeer라는 읽기 전용의 boolean 프로퍼티를 정의하였다. 물론 canServeBeer를 별도의 인스턴스 변수에 저장할 필요는 없다. 그저 인스턴스 변수 age 값을 가지고 계산만 하면 된다.

```
#import "RestaurantEmployee.h"

@implementation RestaurantEmployee

@synthesize age;
@dynamic canServeBeer;

- (BOOL) canServeBeer
{
  if ( [self age] >= 21 )
```

```
        return YES;
    else
        return NO;
}

...

@end
```

프로퍼티와 메모리 관리

프로퍼티와 synthesize된(혹은 직접 만든) setter를 사용함으로 인해 엄청난 양의 레퍼런스 카운팅 작업이 생겨났다. 인스턴스 변수의 값을 설정하기 위해 항상 인스턴스 변수의 setter를 사용한다면, 대부분의 레퍼런스 카운팅은 자동으로 설정된다.

> Accessor 메소드를 사용하는 것은 좋은 습관이다. 특히 메소드 내에서 인스턴스 변수에 접근하기 위해 사용하는 것은 더욱 그러하다. 다만 예외가 있는데, init 메소드를 사용해 인스턴스 변수를 초기화할 때와 dealloc 메소드를 사용해 인스턴스 변수를 release할 때가 바로 예외에 해당한다. 이 두 가지는 완전히 내부적인 작업이다. 그래서 초기화나 dealloc의 많은 경우에 accessor 메소드를 호출하여 발생하는 부작용을 꺼려한다. init 메소드에서는 인스턴스 변수를 직접 세팅해야 한다(필요하면 저장할 오브젝트를 retain해야 한다). dealloc 메소드에서는 nil을 인수로 하는 인스턴스 변수의 setter를 호출하지 말고 인스턴스 변수를 직접 release시켜야 한다.

dealloc

컴파일러가 모든 작업을 대신하는 동안 잠시 밖에 나가 라떼라도 한잔하면 참 기분 좋을 것이다. 프로퍼티가 많은 작업을 줄여주지만, 여전히 우리가 직접 해야만 하는 일이 있다. 컴파일러는 accessor 메소드를 만들어주지만 메모리 관리에 있어서는 완전히 보장해주지 못한다. 만일 클래스에 retain 혹은 복사된 프로퍼티가 있다면 여러분은 반드시 dealloc 메소드를 사용하여 이러한 오브젝트를 release시켜주어야 한다. 이 상황에서도 프로퍼티는 도움을 주는데, 그것은 바로 프로퍼티의 선언문이다. 프로퍼티 선언문을 보면 어떤 오브젝트를 반드시 release시켜야 하는지를 알 수 있다.

리스트 12.8의 Employee 클래스를 위한 dealloc 메소드는 다음과 같다.

```
- (void) dealloc
{
  [name release];
  [supervisor release];
  [super dealloc];
}
```

서브클래스와 프로퍼티

서브클래스는 수퍼클래스의 모든 프로퍼티(와 accessor)를 상속받는다. 서브클래스 헤더 파일에 (문서화를 목적으로) 프로퍼티 구문을 반복하여 적을 수는 있지만, 원래의 헤더 파일과 서브클래스의 헤더 파일에 있는 프로퍼트 구문이 같지 않은 경우 컴파일러는 불평할 것이다.

단, 한 가지 예외가 있다. 서브클래스에서는 readonly 프로퍼티를 readwrite로 바꾸어 선언하는 것이 가능하다. 이는 immutable 클래스가 mutable 클래스를 가질 수 있는 디자인 패턴을 그대로 적용한 것이다.

예를 보자. Shape 클래스의 오브젝트는 생성될 때 받은 색깔을 계속 유지한다.

```
@interface Shape : NSObject
{
  NSColor* color;
  ...
}

@property (nonatomic, retain, readonly) NSColor* color;

...

@end
```

이제, Shape의 서브클래스 ColorableShape를 정의해보자. ColorableShape 클래스는 색깔 변경이 가능하다.

```
@interface ColorableShape : Shape
{
```

```
}
@property (nonatomic, retain, readwrite) NSColor* color;

...

@end
```

@implementation 섹션은 다음과 같다.

```
@implementation ColorableShape

@dynamic color;

- (void) setColor:(NSColor*) newColor
{
  if ( color != newColor)
    {
       [newColor retain];
       [color release];
       color = newColor;
    }
}

@end
```

이 부분에서 조심해야 한다. 만일 ColorableShape의 implementation 섹션에서 @dynamic을 사용하여 setColor: 메소드를 직접 제공하지 않고 @synthesize를 사용한다면, 컴파일러는 color라는 getter를 만들었을 것이다. 즉, 새로운 getter는 수퍼클래스의 것을 오버라이드하는 것이다. Shape의 color 프로퍼티에 대한 getter가 synthesize되었다면 두 버전의 getter는 똑같을 것이다. 다만 불이익이라고 한다면 실행파일 크기가 몇 바이트 늘어나는 것이 된다. 그러나 만약 Shape 버전에서 별도의 작업이 있었다면 그 작업들은 ColorableShape에서는 빠질 것이다.

readonly 프로퍼티를 위한 숨겨진 setter

공개적으로 readonly 속성으로 선언된 프로퍼티를 위해 (내부용으로) 숨겨진

setter를 만들어 사용할 수 있다. 이를 위해서는 클래스의 .m 파일에 확장 영역에서 readonly 프로퍼티를 다시 선언하면 된다(확장에 대해서는 Chapter 11을 참조). 리스트 12.7, 12.8에서 Employee 클래스의 employeeNumber를 내부적으로 기록할 수 있게 하기 위해서는 리스트 12.8을 다음과 같이 바꾸면 된다.

```
#import "Employee.h"

@interface Employee ( )
@property (nonatomic, readwrite) int employeeNumber;
@end

@implementation Employee

@synthesize employeeNumber;
@synthesize name;
@synthesize supervisor;
@synthesize salary;
...

@end
```

이제 컴파일러는 `employeeNumber`에 대해 두 `accessor`를 만든다. 즉, setEmployeeNumber:는 implementation 파일 내부에서만 보이며 Employee 클래스를 사용하는 사람에게는 보이지 않는다.

Chapter 11에서 언급했던 것과 같이, 사용자가 Employee 클래스를 추측하거나 덤프를 떠서 Employee 클래스의 setEmployeeNumber: 메소드 존재를 파악하고 사용하는 것을 막을 길은 없다.

문서로서의 프로퍼티

약간은 다른 관점에서 보면 프로퍼티는 클래스의 문서역할도 한다. 프로퍼티는 메소드를 선언하는 것보다 간편하고 읽기 쉬울 뿐만 아니라 추가 정보도 제공한다. 즉, 프로퍼티가 읽기 전용인지, 프로퍼티가 어떻게 저장되는지, accessor가 쓰레드에 안전한지 등과 같은 정보를 제공한다.

다시 한번 Employee 클래스에서 employeeNumber 프로퍼티를 선언한 부분을 읽어보자.

```
@property (nonatomic, readonly) int employeeNumber;
```

프로퍼티 선언부를 보면 employeeNumber가 읽기 전용임을 즉시 말하주는 것을 알 수 있다. 그래서 이를 가지고 getter에 해당하는 setter[2]가 있는지 확인하기 위해 굳이 전체 헤더 파일을 찾는 수고를 덜 수 있다. 예제에서 사용한 헤더 파일은 크지 않아 직접 찾는 것이 어렵지는 않겠지만 실전에서 사용하는 헤더 파일은 크기가 훨씬 크다. NSWindow.h 같은 Cocoa의 NSWindow 클래스에 대한 헤더 파일은 자그마치 650줄이 넘고 250개에 가까운 메소드 선언문이 있다.

점 표기법

오브젝티브-C 2.0에서는 프로퍼티와 함께 점(dot) 표기법으로 불리는 새로운 문법을 소개하였다. 이것은 accessor 메소드의 호출을 훨씬 간편하게 만들었다.

즉, 다음과 같은 코드를

```
Employee *employee = // ...

int currentSalary = [employee salary];
[employee setSalary: 100000];
```

이렇게 바꾸어 적을 수 있는 것이다.

```
Employee *employee = // ...

int currentSalary = employee.salary;
employee.salary = 1000000;
```

---

[2] 헤더 파일에서의 메소드 선언 순서는 실행 파일을 만드는 데 전혀 영향을 미치지 않지만, 파일을 볼 때 이해하기 쉽도록 관련된 메소드끼리 묶어 나열하는 것이 좋다. 하지만 아쉽게도 모든 사람이 이를 따르지는 않는다.

점 표기법은 진정한 "syntactic sugar"이다. 위 두 종류의 예제는 완전하게 동일한 실행코드를 생성해낸다.

Syntactic Sugar

Syntactic sugar는 컴퓨터 언어에서 기본적으로 있는 문법에 부가적으로 추가하는 문법으로, 이렇게 추가된 문법 덕분에 사람이 좀 더 편하게 코드를 읽을 수 있게 된다. 이렇게 추가된 문법은 원래 있던 문법과 마찬가지로 바이너리 코드나 프로그램 실행에 전혀 영향을 미치지 않는다. 예를 들어보면, Chapter 1에서 포인터를 통해 일반 C 배열의 각 요소에 접근한다고 하였다. 다음의 두 코드는 똑같다. 두 코드 모두 integer 배열 `someArray`의 세 번째 요소 값을 17로 지정하고 있다.

```
*(someArray + 2) = 17;
someArray[2] = 17;
```

두 번째 코드의 형태, 즉 대괄호를 사용하는 것이 바로 syntactic sugar이다. 포인터를 사용한 코드와 결과는 동일하지만 사람이 읽기는 훨씬 쉽다.

점 표기법은 실행파일에 아무런 영향을 미치지 않지만 프로그램을 작성할 때는 굉장한 이점으로 작용한다. 점 표기법을 사용하면 타이핑하는 타자 수가 줄어들어 인내심이 부족한 사람들에게 큰 도움이 된다. 그리고 점 표기법에 익숙해지면 코드 읽기도 훨씬 편해진다. 프로퍼티의 프로퍼티의 (프로퍼티의 ...) 프로퍼티를 참조한다고 생각해보면 이해하기 쉬울 것이다. `Employee` 클래스의 서브클래스 `Manager`를 `assistant` 프로퍼티와 함께 정의해보자.

```
@property(nonatomic, retain) Employee *assistant;
```

그러면 매니저 보조(assistant)의 연봉은 다음과 같이 설정할 수 있을 것이다.

```
Manager *manager = //...
manager.assistant.salary = 50000;
```

위와 같이 적는 것은 아래의 코드보다 타이핑이나 읽기가 훨씬 편하다.

```
Manager *manager = //...
[[manager assistant] setSalary: 50000];
```

점 표기법은 또한 컴파일러가 코드를 더 엄격하게 확인할 수 있도록 도와준다. 예를 들어 읽기 전용 프로퍼티에 어떤 값을 넣으려고 한다면

```
Employee *employee = // ...
[employee setEmployeeNumber: 999];
```

다음과 같은 경고를 받게 될 것이다.

```
warning: 'Employee' may not respond to '-setEmployeeNumber:'
```

이 경고를 무시하고 프로그램을 실행하면 그제서야 crash가 일어나는데, 그 이유는 프로퍼티가 readonly 속성으로 되어 있어서 -setEmployeeNumber: 메소드가 없기 때문이다.

하지만 점 표기법을 사용하여 읽기 전용 프로퍼티에 값을 넣으려고 한다면

```
Employee *employee = // ...
employee.setEmployeeNumber = 999;
```

컴파일 결과는 경고가 아닌 에러가 된다.

```
error: object cannot be set - either readonly property or no setter found
```

즉, 컴파일러는 잠재된 crash를 미연에 방지해준다.
비슷한 경우로, 존재하지 않는 프로퍼티를 사용하는 것에 대해

```
[employee setCaffeinationLevel: 100];
```

컴파일러는 경고만 보내지만(실행하면 결국 crash을 일으킨다), 다음과 같이 작성하면 컴파일러는 컴파일 에러를 일으킨다.

```
employee.setCaffeinationLevel = 100;
```

점 표기법과 프로퍼티

계속해서 프로퍼티와 점 표기법에 대해 이야기하고 있지만 두 개념은 서로 독립적이다. 그래서 점 표기법을 사용하지 않고서도 프로퍼티 구문에서 정의된 accessor를 직접 사용할 수 있으며, 점 표기법 역시 프로퍼티에 의존하지 않는다.

```
int raise = // ...
Employee *employee = // ...

int salary = employee.salary;
salary += raise;
employee.salary = salary;
```

위 코드가 동작하는 것은 Employee가 두 메소드 salary와 setSalary:를 구현했는지 여부에 달려있다. 즉, 메소드가 @property 구문에 의해 선언되었는지 일반적인 방법에 의해 선언되었는지 상관하지 않는다. 또한 메소드가 synthesize되었는지, 직접 코드를 작성하였는지도 상관하지 않는다.

점 표기법과 C 구조체

점 표기법의 도입으로 인해 수많은 논란이 야기되었다. 어떤 사람들은 syntactic sugar를 좋아하지 않는다. 일부는 점 표기법이 이미 C에서 그 유용성이 증명되었다고 주장하지만(C에서는 점 표기법을 사용하여 구조체의 멤버에 접근한다), 반대로 점 표기법이 오히려 다음 코드와 같이 표현식이 요구하는 정확한 의미를 알아야 하기 때문에 가독성을 떨어뜨린다고 보는 쪽도 있다.

```
foo.bar.baz
```

위 코드는 foo, bar, baz가 오브젝트인지 구조체인지 알고 있어야 함을 내포한다. 이와 같이 모호하게 만드는 오브젝트가 프로그래밍 언어를 처음 배우고자 하는 사람들을 어렵게 만든다고 주장한다. 점 표기법, 더 나아가서는 syntactic sugar에 대한 상반된 의견은 수많은 블로그를 통해 확인할 수 있다. 이러한 주제는 컴퓨터 과학의 또다른 (소규모) 종교전쟁으로 비유되기도 한다. 어쨌거나 여러분의 코드에서 점 표기법을 도입을 하건 그렇지 않건 간에 점 표기법으로 쓰여진 코드를 읽고 이해할 수 있어야 한다. Apple에서는 샘플 코드에 점 표기법을 확대하고 있다.

Sugar 공포증에 대해서는 아무 것도 해줄 수 없지만, 이러한 애매모호한 이슈에 대해서는 점 표기법을 따른 표현식을 구성하는 요소들의 타입을 따져보면 충분히 이해할 수 있을 것이라고 본다. 다음과 같은 구조체를 정의한다고 생각해보자.

```
struct vector3
{
  float x, y, z;
};
```

여러분은 위 구조체를 클래스에서 충분히 잘 사용할 수 있다.

```
@interface Rocket : NSObject
{
  vector3 velocity;
  ...
}
@property (nonatomic) vector3 velocity;
  ...
@end
```

이때, 로켓의 속도 중 z 요소를 알고 싶다면 다음과 같이 코딩하면 된다.

```
Rocket *rocket = // ...
float verticalVelocity = rocket.velocity.z;
```

왼쪽에서 오른쪽으로 보면, rocket.velocity는 vector3 구조체가 된다. 따라서 그다음에 나오는 점은 구조체 멤버 연산자가 된다.

점 표기법은 인스턴스 변수에 직접 접근하지 않는다

Accessor 메소드를 위한 점 표기법과 C 구조체의 멤버를 참조하는 문법이 똑같기 때문에 점 표기법이 인스턴스 변수에 직접 접근하게 만든다고 오해할 수도 있다. 만일 그렇다면 이것은 "정보 비공개"라는 개념을 한꺼번에 무너뜨리는 격이 된다. 점 표기법은 단순히 해당하는 accessor 메소드를 호출하는 것이다. 그래서 일반적인 방법으로 accessor 메소드를 호출하는 것과 똑같은 효과(retain, release, copy 등)가 일어난다.

다만, 오브젝트의 메소드 안에서 오브젝트의 인스턴스 변수를 사용할 때는 조금 주의해야 한다. 리스트 12.1의 Employee 클래스를 생각해보자.

```
name = newName;
```

Employee 클래스의 메소드 안에서 위 줄이 동작하면, 인스턴스 변수 name에 새로운 값을 지정하는 것이 된다. 다음 점 표기법을 사용한 코드를 보면,

```
self.name = newName;
```

위 코드는 -setName: 메소드를 사용하여 name 값을 세팅한다. 얼핏 보면 큰 차이가 없어 보이겠지만, 첫 번째 코드와는 달리 두 번째 코드에서 newName은 retain된다.

정리

이번 장에서는 오브젝티브-C 2.0에서 처음 선보인 선언된 프로퍼티 기능을 사용하여 오브젝트의 인스턴스 변수값을 세팅하고 가져오는 방법에 대해 학습하였다. 프로퍼티를 사용하여 인스턴스 변수에 접근하는 것과 관련하여 몇 가지 기억할 점은 다음과 같다.

- 인스턴스 변수의 값을 가져오기 위해서는 반드시 accessor 메소드를 사용하여 인스턴스 변수에 접근해야 한다. 오브젝트 밖에서는 인스턴스 변수에 직접 접근할 수도 없다.

- @property 구문은 accessor 메소드를 간편하게 선언하도록 만든다.
- 프로퍼티 선언부는 accessor 메소드에 대한 부가 정보도 제공한다. 이러한 부가 정보에는 인스턴스 변수가 지정(assign)되는지, retain 되는지, 복사(copy)되는지를 알려주는 정보도 있으며, accessor가 atomic을 보장하기 위하여 lock을 사용하는지에 대한 정보도 있다.
- 프로퍼티 선언문을 통해 accessor가 선언되면 @synthesize 지시자를 사용하여 컴파일러가 자동으로 accessor 메소드 코드를 생성하도록 할 수 있다. Synthesize된 accessor는 @property 구문에서 명시된 속성을 반영한다.
- @synthesize를 사용하면 프로퍼티 값을 저장하거나 가져오는 아주 기본적인 accessor를 생성한다. 만일 프로퍼티를 사용할 때 추가 작업(예를 들어 특정 범위로 입력값 정제)이 필요하다면 @synthesize 구문을 생략하고 (또는 @dynamic을 사용하여) accessor 코드를 직접 작성할 수 있다.
- 오브젝티브-C 2.0은 또한 accessor 메소드를 호출하는 간편한 방식을 제공하는 점(dot) 표기법도 소개한다.

연습 문제

1. 여행 거리, 여행 속도, 여행 이름에 대한 인스턴스 변수를 갖는 `TripDuration`이라는 클래스를 디자인하고 작성해보자. `TripDuration`은 속도 공식 `time = distance / speed`를 이용하여 여행이 얼마나 걸릴지 알려주는 메소드도 갖고 있다. 프로퍼티를 사용하지 말고 accessor 메소드를 일일이 선언하고 구현하자. 클래스 작성이 끝나면 이를 시험하는 간단한 프로그램을 작성해보자. 이 프로그램은 `TripDuration` 오브젝트를 생성한 다음 거리, 속도, 이름을 설정하고, 여행 기간을 계산한다. 그 다음에는 거리, 속도, 시간, 이름을 로깅한다.
2. 프로퍼티를 사용하여 `TripDuration` 클래스를 재작성해보자. `duration`은 `readonly` 프로퍼티로 만들어야한다(`duration`은 관련된 인스턴스가 없다). @synthesize를 적절히 사용한다.

3. `@synthesize` 구문을 주석 처리한 다음 프로그램을 빌드하면 무슨 일이 일어나는가?
4. 속도 위반 범칙금을 내지 않기 위해 `TripDuration` 클래스에 적당한 값으로 제한 속도를 적용하자. 또한 속도가 0이 되면 소요 시간은 무한대가 되고, 컴퓨터는 무한대를 계산하지 못하기 때문에 최저 속도도 지정해야 한다(결국 속도에 관련된 accessor는 `@dynamic`으로 하여 직접 작성해야 한다).
5. `TripDuration`은 그대로 놔두고, 시험 프로그램에서 `TripDuration`의 accessor를 호출하는 부분을 점 표기법으로 바꿔보자.

Chapter 13

프로토콜

LEARNING OBJECTIVE-C 2.0

프로토콜(Protocol)은 별도로 정의된 메소드 세트를 뜻하며, 클래스는 이렇게 정의된 메소드 세트에서 구현하고자 하는 것을 선택할 수 있다. 프로토콜은 어떤 오브젝트가 하나 이상의 다른 오브젝트와 정보를 나누려고 하는데 다른 오브젝트의 클래스가 무엇인지 알지 못하는 (혹은 특별히 관리하기 어려운) 경우에 유용하게 쓰인다. 오브젝티브-C의 프로토콜은 Java의 인터페이스와 동일하다. 사실 Java 언어를 디자인한 사람들이 오브젝티브-C의 개념을 빌린 것이다. 프로토콜은 Cocoa 프레임워크에서 폭넓게 사용된다. 오브젝티브-C는 공식 프로토콜과 비공식 프로토콜을 가지고 있다. 공식 프로토콜은 필수 메소드와 선택 메소드(필요한 경우)를 선언한다. 그러면 프로토콜을 사용하고자 하는 클래스는 필수 메소드를 구현함으로써 프로토콜을 적용할 수 있다. 클래스가 공식 프로토콜을 적용한다고 선언하면 컴파일러는 프로토콜에서 요구하는 사항(메소드 구현)을 제대로 이행하였는지 확인한다. 비공식 프로토콜은 단순히 카테고리 헤더 파일에 메소드를 선언한 것으로, 클래스는 구현코자 하는 메소드를 리스트에서 선택할 수 있다. Cocoa 프레임워크의 많은 프로토콜이 비공식에서 공식 프로토콜로 바뀌고 있다.

이번 장에서는 공식 프로토콜 사용 시기, 공식 프로토콜 선언, 공식 프로토콜 적용 방법 등에 대해 다룬다. 그리고는 프로토콜 이해를 돕기 위해 `TablePrinter` 클래스를 구현할 것이다. `TablePrinter` 오브젝트는 다른 오브젝트를 사용하여 표(table) 형태로 출력한다. `TablePrinter`는 제공되는 오브젝트가 어떤 클래스인지 몰라도 상관없다. `TablePrinter`는 제공되는 오브젝트가 속한 클래스가 `TablePrinterDataSource`라는 공식 프로토콜을 지원하는지만 알면 된다.

프로토콜

프로토콜의 이해를 돕기 위해 예를 하나 들어보자. 가령 제도(製圖) 시스템[1] – 기계가 설계도를 그리는 제도 시스템 – 을 디자인한다고 생각해보자. 그러면 그림을 그릴 정보를 얻기 위해 선과 곡선 정보를 받을 수도 있겠지만 이렇게 하는 것보다 볼트, 나

---

[1] (역자 주) '제도'라는 표현이 낯설다면 '그리기' 또는 '설계' 정도로 이해하기 바란다.

사 같이 이해하기 쉬운 물체를 받는 것이 정보를 제공하는 입장에서는 훨씬 편리할 것이다. 이때 이러한 물체를 '제도 가능 아이템'이라고 칭하겠다.

그림을 그리는 오브젝트는 제도 가능 아이템이 어떤 클래스에 속하는지 상관하지 않는다. 대신 그림을 그리는 메시지에 응답할 수 있는지만 확인한다. 제도 가능 아이템은 사각형 영역(이를 이용해 화면에 나타나는지 확인할 수 있다), 색깔, 아이템 그림을 반환한다. 이러한 메소드를 구현하는 클래스의 인스턴스는 제도 가능 아이템처럼 동작하게 된다.[2]

이러한 기능이 동작하는 메소드를 모아 이름을 부여하면 바로 프로토콜을 갖게 되는 것이다. 클래스가 프로토콜의 메소드를 구현하는 것을 가리켜 프로토콜을 적용한다고 한다. 나중에 보게 되겠지만, interface 섹션을 통해 클래스가 프로토콜을 적용한다는 것을 알려준다.

그냥 상속을 사용하면 안될까?

프로그램에서 사용하는 모든 제도 가능 아이템을 필요한 메소드를 선언하는 추상 클래스인 `DrawableItem` 하나로부터 상속받으면 어떨까?

물론 가능하다. 가능할 뿐만 아니라 제도 가능 아이템이 몇 개 되지 않는 작은 시스템을 디자인하는 경우에는 충분히 상속을 사용해도 좋다. 하지만 다른 환경에서의 서브클래스는 괴로운 해결책이 된다. 프로그램을 시작하기 전에 그리는 데 필요한 다양한 요소를 표현할 클래스가 이미 만들어져 있어야 한다. 어쩌면 써드파티에서 클래스를 제공할 수도 있다. 결국, 기능 추가를 위해 프로토콜을 작성하는 것이 추상 클래스 밑으로 전체 클래스 계층구조 작업을 하는 것보다 훨씬 깔끔한 해결책이 된다. 프로토콜의 매력은 클래스보다 기능을 중시한다는 것이다.

프로토콜 사용

이번에는 제도 가능 아이템 예제를 이용하여 프로토콜을 선언하고 사용하는 과정에 대해 설명할 것이다. 그리고는 구체적인 또다른 예제를 통해 프로토콜에 대해 더 자세히 알아볼 것이다.

---

2 이것은 아주 단순화하여 만든 예제이다. 실제 제도 시스템을 구현하기 위해서는 물체의 위치와 방향을 결정하는 메소드와 2차원, 3차원 등과 같은 차원정보 등 다양한 정보를 가져오는 메소드가 필요할 것이다.

프로토콜 선언

프로토콜 이름은 꺾쇠괄호(〈 〉) 안에 들어간다. 예제의 제도 가능 아이템을 위한 프로토콜을 <DrawableItem>이라고 하자.

프로토콜을 선언하기 위해서는 컴파일러 지시자 @protocol과 @end 사이에 필요한 메소드 선언부를 나열하면 된다. <DrawableItem> 프로토콜의 경우에는 다음과 같이 나타낼 수 있다.

```
@protocol DrawableItem
- (void) drawItem;
- (NSRect) boundingBox;
- (NSColor*) color;
- (void) setColor:(NSColor*) color;
@end
```

프로토콜 선언부는 헤더 파일에 들어가는데, 여기에서는 헤더 파일 이름을 DrawableItem.h로 한다. 프로토콜은 implementation 파일이 없다. 프로토콜을 준수하는 클래스가 프로토콜 메소드를 자신의 버전으로 직접 구현해야 한다.

오브젝티브-C 2.0 이전 버전에서는 프로토콜을 적용하는 클래스는 프로토콜에 선언된 모든 메소드를 구현해야 했지만, 오브젝티브-C 2.0부터 프로토콜에 필수 메소드와 옵션 메소드를 구분하기 시작하였다.

- 프로토콜을 준수하는 클래스는 프로토콜의 필수 메소드를 모두 만들어야 한다.
- 프로토콜의 옵션 메소드는 강제성이 없으며, 필요에 따라 구현/미구현이 가능하다.

필수 메소드와 옵션 메소드는 각각 @required, @optional 지시자로 표시한다. 각 지시자 아래에 선언된 메소드는 해당 지시자의 영향을 받는다. 그리고 @required 지시자와 메소드 선언부는 반드시 존재해야 한다. 마찬가지로 @optional 지시자는 없어도 된다. 지시자를 명시하지 않은 경우에는 @required로 인식된다.

제도 시스템 예제에서 제도가능 아이템에는 라벨용 문자열을 사용할 수도 있기 때문에 라벨용 문자열은 옵션 메소드로 사용하였다.

```
@protocol DrawableItem

@required
- (void) drawItem;
- (NSRect) boundingBox;
- (NSColor*) color;
- (void) setColor:(NSColor*) color;

@optional
- (NSString) labelText;

@end
```

어떤 `<DrawableItem>` 클래스가 라벨을 사용한다면 `-labelText` 메소드를 구현할 것이며, 그렇지 않을 경우에는 만들지 않을 것이다. 그래서 `<DrawableItem>`을 사용하는 클래스가 `-labelText` 메소드의 구현 여부를 확인해야 한다.

프로토콜 적용

프로토콜을 적용하기 위해서 클래스는 모든 필수 메소드와 0개 이상의 옵션 메소드를 작성해야 한다. 프로토콜을 사용한다는 것을 컴파일러에 알리기 위해서는 `@interface` 줄에 프로토콜 이름을 추가하면 된다.

```
@interface AcmeUniversalBolt : AcmeComponent <DrawableItem>
```

프로토콜을 직접 적용하거나 프로토콜을 적용한 클래스로부터 상속받으면 프로토콜을 준수하게 된다.

클래스는 하나 이상의 프로토콜을 적용할 수 있는데, 이를 위해서는 꺾쇠괄호 안에 프로토콜 이름을 콤마로 구분하며 나열하면 된다. 예를 들어, `AcmeUniversalBolt`가 추가로 (`copyWithZone:`을 만들어) `NSCopying` 프로토콜을 적용한다면 `@interface` 줄은 다음과 같이 바뀐다.

```
@interface AcmeUniversalBolt : AcmeComponent <DrawableItem, NSCopying>
```

데이터 타입으로서의 프로토콜

변수를 선언할 때 데이터 타입과 변수 이름 사이에 프로토콜 이름을 넣어 프로토콜의 적용을 받는 오브젝트임을 알려줄 수 있다.

```
id <DrawableItem> currentGraphic;
```

컴파일러는 `currentGraphic`이 어떤 클래스인지는 알 수 없지만 적어도 `<DrawableItem>` 프로토콜을 준수한다는 것을 알게 된다. 그래서 `<DrawableItem>` 프로토콜을 적용하지 않은 오브젝트를 `currentGraphic`에 넣으려고 하면 컴파일러가 알려준다. 좀 더 강력하게 제한하려면 다음과 같이 선언할 수 있다.

```
AcmeComponent<DrawableItem> currentGraphic;
```

위 선언문은 `currentGraphic`이 `AcmeComponent` 클래스 혹은 서브클래스의 인스턴스이며, 클래스는 `<DrawableItem>` 프로토콜을 준수하고 있음을 알려준다.

 이와 같은 선언문은 거의 쓰이지 않는다. 중요한 것은 오브젝트를 사용하려는 사람이 오브젝트의 클래스보다는 프로토콜에 집중할 수 있게 만들어준다는 것이다.

프로퍼티와 프로토콜

프로토콜 메소드 중 accessor 메소드가 있는 경우, 프로퍼티 구문을 사용하여 프로토콜 안에서 accessor 메소드를 선언할 수 있다. `<DrawableItem>` 예제에서 프로퍼티를 사용한 모습은 다음과 같다.

```
@protocol DrawableItem

@required
- (void) drawItem;
```

```
@property (nonatomic, readonly) NSRect boundingBox;
@property (nonatomic, retain) NSColor* color;

@optional
- (NSString) labelText;

@end
```

프로토콜을 적용하는 클래스는 프로퍼티가 `@interface` 섹션에서 선언되면 accessor를 synthesize하거나 직접 작성할 수 있다.

현재 버전인 오브젝티브-C 2.0에서는 `@optional` 구역에서 프로퍼티를 만들 수 없다. 즉, `labelText`의 accessor 메소드는 직접 구현해야만 한다.

TablePrinter 예제

프로토콜에 대해 좀 더 자세히 이해하기 위하여 본격적인 예제를 만들어보자. 이제 오브젝트의 내용을 표 형식으로 출력하는 TablePrinter 클래스를 만들 것이다. TablePrinter는 한 개의 열(column)로 구성된 표를 출력하는데, 필요시 표 제목과 줄 번호를 각각 넣을 수도 있다. TablePrinter는 어떤 오브젝트건 간에 <TablePrinterDataSource> 프로토콜만 준수하면 표를 만들 수 있다. 이것은 비즈니스적인 면에서 굉장히 중요하다. 왜냐하면 데이터 소스가 무엇인지 신경쓸 필요 없이 "표는 몇 줄이나 되는가?", "j행에는 무슨 내용이 들어있는가?" 같은 질문에만 (메시지를 통해) 대답할 수 있으면 되기 때문이다.

> **Note**
> TablePrinter는 AppKit의 NSTableView(데스크탑), UIKit의 UITableView(iPhone)을 단순화시킨 버전이다. NSTableView와 UITableView는 TablePrinter에 비해 훨씬 복잡하지만, 데이터를 가져오고 화면에 보여주는 방식은 TablePrinter와 동일하다. NSTableView와 UITableView는 프로토콜을 준수할 것으로 기대하는 dataSource 오브젝트의 프로토콜 메소드를 사용하여 데이터를 가져온다.

TablePrinter 예제 코드는 다음과 같이 몇 개의 파일로 구성된다.

- TablePrinterDataSource.h는 <TablePrinterDataSource> 프로토콜을 정의한다(리스트 13.1).
- TablePrinter.h와 TablePrinter.m은 TablePrinter 클래스의 interface와 implementation 파일이다(리스트 13.2, 13.3).
- FruitBasket.h와 FruitBasket.m은 FruitBasket 클래스의 interface와 implementation 파일이다(리스트 13.4, 13.5). FruitBasket 클래스는 TablePrinter를 시험하는 용도로 사용된다.
- TablePrinterExample.m이 메인 루틴으로, FruitBasket을 생성한 다음 TablePrinter를 이용하여 FruitBasket의 내용을 출력한다(리스트 13.6).

다음 섹션을 읽기 전에 프로그램을 실행해보기 바란다.

TablePrinterDataSource

TablePrinter는 <TablePrinterDataSource> 프로토콜을 준수하는 모든 오브젝트의 내용을 표로 출력할 수 있다. <TablePrinterDataSource> 프로토콜은 리스트 13.1에서 보여준다.

리스트 13.1 TablePrinter/TablePrinterDataSource.h

```
#import <Foundation/Foundation.h>

@protocol TablePrinterDataSource

@required
- (NSString*) stringForRowAtIndex:(int) index;
- (int) numberOfRowsInTable;

@optional
- (NSString*) tableTitle;
- (BOOL) printLineNumbers;

@end
```

프로토콜은 두 개의 필수 메소드를 지니고 있다.

- numberOfRowsInTable 메소드는 표의 행(row)의 개수를 알려준다.
- stringForRowAtIndex: 메소드는 주어진 인덱스에 들어있는 NSString 문자열을 알려준다.

또한 두 개의 옵션 메소드도 있다. 하나는 표의 제목을 알려주고(tableTitle) 다른 하나는 줄 번호 출력 여부를 알려준다(printLineNumbers). 두 메소드가 모두 구현되지 않은 경우, TablePrinter는 표 제목으로 "Table"을 출력하고 줄 번호는 출력하지 않는다.

TablePrinter

리스트 13.2는 TablePrinter 클래스의 헤더 파일이다.

리스트 13.2 TablePrinter/TablePrinter.h

```
#import <Foundation/Foundation.h>

@protocol TablePrinterDataSource;

@interface TablePrinter : NSObject
{
  id <TablePrinterDataSource> dataSource;
}

@property(nonatomic, assign)  id <TablePrinterDataSource> dataSource;
- (void) printTable;

@end
```

TablePrinter 클래스는 데이터 소스를 저장할 하나의 인스턴스 변수를 가지고 있으며, 데이터 소스를 위한 accessor 메소드와 표를 출력하는 메소드를 가지고 있다. 인스턴스 변수와 프로퍼티의 타입을 id <TablePrinterDataSource>으로 하여 프로토콜을 준수하는 모든 오브젝트를 사용할 수 있도록 하였다. 다음은 전방 선언이다.

```
@protocol TablePrinterDataSource;
```

그렇다. 위 코드는 컴파일러에 `TablePrinterDataSource`가 프로토콜임을 알려준다. 컴파일러가 헤더 파일에서 알아야 할 내용은 이것이 전부이다.

 `dataSource`에 대한 프로퍼티 선언을 보면 `retain`을 사용하지 않고 `assign`을 사용하였다. 그 이유는 좀 더 현실적인 프로그램이라면 데이터 소스는 주요한 오브젝트로 계속해서 존재할 것이며, 출력으로 사용되는 table printer는 (잠시 동안만) 화면에 오브젝트의 내용을 출력하는 용도로만 사용되기 때문이다. 이와 같이 변수가 오브젝트를 `retain`하지 않고 잠시 동안만 붙잡고 있는 것을 약한 참조라고 한다(Chapter 14 참조).

TablePrinter 클래스의 implemenation 파일은 리스트 13.3에서 보여준다.

리스트 13.3 **TablePrinter/TablePrinter.m**

```
#import "TablePrinter.h"
#import "TablePrinterDataSource.h"

@implementation TablePrinter

@synthesize dataSource;

- (void) printTable
{
  NSString* separator = @"-------------------------";
  NSString* title = @"Table";

  if ( [dataSource respondsToSelector: @selector( tableTitle )] )
    {
      title = [dataSource tableTitle];
    }
  printf( "\n%s\n%s\n", [title UTF8String],
                        [separator UTF8String] );

  int numRows = [dataSource numberOfRowsInTable];
  int j;
  BOOL printLineNumbers = NO;

  if ( [dataSource respondsToSelector: @selector(printLineNumbers)] )
    {
      printLineNumbers = [dataSource printLineNumbers];
```

```
        }
    for ( j=0; j < numRows; j++ )
        {
        NSString* outputString = [dataSource stringForRowAtIndex:j ];

        if ( printLineNumbers )
            {
            printf( "%d | %s\n", j+1, [outputString UTF8String] );
            }
        else
            {
            printf(  "%s\n", [outputString UTF8String] );
            }
        }
}

@end
```

printTable 메소드는 표 제목을 출력하고 전체 행 개수를 확인한 다음 데이터 소스로부터 각 행에 대한 문자열을 얻는다.

주요 내용은 다음과 같다.

- 컴파일러가 프로토콜에서 정의한 메소드를 사용하는지 확인할 수 있도록 프로토콜 헤더 파일을 import해야 한다.
- `printTable`은 `NSObject`의 `respondsToSelector:` 메소드를 사용하여 dataSource가 프로토콜 옵션 메소드 `tableTitle`과 `printLineNumbers`를 구현하였는지 호출하기 전에 확인한다. 만일 옵션 메소드가 없다면 `printTable`은 기본값을 사용한다.
- 보기 좋게 출력하기 위하여 `NSLog()` 대신 `printf()`를 사용했다. 왜냐하면 `printf()`는 `NSLog()`와는 달리 날짜, 시각, 프로세스 정보를 출력하지 않기 때문이다. 그러나 `printf()`는 `NSString`에 대한 정보가 없기 때문에 `printf()`에 `NSString`을 주기 전에 `UTF8String` 메소드를 이용하여 C 문자열로 변환하였다.

FruitBasket

FruitBasket은 매우 간단한 클래스로, 배열에 과일 이름이 몇 개 들어있다. 예제에서는 `TablePrinter`를 시험하는 용도로 사용된다. FruitBasket은 헤더 파일의 `@interface` 줄에 `<TablePrinterDataSource>`를 추가하여 TablePrinterDataSource 프로토콜을 적용하였다(리스트 13.4).

리스트 13.4 TablePrinter/FruitBasket.h

```
#import <Foundation/Foundation.h>
#import "TablePrinterDataSource.h"

@interface FruitBasket : NSObject <TablePrinterDataSource>
{
  NSArray* fruits;
}
@end
```

리스트 13.5는 FruitBasket.m을 보여준다. 우선 프로토콜의 필수 메소드 동작을 보여주기 위하여 두 옵션 메소드는 주석 처리하였다.

리스트 13.5 TablePrinter/FruitBasket.m

```
#import "FruitBasket.h"
@implementation FruitBasket

- (id) init
{
  if (self = [super init] )
    {
      fruits =
        [[NSArray alloc] initWithObjects:
            @"Apple", @"Orange", @"Banana",
            @"Kiwi", @"Pear", nil];
    }
  return self;
}

- (void) dealloc
{
  [fruits release];
```

```
    [super dealloc];
}

- (int) numberOfRowsInTable
{
    return [fruits count];
}

- (NSString*) stringForRowAtIndex:(int) index
{
    return (NSString*)[fruits objectAtIndex: index];
}

/*- (NSString*) tableTitle
{
    return @"Available Fruits";
}*/

/*- (BOOL) printLineNumbers
{
    return YES;
}*/

@end
```

main

리스트 13.6은 프로젝트를 시험하는 코드이다. 먼저 TablePrinter 오브젝트를 만들고 FruitBasket 오브젝트를 생성하여 TablePrinter에 데이터 소스로 제공한다. 그리고 나면 TablePrinter가 출력한다.

리스트 13.6 **TablePrinter/TablePrinterExample.m**

```
#import <Foundation/Foundation.h>
#import "TablePrinter.h"
#import "FruitBasket.h"

int main (int argc, const char *argv[])
{
    NSAutoreleasePool *pool = [[NSAutoreleasePool alloc] init];
    FruitBasket* myFruitBasket =[[FruitBasket alloc] init];

    [myTablePrinter setDataSource: myFruitBasket];
```

```
    [myTablePrinter printTable];

    [myTablePrinter release];
    [myFruitBasket release];
    [pool drain];
    return 0;
}
```

프로그램을 실행한 결과는 다음과 같다.

```
Table
------------------------
Apple
Orange
Banana
Kiwi
Pear
```

프로토콜 선언문의 위치

프로토콜을 적용하기 위해서는 클래스의 interface 섹션에 프로토콜 선언문이 있어야 한다. 앞의 예제에서는 `TablePrinterDataSource` 프로토콜의 선언문이 자체 헤더 파일 TablePrinterDataSource.h에 있었는데(리스트 13.1), 이 파일은 FruitBasket.h에서 import되었다(리스트 13.4). 다른 방법으로, `TablePrinterDataSource` 프로토콜의 선언문이 TablePrinter.h에 들어갈 수도 있는데(리스트 13.2), 그러면 FruitBasket.h는 TablePrinter.h를 import하면 된다. Cocoa 프레임워크의 경우, 공식 프로토콜은 프로토콜을 적용하고자 하는 가장 주된 클래스의 헤더 파일에서 대부분 선언된다. 그러나 일부 Cocoa의 공식 프로토콜은 자체 헤더 파일에서 선언된다.

문제점

`TablePrinter` 예제 프로그램은 잘 동작했지만 프로그램을 빌드할 때 다음과 같은 컴파일러 경고문을 보았을 것이다.

```
TablePrinter.m:23: warning:
    '-respondsToSelector:' not found in protocol(s)
```

컴파일러는 respondsToSelector: 메소드가 <TablePrinterDataSource> 프로토콜에 속하지 않는다고 알려준다. 당연히 프로토콜에 속하지 않지만, respondsToSelector: 메소드는 NSObject에서 구현되었으며, (데이터 소스로 넘어온 오브젝트를 포함하는) 모든 오브젝트가 NSObject로부터 상속받기 때문에 컴파일 경고는 큰 문제가 되지 않는다. 프로그램도 잘 동작하지 않는가? 하지만 아무리 뻔한 내용이라 하더라도 이런 식으로 컴파일러 경고를 무시하는 것은 좋은 습관이 아니다. 지금은 경고로 끝나지만 나중에는 큰 문제로 발전할 수도 있기 때문이다.

앞의 컴파일 문제를 해결하는 방법은 크게 두 가지가 있다. 먼저 TablePrinter.h에서 인스턴스 변수와 프로퍼티 선언문의 데이터 타입을 바꾼다.

```
NSObject <TablePrinterDataSource> *dataSource;
```

이렇게 하면 dataSource가 NSObject의 서브클래스이며 <TablePrinterDataSource> 프로토콜을 구현한다는 것을 컴파일러에게 명확하게 알려줄 수 있다. 좀 더 우아한 해결방법은 TablePrinterDataSource.h 파일의 @protocol 줄을 다음과 같이 수정하는 것이다.

```
@protocol TablePrinterDataSource <NSObject>
```

이것은 <TablePrinterDataSource>를 적용하는 모든 것들이 <NSObject> 프로토콜 또한 적용한다는 것을 의미한다. 이것은 하나의 프로토콜이 다른 프로토콜을 적용할 수 있다는 점에서 매우 중요하다. <NSObject>는 NSObject 클래스가 적용하는 프로토콜이다("NSObject와 <NSObject>" 참조). 어쨌든, NSObject가 respondsToSelector: 메소드를 구현하기 때문에 더이상 컴파일러를 이해시키려 애쓰지 않아도 된다.

NSObject와 <NSObject>

조금 헷갈릴 수도 있겠다. <NSObject>는 공식(formal) 프로토콜로, 좋은 오브젝티브-C의 클래스가 되기 위해서 반드시 구현해야 하는 메소드를 나열하고 있다. 이중에는 respondsToSelector:, superclass, retain, release 같은 아주 기본적인 메소드도 포함된다(NSObject.h에서 전체 목록을 볼 수 있다). NSObject 클래스는 <NSObject> 프로토콜을 적용하였기 때문에 대부분의 클래스가 NSObject로부터 상속 또는 직간접적인 방법으로 이러한 메소드를 획득한다. Foundation 프레임워크의 또 다른 최상위 클래스인 NSProxy(분산 시스템을 만드는데 사용된다) 역시 <NSObject> 프로토콜을 준수한다.

옵션 메소드 구현

이제 <TablePrinterDataSource> 프로토콜의 옵션 메소드를 적용해보자(Fruit Basket.m에서 주석 처리된 부분을 제거). 이렇게 하면 표 제목과 행 번호가 표시된다. 프로그램 결과는 다음과 같다.

```
Available Fruits
------------------------
1 | Apple
2 | Orange
3 | Banana
4 | Kiwi
5 | Pear
```

프로토콜 오브젝트와 프로토콜 적용여부 검사

프로토콜 오브젝트는 프로젝트를 나타내는 오브젝트로, Protocol 클래스의 멤버이다. 프로토콜 오브젝트는 @protocol() 지시자에 프로토콜 이름을 넣으면 얻을 수 있다.

```
Protocol myDataSourceProtocol = @protocol( TablePrinterDataSource );
```

클래스 오브젝트와는 달리 프로토콜 오브젝트는 메소드가 없으며 NSObject 메소드 conformsToProtocol:의 인수로만 사용된다는 제약을 가지고 있다. conformsTo

Protocol: 메소드는 receiver가 프로토콜의 모든 필수 메소드를 구현하는 경우 YES를 반환하고 그렇지 않은 경우에는 NO를 반환한다. 프로토콜 오브젝트를 사용하면 안전한 버전의 TablePrinter를 만들 수 있는데, 이를 위해서는 인스턴스 변수 dataSource에 대한 accessor 메소드를 직접 작성하고 몇 가지 추가작업을 하면 된다. 리스트 13.7은 안전해진 setter를 보여준다.

리스트 13.7 **TablePrinter 데이터 소스를 위한 더 안전해진 setter**

```
- (void) setDataSource: (id <TablePrinterDataSource>) newDataSource
{
  if ( ! [newDataSource
            conformsToProtocol: @protocol(TablePrinterDataSource)] )
    {
      dataSource = nil;
      NSLog(@" TablePrinter: non-conforming data source." );
    }
  else
    dataSource = newDataSource;
}
```

새로 고친 setDataSource: 메소드는 인수의 데이터 타입을 통해 <TablePrinterDataSource> 프로토콜을 준수하지 않는 오브젝트가 dataSource로 사용되는 것을 막는다. 만일 프로토콜을 준수하지 않는 오브젝트가 dataSource로 사용되면 프로토콜 메소드를 사용하는 시점에 crash를 일으킬 것이다.

NSObject는 또한 conformsToProtocol: 메소드를 갖고 있다. conformsToProtocol: 메소드는 (클래스의 인스턴스가 아닌) 클래스가 프로토콜을 준수하는지 확인하는 데 사용된다. 다음 코드의 결과는 YES가 될 것이다.

```
[FruitBasket conformsToProtocol: @protocol(TablePrinterDataSource)];
```

프로토콜 적용 여부를 검사하는 것은 일종의 방어 코딩이다. 단 몇 줄만 추가하는 것으로 실행 시간에 발생할 수 있는 오류를 막을 수 있다.

비공식 프로토콜

지금까지 언급한 프로토콜은 모두 공식 프로토콜이다. 공식 프로토콜은 @protocol 구문으로 선언된다. 공식 프로토콜을 적용하는 클래스는 클래스의 @interface 줄에 <ProtocolName>을 넣어야 한다. 오브젝티브-C는 공식 프로토콜 외에도 비공식 프로토콜을 지원한다. 비공식 프로토콜은 공식 프로토콜과 마찬가지로 서로 연관이 있는 메소드를 묶은 그룹으로, 클래스가 해당 메소드를 구현하게 된다. 비공식 프로토콜은 메소드를 (보통 NSObject의) 카테고리에 선언하는데, 카테고리의 implementation 부분은 없다.

```
@interface NSObject (MyInformalProtocol)
- (void) informalProtocolMethod;
@end
```

비공식 프로토콜은 프로토콜을 적용하는 클래스를 작성하는 프로그래머 간 신사적인 규약의 성격을 띠고 있다. 즉, 프로그래머는 클래스를 코딩할 때 비공식 프로토콜의 메소드를 구현하기로 약속한다. 그러나 컴파일러는 프로그래머가 이러한 약속을 지켰는지에 대해 검증하지 않는다. 카테고리는 프로토콜의 메소드 리스트를 담고있으면서 일종의 문서역할을 한다. 컴파일 시간에도 데이터 타입 확인을 하지 않으며, 실행 시간에도 클래스가 비공식 프로토콜을 구현하였는지 여부를 알지 못한다. 비공식 프로토콜을 적용하는 클래스는 interface 섹션에서 프로토콜 메소드를 선언하고, implementaion 섹션에서 프로토콜 메소드를 작성한다.

비공식 프로토콜을 적용하는 클래스를 작성할 때, 프로토콜 메소드의 구현부는 카테고리의 @implementation 섹션이 아닌 클래스의 @implementation 섹션에 있어야 한다. 만일 메소드 구현부를 별도의 카테고리 @implementation 섹션에 넣는다면, 그 메소드는 모든 클래스(프로토콜이 NSObject의 카테고리로 선언되었을 경우)에 추가될 것이다. 이것은 의도한 결과가 아니다.

그렇다면 비공식 프로토콜을 사용하는 이유는 무엇인가? 오브젝티브-C 2.0 이전 버전에서는 공식 프로토콜의 모든 메소드가 필수 메소드였다. 그렇기 때문에 옵션 메소드를 사용하고 싶은 경우에는 비공식 프로토콜을 사용하고 문서에 옵션 메소드 리스트를 기재하였다. 그래서 `@optional`과 `@required` 지시자가 추가된 이후 공식 프로토콜만으로도 충분히 옵션 메소드를 사용할 수 있게 되면서 비공식 프로토콜의 의미가 많이 퇴색되었다.

Apple에서 제공하는 프레임워크를 보면 이와 같은 변화를 볼 수 있다. 초기 버전의 AppKit에서는 `NSTableDataSource`(AppKit의 `NSTableView`를 위한 데이터 소스 프로토콜)는 비공식 프로토콜이었다. 그러나 Mac OS X Snow Leopard(v 10.6)부터 `NSTableDataSource`는 공식 프로토콜인 `NSTableViewDataSource`로 바뀌었다.

정리

프로토콜은 오브젝트가 속한 클래스가 아닌 오브젝트의 행동을 데이터 타입으로 설정할 수 있도록 하여 프로그램을 디자인하는 데 유연성을 제공하였다. 특정 메소드 몇몇이 구현된 오브젝트를 요구하는 상황이 매우 다양한데, 일반적인 클래스로서는 이러한 상황을 맞추기가 어렵다. 이를 가능케 하는 것이 바로 프로토콜인데, 프로토콜은 다음과 같은 패턴을 공식화한다.

- 프로토콜을 선언하기 위해서는 `@protocol`과 `@end` 지시자 사이에 프로토콜 이름과 메소드 선언문을 넣어야 한다.
- 프로토콜 메소드는 `@required`와 `@optional` 두 가지 종류가 있다.
- 클래스는 프로토콜의 필수 메소드를 모두 구현하면 옵션 메소드의 구현에 관계없이 프로토콜을 적용한다. 그런 다음 클래스는 `@interface` 줄에 수퍼클래스 이름 뒤로 꺾쇠괄호 안에 프로토콜의 이름을 넣어 프로토콜이 적용되었음을 알린다. 이때, 클래스의 `@interface` 섹션이 있는 헤더 파일은 프로토콜 선언부를 포함하거나 가져와야 한다.
- 인스턴스 변수 또는 메소드 인수의 타입으로 프로토콜 이름을 추가할 수 있다.

그렇게 하면 컴파일러는 인스턴스 변수 또는 메소드 인수가 주어진 프로토콜을 만족하는지 확인한다.
- 주어진 클래스나 오브젝트가 특정 프로토콜을 준수하는지 확인하기 위하여 conformsToProtocol: 메소드를 사용할 수 있다.
- @optional 메소드를 호출하기 전에 respondsToSelector: 메소드를 사용하여 receiver가 호출하려는 메소드를 구현하였는지 확인해야 한다.
- 지금까지 정리한 내용은 모두 공식(formal) 프로토콜에 관한 것이다. 공식 프로토콜 외에도 비공식(informal) 프로토콜이 있는데, 비공식 프로토콜은 메소드 목록에서 클래스가 구현코자 하는 메소드를 선택할 수 있다. 비공식 프로토콜에 대해서는 컴파일러가 별도로 확인하지 않는다. 비공식 프로토콜은 원래 옵션 메소드를 가진 프로토콜을 선언하기 위하여 사용되었으나, 오브젝티브-C 2.0에서 @optional 지시자가 도입되면서 공식 프로토콜의 기능이 강화되어 비공식 프로토콜은 이제 거의 사용되지 않는다.

연습 문제

1. 목록 시스템을 위한 StockKeepingUnit 프로토콜을 디자인하고 선언하자. <StockKeepingUnit> 프로토콜을 적용하는 클래스는 제품 이름(product name), 제조사(manufacturer), 가격(list price), SKU(StockKeepingUnit) 번호를 보고 할 수 있어야 한다.
2. 치즈 이름을 담는 CheeseBasket 클래스를 만들어보자. CheeseBasket은 TablePrinterDataSource 프로토콜을 준수한다. CheeseBasket을 만들고 TablePrinter 예제(리스트 13.6)에 추가한 다음, 같은 TablePrinter 인스턴스를 가지고 먼저 FruitBasket을 출력하고 다음에 CheeseBasket을 출력한다. 이것은 간단한 예지만, TablePrinter가 TablePrinterDataSource 프로토콜 적용에 필요한 필수 메소드를 구현한 클래스라면 어떠한 클래스든 데이터 소스로 사용할 수 있다는 것을 보여준다.

3. `TablePrinterDataSource` 프로토콜의 필수 메소드를 지원하지 않는 클래스를 하나 만들고 리스트 13.6의 `FruitBasket` 인스턴스 대신 방금 만든 클래스의 인스턴스를 `TablePrinter`용 데이터 소스로 사용해보자. 프로그램을 컴파일할 때 무슨 일이 일어나는가? 프로그램을 실행하면 무슨 일이 일어나는가?
4. 인스턴스 변수 `dataSource`를 위한 안전한 setter(리스트 13.7)를 사용하도록 `TablePrinter` 코드를 수정한 다음 앞의 연습문제를 다시 실행해보자.

PART 03
고급 개념

Part 3에서는 레퍼런스 카운팅과 가비지 컬렉션을 통해 오브젝티브-C의 대표적인 두 가지 메모리 관리 기법에 대한 자세한 내용을 다룬다. 마지막 장에서는 오브젝티브-C의 새로운 기능이자 Apple의 다중처리 메커니즘 GCD(Grand Central Dispatch)의 핵심 기능인 블록에 대해서 다룬다.

Chapter 14 레퍼런스 카운팅
Chapter 15 가비지 컬렉션
Chapter 16 블록

Chapter 14

레퍼런스 카운팅

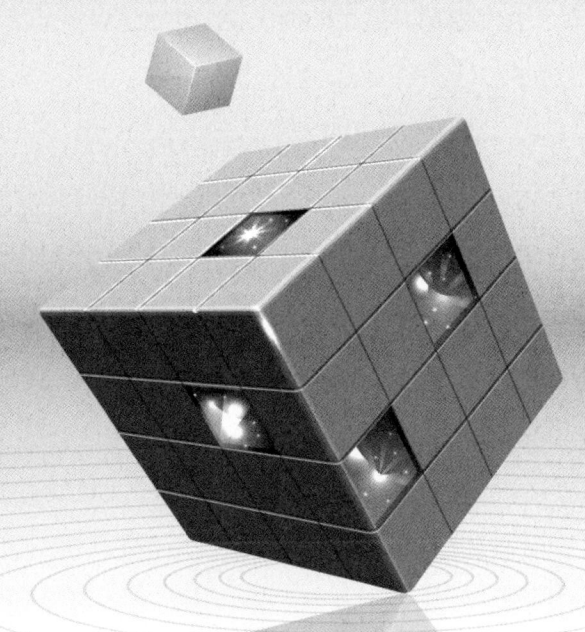

LEARNING OBJECTIVE-C 2.0

아파트에 사는 사람들은 대개 저장 공간 문제에 부딪힌다. 즉, 저장할 공간보다 갖고 있는 물건이 더 많은 것이다. 이를 해결하기 위해서는 공통으로 관리하는 창고에 물건을 넣은 다음 주기적으로 확인하여 필요 없는 물건을 버리면 된다. 컴퓨터 과학 분야의 메모리 관리 기법도 아파트 거주자들의 문제와 다르지 않다.

메모리 관리는 한정된 메모리 자원을 사용해야 하기 때문에 굉장히 중요하다. 불과 몇 년 전만 해도 상상하지 못할 정도의 메모리 용량을 사용하고 있지만, 그만큼 프로그램의 메모리 사용량과 사용자의 눈높이도 높아졌다. 프로그램의 메모리 사용량을 최대한 줄여주는 것이 가상 메모리 시스템을 사용하는 컴퓨터에서 디스크로 스왑(swap)될 확률을 줄이는 방법이다. 뿐만 아니라 전체 컴퓨터 시스템의 관점에서도 실행 중인 모든 프로그램이 메모리를 적게 사용할수록 물리 메모리를 사용하기 위해 경쟁할 가능성이 줄어든다.

Mac OS X에서도 메모리 관리는 중요하다. 그러나 iOS에서는 정말 치명적이다. iOS는 가상 메모리를 가지고 있지만(모든 프로세스는 자신의 주소 공간을 갖는다), 완전한 페이징 시스템을 갖지는 않았다. 즉, 프로그램 텍스트 같은 읽기 전용 페이지는 스왑이 가능하지만 쓰기 가능 구역은 페이징되지 않는다. 아울러 iOS 기기의 메모리 양은 굉장히 부족하다. 초기 iPhone과 iPod touch는 고작 128MB 메모리만 가지고 있었다(3GS는 256MB). 게다가 운영체제와 Apple 프로그램이 사용하는 메모리 양도 상당해서, 개발자가 만든 프로그램이 사용할 수 있는 메모리 공간은 겨우 40MB 이하 정도였다. 프로그램을 실행하는 도중 여유 메모리가 거의 바닥을 드러내면 운영체제는 메모리 부족 경고를 보낸다. 메모리 부족 경고를 받은 앱(app)은 메모리 부족에 대한 조치를 취해야 한다. 그렇지 않고 그냥 버티다가는 운영체제가 갑자기 앱을 강제 종료시켜버린다.

오브젝티브-C 관점에서의 메모리 관리는 생성된 오브젝트를 추적하다가 더 이상 사용하지 않게 되었을 때 풀어주는 것을 의미한다. 오브젝티브-C 2.0은 두 가지 방법의 메모리 관리 시스템을 제공한다. 하나는 레퍼런스 카운팅(reference counting, 다른 표현으로 retain counting, managed memory가 있다)이며, 다른 하나는 가비지 컬렉션이다. 레퍼런스 카운팅 메모리를 사용하면 모든 오브젝트는 자신을 사용하는 다른 오브젝트의 수를 지니게 된다. 그래서 그 값이 0이 되면 오브젝트는 사라진다. 가비지 컬렉션을 사용하면, 가비지 컬렉터(garbage collector)라는 별도의 쓰레드(thread)가 주기적으로 깨어나 프로그램 메모리 상태를 확인하여 더이상 사용하지 않는 오브젝트를 없애준다. OS X에서 동작하는 오브젝티브-C 프로그램은 레퍼런스 카운팅이나 가비지 컬렉션을 사용할 수 있으며, 하나의 프로그램이 두 가지 메모리 관리 시스템을 모두 사용할 수는 없다. iOS에서는 레퍼런스 카운팅만을 사용해야 한다. iOS에서는 아직 가비지 컬렉션을 지원하지 않는다.

이번 장에서는 레퍼런스 카운팅을 다룬다. 이를 통해 레퍼런트 카운팅의 동작, autorelease pool 같은 레퍼런스 카운팅의 고급 개념, 레퍼런스 카운트 값을 정확하게 유지하기 위한 방법, 레퍼런스 카운팅을 사용할 때 접할 수 있는 retain cycle 같은 문제 등을 살펴볼 것이다. 그리고 다음 장에서는 오브젝티브-C의 가비지 컬렉션 시스템에 대해 다룬다.

기존 방식의 문제점

모든 오브젝티브-C 오브젝트는 동적으로 할당되는데, 거주하는 메모리는 힙에서 얻는다. 만약 변수를 선언할 때 오브젝트의 포인터로 선언하지 않고 스택에 직접 만들기 위해 다음과 같이 선언하면

```
NSString aString;
```

컴파일러는 다음과 같은 에러를 낸다.

```
error: statically allocated instance of Objective-C class 'NSString'
```

정상적으로 오브젝트를 만들기 위해서는 포인터 변수를 선언한 다음, `alloc` 메소드를 사용하여 힙에서 오브젝트를 위한 공간을 할당받아야 한다. 다음은 `NSString`을 생성하는 코드이다.

```
NSString *aString = [[NSString alloc] initWithString: @"Hi!"];
```

오브젝트를 만들고 사용하고 나면 한 가지 의문점이 생길 것이다. 오브젝트를 다 쓴 다음에는 어떻게 해야 할까? 메모리 관리에는 다음과 같은 불문율이 있다. "할당받은 것을 다 쓴 다음에는 꼭 반납해라." 이러한 기능을 제공하기 위하여 다음과 같이 호출하면 오브젝트를 바로 free시키는 메소드를 만들 수도 있을 것이다.

```
[aString freeObject];
```

하지만 이것은 만족스러운 해결방법이 아니다. 이렇게 하기 위해서는 오브젝트가 한번 사용되기 시작했다 하면 전체 프로그램을 따라다니며 오브젝트 사용이 끝나는 것을 확인하고 나서 `freeObject` 메소드를 호출해야 하는데, 이 방법은 간단한 프로그램에만 해당된다. 수백 개의 파일을 사용하는 협업 프로그램 같은 경우에는 오브젝트만 수천 개가 되는데, 이러한 상황에서는 오브젝트를 free시키는 방법은 그리 현실적이지 못하다.

이와 같은 문제를 피하기 위하여 오브젝티브-C는 레퍼런스 카운팅을 도입하였다. 현재 기본 메모리 관리 시스템은 레퍼런스 카운팅이다. 가비지 컬렉션을 사용하기 위해서는 프로젝트에 명시해야 하는데, 이에 대해서는 다음 장에서 설명한다.

 오브젝티브-C의 세계에서는 reference counting, retain counting, managed memory 모두 이름만 다를 뿐 똑같은 메모리 관리 시스템이다. 혼동하지 말도록 하자.

메모리 누수

메모리 누수는 힙에서 메모리를 할당받은 다음 사용이 끝난 후에도 반납하지 않았을 때 발생한다. 메모리 누수는 시스템 자원을 낭비하여 부족하게 만든다. 누수된 영역은 원래 할당받은 곳에서도 사용하지 않을 뿐만 아니라 반납도 하지 않아 다른 목적으로 더이상 사용이 어려운 공간이다.

메모리 누수는 프로그램이 차지하는 메모리 공간을 계획에 비해 늘어나게 만들고, 이는 곧 성능 저하로 이어진다. 메모리 누수가 몇 바이트 정도라면 프로그램에 미치는 영향이 거의 없겠지만, 만일 누수가 일어난 지역이 루프 내에 있다거나 장시간 사용하는 곳에 위치한다면 시스템의 메모리를 모두 써버리고 crash를 일으킬 수도 있다.

🔬 레퍼런스 카운팅

레퍼런스 카운팅의 개념은 아주 간단하다. 모든 오브젝트는 레퍼런스 카운트라고 불리는, 다른 오브젝트가 자신을 사용하는 횟수를 담는 카운트를 부여받는다. 카운트 값이 0이 되면 오브젝트는 사라지면서 사용하던 공간은 힙으로 반납되어 다른 용도로 쓰이게 만든다. 레퍼런스 카운팅의 핵심은 레퍼런스 카운트 값을 정확하게 유지시키는 것이다. 레퍼런스 카운팅이 자동화되지 않았기 때문에 이 부분은 프로그래머가 직접 관리해야 한다.[1]

alloc을 사용하여 오브젝트를 생성할 때 레퍼런스 카운트 값은 1이 된다. 그리고 오브젝트의 사용이 끝나면 오브젝트에 release 메시지를 보낸다.

```
[anObject release];
```

release 메시지는 오브젝트의 레퍼런스 카운트 값을 1 줄인다. 그래서 레퍼런스 카운트 값이 0이 되면 오브젝트는 사라지며 사용했던 메모리 공간도 힙에 반납한다. 중요한 점은 다음과 같다. release 메시지는 receiver를 dealloc시키는 것이 아니라 레퍼런스 카운트 값을 1 줄일 뿐이다. 뒤에서 레퍼런스 카운트 값이 1보다 큰 경우를 살펴볼 것이다. 레퍼런스 카운트 값이 0이 되어야 오브젝트가 반납되며 차치하고 있던 메모리 공간이 재사용될 수 있게 된다.

다음 코드는 가장 단순한 형태의 레퍼런스 카운팅을 보여준다.

```
1  -(void) simpleMethod
2  {
3      NSMutableArray* anArray = [[NSMutableArray alloc] init];
4
5      // anArray를 사용하는 코드
```

---

1 (역자 주) Xcode 4부터 자동으로 레퍼런스 카운팅을 도와주는 ARC(Automatic Reference Counting) 기능이 추가되었다. 약한 참조(weak reference) 기능이 포함된 ARC는 Mac OS X 10.7과 iOS 5부터 사용이 가능하며 약한 참조 기능이 포함되지 않은 ARC는 Mac OS X 10.6과 iOS 4부터 사용이 가능하다. ARC에 대한 자세한 내용은 https://developer.apple.com/library/ios/#releasenotes/ObjectiveC/RN-TransitioningToARC/Introduction/Introduction.html 에서 확인할 수 있다.

```
 6
 7      // anArray 사용이 끝남
 8      [anArray release];
 9      anArray =  nil;
10
11
12      ...
13
14   }
```

이제 코드를 살펴보자.

- 3행: anArray는 alloc으로 생성된다. 오브젝트를 생성하는 메소드는 "alloc"이나 "new"로 시작하거나 이름 중간에 "copy"가 들어간다.
- 5행: anArray를 사용한다(레퍼런스 카운트 값은 여전히 1이다).
- 8행: anArray 사용이 끝나, anArray에 release 메시지를 보낸다. anArray의 레퍼런스 카운트 값이 0이 되면서 anArray는 dealloc된다.
- 9행: 여기에서 기억해야 할 점은 오브젝트 변수는 오브젝트의 포인터를 갖는다는 것이다. 그래서 anArray가 참조하던 오브젝트가 dealloc되면 사용하던 메모리는 힙으로 반환된다. 그러면 anArray가 갖고 있던 포인터는 더이상 유효하지 않게 된다. 즉, 포인터가 참조하는 곳에는 언제든지 알 수 없는 값으로 채워진다는 것이다. 그렇기 때문에 anArray를 nil로 지정하여 엉뚱한 값을 참조하는 것을 막는다.

위 코드를 보면서 몇 가지 규칙이 보였을 것이다. 규칙은 이렇다. 일종의 계약처럼 생각하면 된다. 즉, alloc을 사용하여 오브젝트를 생성하는 순간 release를 사용하여 균형을 맞추어야 한다. 다음은 메모리 누수가 발생하는 예이다.

```
-(void) badlyCodedMethod
{
  NSMutableArray *anArray = [[NSMutableArray alloc] init];

  // anArray를 사용하는 부분
```

```
    ...
    // anArray를 release하지 않은 채로 메소드 종료
    return;
}
```

anArray는 auto 변수이기 때문에, 메소드가 끝나는 순간 변수도 사라져 버린다. 결국 오브젝트는 참조하는 변수 없이 레퍼런스 카운트 값이 1인 채로 남아있게 된다. 이렇게 된 오브젝트는 더이상 release되지 못한 상태로 남아 프로그램이 끝날 때까지 점유하는 만큼의 메모리를 재활용하지 못하게 만든다.

오브젝트 넘겨받기

레퍼런스 카운팅은 결국 "할당받은 것은 잊지말고 놓아주는 것"을 뜻하는 이름만 번지르르한 개념이 아닐까 생각할 지도 모른다. 조바심은 아직 이르다. 메소드를 통해 오브젝트를 주고받기 시작하면서 레퍼런스 카운팅의 진정한 능력이 발휘되기 때문이다.

다른 메소드로부터 넘겨받은 오브젝트는 넘겨받은 이후로는 계속해서 유효함을 내포하고 있다. 예를 통해 살펴보자. NSDate의 date 메소드는 현재 시각과 날짜를 담고 있는 오브젝트를 반환한다.

```
- (void) doSomethingWithTheCurrentDate
{
    NSDate *currentDate = [NSDate date];
    
    // currentDate는 사용되었으나 변수에 저장되지 않았다.
    ...
}
```

doSomethingWithTheCurrentDate 메소드는 currentDate가 dealloc될 걱정 없이 함수가 끝날 때까지 currentDate를 사용할 수 있다.

이러한 조건은 오직 단일 쓰레드 프로그램에서만 가능하다. 다중 쓰레드 프로그램 환경에서는 중간에 다른 쓰레드에 의해 dealloc될 가능성이 있기 때문이다. 그래서 다중 쓰레드 환경에서는 특별한 주의가 필요하다("다중 쓰레딩"에서 다룬다).

어떤 메소드에서 받은 오브젝트를 인스턴스 변수에 저장하고 그 메소드가 끝난 뒤에도 계속해서 오브젝트를 사용하고 싶다면, 한 단계 더 들어가 오브젝트가 계속해서 유효하도록 만들어야 한다. 이해를 돕기 위해 Chapter 6에서 사용한 rock and roll 시뮬레이션 게임용 클래스를 가져와보자. RockStar 오브젝트는 Guitar 오브젝트를 필요로 한다.

```
@Class Guitar;

@interface RockStar : NSObject
{
  Guitar* guitar;
  ...
}
  -(Guitar*) guitar;
  -(void) setGuitar:(Guitar*) newGuitar;

  ...

@end
```

게임 컨트롤러 오브젝트가 게임을 셋업할 때 RockStar 인스턴스와 Guitar 인스턴스를 할당하고, setGuitar: 메소드를 통해 Guitar 인스턴스를 RockStar에 전달한다. 이때, 다음과 같이 setGuitar: 메소드를 작성하면 문제가 생긴다.

```
- (void) setGuitar:(Guitar *) newGuitar
{
  guitar = newGuitar;   // 잘못됨
}
```

게임 컨트롤러는 Guitar를 alloc으로 생성하였다. 그러면 나중에 컨트롤러가 alloc에 대한 균형을 맞추기 위하여 release를 사용하면 어떻게 되는가? 그러면

Guitar 오브젝트의 레퍼런스 카운트 값은 0이 되면서 Guitar 오브젝트는 dealloc될 것이고, 결국 RockStar는 유효하지 않은 곳을 참조하는 포인터를 지니게 될 것이다. 이러한 문제를 막기 위해서는 RockStar는 guitar에 retain 메시지를 보내야 한다.

```
[guitar retain];
```

retain 메시지는 release가 하는 반대의 일을 한다. 즉, receiver의 레퍼런스 카운트를 1 증가시킨다. retain 메시지를 guitar에 보내면 메시지는 guitar가 지니고 있는 레퍼런스 카운트를 1에서 2로 만든다. 이렇게 하면 오브젝트가 처음 할당된 곳에서 release 메시지를 받는다고 하더라도 dealloc되는 것을 막을 수 있다.

리스트 14.1은 setGuitar: 메소드의 최종본이다.

리스트 14.1 `setGuitar:`

```
1  - (void) setGuitar:(Guitar*) newGuitar
2  {
3    if ( newGuitar != guitar )
4      {
5        [guitar release];
6        guitar = newGuitar;
7        [guitar retain];
8      }
9  }
```

setGuitar: 메소드는 guitar가 이미 다른 오브젝트를 갖고 있을 것이라고 가정해야 한다(RockStar가 사용하던 기타가 부서지면 기타를 바꾸어야 한다). 현재 guitar가 갖고 있는 Guitar 인스턴스는 이미 retain 메시지를 받았기 때문에 바꾸기 전에 release시켜야 한다.

코드를 자세히 살펴보자.

- 5행: 현재 guitar에 들어있는 오브젝트는 release된다. 만일 guitar 값이 nil 이라면 이 줄은 실행되지 않는다.
- 6행: 새로운 오브젝트가 guitar에 저장된다.

- 7행: 새로운 Guitar 인스턴스는 retain 메시지를 받는다. retain 메시지는 receiver를 반환한다. 6, 7행을 묶어서 guitar = [newGuitar retain];으로 사용할 수도 있다.
- 3행: guitar와 newGuitar가 같은 오브젝트를 참조하는 상태에서 5행, 7행이 실행되면 오브젝트에 release와 retain 메시지를 순서대로 보낼 것이다. 그렇게 되면 release 메시지로 인해 오브젝트가 dealloc 되는 상황이 발생할 것이다. 프로그램은 retain 받을 메시지가 없기 때문에 crash를 일으킬 것이다. 3행에서는 이와 같은 상황을 막기 위해 if문을 사용하였다.

> **Note** 앞의 코드는 다음의 프로퍼티 구문을 synthesize할 때 컴파일러가 생성하는 코드와 같다.
>
> @property (nonatomic, retain) Guitar* guitar;
>
> 이것은 이해를 돕기 위한 예에 불과하다. 실제 프로그램에서는 @property와 @synthesize를 사용하는 것이 훨씬 깔끔하다. 자세한 내용은 Chapter 12를 참조하자.

소유권

오브젝티브-C의 레퍼런스 카운팅은 소유권(ownership)이라는 말로 논의되기도 한다.

- 오브젝트를 생성하면 소유권을 갖는다.
- 이미 생성된 오브젝트에 대해서는 retain 메시지로 소유권을 획득할 수 있다.
- 소유권을 가진 오브젝트의 사용이 모두 끝나면 release 메시지를 보내 소유권을 없애야 한다.
- 오브젝트에 대한 소유권을 아무도 갖고 있지 않다면 (즉, 레퍼런스 카운트가 0) 오브젝트는 dealloc된다.

> **Note** 오브젝티브-C 소유권은 배타적이지 않다. 즉, 소유권을 가진 존재가 여럿일 수 있다. retain 메시지를 보내 소유권을 획득한다고 해서 다른 존재가 갖고 있는 소유권을 뺏어오지 않는다.

오브젝트를 반환하는 메소드에 대한 소유권은 이름 규정을 따른다.

- "alloc"이나 "new"로 시작하거나 중간에 "copy"가 들어간 이름을 가진 메소드로부터 오브젝트를 생성하였다면, 반환받은 오브젝트의 소유권을 갖는다.
- 다른 메소드로부터 반환받은 오브젝트에 대해서는 소유권을 갖지 않는다. 필요하다면 소유권을 획득해야 한다.

복사를 통해 소유권 건네받기

오브젝트의 소유권을 retain하는 대신 복사를 통해 획득할 수 있다.

> **Note** 오브젝트를 복사하기 전에 오브젝트의 클래스가 복사를 지원하는지 반드시 확인해야 한다. 클래스가 복사를 지원하기 위해서는 NSCopying이나 NSMutableCopying 프로토콜을 적용해야 한다. 두 프로토콜을 적용하기 위해서는 각각 copyWithZone:과 mutableCopyWithZone: 메소드를 구현해야 한다.

엄격히 말하자면, 복사를 통해 획득한 소유권은 원래의 오브젝트가 아니라 새로 복사된 오브젝트의 소유권을 갖는 것이다.

소유권을 획득하기 위해 무조건 copy나 retain을 사용해야 하는가? 그것은 프로그램과 오브젝트를 어떻게 디자인하느냐에 따라 달라진다. 오브젝트에 들어있는 현재 값을 떠놓기 위해서는 반드시 오브젝트를 복사해야 한다. 그렇지 않다면 retain을 사용한다. 오브젝트가 복잡할 수록, 깊은 복사를 할수록 retain보다 복사가 실행시간과 메모리 사용량에서 훨씬 비싼 연산이 된다.

> **Note** 일부 immutable 클래스의 경우, copy를 구현하기 위해 새로운 오브젝트를 생성하지 않고 단순히 한 번 더 retain을 하여 반환하는 경우가 있다. 이런 경우에는 복사와 retain의 차이가 없다.

dealloc

release 메시지를 통해 오브젝트의 레퍼런스 카운트가 0으로 떨어지면 오브젝트는 dealloc된다. 그렇다면 dealloc된 오브젝트의 인스턴스 변수 안에 있던 오브젝트는 어떻게 되는가? 다시 말해 RockStar 오브젝트가 dealloc되면 인스턴스 변수 guitar 안에 있던 Guitar 오브젝트는 어떻게 되는가? 리스트 14.1을 보면 알 수 있듯이, Guitar 오브젝트는 인스턴스 변수 guitar에 저장될 때 retain되는데, 만약 RockStar 오브젝트가 갑자기 사라져버리면 Guitar 오브젝트는 release 메시지를 받지 못해 결국 메모리 누수 공간이 되버릴 것이다.

이러한 메모리 누수를 막기 위해 인스턴스 변수에 다른 오브젝트를 저장하고 있는 오브젝트는 반드시 dealloc 메소드에서 자신이 갖고 있는 오브젝트를 release시켜야 한다. 예를 들어, RockStar는 NSObject의 dealloc 메소드를 오버라이드하는데 그 내용은 다음과 같다.

```
- (void) dealloc
{
  [guitar release];

  // 인스턴스 변수에 들어 있는 다른 오브젝트를 release시킨다.
  ...

  [super dealloc];
}
```

전체 dealloc 과정은 그림 14.1에서 볼 수 있다.

1. NSObject에서 release가 구현된다. release 메시지의 결과로 레퍼런스 카운트가 0이 되면 release는 dealloc을 호출한다.
2. RockStar가 dealloc을 오버라이드하기 때문에 RockStar 버전의 dealloc 메소드가 실행된다.

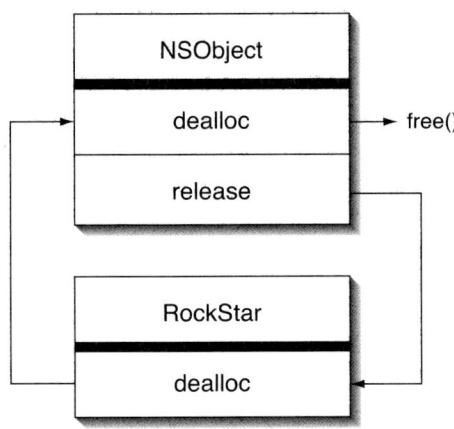

| 그림 14.1 | 오브젝트 dealloc 과정

3. RockStar는 release 메시지를 guitar에 보내 오브젝트를 저장할 때 guitar가 받았던 retain 메시지에 대한 균형을 맞춘다. 그리고는 guitar에 더이상 남은 소유권이 없게 되면 guitar도 dealloc된다. 마찬가지로 RockStar는 나머지 인스턴스 변수에 대해서 동일한 작업을 한다.
4. RockStar의 dealloc 메소드는 super 클래스, 즉 NSObject 버전의 dealloc을 사용한다.
5. NSObject 버전의 dealloc은 시스템 라이브러리 함수 free()를 호출하여 RockStar가 사용하던 메모리를 힙에 반납한다.

[super dealloc] 줄은 굉장히 중요하다. 만일 이 명령문을 생략해 버리면 NSObject 버전의 dealloc이 실행되지 않아 오브젝트가 차지하는 메모리 공간은 누수될 것이다. 또한 dealloc 메소드가 맨 마지막 줄에 있다는 점도 중요하다. 오브젝트가 dealloc되면 그 다음 줄은 더이상 의미가 없기 때문이다.

Note dealloc 메소드를 직접 호출하지 말아야 한다. dealloc 메소드는 레퍼런스 카운트 값이 0으로 떨어지면 자동으로 호출된다.

오브젝트 반환

레퍼런스 카운팅이 부드럽게 동작하지 못하는 한 가지 상황이 있다. 우선 Guitar 클래스가 Guitar의 인스턴스를 반환하는 클래스 메소드를 갖고 있다고 가정하자.

```
@interface Guitar : NSObject
{
   // 인스턴스 변수
}

+ (Guitar*) guitar;

   // 다른 메소드

@end
```

이러한 메소드를 가리켜 convenience constructor라고 한다. Convenience constructor는 Cocoa 프레임워크에서 폭넓게 사용된다. 아마도 guitar 메소드를 작성한다면 다음과 같이 하게 될 것이다.

```
+ (Guitar*) guitar
{
  Guitar *newGuitar = [[Guitar alloc] init];
  return newGuitar;
}
```

위 코드는 Guitar 인스턴스를 생성한 다음 초기화하여 반환시킨다. 코드 자체에는 문제가 없지만 메모리 관리 관점에서는 문제가 발생한다. alloc을 통해 Guitar 오브젝트를 생성하지만 alloc에 대칭되는 release를 사용하지 않게 되기 때문에, 결과적으로 guitar 메소드는 새로운 오브젝트를 만들 때마다 새로운 메모리 누수 지역을 만들게 된다.

> **Note** 아마도 guitar 메소드를 호출하였기 때문에 오브젝트를 release해야 하는 것이 아니냐는 반론을 제기할 것이다. 하지만 이러한 규칙은 성립되지 못하는 것이, guitar 메소드는 "alloc"이나 "new"로 시작하지도 않고 이름 중간에 "copy"도 들어가지 않기 때문에 guitar 메소드를 사용하는 사람은 반환된 오브젝트의 소유권을 갖지 않게 되는 것이다. 아무리 guitar 메소드

가 반환한 오브젝트에 `retain` 메시지를 보내 오브젝트의 소유권을 갖는다 하더라도, 결국 나중에 보내는 `release` 메시지는 `retain`에 대한 균형을 맞출 뿐 `guitar` 메소드 내에서 사용한 `alloc`에 대한 균형을 맞추지 못한다.

급히 수정한 버전은 동작하지도 못한다.

```
- (Guitar*) guitar
{
  Guitar *newGuitar = [[Guitar alloc] init];
  [newGuitar release]; // 잘못됨!
  return newGuitar;
}
```

우선 `alloc`에 대한 균형을 맞추기 위해 `release` 메소드를 사용하였지만, 이것은 더 큰 문제를 야기할 뿐이다. `release`에 의해 `newGuitar`의 레퍼런스 카운트는 0이 되면서 바로 `dealloc`된다. 결국 `guitar` 메소드가 반환하는 것은 오브젝트 없는 유효하지 못한 포인터가 되어, 반환된 포인터가 사용되는 시점에 crash를 일으킬 것이다.

이러한 문제를 해결하기 위하여 오브젝티브-C에서는 autorelease라는 개념을 도입하였다.

Autorelease

Convenience constructor나 이와 비슷한 메소드가 가지고 있는 문제는 오브젝트를 생성은 하지만 `release`를 보낼 적당한 곳이 없다는 것이다.

오브젝티브-C는 `autorelease` 메커니즘을 통해 이러한 문제를 해결한다. Autorelease는 오브젝트를 autorelease pool이라는 제3의 신뢰하는 오브젝트가 관리하도록 하여 나중에 `release`시키도록 한다. Autorelease라는 이름은 사실 잘못된 표현이다. 차라리 delayedrelease라고 하는 것이 더 좋을 것이다.

Autorelease Pool

Autorelease는 Foundation 프레임워크의 `NSAutoreleasePool` 클래스를 사용하

여 구현한다. Autorelease를 사용하기 위해서는 NSAutoreleasePool의 인스턴스를 만들어야 한다.

```
NSAutoreleasePool*pool = [[NSAutoreleasePool alloc] init];
```

이렇게 하면 pool이 현재의 autorelease pool이라는 사실을 runtime에게 알려준다. 그런 다음 autorelease 메시지를 오브젝트에 보내면 오브젝트는 현재의 autorelease pool에 위치하게 된다.

```
[anObject autorelease];   // anObject를 현재 pool에 놓음
```

autorelease 메소드는 receiver를 반환한다. 그래서 autorelease 메시지는 다른 메시지와 함께 중첩되어 사용하거나 return문의 인수로 사용될 수 있다.

```
SomeClass  *autoreleasedObject =
    [[[SomeClass] alloc] init] autorelease];
```

위 코드는 [[SomeClass] alloc] init]으로 생성된 오브젝트에 autorelease 메시지를 보내는 것이다. autorelease 메시지의 반환값은 원래의 오브젝트이기 때문에 반환된 원래의 오브젝트가 변수 autoreleasedObject에 저장된다.

autorelease 메시지를 오브젝트에 보내는 것은 단순히 등록절차일 뿐이다. autorelease 메시지는 pool이 지니고 있는 오브젝트 리스트에 오브젝트를 추가할 뿐 별도의 메시지를 오브젝트에게 보내지 않는다. 그렇기 때문에 autorelease 메시지 실행 후에도 receiver는 여전히 그대로 유효하다.

release 메시지를 autorelease pool에 보내면 pool이 dealloc되면서 pool에 들어있던 모든 오브젝트는 release 메시지를 받게 된다.

```
[pool release];
```

autorelease의 요점을 정리하면 다음과 같다.

- 오브젝트에 `autorelease` 메시지를 보내는 것은 결국에는 오브젝트의 소유권을 포기하겠다고 계약하는 것과 같다. `autorelease`는 `release`이다. 다만 조금 있다 할 뿐이다.
- 하나의 오브젝트에 여러 개의 `autorelease` 메시지를 보낼 수 있다. 그래서 autorelease pool이 `release`되면 오브젝트는 `autorelease`한 만큼의 `release` 메시지를 받게 된다.
- Autorelease pool을 `release`한다고 해서 pool에 들어있는 모든 오브젝트가 `dealloc`되는 것은 아니다. Pool 안에 있는 모든 오브젝트가 `release` 메시지를 받을 뿐이다. 이렇게 받은 `release` 메시지에 의해 오브젝트의 레퍼런스 카운트 값이 0으로 되지 않는다면 오브젝트는 `dealloc`되지 않는다.

Autorelease Pool 관리

Runtime은 autorelease pool 스택을 관리한다. 즉, pool을 생성하면 스택에 추가하고 pool을 release하면 스택에서 pop시킨다. `autorelease` 메시지를 받은 오브젝트는 스택의 꼭대기에 있는 pool에 들어간다.

Autorelease pool은 `retain`할 수 없다. 오직 생성하고 `release`만 할 수 있다. Autorelease pool에 `retain` 메시지를 보내면 예외를 일으킨다.

스택에 autorelease pool이 없을 때 오브젝트에 `autorelease` 메시지를 보내면 runtime은 autorelease pool 부족하여 메모리 누수가 일어날 것이라고 불평할 것이다. 그럼에도 프로그램은 계속해서 실행할 것이다. Runtime의 불평은 콘솔(명령 줄 프로그램의 경우에는 터미널) 로그로 남겨진다.

```
__NSAutoreleaseNoPool(): Object 0x100001050 of class Guitar
        autoreleased with no pool in place - just leaking
```

GUI 프로그램을 작성하는 경우에는 AppKit이나 UIKit이 알아서 autorelease pool을 만들어준다. GUI 프로그램은 이벤트 루프를 가지고 있다. 이벤트 루프는 사용자의 행동(예: 마우스 클릭, 키보드 입력)을 기다리는데, 사용자의 행동 정보가 들어오면 이벤트 오브젝트로 묶인 다음 이벤트 루프에서 이벤트 오브젝트를 프로그램의 다른 영역으로 넘겨준다. 그런 다음 이벤트 루프의 처음으로 돌아가 다시 다음 액션을 기다린다. AppKit(또는 UIKit)은 이벤트 루프의 각 루프 시작 지점에서 autorelease pool을 만들고(스택에 pool을 push), 루프가 끝나는 시점에 pool을 release한다(스택에서 pool을 pop하면서 pool에 들어있던 모든 오브젝트에 release 메시지 전송). 그림 14.2는 이벤트 루프에서의 오브젝트가 생성되고 autorelease되는 라이프사이클을 보여준다. 만약 autorelease된 오브젝트가 이벤트 루프의 마지막에 도달하기 전에 다른 오브젝트로부터 retain되면 생명이 연장될 수 있다.

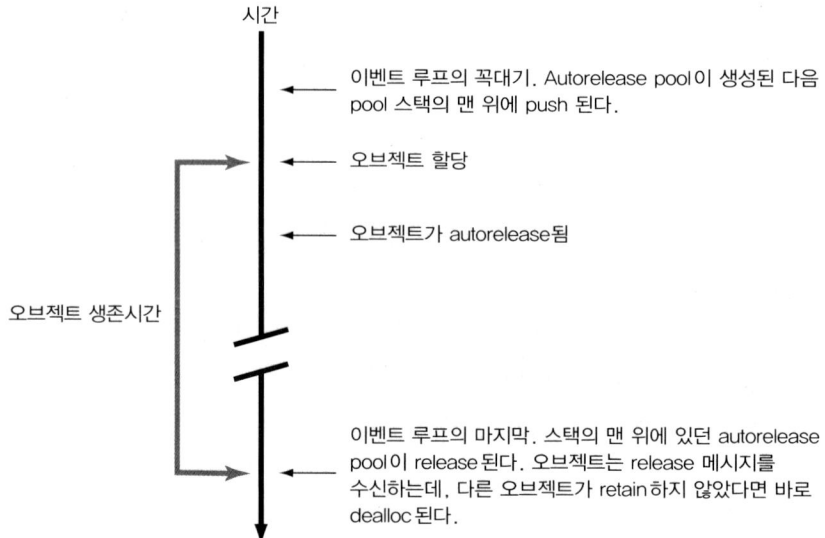

| 그림 14.2 | GUI 프로그램에서 autorelease된 오브젝트의 라이프사이클

Foundation(GUI를 사용하지 않는) 프로그램을 작성하는 경우 autorelease pool을 사용하기 위해서는 최소한 한 개는 직접 생성해야 한다.

```
main ()
{
  NSAutoreleasePool *pool  = [[NSAutoreleasePool alloc] init];
```

```
...
// 프로그램 본문
...
[pool release];
return 0;
}
```

> **Note** NSAutorelease 클래스는 drain이라는 메소드를 제공한다. 레퍼런스 카운팅을 지원하는 코드에서 drain은 release와 똑같이 동작한다. 가비지 컬렉션(Chapter 15 참조)을 지원하는 코드에서 release는 아무 일도 하지 않는다. 그대신 drain 메시지는 가비지 컬렉터에 receiver가 수집 대상임을 알려준다. release와 drain의 차이가 중요해지는 시점은 레퍼런스 카운팅 코드와 가비지 컬렉션 코드를 모두 컴파일할 때뿐이다.

Convenience Constructor 수정 버전

이제는 앞에서 예로 들었던 메모리 관리에 문제가 있는 convenience constructor의 디자인 수정에 대한 의미를 이해하게 되었을 것이다. Guitar 클래스를 위한 convenience constructor 최종 버전은 다음과 같다.

```
+ (Guitar*) guitar
{
  Guitar *newGuitar = [[Guitar alloc] init];
  [newGuitar autorelease];
  return newGuitar;
}
```

autorelease 메시지는 alloc 메시지와 균형을 맞추어 메모리 관리 규칙을 지킨다. 그리고 guitar 메소드를 호출하는 코드 역시 반환된 Guitar 오브젝트를 retain할 수 있는 기회가 있다. 이것이 가능한 것은 autorelease pool이 release되기 전에는 오브젝트에 release 메시지를 보내지 않기 때문이다.

Autorelease와 iPhone

iPhone 애플리케이션을 작성할 때 규모가 큰 오브젝트에 대해서는 autorelease를 사용하지 않는 것이 좋다. Autorelease pool에 오브젝트를 넣는 것도 프로그램이 차지하는 메모리 크기에 반영되기 때문에, 커다란 오브젝트를 오랜 시간 넣어 놓으면 메모리 부족 경고를 받을 수도 있다. 이런 때에는 클래스의 convenience constructor (autorelease된 오브젝트를 반환)를 사용하기 보다는 직접 `alloc`과 `release`를 사용하여 필요한 시점에서만 사용해야 한다.

메모리 사용량을 제어하기 위한 별도의 Autorelease Pool

가끔은 직접 autorelease pool을 만들어 사용하는 것이 더 좋을 때가 있다. 가령 많은 오브젝트를 생성하고 `autorelease`하는 메소드가 있고 그 메소드를 루프에서 사용한다면 최상위 레벨의 autorelease pool에 많은 수의 오브젝트가 쌓이게 되는데, 그러면 루프를 빠져나와 pool이 release되기 전까지는 루프를 돌며 더이상 필요하지도 않은 오브젝트를 pool에 계속 보유하고 있어야 하는 상황이 발생한다.

```
int j;
id myObject = ...

for ( j=0; j < MANY_TIMES; j++)
{
  // 많은 수의 오브젝트를 생성하고 autorelease한다.

  [myObject prolificAllocatorAndAutoreleaser];
}
```

이와 같은 상황에서는 루프를 시작할 때 새로운 pool을 만들고, 루프의 마지막에 pool을 release하여 메모리 증가량을 억제하는 것이 좋다.

```
int j;
id myObject = ...

for ( j=0; j <  MANY_TIMES; j++)
{
  NSAutoreleasePool *pool  = [[NSAutoreleasePool alloc] init];

  // 많은 수의 오브젝트를 생성하고 autorelease한다.

  [myObject prolificAllocatorAndAutoreleaser];
```

```
    // 루프 내에서 생성한 모든 오브젝트를 release시킨다.

    [pool release];
}
```

Retain한 오브젝트와 retain된 오브젝트는 서로를 알지 못한다

이것은 별 건 아니지만 오해의 소지가 있다. 오브젝트 A가 오브젝트 B를 retain했을 때 두 오브젝트는 의미있는 수준에서는 서로 간에 아는 바가 없다. 오브젝트는 자신을 사용하는 오브젝트가 몇 개나 있는지는 알지만(레퍼런스 카운트), 자신을 retain한 오브젝트 리스트를 갖고 있지는 않다. 마찬가지로 오브젝트는 자신이 retain한 오브젝트의 리스트를 갖고 있지 않다. 그렇기 때문에 오브젝티브-C 언어나 runtime은 오브젝트에게 "너는 이러한 오브젝트를 갖고 있으니 다 쓰고 나면 꼭 release해야 한다"라고 말해봤자 아무런 의미가 없다.

결국 alloc이나 copy를 사용하는 프로그래머(여러분) 자신이 일일이 release나 autorelease시켜주어야 한다.

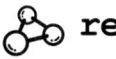 retainCount

NSObject는 retainCount라는 현재 오브젝트의 레퍼런스 카운트 값을 알려주는 메소드를 제공한다.

```
NSUInteger currentRetainCount = [anObject retainCount];
```

아마도 retainCount를 사용하면 메모리 관리 문제를 디버그할 때 좋겠다는 첫인상을 받았을 지도 모르겠다. 하지만 Cocoa 프레임워크를 사용하는 실전 프로그램에서는 많은 프레임워크 오브젝트들이 배열이나 dictionary에 드나들면서 retain 및 release한다. 그래서 코드를 통해 예측한 레퍼런스 카운트보다 더 많은 값이 되기도 한다. 또한 NSString 오브젝트 상수같은 오브젝트 상수는 레퍼런스 카운트 값이 의미가 없다. 결론적으로, 실전에서는 retainCount 메소드가 거의 도움이 되지 않는다.

다중 쓰레딩

다중 쓰레드(multithread) 프로그램에서는 레퍼런스 카운팅이 조금 복잡해진다. 리스트 14.1과 같은 일반적인 setter 패턴은 다중 쓰레드 환경에서는 문제가 되기도 한다. 예를 들어, 두 개의 쓰레드가 거의 동시에 setGuitar: 메소드를 호출할 때 두 번째 쓰레드는 첫 번째 쓰레드가 메소드를 끝내기도 전에 인터럽트(interrupt)를 걸어버리는 상황이 생길 수도 있다. 이런 상황에서는 guitar에 들어있는 오브젝트가 두 개의 쓰레드로부터 각각 release 메시지를 받는 바람에 의도한 것과 다른 레퍼런스 카운트 값을 갖거나 심지어는 crash를 일으킬 수도 있는 것이다.

이렇게 setter 메소드를 사용할 때 쓰레드 간 간섭에 따른 영향을 없애기 위하여 lock을 사용한다(리스트 14.2).

리스트 14.2 setGuitar: 메소드의 lock 사용 버전

```
-(void) setGuitar:(Guitar*)newGuitar
{
  @synchronized(self)
    {
      if ( newGuitar != guitar )
        {
          [guitar release];
          guitar = newGuitar;
          [guitar retain];
        }
    }
}
```

컴파일러 지시자 @synchronized()는 lock 기법을 적용하고 @synchronized()에 싸인 컴파운드 명령문(코드 블록)은 한 번에 한 개의 쓰레드만이 사용할 수 있도록 한다. 이렇게 하면 @synchronized()에 싸인 코드 블록을 어떤 쓰레드가 실행하는 동안에 다른 쓰레드는 앞의 쓰레드가 실행을 모두 마칠 때까지 기다리게 된다. 리스트 14.2에서도 @synchronized 블록은 guitar를 atomic 하게 세팅할 수 있도록 보장해준다.

> **Note** @synchronized()의 인수는 lock을 구분하는 용도로 사용되며, 보통 오브젝티브-C의 오브젝트를 사용한다. 여기에서는 편리하게 self를 선택하였다.

리스트 14.2의 내용은 다음의 프로퍼티 구문의 setter 메소드를 synthesize할 때 컴파일러가 생성하는 코드 내용과 동일하다.

```
@property (retain) Guitar *guitar;
```

다중 쓰레드 프로그램에서는 getter 역시 수정이 필요하다. 다음 코드 역시 다중 쓰레드 환경에서는 문제가 생긴다.

```
(Guitar*) guitar
{
  return guitar;
}
```

기본적으로 getter로부터 받은 오브젝트는 getter를 호출한 메소드가 끝날 때까지는 유효해야 한다. 그러나 다중 쓰레드 프로그램에서는 다른 쓰레드로 인해 getter로부터 받은 오브젝트가 다 쓰이기도 전에 dealloc되는 경우가 발생할 수 있다. 심지어는 getter로부터 오브젝트를 받은 쓰레드가 오브젝틀 retain하기도 전에 오브젝트가 dealloc되기도 한다. 이런 상황을 막기 위해서는 프로그램을 다음과 같이 고쳐야 한다.

```
(Guitar*) guitar
{
  @synchronized(self)
    {
      return [[guitar retain] autorelease];
    }
}
```

guitar에 retain 메시지를 보내고 바로 autorelease 메시지를 보내면 오브젝트의 레퍼런스 카운트에는 영향을 미치지 않는다. 하지만 오브젝트를 쓰레드의 autorelease pool에 담음으로써 release 메시지를 지연시켜 오브젝트를 retain시킬 수 있는 기회를 만들게 된다. 그리고 guitar에 retain과 autorelease 메시지를 보내는 동안에도 다른 쓰레드의 영향을 받을 수 있기 때문에 이 부분을 @synchronized 블록으로 만들어야 한다.

> **Note** 여기에서는 다중 쓰레드 환경에서 인스턴스 변수를 설정하고 가져오는 작업을 atomic하게 하는 방법을 선보였다. 하지만 accessor를 atomic하게 만든다고 해서 전체 코드가 쓰레드 환경에 안전하다고 할 수는 없다. 단순히 atomic 연산만 가지고는 쓰레드 환경의 안전을 보장할 수 없으며, 철저한 분석과 섬세한 디자인이 필요하다. 더 자세한 내용은 http://developer.apple.com/mac/library/documentation/Cocoa/Conceptual/Multithreading/Introduction/Introduction.html을 참조하자.

레퍼런스 카운팅의 단점

레퍼런스 카운팅은 오브젝트를 생성하거나 retain하면 적절한 release나 autorelease 사용으로 균형을 맞추어야 한다는 규칙을 따른다. 그렇다면 프로그래머가 실수로 규칙을 깨뜨리면 어떻게 되는가? 아마도 release되지 못한 오브젝트는 메모리 누수로 남게 될 것이다.

반대로 너무 많이 release시켜버리는 것은 더 심각하다. 필요 이상의 release 메시지를 보내거나 소유권이 없는 오브젝트에 release 메시지를 보내버리면 오브젝트를 dealloc시킬 수 있으며, 보통 그 결과로 crash가 일어난다. 이러한 유형의 문제는 어떤 release가 필요한지 불필요한지 분간하기가 힘들기 때문에 디버깅하기가 어렵다.

NSZombie

과도한 release 문제를 해결하는 한 가지 방법으로 Foundation 프레임워크의 NSZombie 기능을 이용하는 것이 있다. NSZombie가 활성화되면, 오브젝트는 dealloc되어도 힙으로 회수되지 않는다. 그대신, 오브젝트는 NSZombie 오브젝트로 바뀐다. NSZombie 오브젝트는 자신에게 날아오는 메시지를 로그로 남긴다. 또한 [NSZombie release]나 [NSZombie autorelease]에 디버거의 break point를 설정할 수도 있다. 이렇게 하면 어디에서 불필요한 release를 사용하였는지 확인할 수 있다.

NSZombie를 활성화하기 위해서는 환경 변수 NSZombieEnabled를 YES로 설정해야 한다. Xcode를 사용해서 환경 변수를 설정하는 것이 가장 쉬운데, 설정 방법은 다음과 같다. Xcode의 Toolbar 왼쪽 Scheme 항목에 있는 프로젝트 이름을 클릭하면 그림 14.3과 같이 드롭다운 메뉴가 나타나는데, [Edit Scheme...]을 선택하면 액션 시트가 나타나면서 프로젝트의 scheme을 편집할 수 있게 된다. 그림 14.4와 같이 액션 시트의 왼쪽 항목 중 프로젝트 이름과 함께 있는 Debug 항목을 선택한 다음 오른쪽의 [Arguments] 탭을 클릭하면 환경 변수를 추가/삭제할 수 있는 부분이 나타난다. 여기에서 [+] 버튼을 누른 다음 환경 변수 이름을 'NSZombieEnabled'로, 값을 'YES'로 입력하면 끝난다.

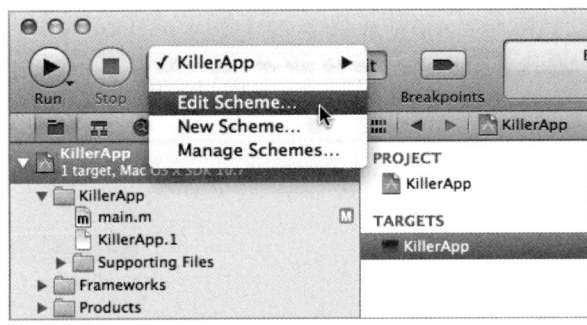

| 그림 14.3 | 프로젝트 Scheme 편집

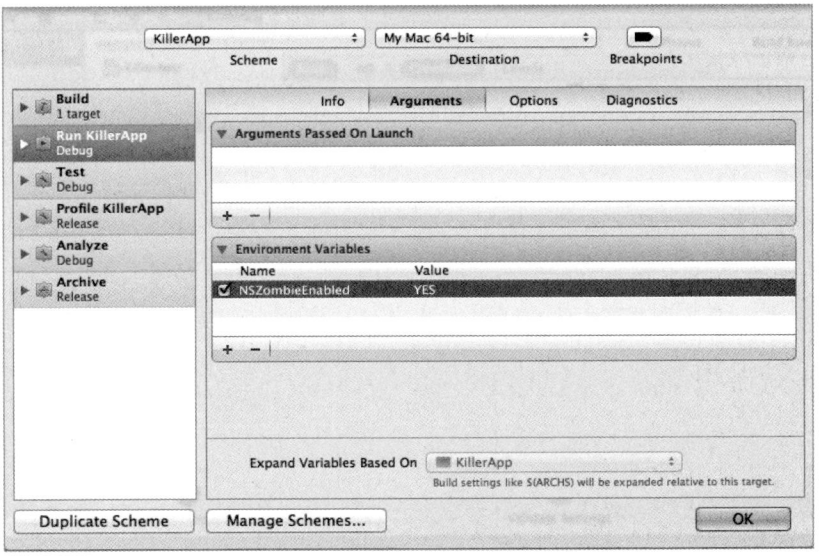

| 그림 14.4 | Xcode에서 NSZombie 활성화

> **Note** 프로그램 출시 버전으로 만들 때에는 NSZombieEnabled 변수를 제거하는 것을 잊지 말아야 한다.

Retain Cycle

레퍼런스 카운팅을 사용할 때 존재하는 또하나의 잠재적인 문제가 있다. 이 문제는 두 개 이상의 오브젝트가 서로를 retain할 때 발생한다. 예를 들어, rock and roll 게임에서 `RockStar`는 인스턴스 변수 `band`를 갖고 있으며, `band`는 `Band` 오브젝트를 retain한다(리스트 14.3).

리스트 14.3 RockStar.h

```
@Class Band;

@interface RockStar : NSObject
{
  Band *band;
  ...
}
@property (nonatomic, retain) Band* band;

  ...

@end
```

`RockStar`는 `band`에 들어있던 오브젝트를 `dealloc`을 통해 `release`한다(리스트 14.4).

리스트 14.4 RockStar.m

```
@implementation RockStar

@synthesize band;
...

- (void) dealloc
{
  [band release];
```

```
    ...

    [super dealloc];
}

@end
```

마찬가지로, Band 오브젝트도 RockStar 타입의 변수 leadSinger를 갖고 있다(리스트 14.5).

리스트 14.5 Band.h

```
@Class RockStar;

@interface Band : NSObject
{
  RockStar *leadSinger;
  ...
}
@property (nonatomic, retain) RockStar* leadSinger;;

  ...

@end
```

Band 클래스 역시 leadSinger에 들어있던 오브젝트를 dealloc 메소드에서 release한다(리스트 14.6).

리스트 14.6 Band.m

```
@implementation Band

@synthesize leadSinger;
...

- (void) dealloc
{
  [leadSinger release];

  ...

  [super dealloc];
```

```
}
@end
```

    RockStar와 Band 모두 메모리 관리 규칙을 지키지만 여전히 문제는 남아있다. RockStar 오브젝트와 Band 오브젝트가 한 번 연결되고 나면 모두 dealloc될 수가 없다. 아무도 둘 중 하나를 소유하지 않더라도 dealloc되지 못한다. 즉, Band 오브젝트가 RockStar 오브젝트를 소유하기 때문에 RockStar 오브젝트의 레퍼런스 카운트는 0이 되지 못하며, 동시에 Band 오브젝트 역시 RockStar 오브젝트가 Band 오브젝트를 소유하고 있기 때문에 Band 오브젝트가 dealloc되면서 RockStar 오브젝트를 release시키는 일이 발생하지 않는다. 결국 두 오브젝트가 차지하는 메모리는 누수된다.

    이렇게 순환 형태로 retain하는 상태를 retain cycle이라고 한다. 지금까지 설명한 예는 retain cycle의 가장 단순한 형태이다. 이것을 확장시켜 오브젝트 A는 오브젝트 B를 retain하고 오브젝트 B는 오브젝트 C를 retain하고... 마지막 오브젝트가 오브젝트 A를 retain하는 식으로 더 복잡한 retain cycle을 만들 수 있다.

    이러한 연결고리를 빠져나가기 위해서는 retain cycle을 구성하는 오브젝트 중 적어도 한 개는 다른 오브젝트를 retain하지 않도록 하면 된다. 예를 들어, RockStar의 interface 섹션의 프로퍼티 구문을 다음과 같이 수정한다.

```
@property (nonatomic, assign) Band* band;
```

    이렇게 하면 band 오브젝트는 retain되지 않기 때문에 RockStar의 dealloc 메소드에 있던 [band release] 명령문은 삭제해야 한다. 결국 고리는 끊어지며 오브젝트는 이제 dealloc될 수 있다.

    오브젝트가 다른 오브젝트를 retain하지 않고 참조하는 것을 약한 참조라고 한다. 이와는 달리, 자신의 인스턴스 변수에 있는 오브젝트를 retain하는 보통의 경우를 강한 참조라고 한다. 약한 참조를 사용하여 오브젝트를 다루는 코드를 작성할 때는 조심해야 한다. Band 오브젝트가 dealloc되면 인스턴스 변수 leadSinger에 들어있던

RockStar 오브젝트에 대한 소유권을 포기하게 되는데, Band 오브젝트가 dealloc된 다음에도 RockStar 오브젝트가 계속해서 존재하게 되는 경우도 있기 때문에(또 다른 오브젝트가 RockStar 오브젝트를 소유하는 경우), Band의 dealloc 메소드에는 RockStar의 인스턴스 변수 band 값을 nil로 만들어주는 코드를 다음과 같이 추가해야 한다.

```
- (void) dealloc
{
  [leadSinger setBand: nil];
  [leadSinger release];

  ...

  [super dealloc];
}
```

RockStar의 인스턴스 변수 band 값을 nil로 만들어줌으로써 RockStar가 dealloc된 오브젝트를 사용하는 것을 방지한다.

오브젝티브-C는 retain cycle을 자동으로 탐지하는 기능이 없기 때문에 retain cycle을 막기 위해서는 신중하게 코딩하는 수밖에 없다. 즉, 자신이 디자인하는 클래스에 대한 구조를 명확히 파악하여 retain cycle이 일어나지 않도록 해야 한다. 많은 경우 한 쌍의 오브젝트를 하나는 주 오브젝트 또는 부모 오브젝트로 지정하고 나머지 오브젝트는 부 오브젝트 또는 자식 오브젝트로 지정하여 retain cycle가 생기지 않도록 한다. 예를 들어, 주 오브젝트(앞의 예에서는 Band)는 부 오브젝트(RockStar)를 retain할 수 있으나 부 오브젝트는 주 오브젝트를 retain하지 못하도록 규칙을 정한다. 그리고 주 오브젝트가 dealloc되면 반드시 부 오브젝트를 release시키는 동시에 부 오브젝트가 갖고 있던 주 오브젝트의 약한 참조를 nil로 설정한다.

많은 Cocoa 클래스가 delegate 오브젝트를 보유하는데, 이를 통해 오브젝트가 delegate를 retain하지 않도록 하여 retain cycle을 피한다.

마지막 인사: 프로그램이 종료하는 시기

프로그램이 종료할 때 프로그램이 사용하던 시스템 자원은 운영체제에 의해 회수된다. 사용하던 가상 메모리도 회수되어 운영체제의 free 리스트로 등록된다. 메모리 release를 잊어버린 대가로 남아있던 누수 공간도 프로그램 종료와 함께 사라진다. 이러한 이유로 인해 프로그램이 종료하는 시점에는 dealloc 메소드가 동작하지 않는다. 어차피 모든 것이 사라지기 때문에 오브젝트를 쫓아다니며 일일이 release시킬 필요가 없는 것이다. 그러나 이로 인해 새로운 함정이 생긴다. 만약 dealloc 메소드 안에 별도의 작업을 넣었다면 프로그램이 종료할 때는 동작하지 않는다는 것이다.

예를 들어보자. 프로그램의 상태정보를 유지하기 위하여 프로그램이 끝날 때 그 내용을 파일에 저장하는 코드를 작성한다고 가정하자. 이때, 파일에 저장하는 코드를 dealloc 메소드에 넣는다면 이 코드는 실행되지 못할 것이다.

Mac OS X의 AppKit과 iPhone의 UIKit은 이러한 상황을 처리할 수 있는 기법을 제공한다. 둘 다 애플리케이션을 대표하는 오브젝트(각각 `NSApplication`과 `UIApplication`)를 제공하는데, 애플리케이션 오브젝트는 개발자가 직접 정의하고 생성하는 오브젝트를 애플리케이션 오브젝트의 delegate로서 등록할 수 있도록 한다. 그래서 애플리케이션이 종료하려고 할 때 애플리케이션 오브젝트는 delegate에 `applicationWillTerminate:` 메시지를 보낸다. 그러면 delegate 오브젝트는 자신의 `applicationWillTerminate:` 메소드에 각종 정리 작업을 넣어 마무리를 잘 할 수 있도록 한다.

GUI가 아닌 Foundation 프로그램을 작성하는 경우에는 단순히 `main` 루틴의 `return`문 전에 정리 작업을 하면 된다.

몇몇 프로그래머는 전체 프로그램 실행 시간 동안 아예 dealloc 메소드를 사용하지 않기도 한다. GUI 애플리케이션의 inspector 패널 오브젝트가 이에 해당한다. 하지만 dealloc 메소드를 생략하는 것은 좋지 않은 습관이다. 만일 오브젝트가 다른 오브젝트를 붙잡을 때마다 dealloc 메소드를 제공하는 습관을 갖는다면, dealloc이 필요한 곳에 dealloc을 넣는 것을 잊어버리는 일은 거의 없을 것이다. 그리고 이러한 습관으로 작성한 다른 프로그램에서 프로그램 실행 시간 내내 지속하지 않는 오브젝트를 사용하는 코드를 재사용한다면 dealloc 역시 적절히 배치되었을 것이다.

정리

오브젝티브-C의 레퍼런스 카운팅 메모리 관리 시스템의 핵심 사항은 다음과 같다.

- 오브젝트의 레퍼런스 카운트는 자신을 사용하는 오브젝트의 개수이며, 그 값은 실시간으로 반영된다. 레퍼런스 카운트는 오브젝트를 소유자의 수로 종종 표현되기도 한다.
- 오브젝트는 생성되면서 레퍼런스 카운트 값으로 1을 갖는다.
- 오브젝트에 retain 메시지를 보내면 레퍼런스 카운트 값이 1 증가한다.
- 오브젝트에 release 메시지를 보내면 레퍼런스 카운트 값이 1 감소한다.
- autorelease 메시지는 당장은 아무런 효과가 없지만, 나중에 한꺼번에 release 하기 위해 정리해 놓는다.
- 오브젝트의 레퍼런스 카운트 값이 0이 되면 오브젝트는 dealloc된다.

레퍼런스 카운팅은 메모리를 관리하는 효과적인 방법이지만 따라야 하는 규칙이 있다.

- 메소드 이름이 "alloc"이나 "new"로 시작하거나 이름 중간에 "copy"가 들어있는 메소드로부터 받은 오브젝트에 대해서만 오브젝트를 소유할 수 있다.
- 다른 메소드로부터 받은 오브젝트는 소유권이 없다. 또한 오브젝트는 autorelease되었을 가능성이 높기 때문에 굳이 신경쓰지 않아도 된다. 오브젝트를 소유하지 않았다는 것만 알고 있으면 된다.
- 오브젝트에 retain 메시지를 보내어 오브젝트의 소유권을 획득할 수 있다.
- 소유하고 있는 오브젝트를 다 사용하였다면 반드시 release 또는 autorelease 메시지를 오브젝트에 보내 소유권을 없애야 한다. 반대로 소유권을 갖지 않은 오브젝트에 대해서는 절대로 release 또는 autorelease 메시지를 보내서는 안된다.

아울러, 부가적인 규칙도 있다.

- 생성 메소드가 아닌 메소드로부터 받아 자신의 인스턴스 변수에 저장한 오브젝트를 계속해서 사용하고 싶다면 반드시 소유권을 획득해야 한다(약한 참조는 예외).
- 자신의 인스턴스 변수에 소유권을 획득한 오브젝트를 갖고 있다면, 오브젝트를 소유하고 있는 오브젝트에 대해 반드시 dealloc 메소드를 만들어 자신이 dealloc될 때 소유하고 있던 오브젝트에도 release 메시지를 보낼 수 있도록 해야 한다.

연습 문제

1. 오브젝트를 생성하고 retain 메시지를 보낸 다음 연속해서 두 개의 release 메시지를 보내 생성과 retain에 대한 균형을 맞추는 프로그램을 작성해보자.
   - retainCount 메소드를 사용하여 오브젝트의 레퍼런스 카운트 값을 로깅한다. 로그를 남기는 위치는 오브젝트 생성 직후, retain 메시지 사용 직후, 첫 번째 release 메시지 사용 직후이다. 예상한 것과 결과가 일치하는지 확인한다.
   - 두 번째 release 메시지를 보낸 다음에 오브젝트의 레퍼런스 카운트를 확인하는 것은 왜 좋지 않을까?

   이번 장 본문에서 설명한 것과는 달리 retainCount는 연습문제를 위해 사용하였다. 실전에서는 디버깅 시 큰 도움이 되지 않는다.

2. Autorelease 순서 연습
   - release와 dealloc 메소드를 오버라이드하는 클래스를 구현한다. 오버라이드하는 각 메소드에는 현재 메소드가 실행중임을 알려주도록 로깅 코드를 추가한다. 두 메소드 모두 메소드 시작 지점에 NSLog를 놓고 끝 부분에 수퍼클래스 메소드 호출 부분을 넣는다.
   - 방금 구현한 클래스의 인스턴스를 할당한 다음 autorelease하는 간단한 프로그램을 작성한다. autorelease 메시지 앞·뒤로 NSLog를 넣고 뒤에 있는 NSLog 바로 다음에 autorelease pool을 release시킨다. 배치된 로그 구문은 다음 예와 같이 특정 위치에 다다랐음을 알려주도록 한다.

```
NSLog( @"Just before the autorelease." );
```

- 프로그램을 실행한다. 프로그램과 결과에 대해 잘 이해하고 설명할 수도 있어야 한다.

3. Retain cycle 연습
   - RockStar와 Band 클래스의 골격 버전을 리스트 14.3, 14.4, 14.5, 14.6과 같이 작성한다.
   - 두 클래스의 dealloc 메소드에 로그문을 추가한다.
   - RockStar와 Band 오브젝트를 할당시키는 프로그램을 작성한다. Band의 인스턴스 변수 leadSinger에는 RockStar의 오브젝트를, RockStar의 인스턴스 변수 band에는 Band의 오브젝트를 넣는다.
   - 두 오브젝트에 각각 release 메시지를 보내고 두 오브젝트 모두 dealloc되지 않는지 확인한다.
   - RockStar 클래스 코드를 수정하여 인스턴스 변수 band를 약한 참조를 사용하도록 바꾼 다음 프로그램을 실행하여 두 오브젝트가 dealloc되는지 확인한다.

4. 다음 두 줄은 비어 있는 mutable 배열을 생성한다. 두 줄의 차이점은 무엇인가?

```
NSMutableArray *ar1 = [[NSMutableArray alloc] init];
NSMutableArray *ar2 = [NSMutableArray array];
```

또한 메모리 관리 관점에서는 무엇을 내포하고 있는가? (힌트: 두 질문에 대한 답에는 모두 autorelease가 들어가지 않는다.)

Chapter 15

가비지 컬렉션

LEARNING OBJECTIVE-C 2.0

보통의 오브젝티브-C 프로그램의 실행은 새로운 오브젝트 할당의 연속이라고 해도 과언이 아니다. 하지만 대부분의 오브젝트는 오직 잠시 사용될 목적으로만 생성되기 때문에 굳이 프로그램이 끝날때까지 유지할 필요가 없다. 만약에 프로그램이 필요 없는 오브젝트를 계속 반납하지 않는다면 프로그램의 메모리 사용량은 계속해서 증가할 것이고, 그에 따라 성능저하가 야기될 것이다. 이런 문제를 해결하기 위해 앞 장에서는 메모리 관리를 수동으로 하는 시스템인 레퍼런스 카운팅에 대해 살펴보았다. 이번 장에서는 자동으로 메모리 관리를 하는 가비지 컬렉션에 대해 다룬다. 가비지 컬렉션은 Mac OS X Leopard(버전 10.5)에 오브젝티브-C에 추가되었으며, iOS에서는 지원하지 않는다.

메모리 관리를 위해 가비지 컬렉션을 사용하면 가비지 컬렉터로 불리는 별도의 쓰레드가 주기적으로 동작한다. 가비지 컬렉터는 프로그램의 메모리를 조사하여 어떤 오브젝트가 사용중인지 아닌지 결정한다.

이번 장에서는 가비지 컬렉션에 대한 이론에 대해 설명한다. 여기에는 오브젝티브-C의 가비지 컬렉터 동작 방법, 오브젝티브-C 프로그램에서의 가비지 컬렉터 사용 방법, 현재 버전의 오브젝티브-C의 가비지 컬렉터의 문제점 등이 포함된다.

가비지 컬렉션: 이론

가비지 컬렉터의 업무는 실행 중인 프로그램에서 더이상 필요하지 않은 오브젝트를 찾아 `dealloc`시켜 오브젝트가 차지하던 메모리를 힙에 반납하여 재사용하도록 하는 것이다.

가비지 컬렉션은 아주 간단한 개념이다. 사용중이거나 사용중인 오브젝트가 참조하는 것으로 알려진 오브젝트는 "live"로 관리한다. 그리고 나머지 오브젝트는 "garbage"로 관리하여 이것들을 수집한다. 가비지 오브젝트가 차지하던 공간은 다시 힙에 반납된다.

가비지 컬렉터는 root set으로 일컬어지는 초기 오브젝트 세트와 함께 시작한다. Root set에 있는 오브젝트는 기본적으로 사용중인 오브젝트로 인식되는데, 그 이유는 스택에 있는 변수에 있거나 혹은 extern 변수에 있는 오브젝트이기 때문이다. 그런 다음, 컬렉터는 모든 연결관계를 샅샅이 분석한다. 먼저 root set을 live로 표시한 다음 root set이 참조하는 오브젝트를 live로 표시한다. 이런식으로 root set부터 시작하는 연결고리가 끝날 때까지 해당되는 모든 오브젝트를 live로 표시한다. 마지막으로 live로 표시되지 않은 모든 오브젝트를 dealloc시키면서 메모리를 정리한다.

그림 15.1은 컬렉션 사이클이 시작할 때의 프로그램의 메모리에 있는 오브젝트의 연결 관계 예시이다. 오브젝트와 오브젝트를 연결하는 화살표는 참조관계를 나타낸다. 즉, 앞에 있는 오브젝트가 뒤에 있는 오브젝트를 참조한다(뒤에 있는 오브젝트의 포인터를 갖는다). 오브젝트 A는 extern 변수에 들어 있으며, 오브젝트 B, C는 스택 변수에 들어있다. 이 예에서는 이 세 오브젝트가 root set이 된다. 오브젝트 D, E, F, I, J는 root set에 있는 오브젝트로부터 시작하는 참조 연결고리에 포함되기 때문에 모두 live로 표시된다. 그리고 나머지 오브젝트 G, H, K, L은 garbage로 표시되어 나중에 수집된다. 오브젝트 K의 경우 다른 오브젝트 H가 참조하고 있음에도 불구하고 가비지로 처리되는 것을 기억해야 한다. 두 오브젝트(H, K)는 모두 root set에 연결되지 못한다.

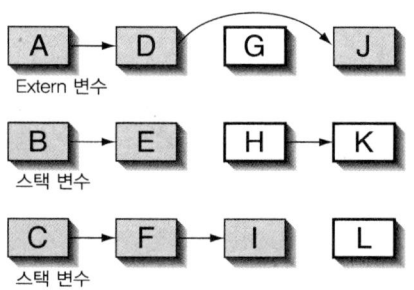

| 그림 15.1 | Root set으로부터 시작되는 연결관계

가비지 컬렉션은 retain cycle 문제도 해결한다. Chapter 14에서 이미 언급한 것처럼 레퍼런스 카운팅 시스템에서는 두 개 이상의 오브젝트가 순환하는 형태로 retain 되어 외부 오브젝트의 retain이 없더라도 retain cycle 내부 오브젝트의 레퍼런스 카운트 값이 0으로 떨어지지 않는다는 문제가 있다. 그러나 그림 15.2에서 볼 수 있듯이

가비지 컬렉션에서는 이러한 retain cycle은 문제가 되지 않는다.

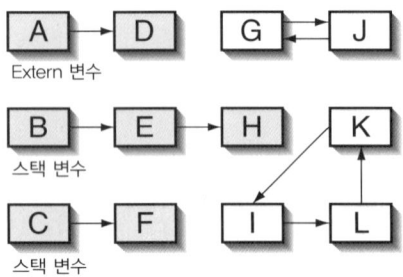

| 그림 15.2 | Retain cycle

오브젝트 G와 J는 서로 독립적으로 참조하고 있으며 오브젝트 I, K, L은 순환형태로 참조하고 있다. 하지만 다섯 개 오브젝트 모두 root set과의 연결고리는 없기 때문에 garbage로 표시되어 나중에 수집된다.

가비지 컬렉션: 실전

오브젝티브-C에 구현되어 있는 실제 가비지 컬렉션은 앞에서 설명한 것과 같이 가비지 컬렉터가 단순히 표시하고 수거하는 수준보다 훨씬 복잡하고 정교하게 디자인되어 있다. 또한 실전에서 사용되는 가비지 컬렉터는 세대별(generational) 가비지 컬렉터의 대표적인 예이기도 하다.

대부분의 프로그램에서 새로 할당된 오브젝트는 잠시동안 사용되거나 지속적으로 사용된다. 이때, 세대별 컬렉터는 가장 최근에 할당된 부분이 가장 먼저 가비지가 될 가능성이 높다고 예상하여 가장 최근에 할당된 부분을 먼저 조사한다.

이렇게 하기 위해 가비지 컬렉터는 차수 단위로 할당된 오브젝트를 나눈다. 즉, 가비지 컬렉터가 세대 분리를 시작할 때 새로운 세대와 이전 세대를 구분하기 위한 write barrier를 놓는다(그림 15.3).

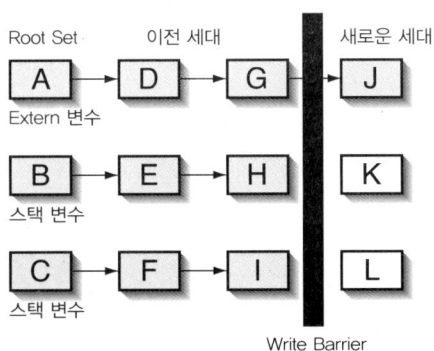

| 그림 15.3 | 컬렉터의 세대 분리

이전 세대에 해당하는 오브젝트의 인스턴스 변수가 새로운 세대에 해당하는 오브젝트로 포인터를 지정하면(참조하면), write barrier는 이를 파악하여 이전 세대의 오브젝트 쪽으로 포인터 지정에 대해 기록한다. 그림 15.3에서 오브젝트 J의 포인터를 오브젝트 G에 넣는데, 이때 write barrier는 오브젝트 G를 표시한다. 그러면 컬렉터는 write barrier에 의해 표시된 오브젝트를 임시 root set으로 간주하고 새로운 세대에 해당하는 오브젝트만 조사하는 부분수집을 할 수 있게 된다. 부분수집이 끝나면 새로운 세대에 해당하는 오브젝트 중 live로 표시된 오브젝트를 이전 세대로 편입시켜 새로운 세대가 비어있도록 만든다. 부분수집은 컬렉터가 제어하는 전체 메모리를 조사하는 전체수집에 비해 속도가 월등히 빠르다.

 Write barrier라는 표현은 오해를 부를 수 있는데, write barrier는 절대로 지정문에서 지정하는 것을 막거나 하지 않는다. 다만 write barrier를 통과하는 포인터 지정문에 대해 기록할 뿐이다.

강한 참조/약한 참조

Chapter 14에서 이미 강한 참조와 약한 참조를 소개한 바 있다. 레퍼런스 카운팅에서 오브젝트가 다른 오브젝트를 retain할 때를 가리켜 강한 참조라고 한다. 강한 참조를 통해 retain된 오브젝트는 자신을 retain한 오브젝트가 사용을 마치고 자신을 release시킬 때까지 존재할 수 있음을 보장받는다. 반대로 약한 참조는 retain 없이 오브젝트가 다른 오브젝트를 참조하는 것을 말한다. 약한 참조는 retain cycle이 일어나지 않도록 방지하기 위하여 사용되며, 참조되는 오브젝트가 갑자기 사라져도 참조하는 오브젝트에 영향이 미치지 않는 캐시와 같은 모델에서도 약한 참조가 사용된다.

가비지 컬렉터 역시 강한 참조와 약한 참조를 구분한다. 즉, 컬렉터는 강한 참조만 조사한다. 가비지 컬렉션 하에서는 단순히 오브젝트를 참조하는 포인터를 저장하는 것만으로도 강한 참조로 간주한다. 그래서 오브젝트가 살아있다면(root set에서부터 연결이 가능), 그 오브젝트가 지니고 있는 모든 포인터에 해당하는 오브젝트도 live로 표시된다. 그러면 약한 참조는 어떻게 만들어지는가? 약한 참조, 즉 컬렉터가 live로 표시하지 않을 참조를 만들기 위해서는 약한 참조를 사용한다는 것을 변수에 표시해야 하는데, 이를 위해 사용되는 키워드가 __weak이다. __weak 키워드는 선언문에서 자유로이 사용할 수 있다.

```
__weak  SomeClass *anInstance;
SomeClass __weak *anInstance2;  // 똑같음
SomeClass * __weak anInstance3;  // 똑같음
```

컬렉터가 __weak로 선언된 변수에 들어있는 오브젝트를 수집할 때, 변수값을 nil로 지정하여 더이상 수집된 오브젝트가 있던 영역을 참조하지 못하도록 막는다.

가비지 컬렉션 사용

오브젝티브-C의 가비지 컬렉터를 사용하는 것은 간단하다. 그냥 알맞은 플래그를 gcc에 전해주기만 하면 된다. Xcode를 사용하는 경우에는 그림 15.4와 같이 [TARGETS]-[Build Settings]에서 설정할 수 있다.

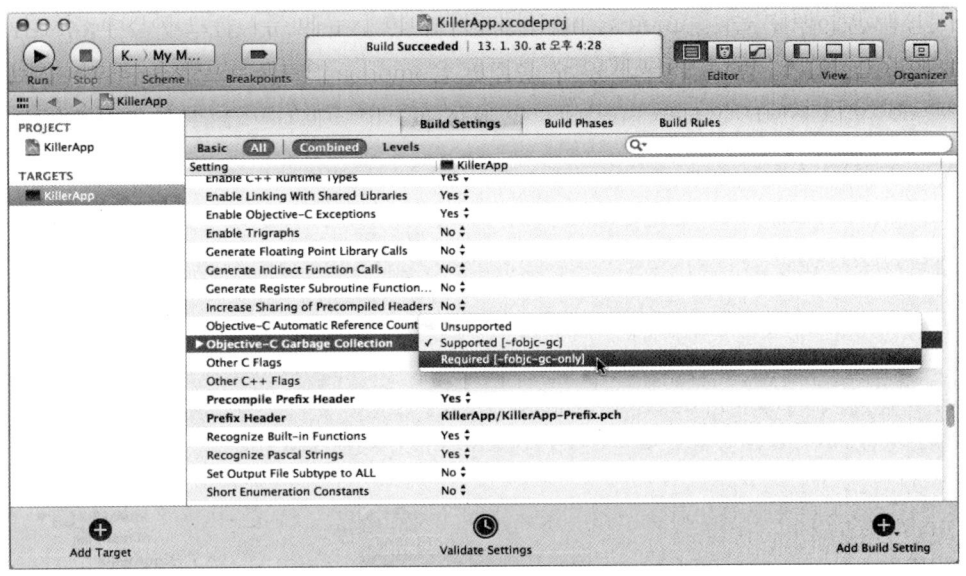

| 그림 15.4 | Xcode에서의 가비지 컬렉션 활성화

사용하는 플래그의 종류는 다음과 같다.

- 플래그 없음: `retain/release`를 통한 레퍼런스 카운팅 시스템을 사용하도록 컴파일하며 가비지 컬렉션을 사용하는 코드는 링크되거나 로드되지 못한다.
- `-fobjc-gc-only`: 가비지 컬렉션만 사용하며 `retain/release`를 사용하지 않는다. 레퍼런스 카운팅을 사용하는 코드는 링크되거나 로드되지 못한다.
- `-fobjc-gc`: 레퍼런스 카운팅과 가비지 컬렉션을 모두 사용한다. 프레임워크를 만들 때는 일반적으로 두 가지 메모리 관리 모델을 모두 지원하도록 하여 가비지 컬렉션을 사용하는 코드와 사용하지 않는 코드 모두 링크되도록 한다. 그러나 두 가지 모두 지원하는 코드를 작성하는 것은 매우 어렵기 때문에 프레임워크와 같은 코드를 작성하는 것이 아닌 이상 한 가지만 지원하는 코드를 작성하는 것이 좋다. 두 가지 모드를 모두 지원하는 코드가 가비지 컬렉션만을 사용하는 코드에 로드되면 `retain`, `release`, `autorelease`, `retainCount`, `dealloc`은 모두 무시된다. 즉, 이 메시지들은 모두 receiver에 전달되지 않는다.

가비지 컬렉션을 지원하는 코드를 만들거나 지원하지 않는 코드를 만들거나 선택할 수는 있지만, 최종 프로그램은 반드시 둘 중 하나만 선택하여 컴파일하고 링크해야 한다. 두 가지를 모두 지원하는 실행파일을 만들지 못할 뿐만 아니라, 일부는 가비지 컬렉션을 지원하고 나머지는 그렇지 않은 실행파일도 만들 수 없다.

가비지 컬렉터는 별도의 쓰레드로 동작한다. GUI 프로그램의 경우 AppKit이 가비지 컬렉터 쓰레드를 동작시키며, Foundation 명령 줄 프로그램의 경우에는 objc/objc-auto.h 헤더 파일을 직접 import하고 Foundation 함수 `objc_startCollectorThread()`를 직접 실행시켜야만 한다.

```
#import <Foundation/Foundation.h>
#import <objc/objc-auto.h>

int main ( void )
{
  objc_startCollectorThread();

  ...

  return 0;
}
```

가비지 컬렉션 발생 시기 제어

가비지 컬렉터는 자동으로 동작한다. 그리고 스스로 메모리 사용량을 살펴보면서 언제 자체 알고리즘을 작동할지 결정한다. 그러나 프로그래머가 프로그램 로직을 이미 잘 알고 있어서 가비지 오브젝트가 많이 생기는 시점을 판단할 수 있다면 직접 가비지 수집을 요청하여 수집 효율을 높일 수 있다.

컬렉터에 접근할 수 있도록 Foundation 프레임워크는 싱글톤 클래스 `NSGarbageCollector`를 제공한다.

```
NSGarbageCollector *collector = [NSGarbageCollector defaultCollector];
```

가비지 오브젝트가 많이 발생하는 시점이 되었을 때 `collectIfNeeded` 메소드를 사용하여 컬렉터에게 알려줄 수 있다.

```
[collector collectIfNeeded];
```

예를 들어, document 기반 애플리케이션에서 document가 종료되면서 큰 규모의 가비지 오브젝트가 발생했다면 다음과 같이 컬렉터에 전체 수집을 요청할 수도 있다.

```
[collector collectExhaustively];
```

컬렉터 쓰레드가 수집하는 동안 해당 영역을 사용하는 쓰레드는 동작하지 못하고 멈추게 된다. 그래서 만일 리얼 타임(real-time)으로 동작해야 하는 코드가 컬렉터로 인한 방해를 받지 않기를 원하는 경우에는 컬렉터를 잠시 비활성화시킬 수 있다.

```
[collector disable];
[collector enable];
```

컬렉터가 비활성화 상태일 때는 가능한 오브젝트 생성을 피하고 위험지역을 벗어난 다음에는 반드시 컬렉터를 활성화시켜야 한다.

Finalizer

가비지 컬렉션을 위해 디자인된 클래스와 레퍼런스 카운팅을 위해 디자인된 클래스 간에는 중요한 차이점이 한 가지 있다. 레퍼런스 카운팅을 사용할 때 오브젝트는 dealloc 메소드를 가지고 있다가 오브젝트의 레퍼런스 카운트 값이 0이 되는 순간 dealloc을 호출한다. 보통 dealloc 메소드는 사라지는 오브젝트가 retain했던 오브젝트를 release시킨다. 오브젝티브-C 프로그래머는 dealloc을 사용하여 오브젝트가 dealloc되기 전에 필요한 정리 작업을 진행한다. 이러한 작업에는 malloc된 메모리 블록이나 파일 descriptor를 release하거나 네트워크 connection을 닫는 것 등이 있다. 가비지 컬렉션을 사용할 때는 dealloc 메소드를 사용하지 않는다. (만약

dealloc 메소드를 보유하는 클래스를 가비지 컬렉션 기반 프로그램에서 사용할 경우, dealloc 메소드는 절대 호출되지 않는다.)

 dealloc을 사용하는 dealloc에 대해 오해하지 않기를 바란다. Dealloc 작업은 오브젝트가 사용하던 메모리 공간을 힙에 반납하는 과정이다. 이 과정은 레퍼런스 카운팅을 사용하든 가비지 컬렉션을 사용하든 동일하게 이루어진다. 그리고 dealloc은 레퍼런스 카운팅 환경에서 오브젝트가 dealloc되기 직전에 호출되는 메소드이다.

가비지 컬렉션 환경에서 NSObject는 오브젝트가 dealloc되기 직전에 호출되는 finalize 메소드를 제공한다. 비록 finalize가 dealloc의 아날로그 방식처럼 보이지만, 두 메소드 사이에는 큰 차이가 있다.

- finalize 메소드 입장에서는 사라지는 오브젝트의 인스턴스 변수가 갖고 있던 다른 오브젝트에 대한 참조를 release시킬 필요가 없다. 어떤 오브젝트를 사라지는 오브젝트의 인스턴스 변수만이 유일하게 참조하는 경우에도, 오브젝트가 사라지면서 인스턴스 변수가 참조하던 오브젝트는 더이상 접근이 불가능하게 되어 결국 가비지 컬렉터에 의해 수집될 것이다.
- dealloc 메소드가 호출되는 순서는 결정적이지만 finalize 메소드는 그렇지 않다. 컬렉션 사이클의 마지막에서 컬렉터는 수집된 오브젝트가 dealloc되기 전에 수집된 모든 오브젝트의 finalize 메소드를 호출한다. 그래서 finalize 메소드가 호출되는 순서는 제각각이 될 수밖에 없다.
- 현재 수집 중인 오브젝트 간 finalize 메소드를 통해 서로에게 메시지를 보내는 것이 가능하다. 즉, 오브젝트 B의 finalize 메소드가 이미 실행 중임에도 불구하고 오브젝트 A의 finalize 메소드가 오브젝트 B로 메시지를 보내는 것이 가능하다는 것이다. 이것은 유효하지 않은 오브젝트로 메시지를 보낼 가능성을 열어놓는 것이기 때문에 finalize 메소드 내에서는 다른 오브젝트에 메시지를 보내는 것을 최대한 피해야 한다.

그러나 dealloc과 같이 finalize 메소드를 직접 구현하는 경우에는 수퍼클래스 버전을 호출해야 한다는 사실을 기억해야 한다.

```
[super finalize];
```

Apple은 공식적으로 가급적 `finalizer`를 사용하지 않기를 권고한다. 그래서 파일 descriptor나 네트워크 connection 같은 자원을 정리하는 코드를 별도의 `invalidate` 메소드에 구현하여 적당한 지점에서 사용되도록 조언하고 있다. 그러나 레퍼런스 카운트 시스템에서만이 `invalidate` 메소드를 호출할 정확한 시점을 결정할 수 있는 경우에는 이러한 조언이 먹히지 않는다. 그래서 만일 이와 같은 상황에 부딪혔다면 자원을 정리하는 코드를 `finalize` 메소드로 옮겨야 할 것이다.

malloc과 가비지 컬렉션

가비지 컬렉션을 사용할 때 힙은 auto zone과 malloc zone 두 영역으로 나뉜다. 오브젝티브-C의 오브젝트는 가비지 컬렉터가 운용하는 auto zone으로부터 할당받으며, malloc을 사용하여 직접 메모리를 얻을 때는 컬렉터가 알지 못하는 영역인 malloc zone에서 할당받는다. 그렇기 때문에 malloc zone에서 할당받은 메모리는 직접 관리해야 한다. 가령 `malloc`을 사용하여 메모리 블록을 할당받았다면 반드시 `free`를 사용하여 받은 메모리를 해제시켜야 한다.

만일 가비지 컬렉터가 관리하는 영역에서 메모리 블록을 할당받고 싶다면 Foundation 함수 `NSAllocateCollectable`을 사용하면 된다.

```
void *__strong NSAllocateCollectable (
    NSUInteger size,
    NSUInteger options
    );
```

`size`는 할당받고자 하는 메모리의 바이트 크기이며, `options`는 다음의 두 가지 값을 갖는다.

- `options` 값이 0이면 `NSAllocateCollectable` 함수에서 반환된 메모리 블록을 관리하지만 메모리 블록 내부는 살펴보지 않는다. 즉, 가비지 컬렉터가 메모리 블록의 내용을 보지 못하도록 한다. 메모리 블록 자체는 가비지 컬렉터가 관리하지만 그 내용은 관리하지 않는다.
- `options` 값이 상수 값 `NSScannedOption`과 같은 경우, 가비지 컬렉터는 메모리 블록을 관리할 수 있을 뿐만 아니라 그 내용까지도 볼 수 있다.

변수 타입이 오브젝트 타입이 아닌 C 타입인 경우 가비지 컬렉터는 약한 참조를 한다고 본다. 그래서 `NSAllocateCollectable` 함수를 통해 할당받은 메모리 블록이 바로 수집되는 것(왜냐하면 할당받은 메모리 블록은 강한 참조를 하지 않기 때문)을 막기 위해서는 할당받은 메모리 블록에 대한 포인터를 담을 변수를 선언할 때 `__strong` 키워드를 붙여주어야 한다.

```
char * __strong mybytes =
    (void *__strong) NSAllocateCollectable( numBytesRequested, 0 );
```

`__strong`은 `__weak`의 반대 키워드이다. 즉, `__strong`으로 선언된 변수는 강한 참조가 된 것으로 간주한다.

오브젝티브-C의 오브젝트를 참조하는 변수는 `__strong` 키워드를 사용할 필요가 없다. 이런 경우에는 이미 가비지 컬렉터가 이러한 오브젝트 참조를 강한 참조로 인식한다.

Core Foundation 오브젝트와 가비지 컬렉션

Core Foundation 오브젝트는 auto zone(가비지 수집 영역)과 malloc zone(가비지 미수집 영역) 두 군데에서 모두 할당받을 수 있다. 그렇기 때문에 Core Foundation 오브젝트를 생성할 때는 생성 루틴 `CFxxxCreate`의 인수를 사용하여 어떤 영역에서 생성할 것인지를 결정해야 한다. 이러한 인수로 `NULL`, `kCFAllocatorDefault`, `kCFAllocatorSystemDefault`를 사용하면 auto zone에서 생성하며, `kCFAllocator`

MallocZone, kCFAllocatorMalloc을 사용하면 malloc zone에서 생성한다.

Malloc zone에서 할당받은 Core Foundation 오브젝트는 레퍼런스 카운팅에서의 방식과 동일하게 동작한다. 즉, 생성 루틴을 통해 반환되는 오브젝트는 레퍼런스 카운트 값 1을 갖게 되며, 레퍼런스 카운트 값이 0이 되면 바로 dealloc된다.

> **Note** 오브젝티브-C의 메소드 retain과 release와는 달리, Core Foundation 함수 CFRetain과 CFRelease는 가비지 컬렉션 환경에서도 잘 동작한다.

Auto zone에서 할당받은 Core Foundation 오브젝트는 약간 다르게 동작한다. 가비지 컬렉터에 의해 관리됨에도 불구하고 오브젝트는 레퍼런스 카운트 값 1을 가지며 생성된다. 뿐만 아니라 레퍼런스 카운트 값이 1 이상인 동안에는 root 오브젝트와 같이 행동하여 가비지 컬렉터가 수집하지 않는다. 그러다가 레퍼런스 카운트 값이 0이 되어도 오브젝트가 즉시 dealloc되는 것이 아니라 수집 대상이 될 뿐이다. 그래서 다음 번 컬렉터의 수집이 일어날 때 그때 회수된다.

처음부터 Core Foundation 오브젝트를 가비지 컬렉터가 관리하도록 하기 위해서는 CFMakeCollectable 함수를 사용해야 한다.

```
__strong CFMutableArrayRef myCFArray =
    CFMakeCollectable( CFArrayCreateMutable( kCFAllocatorDefault, ...
                     ));
```

CFMakeCollectable은 CFRelease와 비슷하지만 레퍼런스 카운트 값을 줄이기 전에 오브젝트가 auto zone에서 할당받았는지 확인한다. 그리고는 원본 오브젝트의 참조(포인터)를 반환한다. CFMutableArrayRef 같은 Core Foundation 타입은 C 포인터를 typedef한 것이기 때문에 반드시 __strong 키워드를 넣어주어야 한다. __strong 키워드를 넣지 않으면 가비지 컬렉터는 Core Foundation 타입 변수에 대해 약한 참조를 한 것으로 간주한다.

몇 가지 주의사항

C나 오브젝티브-C 같이 포인터를 사용하는 프로그래밍 언어에 가비지 컬렉터를 적용하는 것은 매우 어려운 일이다. 이렇게 힘든 일을 Apple에서 결국 해내고야 말았지만, 여전히 불안 요소는 존재하기 때문에 주의하지 않으면 큰 문제에 빠질 것이다.

AppKit에서의 Opaque 포인터 문제

AppKit의 여러 메소드가 `void*` 타입의 opaque 포인터를 인수 중 하나로 사용한다. 시트를 시작할 때가 바로 이러한 메소드를 활용하는 전형적인 예가 된다. 시트를 동작시키는 메소드는 인수로 시트가 사라질 때 동작하는 "didEnd" 셀렉터와 `void*` 타입의 컨텍스트 오브젝트를 사용하는데, 이때 컨텍스트 오브젝트가 didEnd 셀렉터의 인수로 사용된다. 보통 컨텍스트 오브젝트는 `NSDictionary`가 사용되는데, 시트를 생성하는 오브젝트의 정보를 사용자 입력을 다루는 메소드로 전달하는 데 사용된다.

> **Note** 시트(Sheet)는 윈도우 프레임 상단에서 미끄러지며 내려오는 임시로 사용되는 작은 패널로, 파일 선택같은 작업에 많이 쓰인다.

다음은 간단한 예이다.

```
@implementation SheetController

-(IBAction)showTheSheet:(id)sender
{
  NSDictionary* contextInfo = ...  // callback 메소드에 전달할 정보

  [NSApp     beginSheet: sheetWindow
        modalForWindow: window
         modalDelegate: sheetControllerDelegate
       didEndSelector: @selector(sheetDidEnd:returnCode:contextInfo:);
           contextInfo: (void *) contextInfo];
}
@end


@implementation SheetControllerDelegate
```

```
- (void)sheetDidEnd:(NSWindow *)sheet
        returnCode:(int)returnCode
        contextInfo:(void *)contextObject
{
  // contextObject를 사용하여 작업 진행
  ...
}
@end
```

사용자가 시트를 사용하는 메뉴 아이템을 선택하면 `showTheSheet:` 메소드가 호출된다. `showTheSheet:` 메소드는 다시 NSApplication 메소드 `beginSheet:modalForWindow:modalDelegate:didEndSelector:contextInfo:` 메소드를 호출하여 화면에 시트를 보여주고 메소드는 끝난다.

사용자가 시트 사용을 끝내면 `sheetDidEnd:returnCode:contextInfo:` 메소드가 `contextInfo` 인수로 컨텍스트 오브젝트를 사용하여 동작하게 된다. 이러한 메소드 동작을 그림 15.5에서 시간을 기준으로 보여주고 있다.

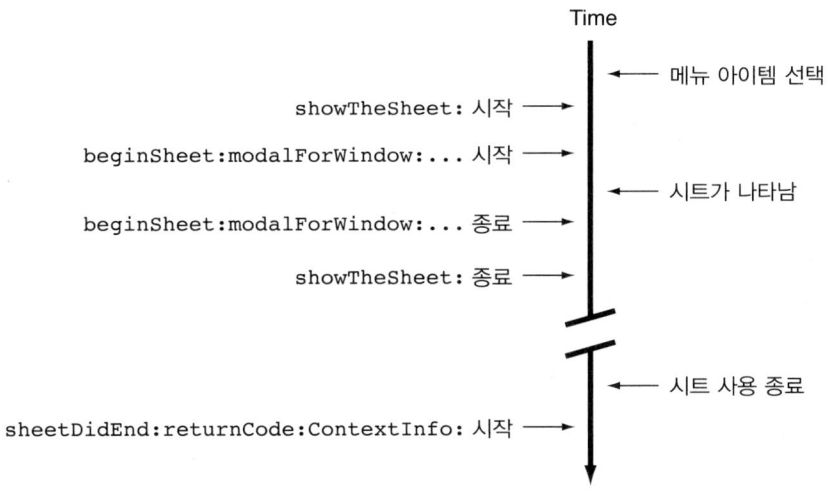

| 그림 15.5 | 시트의 생성과 소멸

문제는 AppKit이 컨텍스트 오브젝트를 void* 타입으로 저장한다는 것이다. 가비지 컬렉터는 void* 타입을 약한 참조로 간주하기 때문에, 가비지 컬렉터 쓰레드가

showTheSheet: 메소드가 끝나고 sheetDidEnd:returnCode:contextInfo: 메소드가 시작하기 전에 동작해버리면 컨텍스트 오브젝트는 garbage로 표시되어 수집될 것이다. 이렇게 되면 sheetDidEnd:returnCode:contextInfo: 메소드에 유효하지 않은 오브젝트가 인수로 전달되어 crash를 일으키는 원인으로 작용한다.

> **Note** 매번 crash가 일어나는 것은 아니다. 앞에서 제시한 코드는 사용자의 관점에 따라 다양하게 동작할 수 있기 때문에 가비지 컬렉터 쓰레드의 동작 시점에 따라 crash의 발생 여부가 결정된다.

해결방법은 조금 놀랍다. 왜냐하면 오브젝티브-C 오브젝트에 대해 레퍼런스 카운트가 여전히 동작하고 있기 때문이다. 가비지 컬렉션 환경에서는 retain과 release가 아무런 일을 하지 않는다고 했지만 Core Foundation 함수 CFRetain과 CFRelease는 오브젝티브-C 오브젝트를 마치 Core Foundation 오브젝트처럼 동작시킨다. 다음을 보자.

```
CFRetain(contextObject);
```

위 코드는 contextObject의 레퍼런스 카운트를 하나 증가시켜 가비지 컬렉터가 수집하지 못하게 한다. 그리고 오브젝트 사용이 끝나면 다음 코드에서와 같이 CFRelease 함수를 호출하여 CFRetain과의 균형을 맞춘다.

```
@implementation SheetController

-(IBAction)showTheSheet:(id)action
{
  NSDictionary* contextObject = ...   // callback 메소드에 전달할 정보

  CFRetain(contextObject);

  [NSApp    beginSheet: sheetWindow
          modalForWindow: window
          modalDelegate: sheetControllerDelegate
          didEndSelector: @selector(sheetDidEnd:returnCode:contextInfo:);
          contextInfo: (void *) contextObject];
}
@end
```

```
@implementation SheetControllerDelegate

- (void)sheetDidEnd:(NSWindow *)sheet
        returnCode:(int)returnCode
        contextInfo:(void *)contextObject
{
  // contextObject를 사용하여 작업 진행
  ...
  // contextObject 사용 끝
  CFRelease(contextObject );

}
@end
```

인테리어 포인터

NSData, NSMutableData, NSBitmapImageRep(비트맵 이미지를 다루는 AppKit 오브젝트) 등과 같은 오브젝트는 인테리어 포인터(interior pointer)를 반환하는 메소드를 갖는다. 인테리어 포인터는 순수 C 포인터로, 오브젝트가 갖고 있는 데이터에 접근할 때 사용된다. 다음 코드는 NSMutableData 오브젝트에 싸여 있는 바이트 데이터를 가리키는 포인터를 반환한다.

```
NSMutableData *mutableData = ...
char *bytes = [mutableData mutableBytes];
```

인테리어 포인터를 사용하면 컴파일러의 최적화로 인해 가비지 컬렉션이 제대로 동작하지 못하는 상황이 발생한다. 다음 코드를 살펴보자.

```
NSMutableData *mutableData = ...
char *mutableBytes = [mutableData mutableBytes];
NSUInteger length = [mutableData length];
while ( length )
  {
    // mutableBytes 사용 부분

    length--;
  }
...
```

위 코드를 gcc 같이 최적화를 곁들이는 컴파일러를 통해 컴파일하고 실행하면, 데이터에 이상이 생기거나 심한 경우 crash가 일어난다. 하지만 얼핏 보기에는 무엇이 문제인지 찾기가 어렵다. mutableBytes는 mutableData로부터 얻은 유효한 포인터이다. 그리고 mutableData는 스택 변수로 root 오브젝트에 해당하기 때문에 수집되지 않는다. 그러나 의외의 곳에서 문제가 생긴다. 컴파일러의 최적화 알고리즘이 너무 좋아지는 바람에 mutableData가 다음 줄 이후에는 사용되지 않는다고 판단해 버린다.

```
NSUInteger length = [mutableData length];
```

mutableData가 더이상 필요하지 않다고 컴파일러가 판단하는 바람에(컴파일러는 mutableByte와 mutableData의 관계를 이해하지 못한다), 컴파일러는 다른 변수가 활용할 수 있도록 mutableData를 스택 영역에서 제외시킨다(즉, mutableData가 들어있던 스택 주소를 다른 변수가 사용할 수 있도록 하여 스택 영역을 절약한다). 그래서 while 루프를 도는 동안 가비지 컬렉터가 깨어나면 mutableData가 더이상 강한 참조를 하지 않는다는 것을 파악하고는 mutableData를 수집해 버린다. 그렇게 되면 mutableBytes는 더이상 유효하지 않게 된다.

이러한 상황을 막기 위해서는 while 루프 이후에서 mutableData에 메시지를 (아무거나) 보내면 된다.

```
NSMutableData *mutableData = ...
char *mutableBytes = [mutableData mutableBytes];
NSUInteger length = [mutableData length];
while ( length )
  {
    // mutableBytes 사용 부분

    length--;
  }
[mutableData self];
...
```

[mutableData self]는 정말로 아무것도 하지 않는다. 그냥 mutableData의 포인터를 반환할 뿐이다. 그러나 이 덕분에 컴파일러가 while 루프까지는 mutableData를

스택 영역에서 제외하는 것을 막을 수 있다.

잘못된 Root 오브젝트 선정

한 가지 더 주의할 점은 가비지 컬렉터가 스택이 만들어지는 방법에 따라 끝나는 지점을 정확히 파악하지 못한다는 것이다. 가비지 컬렉터는 메모리 누수를 피하기 위해 위험에 집착한 나머지 오브젝트를 찾기 위해 스택 영역의 끝까지 뒤진다. 만일 가비지 컬렉터가 이전 함수 호출에 의해 스택 영역에 남겨진 (필요 없는) 오브젝트를 발견한다면 이러한 오브젝트는 잘못된 root로 선택된다. 결국 가비지 컬렉터는 더이상 사용할 일이 없는 오브젝트를 root 오브젝트로 인식하여 프로그램이 끝날 때까지 수집하지 않게 된다. 이를 막기 위해 다음과 같이 스택에서 더이상 사용하지 않는 부분을 0으로 채우는 함수를 사용한다.

```
objc_clear_stack(OBJC_CLEAR_RESIDENT_STACK);
```

GUI 프로그램을 작성하는 경우에는 이러한 문제를 걱정할 필요가 없다. 왜냐하면 AppKit이 주기적으로 `objc_clear_stack`을 호출하도록 배치하기 때문이다. 그렇지만 Foundation 프로그램을 작성하는 경우에는 중간중간에 직접 `objc_clear_stack` 함수를 넣게 될 것이다.

가비지 컬렉션의 장단점

가비지 컬렉션 사용은 필수가 아니라 선택사항이다. 여기에서는 가비지 컬렉션을 사용할 것인지를 결정하는 데 참고할 만한 내용에 대해 설명한다.

장점

가비지 컬렉션의 장점 중 가장 중요한 것은 오브젝트 소유권 규칙(오브젝트를 생성하고 `retain`한 만큼 `release` 또는 `autorelease`시켜 균형을 맞추는 것)에서 자유로워진다는 것이다. 즉, 코드를 적게 입력할 수 있으며, 메모리 누수나 유효하지 않은 포인터를 참조할 가능성도 현저하게 줄어든다. 또한 retain cycle에 대해서도 고민할 필요가 없다. 서로 간에 복잡하게 참조하는 오브젝트들이라도 root 오브젝트와의 연결고리가 없으면 모두 가비지로 수집된다.

가비지 컬렉션은 다중 쓰레드 코드도 간단하게 만들어준다. 왜냐하면 `retain`이나 `release`를 사용하지 않기 때문에 atomic accessor 코드는 lock이 필요없는 단순 지정문으로 바꿀 수 있다.

단점

가비지 컬렉션은 몇 가지 잠재적인 단점을 가지고 있다. 가비지 컬렉터는 어쨌거나 일(오브젝트의 가비지 여부를 결정)을 하기 때문에, 가비지 컬렉션을 사용하는 프로그램은 더 많은 CPU 사이클을 소비한다. 전체 수집의 경우 모든 오브젝트를 대상으로 동작하기 때문에 페이지 단위로 작업을 할 수도 있다. 이런 식으로 페이징 작업을 하게 되면 가비지 컬렉션을 사용하지 않는 프로그램에 비해 비효율적으로 페이지를 사용할 수 밖에 없다.

반복 회수가 많은 루프 내에서 다량의 오브젝트를 할당하는 경우에는 할당 빈도가 가비지 컬렉터가 동작하는 빈도를 훌쩍 넘는 상황이 발생할 수도 있는데, 이렇게 되면 프로그램의 메모리 사용량은 비정상적으로 증가하게 되어 전체 시스템 성능을 떨어뜨릴 것이다. 레퍼런스 카운팅을 사용하는 프로그램은 별도의 autorelease pool을 사용하여 직접 메모리를 관리함으로써 이와 같은 문제를 피할 수 있다.

그리고 가비지 컬렉터가 별도의 쓰레드로 동작한다는 점을 들 수 있다. 이로 인해 단순 프로그램조차 다중 쓰레드 프로그램으로 바꾸어버린다. 물론 가비지 컬렉션은 자동으로 동작하지만 코딩으로서 직접 알려주어야 하는 부분이 일부 존재하는 것이 사실이다. 그래서 만일 이렇게 직접 작성하는 부분에서 실수라도 한다면 불규칙한 오류로 인해 버그를 고치기가 매우 어려워질 것이다.

정말 가비지 컬렉션이 필요할까?

정말 어려운 문제이다. 하지만 몇 가지 사항을 고려할 수는 있다.

- Apple은 새로운 Mac OS X 프로그램을 작성할 때 가비지 컬렉션을 사용할 것을 프로그래머에게 독려하고 있다. 가비지 컬렉션을 사용하면 더 쉽게 프로그램을 작성할 수 있을 뿐만 아니라 retain/release 균형 및 retain cycle과 같은 문제에서 벗어날 수 있다.
- 레퍼런스 카운팅을 사용하는 프로그램을 가비지 컬렉션으로 바꾸는 것은 그리 좋은 생각은 아니다. 왜냐하면 디자인 패턴 관점에서 보았을 때 두 가지 메모리 기법의 차이점이 존재하기 때문이다(예: dealloc과 finalize의 차이). 이로 인해 고쳐야 하는 코드량이 제법 많을 뿐만 아니라 새로운 버그가 생길 가능성도 높아진다.
- 일정하고 예측 가능한 성능을 내는 것이 매우 중요한 애플리케이션(예: 오디오 애플리케이션 또는 준(準) 리얼타임(real-time) 애플리케이션)에서는 가비지 컬렉션이 문제가 될 수 있다. 이러한 경우에는 테스트 프로그램을 작성하여 가비지 컬렉션이 요구되는 성능을 저해하는지 먼저 확인하는 것이 좋다.
- 가비지 컬렉션은 오브젝티브-C에 늦게 추가된 기능 중 하나로 아직도 다듬어지는 중이다. 이 책을 쓰는 동안에도 버그와 문제가 되는 상황이 나타나고 있다. 그렇기 때문에 개발과 관련된 최신 내용을 참조해야 한다.
- 어떤 경우에는 가비지 컬렉션을 사용할 수 없다. 예를 들면, 레퍼런스 카운팅 시스템을 사용하는 프로그램을 수정하는 경우에는 가비지 컬렉션을 사용할 수 없다. 왜냐하면 하나의 프로그램에 레퍼런스 카운팅과 가비지 컬렉션을 동시에 사용할 수 없기 때문이다. 또한 iOS는 아직 가비지 컬렉션을 지원하지 않기 때문에 iOS 프로그래밍을 하기 위해서는 가비지 컬렉션을 사용할 수 없다.

정리

가비지 컬렉션은 메모리 관리 절차를 자동으로 수행한다. 그래서 `retain`, `release`, `autorelease`를 사용하여 오브젝트의 생존시간을 결정하는 대신 가비지 컬렉터가 알아서 사용하지 않는 오브젝트를 찾아 `dealloc`시킨다. 또한 가비지 컬렉션은 사용하기 편리하다. 대부분의 경우, 가비지 컬렉션 사용을 위해 필요한 것은 `-fobjc-gc-only` 플래그를 컴파일러에 전달하는 것뿐이다. 가비지 컬렉션과 레퍼런스 카운팅을 동시에 지원하는 코드를 만드는 것이 불가능하지는 않지만 매우 까다롭기 때문에 프레임워크나 플러그인을 만드는 경우가 아니고서는 동시에 지원하는 코드를 작성하지 않는 것이 좋다. 가비지 컬렉션이 대부분 자동으로 동작하지만 Core Foundation 오브젝트나 `malloc`을 사용하여 얻은 메모리에 대해서는 별도의 코딩이 필요하다. 또한 프로그래머가 주의해야 하는 부분도 다수 존재한다.

Mac OS X는 가비지 컬렉션을 지원하지만 iOS는 아직 지원하지 않는다. 이에 대해 Apple의 공식 입장은 없지만 아마도 성능 문제가 가장 큰 이유인 것으로 판단된다.

연습 문제

이번 장의 연습 문제는 리스트 15.1부터 리스트 15.5를 사용한다.

리스트 15.1 ralph.h

```
#import <Foundation/Foundation.h>
#import "Norton.h"

@interface Ralph : NSObject
{
  Norton *norton;
}

@end
```

리스트 15.2 ralph.m

```objc
#import "Ralph.h"

@implementation Ralph

- (id) init
{
   if ( self = [super init])
     {
        norton = [[Norton alloc] init];
     }
   return self;
}

- (void)finalize
{
   NSLog( @"Ralph being collected");
   [super finalize];
}

@end
```

리스트 15.3 norton.h

```objc
#import <Foundation/Foundation.h>

@interface Norton : NSObject
{
}

@end
```

리스트 15.4 norton.m

```objc
#import "Norton.h"

@implementation Norton

- (void)finalize
{
   NSLog( @"Norton being collected");
   [super finalize];
}

@end
```

리스트 15.5 **CGExercise.m**

```
#import <Foundation/Foundation.h>
#include <objc/objc-auto.h>
#import "Ralph.h"

int main (void)
{
  // 컬렉터 쓰레드 시작
  objc_startCollectorThread();

  Ralph *ralph = [[Ralph alloc] init];

  // 가비지 강제 수집
  [[NSGarbageCollector defaultCollector] collectExhaustively];

  // 프로그램이 끝나기 전에 로깅을 마치도록 지연시킴
  sleep( 1 );
  return 0;
}
```

리스트 15.1~15.4는 클래스 Ralph와 Norton을 정의한다. Ralph의 인스턴스는 인스턴스 변수에 Norton 인스턴스를 담고 있으며, 두 클래스는 모두 finalize 메소드를 통해 로깅한다. 그 외의 작업은 하지 않는다.

리스트 15.5는 Ralph와 Norton 클래스를 사용하여 가비지 컬렉션을 보여주는 간단한 프로그램이다. 코드 중간에

```
[NSGarbageCollector defaultCollector] collectExhaustively];
```

부분은 반드시 필요하다. 그 이유는 프로그램 크기가 너무 작아 가비지 컬렉터가 동작하지 않을 수도 있기 때문이다. sleep 명령문 역시 프로그램이 너무 빨리 끝나는 것을 방지하기 위하여 사용하였다. 프로그램이 너무 빨리 끝나면 가비지 컬렉터가 동작할 겨를도 없기 때문이다.

또한 그림 15.4에서 보여주는 것과 같이 가비지 컬렉션을 켜는 것을 잊지 않도록 한다.

1. 리스트 15.1부터 15.5까지 작성한 다음 빌드하고 실행해보자. Ralph의 인스턴스가 수집되지 않는 것을 확인한다. 왜 수집되지 않는가? (힌트: main 루틴의 지역 변수는 스택에 할당된다.)
2. 다음을 ralph를 할당하는 코드 다음 줄에 넣어보자.

    ```
    ralph=nil;
    ```

    다시 빌드하고 실행해보자. 결과가 어떻게 되는가? 그렇게 되는 이유는 무엇인가?
3. 다음 줄을

    ```
    [ralph retain];
    ```

    아래 코드 바로 앞에 추가한다.

    ```
    ralph=nil;
    ```

    다시 빌드하고 실행해보자. 결과가 어떻게 되는가? 그렇게 되는 이유는 무엇인가?
4. 3번에서 추가한 코드 대신 다음으로 바꿔보자.

    ```
    CFRetain( ralph );
    ```

    다시 빌드하고 실행해보자. 결과가 어떻게 되는가? 그렇게 되는 이유는 무엇인가?
5. 다음 줄을

    ```
    CFRelease( ralph );
    ```

    아래 코드 바로 다음에 추가한다.

    ```
    CFRetain( ralph );
    ```

    다시 빌드하고 실행하면 결과가 어떻게 되는가? 그렇게 되는 이유는 무엇인가?

6. 다음 세 줄을 제거하자.

   ```
   CFRetain( ralph );
   CFRelease( ralph );
   ralph=nil;
   ```

   그리고는 리스트 15.1의 인스턴스 변수 norton의 선언문에 __weak 키워드를 추가한 다음 다시 빌드하고 실행해보자. 결과가 어떻게 되는가? 그렇게 되는 이유는 무엇인가?

Chapter 16

블록

LEARNING OBJECTIVE-C 2.0

블록(Block)은 실행 코드와 컨텍스트(변수들)를 하나의 엔티티로 묶는 방법을 제공하여, 별도로 실행하는 데 사용하거나 별도의 쓰레드로 활용된다. 블록 또는 이와 유사한 개념을 다른 프로그래밍 언어에서는 closure 또는 anonymous function으로 부르기도 한다. 블록은 Apple에서 제공하는 확장개념으로 C, 오브젝티브-C, C++를 확장시킨다. 그러면서 Apple은 블록을 C의 확장개념으로 C 표준을 지정하는 그룹에 제청하였다. 어쨌든 현재까지는 블록은 Mac OS X Snow Leopard(v 10.6과 iOS 4)부터 지원하고 있으며, 이전 버전에서는 지원하지 않는다.

> **Note** Plausible Blocks (PLBlocks)를 설치하면 iPhone OS 3.x와 Mac OS X Leopard(v 10.5)에서 블록을 사용할 수 있다. Plausible Blocks는 Apple에서 제공하는 오픈소스인 Darwin OS 코드를 리버스 엔지니어링(reverse-engineering)하여 포팅한 것으로, 컴파일러와 runtime이 블록을 사용할 수 있도록 지원한다. Plausible Blocks는 http://code.google.com/p/plblocks/ 에서 구할 수 있다.

일단의 작업을 패키지로 묶어 관리하는 것은 여러 가지 면에서 편리하지만, 블록은 Apple의 새로운 기능인 Grand Central Dispatch(GCD)를 위해 주로 사용된다. GCD는 동시작업 프로그램을 더욱 쉽게 작성하고 더욱 효율적으로 동작하도록 디자인되었다. 본질적으로 GCD는 운영체제가 관리하는 쓰레드 pool이다. GCD의 기본 아이디어는 운영체제만이 Mac에서 동작하는 모든 프로세스를 볼 수 있으며, 필요한 곳에 효율적으로 자원(CPU, GPU, RAM)을 할당할 수 있다는 것에서 출발한다. 그래서 GCD는 사용할 쓰레드 수를 결정하거나 어떻게 스케줄할 것인지를 결정하는 데 있어 일반 사용자 프로그램보다 훨씬 좋은 판단을 할 수 있다. 이러한 GCD를 작업 단위로 적용하기 위해 블록을 사용할 수 있다.

> **Note** GCD는 블록을 지원하기 위한 C 인터페이스를 제공한다. Cocoa의 경우 GCD와 상위 레벨의 인터페이스를 위해 `NSOperationQueue`, `NSBlockOperation`, `NSInvocationOperation` 클래스를 제공한다.
>
> `NSInvocationOperation` 클래스는 작업 유닛을 블록으로 사용하는 대신 `NSInvocation` 오브젝트로 사용할 수 있게 한다. 그러나 이를 위해서는 `NSInvocation`에 대한 이해가 필요하다. `NSInvocation` 오브젝트는 셋업하기가 조금 어렵기 때문에 블록을 사용하는 것이 훨씬 수월할 것이다.

이번 장에서는 블록에 대해 소개한다. 여기에는 블록 정의 방법, 블록 컨텍스트에서의 변수 접근 방법, 블록을 자신의 코드에 사용하는 방법, 블록을 위한 메모리 관리 트릭 등이 포함된다. 또한 블록을 사용하면서 접할 수 있는 함정에 대해서도 설명한다.

본격적으로 블록에 대해 자세히 알아보기 전에 먼저 블록 이전에 사용된 기법인 함수 포인터와 Foundation 클래스 `NSInvocation`에 대해서 살펴보겠다.

함수 포인터

컴파일러가 함수 호출을 만나면 함수를 수행하는 코드로 이동하도록 jump 명령을 추가한다(Jump 명령은 jump 명령 다음 코드를 수행하지 않고 바로 jump에서 명시하는 특정 위치로 이동하여 프로그램 수행을 계속한다). Jump 후에 다시 jump 시점으로 돌아오기 위하여 함수는 jump 명령을 통해 함수를 호출했던 지점으로 돌아간다. 일반적인 함수 호출에서는 jump를 통해 이동하는 곳(즉, 호출한 함수 위치)이 고정되어 있다. 이 위치는 컴파일 시간에 결정된다. 그러나 함수 포인터를 사용하면 동적으로 함수를 호출하는 것이 가능해진다.

다음은 두 개의 int 인수를 가지며 반환 타입이 int인 함수를 가리키는 포인터 `myFunctionPtr`를 선언하는 문장이다.

```
int (*myFunctionPtr) (int, int);
```

그림 16.1은 위 함수 포인터 선언문을 도식화하여 설명하고 있다.

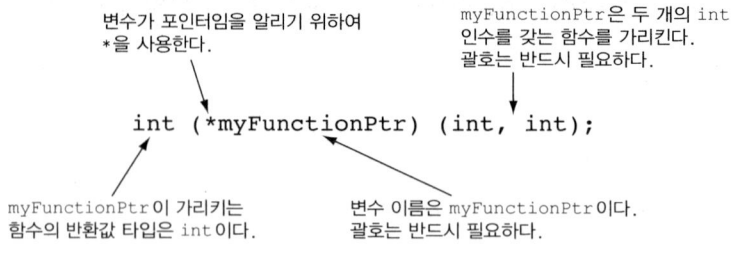

| 그림 16.1 | 함수 포인터 구조

함수 포인터 선언문을 일반화시키면 다음과 같다.

```
return_type (*name)(list of argument types);
```

함수 포인터는 C 문법의 낮은 위치에 해당한다. 즉, 왼쪽에서 오른쪽으로 읽거나 오른쪽에서 왼쪽으로 읽는 것이 아니라 안쪽에서 바깥쪽으로 읽는다. 더욱 복잡한 함수 포인터 선언문을 보면 퍼즐처럼 느껴질 것이다. 이에 대한 예를 연습 문제 1번에서 볼 수 있다.

오브젝티브-C를 위한 문법 조정

함수 포인터와 같이 "안쪽에서 바깥쪽으로" 선언하는 스타일은 오브젝티브-C의 메소드 인수의 문법에는 맞지 않는다. 오브젝티브-C 메소드 인수는 먼저 괄호로 묶인 데이터 타입이 먼저 나온 다음 인수 이름이 따라온다는 것을 기억할 것이다. 이러한 문법적인 충돌을 피하여 메소드 인수로 사용할 수 있도록 문법을 약간 조정하였다. 즉, 함수 포인터를 인수로 사용하는 메소드를 선언할 때는 이름을 바깥에 놓도록 하였다.

예를 들어보자. 인수도 없고 반환값도 없는 함수 포인터는 보통 다음과 같이 선언한다.

```
void (*functionPtr)(void);
```

이 함수 포인터를 인수로 사용하는 함수를 선언한다면 다음과 같이 될 것이다.

```
void functionWithFPArg(void (*fp)(void));
```

그러나 같은 함수 포인터를 인수로 사용하는 메소드는 조금 다른 모양으로 선언한다.

```
-(void) methodWithFFPArg:(float(*)(float)) fp;
```

즉, 함수 포인터 이름을 맨 마지막에 놓음으로써 메소드 선언 문법에 벗어나지 않도록 한 것이다. 그러나 이렇게 함수 포인터 이름을 맨 마지막에 놓는 방식을 다른 곳에서 사용하면 컴파일 에러가 발생할 것이다.

함수 포인터를 배열로 사용하는 것도 가능하다. 다음 코드는 10개의 함수 포인터를 담을 수 있는 `fpArray`를 선언하는 것이다. 각 함수는 `float` 포인터를 인수로 취하고 `void` 타입을 반환한다.

```
void (*fpArray[10])(float*);
```

함수 포인터는 다른 함수의 인수 또는 반환값으로도 사용할 수 있다.

```
void (*(*complicatedFunctionPointer)(void))(void);
```

`complicatedFunctionPointer`의 인수는 없고 반환값으로는 인수가 없으며 반환값이 `void`인 함수 포인터가 된다.

위와 같이 사용하는 것은 썩 보기 좋은 것은 아니다. 그러나 `typedef`를 사용하면 깔끔하게 만들 수 있다.

```
typedef void (*(*complicatedFunctionPointer)(void))(void);
complicatedFunctionPointer fp;
```

함수 포인터를 이용한 함수 호출

다음 예제는 함수를 함소 포인터에 지정하는 방법과 함수 포인터를 사용하여 함수를 호출하는 방법을 보여준다.

```
void logInt( int n )
   {
      NSLog(" The integer is: %d", n);
   }

void (*myFunctionPtr)(int); // 함수 포인터 선언
```

```
myFunctionPtr = logInt;      // 함수 포인터에 logInt 함수 지정
myFunctionPtr( 5 );          // 포인터를 사용하여 함수 실행
```

함수 포인터가 함수를 참조하도록 하기 위해서는 단순히 함수 이름을 지정해주면 된다. 함수 포인터에 지정되는 함수는 지정문 이전에 반드시 정의되거나 보여야 한다.

함수 포인터를 통해 함수를 호출하기 위해서는 괄호를 사용하여 필요시 인수를 넣어주기만 하면 된다. 위 코드에서 볼 수 있듯이, 함수 포인터를 통해 함수를 호출하는 것은 함수 이름만 함수 포인터 이름을 사용할 뿐 나머지는 일반 함수 호출과 동일하다.

 함수 포인터를 사용할 때 주소 연산자(&) 또는 값-참조 연산자(*)를 같이 사용하지 않아도 상관없다. 이미 컴파일러는 어떤 이름이 함수 또는 함수 포인터이고 어떤 이름이 일반 변수인지 알기 때문이다. 하지만 굳이 연산자를 사용하겠다면 다음과 같이 하면 된다.

```
myFunctionPtr = &logInt;  // myFunctionPtr = logInt; 와 동일

(*myFunctionPtr)( 5 )     // myFunctionPtr( 5 ); 와 동일
```

연산자를 사용하든 안하든 컴파일러는 신경쓰지 않는다.

함수 포인터 사용

함수 포인터를 가장 많이 사용하는 곳이 callback이다. Callback은 추가 작업을 수행할 일이 생길 때 주로 사용된다. 가끔은 프로그래머가 직접 작성한 코드를 callback으로 사용코자 할 때도 있는데, 이런 경우에는 실행시키고자 하는 함수를 함수 포인터 형태로 함수 또는 메소드에 전달한다. 그러면 때에 맞추어 전달한 함수를 동작시킬 것이다.

예를 들어보자. NSMutableArray 클래스는 프로그래머가 직접 정의한 정렬을 할 수 있도록 다음의 메소드를 제공한다.

```
- (void)sortUsingFunction:(NSInteger (*)(id, id, void *))compare
           context:(void *)context
```

sortUsingFunction:context:를 호출하면 메소드는 receiver의 내용을 정렬시킨

다. 정렬을 진행하기 위해 sortUsingFunction:context: 메소드는 두 개의 배열 아이템과 정렬 방식을 받아야 한다. 이를 위해 sortUsingFunction:context: 메소드는 필요한 시점에 포인터로 전달받은 compare 함수를 호출한다.

compare 함수는 인수로 받은 두 개의 오브젝트를 비교한 다음 그 두 개가 NSOrderedAscending, NSOrderedSame, NSOrderedDescending 중 어떤 관계를 갖는지 알려주어야 한다.

> **Note** NSOrderedAscending, NSOrderedSame, NSOrderedDescending은 모두 integer 상수로 Foundation 프레임워크에서 정의한다.

또한 sortUsingFunction:context: 메소드는 context 인수를 compare 함수에 void* 타입의 포인터로 전달한다. 이것은 순수하게 전달만 하는 것으로, sortUsingFunction:context: 메소드는 절대로 context의 내용을 보거나 수정하지 않는다. 만일 compare 함수가 추가 정보를 필요로 하지 않는다면 context는 NULL이 될 것이다.

리스트 16.1은 NSNumber 오브젝트가 들어있는 배열을 정렬시키는 것을 보여준다. 숫자 정렬 방식을 알려주기 위하여 BOOL 타입의 주소가 사용된다.

리스트 16.1 ArraySortWithFunctionPointer.m

```
#import <Foundation/Foundation.h>

NSInteger numericalSortFn( id obj1, id obj2, void* ascendingFlag )
{
  int value1 = [obj1 intValue];
  int value2 = [obj2 intValue];
  if ( value1 == value2 )  return NSOrderedSame;
  if ( *(BOOL*) ascendingFlag )
    {
      return  ( value1 < value2 ) ?
         NSOrderedAscending : NSOrderedDescending;
    }
  else
    {
      return  ( value1 < value2 )
        ? NSOrderedDescending : NSOrderedAscending;
    }
}
```

```
int main (int argc, const char * argv[])
{
  NSAutoreleasePool * pool = [[NSAutoreleasePool alloc] init];

  // 배열에 몇 개의 숫자를 NSNumber 오브젝트 형태로 넣음
  NSMutableArray *numberArray = [[NSMutableArray alloc] initWithCapacity: 5];
  [numberArray addObject: [NSNumber numberWithInt: 77]];
  [numberArray addObject: [NSNumber numberWithInt: 59]];
  [numberArray addObject: [NSNumber numberWithInt: 86]];
  [numberArray addObject: [NSNumber numberWithInt: 68]];
  [numberArray addObject: [NSNumber numberWithInt: 51]];

  NSLog( @"Before sort: %@", [numberArray description] );

  // 이 플래그는 정렬방식을 결정하는 데 사용됨
  // NO로 바꾸면 내림차순으로 정렬함
  BOOL ascending = YES;

  // 배열 정렬
  [numberArray sortUsingFunction: numericalSortFn context: &ascending];

  NSLog( @"After sort: %@", [numberArray description] );

  [numberArray release];
  [pool drain];
  return 0;
}
```

리스트 16.1에 대한 참고사항은 다음과 같다.

- ascendingFlag는 void* 타입으로 넘어오기 때문에 bool 값을 얻기 위해 반드시 BOOL* 타입으로 전환시켜야 한다.
- 함수 이름(여기에서는 numericalSortFn)을 자신을 가리키는 포인터 이름으로 사용할 수 있다. 리스트 16.1에서는 sortUsingFunction:context: 메소드를 호출할 때 별도의 함수 포인터 변수를 만들지 않고 직접 함수 이름을 사용하였다.

함수 포인터를 사용할 때 일어나는 문제

함수 포인터를 callback이나 프로그램의 일부 또는 별도의 쓰레드로 사용할 때 꽤나 불편한 점이 하나 있다. 그것은 함수 포인터에서 사용할 컨텍스트가 별도의 변수로 제공되어야 한다는 것이다.

대부분의 callback을 사용하는 형태는 리스트 16.1과 같다. 그림 16.2와 같이, callback 함수를 전달받는 함수 또는 메소드는 추가로 보이지 않는 포인터(즉, void*) 타입의 인수를 받은 다음 그것을 그대로 callback 함수에 전달한다. 하지만 리스트 16.1에서 보여주는 한 개의 인수를 추가로 넘겨주는 것은 불편한 축에도 끼지 못한다. Callback 함수가 사용하는 컨텍스트가 복잡해지면 아마도 별도의 구조체를 만든 다음 그 안에 내용을 넣어 전달해야 할 것이다. 오브젝티브-C에서는 이러한 경우 NSDictionary에 정보를 넣어 전달하는 방식을 많이 사용한다. 전달하는 정보가 많아질수록 직접 구현하는 방식이 아무래도 NSDictionary를 이용하는 것보다는 훨씬 복잡해진다.

```
void(*callbackFnPtr)(callBackInfo*)=…;
callbackContext* someContext=…;
```

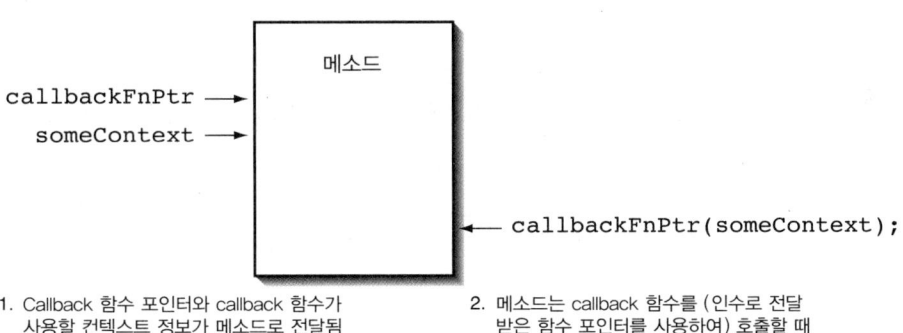

1. Callback 함수 포인터와 callback 함수가 사용할 컨텍스트 정보가 메소드로 전달됨
2. 메소드는 callback 함수를 (인수로 전달 받은 함수 포인터를 사용하여) 호출할 때 같이 전달 받은 컨텍스트를 인수로 넣어줌

| 그림 16.2 | Callback 함수를 메소드에 전달하는 과정

NSInvocation

NSInvocation 오브젝트는 오브젝티브-C 메시지를 오브젝트로 변환시킨다. Invocation 오브젝트는 메시지의 receiver(invocation 영역에서는 target이라고 부른다), selector, 인수를 저장한다. 그리고 invocation 오브젝트는 별도로 저장되어 필요할 때 실행되거나 다른 코드로 전달될 수도 있다. invoke 메시지를 통해 invocation 오브젝트를 보낼 때 invocation은 저장된 selector와 인수를 메시지에 넣어 target 오브젝트에 보낸다.

LineGraphic 클래스를 예로 들어보자. LineGraphic 클래스에는 색깔과 두께를 지정할 수 있는 선 그리기 메소드 drawWithColor:width:가 있다.

```
LineGraphic *graphic = ...
[graphic drawWithColor: [NSColor redColor] width: 2.0];
```

리스트 16.2는 위 메시지를 invocation으로 변환시키는 방법을 보여준다.

리스트 16.2 NSInvocation 구성

```
LineGraphic *graphic = ...

NSInvocation *drawInvocation =
    [NSInvocation invocationWithMethodSignature:
        [graphic methodSignatureForSelector:
            @selector(drawWithColor:width:)]];

[drawInvocation setTarget: graphic];
[drawInvocation setSelector: @selector(drawWithColor:width:)];

[drawInvocation retainArguments];

NSColor *color = [NSColor redColor];
float linewidth = 2.0;

[drawInvocation setArgument: &color atIndex: 2];
[drawInvocation setArgument: &linewidth atIndex: 3];
```

Invocation을 셋업하기 위해서 NSInvocation은 변환될 메시지의 return 타입과 인수의 타입을 알아야 한다. 그런데 메시지의 selector는 단순히 이름일 뿐 데이터 타입 정보를 갖고 있지 않기 때문에, target의 methodSignatureForSelector: 메소드를 호출하여 데이터 타입 정보를 획득해야 한다. methodSignatureForSelector: 메소드는 NSObject 클래스에서 정의하고 있기 때문에 모든 클래스가 사용할 수 있다. methodSignatureForSelector: 메소드는 NSMethodSignature 오브젝트를 반환하는데, NSMethodSignature 오브젝트에는 selector의 return 타입과 인수 타입들이 인코딩되어 들어있다. 이렇게 만들어진 signature를 사용하여 invocationWithMethodSignature: 메소드를 호출하면 invocation이 생성된다.

> **Note** 리스트 16.2에서는 methodSignatureForSelector: 메소드가 invocationWithMethodSignature: 메소드 안에서 사용되는 바람에 별도의 NSMethodSignature 변수를 사용하지 않았다.

그 다음, setTarget:과 setSelector: 메소드를 사용하여 invocation의 target과 selector를 설정한다.

NSInvocation은 기본적으로 사용되는 target이나 인수를 retain하지 않는다. 그래서 만일 생성한 invocation을 계속해서 사용할 것이라면 retainArguments 메시지를 invocation에 보내어 target과 인수를 retain시켜서 나중에 invocation을 사용하기 전에 release되는 것을 막아야 한다.

Invocation에 담겨진 메시지의 인수는 setArgument:atIndex: 메소드를 통해 설정할 수 있다.

- 인수로 사용되는 변수를 보내지 않고 변수의 주소를 보낸다. 즉, 다음과 같이 값을 직접 메시지 인수에 사용할 수 없다.

    ```
    [drawInvocation setArgument: 2.0 atIndex: 3];   // 잘못!
    ```

- Selector가 오브젝트가 아닌(int, float 같은 순수 C 타입) 인수를 사용하는 경우 기본 C 타입에 대한 주소를 사용하면 되며, NSNumber 오브젝트로 감싸지 않아도 된다.

- 인수는 메시지의 인수 위치로 결정된다. 이때, 인수의 위치는 2부터 시작한다는 것에 주의해야 한다. 인수 위치 0과 1은 숨겨진 인수 self와 _cmd를 위해 사용된다(숨겨진 인수에 대한 내용은 Chapter 5 참고).

이제 언제든지 저장하거나 혹은 다른 코드에서 사용할 수 있는 drawInvocation을 만들었다. 그렇기 때문에 선을 그릴 준비가 되면 어디서든 다음 코드만 실행하면 된다.

```
[drawInvocation invoke];
```

위와 같은 코드는 그리기 프로그램의 그리기 목록의 일부로 동작할 수 있다. 즉, invocation을 배열에 담아 사용하는 것이다. 그래서 화면에 그림을 그릴 준비가 되면 배열을 돌면서 그 안에 있는 invocation을 실행하는 것이다.

```
NSMutableArray *displayList = ...
for NSInvocation invocation in displayList
{
  [invocation invoke];
}
```

또한 NSInvocation에서 추가적으로 중요한 두 가지 사항은 다음과 같다.

- NSInvocation은 여러 번 호출될 수 있다.
- NSInvocation에 반환값을 갖는 메시지를 담는 것이 가능하다. 이때, 반환값을 얻기 위해서는 다음과 같이 getReturnValue: 메시지를 사용한다.

    ```
    double result;
    [invocationReturningDouble getReturnValue: &result];
    ```

    getReturnValue: 메시지의 인수는 반드시 invocation의 return 타입과 동일한 타입의 변수의 포인터가 되어야만 한다. 그리고 invoke 메시지를 사용하기 전에 getReturnValue: 메시지를 사용하면 알 수 없는 결과값을 받게 된다. 즉, 결과값이 가비지가 되며, 이 값을 사용하면 crash가 일어날 수도 있다.

NSInvocation 오브젝트는 Cocoa 프레임워크에서 타이머(NSTimer)를 사용하여 일정 시간 이후에 코드를 동작시키는 데 사용되거나, Cocoa 되돌리기(undo) 메커니즘으로(NSUndoManager) 사용된다. NSInvocation 오브젝트는 함수 포인터를 사용할 때 발생하는 문제점 중 하나를 해결한다. 즉, 인수로 사용되는 컨텍스트까지 같이 묶어준다. 그대신 NSInvocation은 리스트 16.2에서 본 것과 같이 invocation 오브젝트를 구성하는 것이 까다롭다는 단점이 있다.

블록

블록(Block)은 많은 부분이 함수와 유사하지만 블록에 매달린 컨텍스트를 담은 변수에 직접 접근할 수 있다는 결정적인 차이가 있다. "직접 접근"한다는 것은 별도의 인수로 넘겨받지 않아도 연결된 컨텍스트 속에 선언된 변수에 접근할 수 있다는 것이다. 블록은 다음과 같이 선언한다.

```
^(argument_list){ body };
```

블록은 윗 꺾쇠 기호(^)로 나타낸다. 그 뒤로 인수 리스트를 소괄호 안에 적은 다음, 중괄호 안에 명령문들을 넣는다. 위 표현식은 블록 리터럴(block literal)이라고 부르며, 다음과 같이 정의된다.

- 본문 안에 return문을 사용하여 반환하는 것이 가능하다.
- 별도의 반환 타입을 지정하지 않아도 된다. 컴파일러가 블록 본문을 보고 반환 타입을 결정한다.
- 블록 인수가 없는 경우에는 (void)로 표기한다.
- 블록 리터럴은 이름이 없다. 그렇기 때문에 블록을 무기명 함수(anonymous function)라고도 부른다.

다음은 간단한 블록 예제로, integer 인수를 받아 그 값의 두 배 되는 값을 반환한다.

```
^(int n){ return n*2; };
```

블록 리터럴 뒤에 괄호를 붙이고 그 안에 값을 넣는 것으로 블록을 호출하는 것이 가능하다.

```
int j = ^(int n){ return n*2; }( 9 );   // j 값은 18
```

위의 줄은 예를 위해 든 것이다. 대부분의 경우 아래와 같이 작성할 것이다.

```
int j = 2 * 9;
```

일반적으로 블록 리터럴은 블록 포인터 타입의 변수에 지정하거나 블록 포인터를 인수로 사용하는 함수 또는 메소드에 사용된다.

블록 포인터

블록 포인터(블록을 가리키는 포인터) 변수는 다음과 같이 선언한다.

```
return_type (^name)(list of argument types);
```

아마 선언 규칙이 눈에 익을 것이다. 그렇다. *이 ^으로 대치된 것만 제외하면 함수 포인터 선언문과 동일하다.

 블록 포인터를 갖고 있는 변수를 블록 변수로 참조하면 안된다. 나중에 설명하겠지만, 블록 변수는 다른 엔티티용으로 예약되어 있다.

다음 예제는 블록 포인터 선언, 블록 지정, 블록 포인터를 통한 블록 호출 방법에 대해 설명한다.

```
int (^doubler)(int);   // doubler는 블록을 가리키는 포인터 타입이 된다.
```

```
doubler = ^(int n){ return n*2; };
int j = doubler( 9 );    // j 값은 18
```

함수 또는 메소드의 인수로 블록 포인터를 사용할 수도 있다.

```
// someFunction은 블록 포인터를 인수로 취하는 함수이다.
void someFunction( int (^blockArg)(int) );
int (^doubler)(int)= ^(int n){ return n*2; };
someFunction( doubler );
```

또한 함수 호출 또는 오브젝티브-C 메시지 표현식 안에서도 블록 리터럴을 사용할 수 있다.

```
void someFunction( int (^blockArg)(int) );
someFunction( ^(int n){ return n*2; } );
```

Note 오브젝티브-C 메소드 선언 시 함수 포인터와 마찬가지로 블록 포인터 이름을 다음과 같이 블록 포인터 타입 선언 뒤에 적어야 한다.

```
- (void) doSomethingWithBlockPointer:
         (float (^)(float)) blockPointer;
```

변수 접근

블록은 변수 접근에 대해 다음과 같은 권한을 갖는다.

- Enclosing 영역[1]에서 보이는 auto 변수에 대해 읽기 권한만 갖는다.
- 함수 내에서 선언된 static 변수 또는 extern 변수에 대해 읽기 및 쓰기 권한을 갖는다.

---

[1] 변수의 다양한 영역에 대해서는 Chapter 2에서 설명하였다.

- 블록 변수로 선언된 특별한 변수에 대해 읽기 및 쓰기 권한을 갖는다.

그러면 enclosing 영역에서 블록이 지역 변수에 접근하는 간단한 예를 살펴보자.

```
int j = 10;
int (^blockPtr)(int) = ^(int n){ return j+n; };
int k = blockPtr( 5 );   // k 값은 15
```

다음 코드에서 볼 수 있듯이, 블록 컨텍스트에 들어가는 지역 변수값은 블록 리터럴이 정의되는 시점에 전달되는 지역 변수의 값이 된다.

```
1  int j = 10;
2
3  int (^blockPtr)(int) = ^(int n){ return j+n; };
4
5  j = 20;
6
7  int k = blockPtr ( 5 );   // 25라고 예측하겠지만 k 값은 15다.
```

위 코드를 자세히 살펴보자.

- 1행: 지역 변수 j는 10으로 지정된다.
- 3행: blockPtr 블록을 정의한다. blockPtr은 지역 변수 j에 접근하는데, blockPtr이 사용하는 j값은 3행을 실행할 때의 j값으로 반영된다. 그 결과로 blockPtr은 10으로 세팅된 j의 복사본을 갖는다.
- 5행: blockPtr의 j값이 3행에 의해 결정됨을 보여주기 위하여 j값을 20으로 바꾼다.
- 7행: 인수로 5를 사용한 blockPtr의 반환값은 5(인수) + 10(3번 줄에서의 j값) = 15가 된다.

블록은 지역 변수에 읽기 전용으로 접근한다. 그래서 다음 코드와 같이 blockPtr 내부에서 지역 변수에 값을 지정하려고 하는 경우에는 컴파일 에러가 발생한다.

```
int j = 10;
void (^blockPtr)(void) = ^(void){ j = 20; };
```

> **Note** 지역 변수가 오브젝트를 참조하는 포인터를 갖는 경우 블록은 지역 변수에 다른 오브젝트를 참조하도록 바꿀 수는 없다. 그러나 지역 변수가 참조하는 오브젝트는 수정할 수 있다.
>
> ```
> NSMutableArray *localArray =  ...
> void (^shortenArray)(void) = ^(void){ [localArray removeLastObject];
> };
> // localArray의 마지막 오브젝트를 제거
> shortenArray();
> ```

컴파일러는 블록에 static 변수와 extern 변수에 포인터로 접근하도록 하였다. 그래서 이러한 타입의 변수에 대해 블록은 블록이 정의되는 시점이 아닌 블록이 실행되는 시점의 변수값을 사용하게 된다.

```
static int j = 10;
int (^blockPtr)(int) = ^(int n){ return j+n; };
j = 20;
int k = blockPtr ( 5 );   // k 값은 25
```

블록 변수

변수 선언 시 변경자 __block을 사용하면 블록 변수가 된다.

```
__block int integerBlockVariable;
```

블록 변수는 블록 변수가 속한 영역에 정의된 모든 블록이 공유한다. 다음의 예를 살펴보자.

```
1  __block int j = 10;
2
3  void (^blockPtr_1)(void) = ^(void){ j += 15; };
4  void (^blockPtr_2)(void) = ^(void){ j += 25; };
5
6  blockPtr_1(); // j 값은 25
7  blockPtr_2(); // j 값은 50
```

이제 위 코드를 분석해보자.

- 1행: j는 __block 변수로 선언되면서 값은 10으로 설정된다.
- 3행: blockPtr_1 블록 정의. j가 __block 변수로 선언되었기 때문에 blockPtr_1은 j값을 설정할 수 있다.
- 4행: 마찬가지로 blockPtr_2 역시 변수 j값을 설정할 수 있다. 두 블록 blockPtr_1과 blockPtr_2는 모두 변수 j에 읽기·쓰기 권한을 갖는다.
- 6행: blockPtr_1이 수행되어 j값은 15 증가한 25가 된다.
- 7행: blockPtr_2가 수행되어 j값은 25 증가한 50이 된다.

블록 변수는 다른 auto 변수와 마찬가지로 스택에 존재한다. 그러나 블록 변수를 참조하는 블록을 복사하는 경우에는 블록 변수도 블록을 따라 스택에서 힙으로 옮겨진다("블록 복사" 참조).

블록 변수(block variable)라는 표현은 __block 변경자(modifier)를 사용하여 선언한 변수를 일컫는 데 사용된다. 절대로 "블록 변수"와 "블록을 참조하는 포인터 변수"를 혼동하면 안된다. 블록 변수는 블록이 아니다.

블록은 스택을 기반으로 동작한다

함수 또는 메소드 안에서 블록 리터럴을 정의하면 컴파일러는 스택에 구조체를 만드는데, 이 구조체에는 블록이 참조하는 지역 변수, 구조체가 참조하는 읽기·쓰기 변수의 주소, 블록의 실행 코드를 가리키는 포인터가 들어있다.

> **Note** 블록 구조체는 스택에서 생성되지만 블록의 실행 코드는 스택에서 만들어지지 않는다. 블록의 실행 코드는 프로그램의 다른 코드와 마찬가지로 텍스트 영역에 존재한다.

블록은 auto 변수와 동일한 생존시간(lifetime)을 갖는다. 즉, 블록 리터럴이 보이지 않는다면 auto 변수를 볼 수 있는 영역을 벗어난 것과 마찬가지로 블록도 더이상 유효하지 않게 된다. 블록 리터럴을 위한 영역은 auto 변수를 위한 영역과 동일한 방법으로 정의된다(Chapter 2 참조). 블록 리터럴이 컴파운드 명령문(별도의 중괄호 영역)에서 정의되는 경우에는 컴파운드 명령문 바깥에서는 블록 리터럴을 볼 수 없다. 그리고 블록 리터럴이 함수 안에서 정의되면 함수 바깥에서는 블록 리터럴을 볼 수 없다. 다음은 이에 대한 예를 보여준다.

```
int (^doubler)(int);
{
  ...
  doubler = ^(int n){ return n*2; };
  ...
}
...
int j = doubler( 9 );   // 잘못됨! 버그!
```

위 코드를 보면, j값을 지정하는 부분에서 문제가 생긴다. 왜냐하면 doubler(9)가 실행되는 시점에서는 doubler 블록이 보이지 않기 때문이다.

> **Note** 실제로 위 코드를 실행해보면 정상적으로 동작하는 것처럼 보인다. 심지어는 j값이 18이 될 수도 있다. 그러나 값이 제대로 나오는 경우는 극히 드물게 블록 코드가 살아있을 때뿐이다. 블록이 시야를 벗어나게 되면 컴파일러는 블록이 사용하던 스택 프레임에서 블록을 제거하여 다른 용도로 재활용할 수 있도록 만든다. 이런 상황에서 다시 시야 밖으로 사라진 블록을 사용하려고 하면 엉뚱한 값이 나타날 수도 있지만, 보통은 crash로 이어진다.

전역 블록

블록 리터럴은 파일 단위로 보이는(전역 변수에 해당하는) 블록 포인터 변수에 지정될 수 있다.

```
#import <Foundation/Foundation.h>

void (^logObject)(id) =
  ^(id obj){ NSLog( @"Object Description: %@", [obj description]); };

// logObject( someObj ) 블록은 파일 내 어디에서든지 사용할 수 있다.
```

컴파일러는 다른 전역 변수와 같이 전역 블록을 메모리의 아래쪽에서 생성한다. 전역 블록은 어디에서든지 볼 수 있다.

블록은 오브젝티브-C의 오브젝트이다

믿기 어렵겠지만 블록은 오브젝티브-C의 오브젝트이다. 새로 생성되는 블록은 스택 영역에 생성되는 오브젝티브-C 오브젝트의 유일한 예이다. 블록은 `NSObject`의 여러 비공개 서브 클래스 중 하나의 인스턴스이다. Apple은 블록 클래스에 대한 헤더를 제공하지 않는다. 그렇기 때문에 `copy`, `retain`, `release`, `autorelease` 메시지를 보내는 것 외에 블록 클래스의 서브 클래스를 만드는 등의 오브젝티브-C 작업을 할 수 없다. 블록에 대한 복사 및 메모리 관리는 다음 두 섹션에서 설명한다.

블록 복사

블록을 사용하는 큰 이유 중 하나는 작업 덩어리(약간의 코드와 컨텍스트의 묶음)를 나중에 사용할 수 있도록 전달하기 위한 것이다. 블록을 호출하는 함수 또는 메소드에 전달하는 것은 안전하다(함수 또는 메소드가 동일한 쓰레드를 실행하는 경우에 한함). 그렇다면 서로 다른 쓰레드에 블록을 전달하거나 블록을 현재의 영역을 벗어나는 곳에 반환값으로 보내는 경우는 어떠한가? 현재의 함수 또는 메소드가 `return` 문을 실행하고 끝나면 함수 또는 메소드가 차지하던 스택 프레임은 제거된다. 그렇기 때문에 그 안에서 정의된 블록 역시 더이상 유효하지 않게 된다.

이런 경우 블록을 계속 유지하기 위해서는 블록을 복사해야 한다. 블록을 복사하면 블록 복사본은 힙 공간에 생성된다. 힙에 존재하는 복사본은 함수 또는 쓰레드가 끝나면서 사라지는 스택 공간에 대한 걱정을 하지 않아도 된다.

순수 C를 사용하여 코딩하는 경우에는 다음과 같이 `Block_copy()` 함수를 사용할 수 있다.

```
int(^doublerCopy)(int) = Block_copy( ^(int n){ return n * 2; } );
```

오브젝티브-C에서는 블록에 `copy` 메시지를 보낸다.

```
int(^doublerCopy)(int) = [^(int n){ return n * 2; } copy];
```

위 두 코드는 모두 동일하게 동작한다. 또한 두 경우 모두 블록 리터럴 대신 블록 포인터를 사용하는 것도 가능하다.

블록을 복사할 때 새로운 블록은 원본 블록에서 참조하던 모든 auto 변수의 복사본을 갖는다(블록은 auto 변수의 값을 갖고 이 값은 블록이 생성될 때 당시의 변수값이 된다).

그렇다면 블록 변수는?

블록 변수는 참조 형태로 접근된다. 그렇기 때문에 블록 변수를 복사하고 난 다음 원본 블록이 사라지면 참조하던 변수도 사라지게 된다.

이런 문제를 해결하기 위하여 블록을 복사할 때 컴파일러는 블록 변수를 스택에서 힙으로 옮긴다. 그런 다음 옮긴 변수를 참조하도록 블록을 업데이트시킨다.

이러한 상황에서 컴파일러의 행동으로 인한 안좋은 결과는 참조하던 메모리 공간을 더이상 사용할 일이 없도록 만들어버리는 것이다. 복사가 끝나고 나면 원본 주소가 참조하던 메모리 영역은 가비지가 된다.

블록을 위한 메모리 관리

Block_copy() 함수를 사용하여 블록을 복사하면 반드시 Block_release() 함수를 호출하여 복사에 대한 균형을 맞추어야 한다. 그리고 오브젝티브-C에서 레퍼런스 카운팅을 사용할 때는 copy 메시지에 대해 release 또는 autorelease 메시지로 레퍼런스 카운트 값의 균형을 맞춰주어야 한다.

```
int(^getDoublerBlock())(int)
{
  int(^db)(int) = ^(int n){ return 2*n; };

  // 반환되는 블록은 autorelease 되었다.
  // 이렇게 하면 getDoublerBlock을 복사한 것과 균형을 맞춤과 동시에
  // 메모리 관리를 위한 이름 규칙도 지킬 수 있게 된다.
  return [[db copy] autorelease];
}
...

int(^doubler )(int) = getDoublerBlock();  // 블록 획득

int sevenDoubled = doubler(7); // 블록 사용
```

Block_copy(), Block_release() 조합과 copy, release 조합을 섞어서 사용하면 안된다.

블록이 오브젝트를 갖고 있는 변수를 참조하는 경우, 블록을 복사하면 그 오브젝트는 retain되며, 블록을 release하면 그 오브젝트 역시 release 된다.

 __block 변수에 들어 있는 오브젝트는 블록이 복사되어도 retain되지 않는다.

메소드 본문 내에서 블록을 복사하는 경우에는 규칙이 조금 더 복잡해진다.

- 블록에서 직접 참조하는 self는 블록이 복사될 때 retain된다.
- 오브젝트의 인스턴스 변수를 (직접 또는 accessor 메소드를 통해) 참조하는 블록이 복사될 때는 self가 retain 된다.

- 메소드 내 지역 변수에 들어있는 오브젝트 참조에 대해서는 `self`가 아닌 참조하는 오브젝트가 retain된다.

블록을 복사할 때는 굉장히 주의해야 한다. 만일 블록을 복사하는 코드가 메소드 내에 있으며 블록이 오브젝트의 인스턴스 변수를 참조하는 경우, 복사가 일어날 때 `self`가 retain된다. 이로 인해 retain cycle이 쉽게 생성되어 오브젝트가 `dealloc`되지 못하는 경우가 발생한다.

리스트 16.3은 `ObjectWithName` 클래스의 interface 섹션을 보여준다. `ObjectWithName` 클래스는 이름을 담는 인스턴스 변수 `name`과 이름을 로깅하는 `logMyName` 메소드를 가지고 있다. `logMyName` 메소드는 인스턴스 변수 `loggingBlock`에 들어있는 블록을 실제 로깅하는 데 사용한다.

리스트 16.3 ObjectWithName.h

```
#import <Foundation/Foundation.h>

@interface ObjectWithName : NSObject
{
  NSString *name;
  void (^loggingBlock)(void);
}

- (void) logMyName;
- (id) initWithName:(NSString*) inName;

@end
```

리스트 16.4는 implementation 섹션을 보여준다.

리스트 16.4 ObjectWithName.m

```
1 #import "ObjectWithName.h"
2
3 @implementation ObjectWithName
4
5 - (id) initWithName:(NSString*) inputName
6 {
```

```
7    if (self = [super init] )
8    {
9       name = [inputName copy];
10      loggingBlock = [^(void){ NSLog( @"%@", name ); } copy];
11   }
12   return self;
13 }
14
15 - (void) logMyName
16 {
17   loggingBlock();
18 }
19
20 - (void) dealloc
21 {
22   [loggingBlock release];
23   [name release];
24   [super dealloc];
25 }
```

ObjectWithName은 간단한 클래스이다. 그러나 앞에서 구현된 ObjectWithName 클래스에는 retain cycle이 있다. 즉, ObjectWithName 오브젝트를 생성하고 나중에 오브젝트를 release시켜도 dealloc되지 않는다.

문제는 리스트 16.4의 10행에 있다.

```
loggingBlock = [^(void){ NSLog( @"%@", name ); } copy];
```

인스턴스 변수 `loggingBlock`에 블록을 담기 위해서는 반드시 블록 리터럴을 복사해서 `initWithName:` 메소드가 끝나도 블록 리터럴이 사라지는 것을 막아야 한다. 그렇게 해야 (다른 오브젝티브-C 오브젝트와 마찬가지로) 블록의 복사본이 힙에 생성된다. 하지만 블록 리터럴은 인스턴스 변수 `name`을 참조하기 때문에 `copy` 메소드가 동작하면 `self`가 retain되면서 retain cycle이 생성된다. 즉, 블록은 오브젝트에 대한 소유권을 갖게 되는 동시에 오브젝트는 (블록을 복사했기 때문에) 블록의 소유권을 갖게 되는 것이다. 그래서 오브젝트의 레퍼런스 카운트는 0이 되지 못하고 `dealloc` 메소드 역시 호출될 일이 없어진다.

이러한 문제를 없애기 위해서는 리스트 16.4의 10행을 다음과 같이 고쳐야 한다.

```
loggingBlock = [^(void){ NSLog( @"%@", inputName ); } copy];
```

이렇게 하면 블록 복사로 인해 retain되는 것은 인스턴스 변수(name)가 아닌 인수로 들어온 inputName이 된다. 따라서 블록은 더이상 인스턴스 변수를 참조하지 않으며, 블록 복사시 self는 retain되지 않아 retain cycle도 생기지 않는다. name과 inputName에는 같은 내용이 들어있기 때문에 오브젝트 역시 똑같이 동작한다.

> **Note** 앞에서 보여준 메소드 내에서 블록이 복사될 때 적용되는 규칙은 블록이 오브젝트의 인스턴스 변수에 접근함에 따라 발생할 수 있는 현상을 강조하기 위하여 언급한 것이다. 그러나 실제로 메소드 내에서 복사하거나 밖에서 복사하는 것은 큰 차이가 없다. 한 가지 차이가 있다면 메소드 바깥에서 복사가 이루어질 때는 오브젝트를 참조하지 않고서는 오브젝트의 인스턴스 변수를 참조할 길이 없다는 것이다.

블록 사용시 주의할 점

블록은 스택 기반 오브젝트이기 때문에 프로그래머는 뜻하지 않은 실수를 범할 수 있다. 다음의 잘못된 예시를 살펴보자.

```
void(^loggingBlock)(void);

BOOL canWeDoIt = ...

// 잘못됨
if ( canWeDoIt )
    loggingBlock = ^(void){ NSLog( @"YES" ); };
else
    loggingBlock = ^(void){ NSLog( @"NO" ); };

// Crash 발생 가능
loggingBlock();
```

코드의 마지막 부분 loggingBlock은 유효하지 않다. if문, if문에 딸려있는 else

구문, 루프 본문(body)은 각각 별도의 영역을 갖는다. 심지어 각 구문 또는 본문이 컴파운드 명령문으로 이루어지지 않고 단일 명령문으로 구성되었다고 해도 각각 별도의 영역을 갖는다. 그래서 프로그램 실행이 해당 영역을 벗어나면 컴파일러는 블록을 날려버리고 `loggingBlock`이 참조하던 곳은 가비지로 남게 된다.

이러한 문제를 해결하기 위해서는 블록을 복사해야 한다. 물론, 블록 사용이 끝나면 반드시 release시켜야 하는 것도 잊지 말아야 한다.

```
void(^loggingBlock)(void);

BOOL canWeDoIt = ...

if ( canWeDoIt )
  loggingBlock = [^(void){ NSLog( @"YES" ); } copy];
else
  loggingBlock = [^(void){ NSLog( @"NO" ); } copy];

// loggingBlock 사용이 끝나면 반드시 release시켜야 함을 기억하자.
```

다음 예제 코드 또한 잘못되었다.

```
NSMutableArray *array = ...

// 잘못됨!

[array addObject: ^(void){ doSomething; }];
return array;
```

컬렉션(collection) 오브젝트에 추가되는 오브젝트는 retain 메시지를 받는다는 것을 기억할 것이다. 하지만 스택 기반의 블록에 대해서 retain은 아무런 일을 하지 않기 때문에 위의 경우에서는 블록 retain이 일어나지 않는다. 이를 고치기 위해서는 마찬가지로 블록을 복사해야 한다.

```
NSMutableArray *array = ...
[array addObject: [[^(void){ doSomething; } copy] autorelease]];
return array;
```

수정한 코드에서 `copy` 메시지는 블록 복사본을 힙 영역에 생성시킨다. `autorelease` 메시지는 `copy`에 대한 균형을 맞추기 위하여 사용되었다. 복사된 블록이 배열에 들어갈 때 받은 `retain` 메시지는 블록이 배열에서 제거되거나 배열 자체가 `dealloc`될 때 `release` 메시지를 통해 균형이 맞추어진다.

Cocoa에서의 블록

Apple은 Mac OS X Snow Leopard(v 10.6)을 출시하면서 Cocoa 프레임워크 전역에 블록을 사용하기 시작했다. 이번 섹션에서는 Apple에서 추가한 세 가지 블록 관련 부분에 대해 설명할 것이다.

`NSOperationQueue`를 통한 병렬처리

병렬처리(Concurrent, 다중 쓰레드) 프로그래밍은 정확하게 동작시키기가 매우 어렵다. 이를 위해 Apple은 Grand Central Dispatch(GCD)를 내놓으며 다중 쓰레드 프로그램에서 쉽게 일어나는 쓰기 문제에서 해방시켜주었다. GCD는 쓰레드 pool을 생성하고 관리함으로써 병렬처리를 구현한다. 쓰레드 pool은 일종의 쓰레드 그룹으로, 필요한 작업에 배치되고 작업이 끝나면 재사용된다. 이때 GCD는 쓰레드 pool을 관리하는 복잡한 부분을 처리함과 동시에 프로그래머에게는 단순한 인터페이스를 제공한다.

Cocoa 프레임워크의 `NSOperationQueue` 클래스는 GCD에 대한 상위 레벨 인터페이스를 제공한다. GCD를 사용하는 아이디어는 간단하다. `NSOperationQueue`를 만든 다음, 블록 형태의 작업 유닛을 큐(queue)에 추가하면 큐에 있는 작업들이 실행되는 것이다. `NSOperationQueue`의 지배 하에 GCD는 블록들을 쓰레드로 실행시킨다.

```
NSOperationQueue *queue = [[NSOperationQueue alloc] init];

[queue addOperationWithBlock: ^(void){ doSomething; } ];

// doSomething은 이제 별도의 쓰레드로 동작할 것이다.
```

- GCD로 블록을 넘길 때 블록은 반드시 다음과 같은 형태여야 한다.

   ```
   void (^block)(void)
   ```

   블록은 인수와 반환값을 갖지 않는다.
- GCD는 블록을 사용할 때 블록을 복사하고 사용을 마치면 블록을 release시키는 메커니즘을 갖는다.

 병렬 프로그래밍은 아주 복잡한 주제이다. NSOperationQueue와 GCD에 대한 자세한 내용은 Apple에서 제공하는 Concurrency Programming Guide[2] 문서를 참조하도록 하자.

컬렉션 클래스

Foundation 컬렉션 클래스는 이제 컬렉션에 들어있는 모든 오브젝트에 대해 블록을 적용할 수 있게 되었다. 이를 위해 NSArray에 다음의 메소드가 추가되었다.

```
-(void)enumerateObjectsUsingBlock:
       (void (^)(id obj, NSUInteger idx, BOOL *stop))block
```

이 메소드는 배열에 있는 모든 오브젝트에 대해 한 번씩 block을 호출한다. block의 인수는 다음과 같다.

- obj: 현재 오브젝트를 가리키는 포인터
- idx: 현재 오브젝트의 인덱스(idx는 for 루프의 인덱스 값과 동일하다.)
- stop: BOOL 타입 포인터. C 루프의 break 같은 역할을 하며, stop 값이 YES인 경우 블록이 끝나면서 -enumerateObjectsUsingBlock: 메소드도 종료한다.

리스트 16.5는 배열에 들어있는 모든 오브젝트의 내용을 로깅하기 위하여 -enumerateObjectsUsingBlock: 메소드를 사용하는 것을 보여준다.

---

[2] http://developer.apple.com/mac/library/documentation/General/Conceptual/Concurrency ProgrammingGuide

리스트 16.5 DescribeArrayContents.m

```
#import <Foundation/Foundation.h>

int main (int argc, const char * argv[ ])
{
NSAutoreleasePool * pool = [[NSAutoreleasePool alloc] init];

NSArray *array =
[NSArray arrayWithObjects: @"dagger", @"candlestick",
@"wrench", @"rope", nil];

void (^loggingBlock)(id obj, NSUInteger idx, BOOL *stop) =
^(id obj, NSUInteger idx, BOOL *stop)
{ NSLog( @"Object number %d is a %@",
idx, [obj description] ); };

[array enumerateObjectsUsingBlock: loggingBlock];

[pool drain];
return 0;
}
```

프로그램 실행 결과는 다음과 같다.

```
DescribeArrayContents [50642:a0b] Object number 0 is a dagger
DescribeArrayContents [50642:a0b] Object number 1 is a candlestick
DescribeArrayContents [50642:a0b] Object number 2 is a wrench
DescribeArrayContents [50642:a0b] Object number 3 is a rope
```

Did-End Callback

이 책에서는 AppKit에 대해 많이 이야기하지 않았지만, 여기서는 Mac OS X에서 파일을 저장하는 것에 친숙하다고 가정하고 설명할 것이다. 어떤 프로그램이든 메뉴에서 [파일]-[저장]을 선택했을 때 처음 저장하는 경우에는 대화상자가 나타나 거기에서 저장할 디렉토리와 파일 이름을 설정할 수 있도록 한다. 설정이 끝나면 저장 또는 취소를 눌러 작업을 끝내고, 버튼을 누름과 동시에 대화상자는 사라진다.

시트를 시작하는 메소드를 호출할 때, Cocoa는 시트가 끝날 때 별도로 동작하는 코드를 만들 수 있도록 해준다(이 부분이 파일을 디스크에 저장할 때 실제로 코딩하게 되는 곳이다).

Mac OS X Snow Leopard(v10.6) 이전에는 다음과 같이 다소 규모가 있는 메소드를 통해 시트가 시작되었다.

```
- (void)beginSheetForDirectory:(NSString *)path
                          file:(NSString *)name
                  modalForWindow:(NSWindow *)docWindow
                   modalDelegate:(id)modalDelegate
                   didEndSelector:(SEL)didEndSelector
                      contextInfo:(void *)contextInfo
```

시트 작업이 끝나면, 시트는 `modalDelegate` 오브젝트로 지정된 오브젝트에 `didEndSelector`라는 셀렉터 메시지를 보낸다. 보통 `modalDelegate`는 패널을 초기화시키는 오브젝트가 된다. `didEndSelector`는 다음과 같은 형식을 갖는다.

```
- (void)savePanelDidEnd:(NSSavePanel *)sheet
             returnCode:(int)returnCode
            contextInfo:(void *)contextInfo;
```

- `sheet`는 `NSSavePanel` 오브젝트를 참조하는 포인터이다.
- `returnCode`는 `integer` 타입으로, 사용자가 클릭한 값을 갖는다.
- `contextInfo`는 정보가 숨겨진 포인터(void*)로 `beginSheetForDirectory`: ... 메소드로 전달된다. 즉, 여기를 통해 시트를 동작시키는 오브젝트로부터 사용자 입력에 반응하는 코드로 정보가 전달된다.

Mac OS X Snow Leopard부터 위 메소드는 deprecate[3]되었으며, 대신 다음의 메소드로 대치되었다.

---

[3] 메소드 중 deprecate되었다는 것은 현재 운영 체제 버전은 지원하지만 앞으로의 버전에서는 빠질 수 있다는 것을 의미한다. 예를 들어, Mac OS X 10.6에서 deprecated로 표시된 것은 Mac OS X 10.7에서는 사용되지 않을 수도 있다.

```
- (void)beginSheetModalForWindow:(NSWindow *)window
          completionHandler:(void (^)(NSInteger result))handler
```

이 메소드를 통해서는 시트 작업이 끝났을 때 동작할 블록만 간단히 넘겨주면 된다. 블록이 충분히 컨텍스트를 얻을 수 있기 때문에 별도의 `contextInfo` 포인터는 필요하지 않다.

> **Note** `file`과 `directoryPath` 인수는 블록을 호출하는 데 영향을 미치지 않기 때문에 제거되었다.

블록 표현 이슈

블록 리터럴 본문에 여러 개의 명령문을 다음과 같이 한 줄에 모두 적으면 디버깅이 어려워진다.

```
^(void){doStuff; doMoreStuff; evenMore; keepGoing; lastStatement;}
```

왜냐하면 모든 내용이 한 줄에 있기 때문에 `doStuff;`에 breakpoint를 걸어놓는 경우 다음 단계로 넘어가려고 하면 그냥 블록 리터럴 다음 줄로 넘어가버리기 때문이다. 이렇게 되면 블록 내용에 대한 디버깅이 어려워진다. 그래서 작성하는 블록이 나중에 디버깅 대상이 될지도 모른다는 생각이 든다면 다음과 같이 블록 리터럴에 들어가는 모든 명령문을 각각 다른 줄에 적는 것이 좋다.

```
^(void){doStuff;
        doMoreStuff;
        evenMore;
        keepGoing;
        lastStatement;}
```

앞에서 언급한 것과 같이 함수 또는 메소드 호출 부분에 블록 리터럴을 위와 같은 형태로 넣을 수도 있다.

```
someFunction( otherArgs, ^(void){ doStuff;
                                  doMoreStuff;
                                  evenMore;
                                  keepGoing;
                                  lastStatement;} );
```

또한 블록을 블록 포인터 변수에 지정한 다음 블록 포인터를 인수로 사용할 수도 있다. 인수로 블록 리터럴을 사용할 것인지 아니면 블록 포인터 변수를 사용할 것인지를 결정하는 것은 프로그래머 성향에 달려있다. 어떤 사람들은 별도의 추가 변수를 만드는 것에 대해 (컴파일러가 최적화할 것임에도 불구하고) 비난할 것이며, 또 다른 사람들은 함수 호출부 안에 블록 리터럴을 넣는 것은 가독성을 떨어뜨린다고 불평할 것이다.

철학적 이슈

블록이 매우 다재다능하면서 Apple이 추진하고 있는 오브젝티브-C와 Mac OS X의 미래를 위한 중요한 부분 중 하나임에는 틀림없지만, 다음과 같이 몇 가지 고민할 만한 이슈가 제기되고 있다.

- "블록(Block)"이라는 표현은 이미 많은 의미로 사용되고 있다. 특히 대부분의 C 언어를 다루는 책에서는 거의 "컴파운드 명령문"이라는 의미로 블록을 사용하고 있다. 이때문에 어떤 환경에서는 충분히 혼란을 불러일으킬 수 있다.
- 블록은 객체 지향보다는 함수 지향적인 면이 훨씬 강하다. 이는 객체 지향 신봉자에게는 큰 문제가 될 수도 있다.
- 블록은 캡슐화를 완전히 무너뜨린다. 즉, 블록은 인수로 들어오는 변수 또는 accessor 메소드를 통하지 않고 변수에 접근할 뿐만 아니라 전역 변수에도 직접 접근할 수 있기 때문에 이에 대한 이슈가 제기될 수 있다.

또한 __block 변수를 사용하고 블록을 복사하는 것은 오브젝트 관계를 복잡하게 만드는 결과를 초래할 수 있다. 일례로 힙에 있는 변수를 통해 정보를 주고받는 여러 오브젝트(많은 경우 다른 클래스에 속할 것이다)를 생성해놓고는 정작 힙 공간에 있던 변수 내용이 유효하지 않게 되는 경우도 발생할 수 있다.

- C++에서의 연산자 오버로딩과 같이 블록은 프로그래머를 자체 언어 디자인 중 후군에 빠뜨릴 수도 있다. 그래서 코드는 굉장히 간결하지만 다른 사람(혹은 몇 개월 후의 자신)이 읽고 이해하기는 매우 어려워질 것이다. 이것은 개인 개발자에게는 큰 문제가 되지 않겠지만 일반 기업체의 프로그래밍 팀에 있어서는 커다란 문제가 될 수 있다.

정리

이번 장에서는 나중에 동작시키거나 혹은 별도의 쓰레드로 동작시키기 위해 코드를 패키지시키는 몇 가지 방법에 대해 살펴보았다. 함수 포인터는 함수를 주고 받을 수 있도록 만들어주었으나 함수 포인터가 인수로 사용할 컨텍스트를 같이 전달해주어야 한다는 제약이 있다. NSInvocation 오브젝트는 오브젝티브-C 메시지 표현식의 target, selector, 인수를 하나의 오브젝트로 묶어 나중에 사용할 수 있도록 한다. 그러나 invocation 오브젝트는 사용이 편리한 반면에 구성하는 것이 어렵다는 단점이 있다.

Apple에서 C, 오브젝티브-C 2.0, C++의 확장용으로 추가한 블록은 일단의 명령문과 명령문이 사용하는 변수들을 하나의 엔티티로 감싸준다. 또한 Apple의 Grand Central Dispatch는 블록을 하나의 독립된 쓰레드로 처리하여 쉽게 병렬 처리를 구현할 수 있도록 한다. Mac OS X Snow Leopard(v 10.6)가 출시되면서 Apple은 Cocoa 프레임워크에서 callback을 위해 필요로 하던 많은 NSInvocation 오브젝트나 별도의 target, selector, 인수들을 블록으로 대체하기 시작하였다.

연습 문제

1. 이번 문제는 단순히 퍼즐에 불과하지만 함수 포인터(더 나아가 블록 포인터) 선언

문에 대한 이해도를 측정하기에는 제법 유용할 것이다. 다음 선언문을 살펴보자.

```
int (*(*myFunctionPointer)(int (*)(int))) (int);
```

위 선언문에서 의미하는 `myFunctionPointer`는 무엇인가?

2. Chapter 4에서 예제로 사용한 `HelloObjectiveC` 프로그램을 `NSInvocation`을 사용하여 다음과 같이 재작성해보자.

   `NSString` 환영 메시지 `Greeter`를 전달하는 대신 환영 메시지와 메시지를 출력하는 메소드를 갖는 `Greeting` 클래스를 만든 다음(메소드는 환영 메시지 문자열을 인수로 받아 로깅한다), 환영 메시지를 출력하는 것을 `NSInvocation` 오브젝트로 만들어 `Greeter`에 전달한다. 그리고는 `Greeter`가 `-invoke` 메시지를 invocation 오브젝트로 보내 환영 메시지를 출력하도록 해보자.

3. 간단한 블록을 사용하는 프로그램을 작성하여 다음을 확인해보자.
   - 블록 리터럴이 형성될 때 블록이 볼 수 있는 일반 auto 변수의 값이 결정되어 나중에 auto 변수값이 바뀌어도 블록에서는 변하지 않는다.
   - 블록은 시야에 있는 auto 변수값을 바꿀 수 없다.
   - 블록은 타입 변환자(modifier) `__block`을 사용하여 선언한 변수값을 읽고 쓸 수 있다.

4. 리스트 16.1 프로그램을 함수 대신 블록을 사용하는 코드로 재작성해보자. 이때 NSMutableArray 메소드를 사용하도록 하자.

   ```
   - (void)sortUsingComparator:(NSComparator)cmptr
   ```

   NSComparator는 리스트 16.1에서 사용하는 함수와 같이, 두 개의 오브젝트 인수를 받아 integer 값을 반환하는 블록 포인터 타입이다.

5. 배열에 들어있는 이름을 찾아 그 이름에 해당하는 인덱스 값을 출력하는 프로그램을 작성해보자.
   - 몇 개의 (NSString 오브젝트로 구성된) 이름을 갖는 NSArray를 생성한다.
   - 배열에서 이름을 찾을 용도로 사용할 NSString 타입의 지역 변수와 배열에서 찾은 이름에 해당하는 인덱스 값을 출력하는 데 사용할 integer 타입의 블록

변수를 각각 만든다.
- `-enumerateObjectsUsingBlock:` 메소드를 사용하여 배열을 탐색한다.
- `stop` 인수를 활용하여 이름을 찾았을 때 루프를 멈춘다.
- 배열에 이름이 없는 경우 블록 변수값은 –1이 되도록 한다.

6. `ObjectWithName` 클래스를 사용하는 프로그램을 작성해보자(리스트 16.3, 16.4 참조).
- `ObjectWithName`의 `dealloc` 루틴에 로깅하는 명령문을 추가한다.
- 메인 프로그램에서 `ObjectWithName`의 인스턴스를 할당한다.
- 오브젝트를 release시킨 다음 오브젝트가 dealloc 되지 않는 것을 확인한다.
- 본문에서 제시한 것과 같은 방법으로 문제를 해결한 다음 오브젝트가 dealloc 되는 것을 확인한다.

PART 04
부록

부록에는 오브젝티브-C 개발자를 위한 여러 가지 유용한 정보가 담겨 있다.

부록 A 예약어와 컴파일러 지시자
부록 B Toll-Free Bridged 클래스
부록 C 32비트/64비트
부록 D Runtime, 새 버전에서 바뀐 부분
부록 E 오브젝티브-C 관련 자료

Appendix A

예약어와 컴파일러 지시자

LEARNING OBJECTIVE-C 2.0

| 표 A.1 | C 예약어

auto	break	case	char
const	continue	default	do
double	else	enum	extern
float	for	goto	if
inline	int	long	register
restrict	return	short	signed
sizeof	static	struct	switch
typedef	union	unsigned	void
volatile	while	_Bool	_Complex
_Imaginary			

Apple은 Mac OS X Snow Leopard(v10.6) 출시와 함께 C에 키워드 __block을 추가하였다.

| 표 A.2 | 오브젝티브-C에서 사용하는 추가 예약어

id	Class	SEL	IMP
BOOL	nil	Ni	YES
NO	self	super	__strong
__weak			

| 표 A.3 | 다음은 오브젝티브-C 프로토콜 선언문에서만 사용된다(Chapter 13 참조). 또한 원격 메시징에서 타입 한정자로도 사용된다. 원격 메시징은 이 책에서 다루지 않는다.

oneway	in	out	inout
bycopy	byref		

| 표 A.4 | 오브젝티브-C 컴파일러 지시자

@interface	@implementation	@protocol	@end
@private	@protected	@public	@try
@throw	@catch()	@finally	@property
@synthesize	@dynamic	@class	@selector()
@protocol()	@encode	@"string"	@synchronized()

Appendix B

Toll-Free Bridged 클래스

| 표 B.1 | Core Foundation 타입을 Foundation 클래스로 바꾸어주는 toll-free bridged 클래스

Core Foundation 타입	Foundation 클래스	사용가능 버전(표시된 버전부터 사용 가능)
CFArrayRef	NSArray	Mac OS X v10.0
CFAttributedStringRef	NSAttributedString	Mac OS X v10.4
CFCalendarRef	NSCalendar	Mac OS X v10.4
CFCharacterSetRef	NSCharacterSet	Mac OS X v10.0
CFDataRef	NSData	Mac OS X v10.0
CFDateRef	NSDate	Mac OS X v10.0
CFDictionaryRef	NSDictionary	Mac OS X v10.0
CFLocaleRef	NSLocale	Mac OS X v10.4
CFMutableArrayRef	NSMutableArray	Mac OS X v10.0
CFMutableAttributedStringRef	NSMutableAttributedString	Mac OS X v10.4
CFMutableCharacterSetRef	NSMutableCharacterSet	Mac OS X v10.0
CFMutableDataRef	NSMutableData	Mac OS X v10.0
CFMutableDictionaryRef	NSMutableDictionary	Mac OS X v10.0
CFMutableSetRef	NSMutableSet	Mac OS X v10.0
CFMutableStringRef	NSMutableString	Mac OS X v10.0
CFNumberRef	NSNumber	Mac OS X v10.0
CFReadStreamRef	NSInputStream	Mac OS X v10.0
CFRunLoopTimerRef	NSTimer	Mac OS X v10.0
CFSetRef	NSSet	Mac OS X v10.0
CFStringRef	NSString	Mac OS X v10.0
CFTimeZoneRef	NSTimeZone	Mac OS X v10.0
CFURLRef	NSURL	Mac OS X v10.0
CFWriteStreamRef	NSOutputStream	Mac OS X v10.0

위에 나열된 클래스만이 (현재까지의) toll-free bridged 클래스이다. 절대로 타입 또는 클래스 이름만 보고 toll-free bridging된다고 생각해서는 안된다. 아무리 타입과 클래스 이름이 같거나 유사해도 위 목록에 포함되지 않았다면 toll-free bridging되지 않는다.

자세한 내용은 http://developer.apple.com/legacy/mac/library/documentation/Cocoa/Conceptual/CarbonCocoaDoc/Articles/InterchangeableDataTypes.html을 참조하도록 하자.

Appendix C

32비트/64비트

LEARNING OBJECTIVE-C 2.0

과거 수년 간 Apple은 64비트 컴퓨팅을 위한 작업을 진행해왔다. Mac OS X Tiger(v10.4)에서 64비트 명령 줄 프로그램을 실행할 수 있게 되었으며, Mac OS X Leopard(v10.5)부터는 GUI 기반의 (AppKit) 64비트 프로그램을, Mac OS X Snow Leopard(v10.6)부터는 64비트 GUI 프로그램과 64비트 커널을 지원하기 시작했다.

> **Note** 예전 모델의 Intel Mac(Core Duo 또는 Core Solo 프로세서 사용)은 32비트 전용 시스템이다. iOS 기기 역시 32비트만 지원한다.

"32비트"와 "64비트"는 메모리 주소의 비트 수를 가리킨다. 즉, 32비트 프로그램은 4바이트 크기의 주소를 사용하기 때문에 총 2^{32}개(4GB)의 메모리를 사용할 수 있으며, 마찬가지로 64비트 프로그램은 이론적으로 2^{64}개(약 1.8×10^{19}바이트)의 메모리를 사용할 수 있다. 현재 Intel 장비는 8바이트 주소체계의 64비트 중 47개 비트를 사용하고 있어 약 140테라바이트의 메모리 공간을 사용할 수 있다(1테라바이트(TB)는 약 10^{12}바이트).

이렇게 큰 숫자들이 의미하는 바는 무엇일까? 컴퓨터의 속도가 빨라지면서 4GB에 육박하는 대규모 프로그램이 나타나기 시작했다. 하드웨어 입장에서는 4GB가 넘는 메모리는 이제 흔한 사양이 되어버렸다(Apple은 최대 16GB의 노트북과 최대 64GB의 데스크탑을 판매하고 있다). 그렇기 때문에 4GB 메모리 제한에 대한 압박은 엄청날 수 밖에 없다. 컴퓨터는 2의 거듭제곱 단위로 가장 좋은 성능을 내기 때문에 4바이트 다음의 포인터 크기는 8바이트가 되었다.

> **Note** 메모리 주소에 대해 생각할 때는 다음을 고려하도록 한다. Mac OS X는 swap 시스템을 가지고 있으며, 모든 프로세스는 고유의 가상 메모리를 가지고 있다. 그래서 프로세스가 동작하기 위하여 하드웨어 메모리에 모두 올라갈 필요는 없다. 즉, swap 시스템이 물리 메모리와 디스크의 swap 영역 사이에서 메모리 페이지가 오갈 수 있도록 관리한다. 그래서 2GB를 차지하는 프로세스를 (다른 대규모 메모리를 차지하는 프로세스 없이 단독으로) 실행하는 경우, 물리 메모리가 1GB일 때가 4GB일 때보다 훨씬 느리게 동작한다.

64비트에서의 커널 및 사용자 프로그램

커널(kernel)과 사용자 프로그램은 분리되어 있다. 즉, 두 가지 모두 32비트 또는 64비트로 동작할 수 있다. 32비트 커널은 32비트와 64비트 사용자 프로그램을 실행시킬 수 있으며, 64비트 커널도 마찬가지이다. 최근에 출시하는 Intel Mac은 64비트를 지원하지만 아직 32비트 커널을 사용하는 유저가 대다수이다. 그 이유는 커널은 32비트와 64비트 둘 중 하나만 동작해야 하기 때문이다.

현재 64비트를 지원하는 디바이스 드라이버는 많지 않다. 64비트 커널이 동작하는 대부분의 Mac 시스템은 Mac OS X 서버이며, 이러한 시스템은 프린터 같은 별도의 디바이스 드라이버를 필요로 하는 장치를 사용하지 않는다. 하지만 64비트 커널이 데스크탑, 노트북으로 확장됨에 따라 64비트 커널을 지원하는 디바이스 드라이버도 점차 늘어나는 추세이다.

사용자 프로그램 역시 비트에 대해 커널과 비슷한 제약을 갖는다. 즉, 64비트 프로그램을 컴파일하기 위해서는 모든 라이브러리, 프레임워크, 기타 플러그인 등이 모두 64비트 버전이어야 한다. Cocoa 프레임워크와 같이 시스템에서 제공하는 라이브러리나 프레임워크 같은 경우에는 모두 64비트 버전을 제공하지만, 써드파티 라이브러리를 사용하는 경우 소스코드에 접근이 가능하다면 64비트 버전으로 직접 컴파일하거나 64비트 버전이 제공될 때까지 기다리는 수밖에 없다.

64비트 코딩의 차이점

32비트와 64비트 코딩의 가장 큰 차이점은 바로 기본 데이터 타입의 크기가 다르다는 것이다. 32비트에서는 `int`, `long`, 포인터의 크기가 4바이트이다. 그러나 64비트에서는 `int`만 4바이트이고 `long`과 포인터는 8바이트의 크기를 갖는다. 핵심은 64비트에서는 `long`과 포인터 크기가 `int`와 달라진다는 것이다.

어떤 데이터 타입을 더 큰 길이의 데이터 타입에 지정하는 것은 문제가 없지만, 더 작은 크기의 데이터 타입에 지정하면 내용이 잘리기 때문에 문제가 발생할 수 있다. C의 세계에서는 오랫동안 `int`와 포인터를 동일하게 취급하던 습관과 시스템 호출

(system call)의 결과로 `long`을 사용하는 경우에도 `int`로 바꾸던 관행이 있었기 때문에 `long`과 `int`의 크기가 같은 32비트 코딩에서는 문제가 없었지만, 크기가 달라지는 64비트 코딩에서는 이러한 부분이 커다란 문제로 작용하게 된다. 따라서 64비트 코딩을 할 때는 절대로 포인터를 `int` 타입으로 변환시키면 안된다.

성능

64비트 실행파일은 과연 더 빨리 동작할까? 사실 실행 시간만을 가지고는 32비트와 64비트의 성능 차이를 비교할 수 없다. 64비트로 이동하면 몇 가지 부수 효과가 발생하는데, 인텔 CPU가 x86_64(64비트) 모드에서 동작하면 더 많은 레지스터에 접근할 수 있다. 이는 곧 스택 영역의 확장을 의미하며, 따라서 함수 호출 시 사용할 수 있는 인수 및 반환값 공간을 더 많이 사용함에 따라 프로그램 성능의 향상을 기대할 수 있다. 그러나 64비트에서는 일부 데이터 타입의 크기가 증가함에 따라 실행 코드의 크기도 늘어난다. 이는 결국 명령어 캐시 실패의 가능성이 높아지기 때문에 프로그램의 전체 성능에도 악영향을 미치는 요인이 된다.

64비트 컴파일

64비트로 컴파일하기 위해서는 컴파일러에 64비트로 컴파일한다는 사실을 알려주어야 한다. 명령 줄에서 `gcc`를 사용하여 컴파일하는 경우에는 `-arch` 옵션을 사용하여 다음과 같이 입력하면 된다.

```
gcc -arch x86_64 program.m -framework Foundation
```

만일, 여러 개의 `-arch` 옵션을 사용한다면 `gcc`는 지정한 모든 타입의 프로세서를 지원하는 실행 파일을 생성한다. 예를 들어 다음 줄은 `program.m`을 32비트 PowerPC, 32비트 인텔, 64비트 인텔 CPU를 모두 지원하는 universal binary(fat binary로도 알려져있다)로 생성한다.

```
gcc -arch ppc -arch i386 -arch x86_64 -arch ppc program.m -framework
Foundation
```

Universal binary는 최신 인텔 CPU를 지원하는 64비트 프로그램뿐만 아니라 옛날 버전의 인텔 또는 PowerPC CPU도 동시에 지원한다. 다만 universal binary 프로그램을 컴파일하는 데 시간이 오래 걸리며(동일한 프로그램을 여러 버전으로 컴파일하기 때문에), 실행 파일의 크기가 몇 배로 늘어난다(universal binary는 여러 버전의 실행 파일이 하나의 파일에 묶인 형태가 된다). 하지만 universal binary를 실행했을 때는 해당 CPU에 맞는 코드만 메모리에 로드되기 때문에 실제로 차지하는 메모리 공간은 실행 파일 크기만큼 크지 않다.

Xcode에서 64비트 또는 universal binary 프로그램을 컴파일하기 위해서는 그림 C.1과 같이 [Build]-[Settings]에서 해당 architecture를 선택하면 된다.

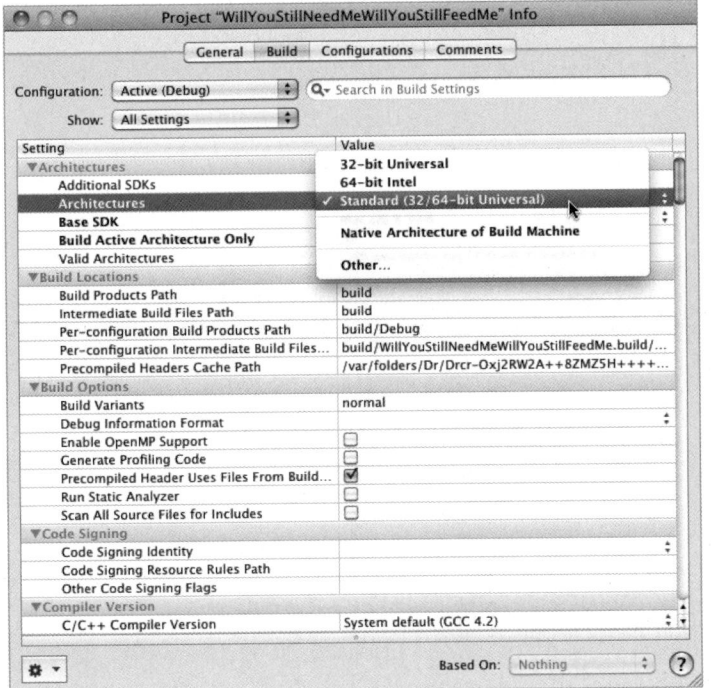

| 그림 C.1 | Xcode에서 64비트로 컴파일하도록 설정

추가적인 정보

64비트 Mac OS X에 대한 Apple 문서는 http://developer.apple.com/mac/library/documentation/Darwin/Conceptual/64bitPorting/intro/intro.html에서 확인할 수 있으며, Cocoa에 특화된 내용은 http://developer.apple.com/mac/library/documentation/Cocoa/Conceptual/Cocoa64BitGuide/Introduction/Introduction.html에서 확인할 수 있다.

Appendix D

Runtime, 새 버전에서 바뀐 부분

Apple은 오브젝티브-C runtime을 두 버전으로 제공하는데, 각각 "legacy"와 "modern"으로 불린다. Legacy 버전은 32비트 OS X 프로그램에서 사용되며, modern 버전은 iPhone 애플리케이션과 OS X 10.5부터 사용되는 64비트 애플리케이션에서 사용된다. 현재 시점에서 "legacy"는 약간 앞선다고 볼 수 있는데, 왜냐하면 현재 대부분의 Mac 데스크탑 애플리케이션이 32비트이기 때문이다.

프로그래머의 관점에서 보면, 두 가지 버전의 runtime의 차이점은 바로 오브젝트의 인스턴스 변수를 저장하는 방법이다. Legacy runtime은 오브젝트를 동일한 형태의 C 구조체에 담은 다음 구조체의 오프셋을 사용하여 인스턴스 변수에 접근하는 방식을 사용한다. 그러나 modern runtime은 다른 형태의 scheme을 사용하는데, 그것은 인스턴스 변수의 이름을 기반으로 인스턴스 변수의 위치를 지정하는 것이다. 이렇게 하는 것은 두 가지 결과를 가져왔다. 하나는 선언된 프로퍼티를 위해 인스턴스 변수를 synthesize시킬 수 있도록 하는 것이며, 다른 하나는 소위 fragile base class 문제라는 것을 해결했다.

Synthesize된 인스턴스 변수

Legacy runtime을 사용하는 경우, 보통 프로퍼티를 다음과 같이 선언한다 (Chapter 12 참조).

```
@interface Greeter : NSObject
{
  NSString *greetingText;
}
@property (nonatomic, retain) NSString *greetingText;

...

@end
```

그런 다음, implementation 섹션에 다음 줄을 넣어주면

```
@synthesize greetingText;
```

컴파일러는 accessor 메소드 `greetingText`와 `setGreetingText:`를 만들어준다. 이렇게 함으로써 타이핑 회수를 많이 줄일 수 있었다. 그러나 이마저도 귀찮아 `NSString`을 두 번씩이나 입력하는 것이 비효율적이라고 불평할 수도 있겠다.

Modern runtime은 이러한 타이핑 요소까지도 줄여주었다. 즉, 중괄호 내의 인스턴스 변수 선언부에서 인스턴스 변수 선언을 생략해도 컴파일러는 프로퍼티 구문에서 표시한 인스턴스 변수를 자동으로 만들어준다.

```
@interface Greeter : NSObject
{
}
@property (nonatomic, retain) NSString *greetingText;

...

@end
```

프로퍼티 `greetingText`를 synthesize할 때 컴파일러는 두 개의 accessor 메소드와 인스턴스 변수를 동시에 생성한다. 다시 한 번 이야기하지만, 이러한 기능은 modern runtime에서만 해당된다. 만일 legacy runtime에서 위와 같이 코딩하면 다음과 같은 에러를 보게 될 것이다.

```
error: synthesized property 'greetingText' must either be named the same as a
compatible instance variable or must explicitly name an instance variable
```

Synthesize된 인스턴스 변수와 Mac OS X Leopard(v 10.5)

Mac OS X Leopard(v 10.5)에서 synthesize된 인스턴스 변수를 사용할 때 주의할 점이 있다. 그것은 synthesize된 인스턴스 변수에 직접 접근하지 못한다는 것이다. Synthesize된 인스턴스 변수에 접근할 수 있는 유일한 방법은 accessor 메소드를 사용하는 것이다. 이 말은 즉, `init`과 `dealloc` 메소드에서까지도 accessor 메소드를 사용해야 한다는 것을 의미한다.

```
(void) dealloc
{
  self.greetingText = nil;
  [super dealloc];
}
```

위 코드를 보면, synthesize된 setter는 현재 `greetingText`에 들어있는 오브젝트에 `release` 메시지를 보낸다. 또한 setter는 `retain`을 `nil`에 보내지만 이것이 큰 영향을 미치지 않는다. 이와 같은 제약은 synthesize된 인스턴스 변수를 위한 별도의 accessor를 제공할 수 없다는 사실도 내포하고 있다.

다행히도 이 문제는 Mac OS X Snow Leopard(v 10.6)에서 해결되었다. 즉, 10.6에서 동작하는 modern runtime을 위해 컴파일된 코드에서는 synthesize된 인스턴스 변수에 직접 접근하는 것이 가능하다. 그래서 `@synthesize` 지시자를 사용하여 accessor를 만드는 대신 직접 하나 또는 두 개의 accessor 메소드를 모두 작성할 수 있게 되었다. 또한 `init`과 `dealloc` 메소드에서도 synthesize된 인스턴스 변수에 직접 접근할 수 있게 되었다.

Synthesize된 인스턴스 변수와 iPhone

iPhone은 32비트 버전의 modern runtime을 사용하기 때문에 iPhone에서도 synthesize된 인스턴스 변수를 사용할 수 있다. 하지만 이것은 오직 디바이스용 코드에서만 가능하다. iPhone 시뮬레이터는 32비트 버전의 legacy runtime에서 동작하기 때문에 iPhone 시뮬레이터에서는 synthesize된 인스턴스 변수를 직접 사용하지 못할 것이다.

Fragile Base Class 문제 - 해결되었음

많은 객체지향 언어들은 fragile base class라는 문제로 어려움을 겪는다. 만일 클래스에 메소드나 인스턴스 변수를 추가하게 된다면 반드시 해당 클래스를 사용하는 모든 코드를 다시 컴파일해야 한다. 물론 자신의 프로그램에서만 사용하는 클래스의 경우에는 큰 문제가 없다. 그저 배포 버전을 만들기 전에 깨끗한 상태로 컴파일시켜

주기만 하면 된다. 그러나 프레임워크 제공자 입장에서는 문제가 있다. Cocoa 프레임워크를 Apple에서 업데이트할 때마다 Cocoa 프레임워크를 사용하여 작성한 모든 프로그램을 다시 컴파일해야 한다고 상상해보자. 게다가 자신이 작성하지 않은 프로그램의 경우에는 일일이 새로 컴파일한 버전을 구해야 한다. 이건 프로그래머에게 너무 가혹한 처사가 아닐 수 없다.

Fragile base class 문제의 근본적인 원인은 인스턴스 변수와 메소드에 대해 (컴파일 시간에) 고정된 구조로 메모리를 잡는다는 것이다. 그러나 오브젝티브-C는 동적으로 메소드를 할당하기 때문에 이와 같은 문제로 고민할 필요가 없다. 그래서 서브클래스를 만들지 않아도 클래스 전체를 다시 컴파일하지 않으면서도 클래스에 메소드를 추가할 수 있다. 심지어는 실행 시간에 메소드를 추가하는 것도 가능하다 (Chapter 11 참조).

과거에는 오브젝티브-C 프레임워크 공급자들은 문제를 해결하기 위해 인스턴스 변수 부분에 다양한 변칙기법을 사용하였다. 대표적인 전략으로, 클래스를 정의할 때 "사용예정"이라는 딱지를 붙인 인스턴스 변수를 미리 넣어놓는 것을 들 수 있다. 하지만 "사용예정" 딱지가 붙은 인스턴스 변수는 나중에 어떤 용도로 사용될 지 알 수 없다는 약점이 있다. 또다른 방법으로, 별도의 인스턴스 변수를 NSMutableDictionary의 포인터 타입으로 제공하는 것이다. 이렇게 하면 클래스의 메모리 구조를 바꾸지 않으면서도 별도 dictionary를 사용하여 내용을 추가할 수 있다.

Modern runtime은 별도의 작업 없이도 인스턴스 변수 부분의 문제를 해결하였다. Modern runtime이 인스턴스 변수를 배치하는 방식으로 인해 synthesize된 인스턴스 변수를 클래스의 재컴파일 없이 추가하는 것이 가능하다.

Appendix E
오브젝티브-C 관련 자료

LEARNING OBJECTIVE-C 2.0

Apple 자료

Mac OS X 또는 iOS 개발자가 되기 위해서는 반드시 무료로 운영되는 Apple Developer(http://developer.apple.com/programs/register)에 가입해야 한다. Apple Developer에 가입하면 Xcode와 iPhone SDK를 받을 수 있을 뿐만 아니라 Apple에서 제공하는 온라인 문서, 예제 코드 및 버그 리포트 시스템에 접근할 수 있다.

Apple은 종류별로 두 가지 유료 프로그램을 제공한다. 하나는 Mac 개발자 프로그램(http://developer.apple.com/programs/mac/)이고, 다른 하나는 iPhone 개발자 프로그램(http://developer.apple.com/programs/iphone/)이며, 각각 연간 99$의 비용이 든다.

Mac 개발자 프로그램은 Mac OS X 소프트웨어의 사전 배포버전과 동영상 자료를 제공하고 Apple 개발자 포럼에 접속할 수 있는 권한을 제공한다. 그리고 두 개의 Technical Support Incident를 제공하는데, 이를 이용하면 Apple의 개발자 기술지원팀의 지원을 받을 수 있다.

iPhone 개발자 프로그램은 문서 및 동영상 자료를 제공하고 Apple 개발자 포럼에 접속할 수 있는 권한을 제공한다. 그리고 Mac 개발자 프로그램과 마찬가지로 두 개의 Technical Support Incident를 제공한다. 아울러 iOS 기기에 자신이 개발한 앱을 설치할 수 있는 권한과 iPhone App Store에 자신의 앱을 등록할 수 있는 권한도 제공한다.

 Apple에서 제공하는 무료 개발자 프로그램은 iPhone SDK를 사용하여 앱을 개발하고 iPhone simulator에서 구동시킬 수 있는 권한만을 제공한다. 실제 iPhone 기기에서 프로그램을 돌리고 App Store에 자신의 앱을 올리기 위해서는 iPhone 개발자 프로그램을 구매해야 한다.

Apple에서는 여러 메일링 리스트를 제공한다. 그 중 오브젝티브-C 개발에 도움이 되는 오브젝티브-C, Cocoa, Xcode에 대한 메일링 리스트를 소개하면 다음과 같다.

       http://lists.apple.com/mailman/listinfo/objc-language
       http://lists.apple.com/mailman/listinfo/cocoa-dev
       http://lists.apple.com/mailman/listinfo/xcode-users

이러한 메일링 리스트를 관리하는 것은 Apple의 의무사항은 아니지만 많은 Apple 엔지니어들이 메일링 리스트를 통해 커뮤니케이션한다.

인터넷 자료

www.cocoabuilder.com에는 개발자 편의를 위해 Apple Cocoa 및 Xcode 메일링 리스트를 제공한다.

또 다른 Cocoa 메일링 리스트로 www.mail-archive.com/cocoa-dev@lists.apple.com/도 있다.

시애틀에 독립적으로 구성된 Omni Group은 오픈 다수의 프레임워크를 소스 프로젝트 기반으로 제작한다. 비록 이곳에서 제작한 프레임워크를 사용하지 않더라도 소스 코드를 읽는 것만으로 많은 도움이 될 것이다(www.omnigroup.com/developer/).

GNUStep은 Cocoa의 몇 가지 내용이 가미된 OpenStep API 기반의 AppKit과 Foundation의 오픈 소스 implementation을 제공한다. GNUStep은 OS X, Linux, Windows 등 여러 시스템을 대상으로 활동한다(www.gnustep.org).

CocoaDev는 wiki 사이트로, 오브젝티브-C와 Cocoa와 관련된 많은 강좌와 자료들이 있다(www.cocoadev.com).

그 밖에도 오브젝티브-C와 관련된 많은 내용이 웹 상에 펼쳐져 있다. 인터넷에서 관련자료를 찾고 싶다면 우리의 친구 Google에 물어보면 된다.

그룹

(미국의) 많은 도시에서 월 단위로 CocoaHead 모임을 연다(http://cocoaheads.org). CocoaHead 모임에서 경험 많은 개발자의 강연을 듣는 것도 많은 도움이 될 것이다.

www.meetup.com에는 오브젝티브-C와 관련된 많은 meetup이 구성되어 있으며, 특히 iPhone 그룹이 많이 있다.

NSCoder night는 오브젝티브-C 프로그래머들 간에 아이디어를 공유하는 공간이다(http://nscodernight.com).

서적

〈코코아 디자인 패턴〉, 에릭 벅 지음, 케이앤피북스, 2011

〈C: A Reference Manual, Fifth Edition〉, Samuel P. Harbison, Guy L. Steele 공저, Prentice Hall, 2002

〈코코아 프로그래밍[3판]〉, 아론 힐리가스, 아담 프레블 지음, 인사이트, 2012

〈C 언어프로그래밍 2판 (THE C PROGRAMMING LANGAGE)〉, Brian W. Kernighan 외 지음, 대영사, 2002

〈프로그래밍 오브젝티브 C 2.0〉, 스티븐 코찬 지음, 인사이트, 2009

〈Mac OS X Internals: A Systems Approach〉, Amit Singh 지음, Addison-Wesley, 2006

찾아보기

ㄱ

가비지 컬렉션	436
가비지 컬렉터	436
강한 참조	439
구조체	50
깊은 복사	222

ㄴ

나머지 연산자	53
논리 연산자	56

ㄷ

다형성	110, 118, 165
단항 연산자 *	45
단항 연산자 &	44
동적 할당	99

ㄹ

레퍼런스 카운팅	121, 405

ㅁ

메모리 누수	101, 404
메소드	106, 107, 160
메소드 오버라이딩	198
메시지	106
메시지 표현식	123
메시징	116, 164
명령문	61
문자열	49
문자열 상수	124, 278

ㅂ

배열	47
변수	41
변수 영역	96
부동 소수점	42
블록	473
블록 변수	477
블록 포인터	474

ㅅ

산술 연산자	53
상속	109, 115, 198
서브클래스	110, 197
서식	36
소유권	410
수퍼클래스	110
스택	89
스택 프레임	89

싱글톤	241	**ㅋ**	
		카테고리	330
ㅇ		캐릭터 상수	44
		캡슐화	108
약한 참조	439	컬렉션 클래스	279
얕은 복사	222	컴파운드 명령문	62, 97
연산자	53	컴파일러 지시자	124
예외	317	콤마(,) 표현식	68
오버라이드	110	클래스	107
오브젝트	106	클래스 계층	203
이름	38	클래스 덤프	343
이벤트	258	클래스 메소드	236
인스턴스	107	클래스 오브젝트	119, 232
인스턴스 변수	107	클래스 클러스터	271
인테리어 포인터	451		
		ㅌ	
ㅈ		타입 변환	58
		텍스트 세그먼트	89
작명 규칙	123		
작명법	38	**ㅍ**	
전역 변수	89, 92		
전처리	74	포맷 스트링	78
점 연산자(.)	50	포인터	44
점 표기법	368	포인터 연산자(->)	50
조건부 컴파일	76	표현식	60
조건식	64	표현식 평가	61
주석	37	프레임워크	255
증감 연산자	54	프로토콜	378
지역 변수	89		
지정 연산자	57	**ㅎ**	
		함수	71
ㅊ		함수 포인터	463
추상 클래스	205		

확장	336
힙	89

A

Abstract Class	205
accessor	145, 352
alloc	120, 207
AppKit	258
assign	359
auto	92
Autorelease	415
Autorelease Pool	415
auto zone	445
auto 변수	89

B

Block	473
Block_copy( )	481
Block_release( )	482
BOOL	126
break	67

C

callback	466
Category	330
CFMakeCollectable	447
CFRelease	262, 450
CFRetain	262, 450
CGFloat	129
CGFLOAT_IS_DOUBLE	129
character	44
Class	128

Class Cluster	271
class-dump	343
Class 타입	233
collectIfNeeded	442
Collection Class	279
Comment	37
const	94
continue	68
Convenience Constructor	237
copy	221, 359
copyWithZone:	222
Core Animation	264
Core Foundation	260
Core Graphics	263

D

dealloc	150, 219
deprecated	277
didEndSelector	490
doesNotRecognizeSelector:	182
dot	368
do-while	66

E

Encapsulation	108
enum	52
Exception	317
expression	60
Extension	336
extern	92
extern 변수	91

F

Fast Enumeration	310
finalize	444
floating-point	42
for	66
forwardInvocation:	182
for문	305
Foundation 프레임워크	139
free	101
Function	71
function pointer	463

G

gcc	80
gdb	81
getter	145, 352
goto	70

H

heap	89

I

id	118, 125, 166
IDE(Integrated Development Environment)	134
if	63, 300
Immutable 클래스	270
IMP	128
Implementation 섹션	114, 195
Implicit 루프	305
Import	196
Include	75

Inheritance	109, 115
init	209
initializ	242
Integer	41
Interface 섹션	112, 192
isEqual	304

M

main 함수	35, 139
makeObjectsPerformSelector:	305
malloc	100
malloc zone	102, 445
memory leak	101, 404
message	106
messaging	164
method	106, 107, 160
methodForSelector:	183
Mutable 클래스	270

N

new	208
nil	126
NO	127
nonatomic	360
NSAllocateCollectable	445
NSApplication	259
NSArray	279
NSData	290
NSDictionary	283
NSEnumerator	307
NSEvent	259
NSException	319
NSFastEnumeration	310

NSFileManage	314
NSGarbageCollector	442
NSInteger	129
NSInvocation	470
NSLog	130
NSMutableString	277
NSNull	288
NSNumber	286
NSObject	120, 144, 203
NSOperationQueue	487
NSPoint	293
NSRange	293
NSRect	293
NSSet	285
NSSize	293
NSString	124, 273
NSUInteger	129
NSURL	292
NSUserDefaults	242
NSView	259
NSWindow	259
NSZombie	424

O

objc_clear_stack	453
object	106
objectAtIndex:	305
onformsToProtocol:	393
opaque 포인터	261, 448
otool	343
override	110
ownership	410

P

pointer	44
Polymorphism	110, 118, 165
preprocessor	74
printf	78

R

readonly	360
readwrite	360
reference counting	121, 405
register	94
release	121, 405
respondsToSelector:	186
retain	121, 359
retainCount	421
Retain Cycle	426
Runtime	122

S

sel	149
SEL	127
Selector	174
setter	145, 352
Singleton	241
sizeof	100
statement	61
static	92, 93
string	49
stringWithUTF8String:	314
strong reference	439
structure	50
subclass	110, 197

super	150
superclass	110
switch	69

T

Toll-Free Bridging	262
typedef	51

U

umbrella 프레임워크	267
unary operator	44
UTF8String	277

V

volatile	96

W

week reference	439
while	65
write barrier	438

X

Xcode	134

Y

YES	127

기호

-	114
@	124
%@	130
+	114
__block	477
@catch	318
@class	194
_DEBUG	78
#define	75
@dynamic	361
#else	76
@end	112
#endif	76
@finally	319
#if	77
#ifdef	77
@implementation	115
@interface	112
@optional	380
@private	338
@property	350, 358
@protected	338
@protocol	380
@protocol( )	392
@public	338
@required	380
@selector( )	127
__strong	446, 447
@synchronized( )	422
@synthesize	350
@try	318
__weak	440